**Wer nicht weiß wohin er will, braucht sich nicht wundern, wenn er ganz woanders ankommt.**

Leider nicht von mir, sondern von: Robert F. Mager

Als ich noch jung und . . . war.
In aerodynamischem Look, ohne Schnurrbart und mit kanadischem Rasen auf dem Kopf sowie ausgestreckter Zunge erreichte ich im Jahre 1957 in diesem Match das Finale der Internationalen Meisterschaften der CSSR auf der weltberühmten Hetzinsel in Prag.

Richard Schönborn

# DIE NEUE TENNIS-PRAXIS

Der individuelle Weg zu erfolgreichem Spiel

Illustrationen von Rolf Schneider
und Thomas Hinz

FALKEN VERLAG

Gewidmet meiner Frau Hannelore und meinen Töchtern Dana und Nancy.

Wegen meiner schon fast chronischen Abwesenheit, die mein Beruf mit sich bringt und wodurch ich am häuslichen Herd als Exote betrachtet werde, konnte ich leider keiner dieser drei Damen das Tennisspiel beibringen und mußte zulassen, daß sie zu anderen Sportarten geflüchtet sind.

Und trotzdem oder gerade deswegen haben mir alle drei beim Manuskript dieses Buches große Hilfe geleistet.

Ihre oft zu kritischen Augen haben beim Lesen des Textes nicht nur erkannt, daß es sich um Tennis und nicht um Bergsteigen handelt, was mich direkt mit Stolz auf meine Ausdruckskunst erfüllt hat, aber alle drei haben sogar behauptet, daß auch der Text verständlich ist.

Weil sie im Tennis, aus oben genannten Gründen, unbedarft sind, habe ich mir den vagen Rückschluß erlaubt, daß ihn auch die breite Leserschaft verstehen könnte. Und das ist mein größter Wunsch.

Der Autor.

CIP-Kurztitelaufnahme der Deutschen Bibliothek

**Schönborn, Richard:**
Die neue Tennis-Praxis: d. individuelle Weg zu erfolgreichem Spiel für Anfänger u. Fortgeschrittene, Turnierspieler u. Lehrer / Richard Schönborn. – Niedernhausen/Ts.: Falken-Verlag, 1981.
ISBN 3-8068-4897-0



ISBN 3 8068 4097 0


Zeichnungen: Atelier Schneider & Hinz, 3000 Hannover
Buchgestaltung: Jörg M. Hormann, 3000 Hannover
Fotos: dpa, 6000 Frankfurt; Fred Eckner, 1000 Berlin; J. Hasenkopf; Foto Horstmüller, 4000 Düsseldorf; Sven Simon, 4300 Essen; Wolf Schlegel, 7630 Lahr; Archiv R. Schönborn, 3012 Langenhagen; Vichy-Photo, Vichy/France; Pressebildagentur WEREK, 8000 München
Satz: Bauer & Bökeler Filmsatz GmbH, 7306 Denkendorf
Druck: Offset-Team Zumbrink KG, 4902 Bad Salzuflen

817 2635 4453 6271

# Vorwort

Mit Begeisterung, Interesse und Neugier habe ich mich in dieses Buch vertieft, das sich wohltuend aus der Masse der Tennisliteratur vorhebt. Richard Schönborn, der Theoretiker und Praktiker erster Klasse in Europa, führt sowohl den Tennisinteressierten als auch den Fortgeschrittenen und Trainer in einer so unterhaltsam-lehrreichen Sprache durch das weite Gebiet des Tennissportes, daß sich dieses umfassende Handbuch eher spannend wie ein Kriminalroman als wie ein Fachbuch liest.

Was er uns mit diesem Buch vermittelt sind die Früchte seiner langen Erfahrung aus der Praxis seines hohen, in ganz Europa anerkannten theoretischen und praktischen Wissens. Seine Art, Methode, Analyse und Synthese verständlich zu erklären, erlaubt es uns Trainern sowie den Spitzenspielern und Anfängern, die Geheimnisse des Tennisspiels besser zu verstehen und damit letztendlich besser zu spielen.

Einmalig dürften in der Tennisliteratur auch die farbigen Zeichnungen in diesem Buch sein, die besser als jedes Foto das Wesentliche vermitteln können. Hier habe ich besonders die Bewegungsabläufe vor Augen, die nicht – wie bisher – als Einzelbilder zerhackt dargestellt werden, sondern ein geschlossenes Gesamtbild ergeben.

Mein Dank gilt dem Autor dieses Werkes vor allem deswegen, weil es ihm durch seine Darstellung gelang, mein tiefstes Interesse an einem Buch wie diesem, das in vielen Bereichen ganz neue Aspekte aufdeckt, zu wecken und wieder etwas mehr über die Geheimnisse des Tennisspiels erfahren zu haben.

Möge auch Ihnen, lieber Leser, der von Richard Schönborn gewollte Nutzen – ein leicht verständliches und doch fachlich solide fundiertes Tennishandbuch – dazu verhelfen, morgen eventuell selbst zu den Spitzenspielern zu gehören. Dieses Buch ist ein großer Schritt dorthin.

Jean-Paul Loth

Technischer Direktor und Cheftrainer des französischen Tennisverbandes

# Inhalt

# Grundsätzliches über das Tennisspiel

Mit dem Kauf dieses Buches haben Sie vielleicht ein Kapitel in Ihrem Leben aufgeschlagen, daß Ihnen zum Verhängnis werden kann. Es gibt in unserer Zeit verschiedene Suchtarten wie Rauschgift, Alkohol, Rauchen, Saunieren, Wandern usw., usw., und – last but not least – die Tennissucht. Wenn Sie von ihr einmal erwischt werden, haben Sie Ihr Leben lang für Ihr Hobby und Ihre Unterhaltung ausgesorgt. Im Gegensatz zu den verschiedenen ungesunden Suchten ist diese Sucht für Ihr Wohlbefinden einzigartig. Wo anders finden Sie gleichzeitig gesellschaftlichen Umgang und körperliche Betätigung, Drang zur Selbstdarstellung mit Fairneßgefühl, Konzentrationszwang mit Entspannung, Begeisterung mit Enttäuschung, Freude mit Wut, körperliche Fitness mit totaler Erschöpfung so eng aneinandergekoppelt, in schneller Folge wechselnd, wie in einem Tennismatch.

Ich habe in meinem langen Tennisleben während und nach dem Spiel schon Exemplare von Tennisspielern gesehen, die vor Freude weinten, in Ohnmacht fielen, sich restlos betranken, die wüstesten Beschimpfungen und Freudenschreie ausstießen, den Schläger kurz und klein zerschmetterten oder liebkosten, gegen den Schiedsrichter, Gegner oder sogar Zuschauer handgreiflich wurden, Einrichtungsgegenstände über die Tribüne beförderten, in die Bälle bissen, die die ganze Umgebung abküßten oder bespuckten, lebenslange Freundschaften schlossen und Feindschaften initiierten – und das alles nur wegen dieser komischen Filzkugel, die man im Fachjargon Tennisball nennt, und die man praktisch nie hundertprozentig in die Gewalt bekommt, auch wenn man alle motorischen Talente besitzt und lebenslang wie ein Besessener trainiert. Aber gerade diese Tatsache ist das Schöne an diesem Sport. Es ist diese ewige Herausforderung, den Ball noch besser in den Griff zu bekommen, wenigstens besser als Herr Schlotterhose oder Frau Knobelspieß agieren zu können.

Physikalische Gesetze, Geometrie, Biomechanik, Ballistik, begrenzte Ausmaße des Platzes sowie anatomische Gegebenheiten erlauben allerdings dem armen Häuflein Mensch recht wenig Entfaltung und Improvisation. Hinzu kommt noch der ulkige Schläger in der Hand, der wie verrückt fliegende und springende Ball, sowie die eigene, mehr oder minder vorhandene Ungeschicklichkeit. Und trotzdem kön-

Guillermo Vilas

nen Sie dieses faszinierende Spiel beherrschen lernen, wenn Sie sich all dieser Hindernisse bewußt werden und deren Unabwendbarkeit einfach akzeptieren und vor allem den Willen aufbringen, sich selbst zu besiegen.

Vielleicht ist auch Ihnen zu Ohren gekommen, daß es sogar solche Individuen gibt, die durch das Perfektionieren dieses Spiels schon vielfache Millionäre geworden sind.

Aber auch wenn Sie zu Ihrem Geld auf »solidem« Wege kommen und nicht den Ehrgeiz, das Talent und die Besessenheit von Borg, Connors, Navratilova, Austin und Co. haben, können Sie, zwar einige Etagen tiefer, aber bestimmt mit um so größerem Spaß diesem Sport huldigen. Es ist komisch, aber wenn Sie sich einmal am Tennis festgebissen haben, werden Sie einfach süchtig, egal ob Sie Löcher in die Luft schlagen oder die Ecken des gegnerischen Feldes treffen. Vor allem wird Sie früher oder später doch der Ehrgeiz packen, den verhaßten Angeber Piepenbreier zu »putzen«. Hier sind wir bei dem Grund angelangt, der mich animierte, dieses Buch zu schreiben. Es soll Ihnen, dem ratlosen Anfänger, sowie dem Fortgeschrittenen und Meister, helfen, Ehrgeiz zu entfalten oder den schon vorhandenen Ehrgeiz und die Begeisterung in die richtigen Bahnen zu leiten. Es soll sie überzeugen, daß das Erlernen des Tennisspiels gar nicht so schwer ist und

daß es niemals zu spät ist anzufangen oder an sich weiterzuarbeiten.

Seien Sie doch bitte ehrlich. Wer will in dem, was er tut, nicht immer besser und erfolgreicher werden, auch wenn es nur ein Hobby ist? Glauben Sie ja nicht Ihrem geschlagenen Gegner, wenn er sich mit der Bemerkung: »Macht mir gar nichts aus, ich spiele ja nur aus Spaß an der Bewegung« aus dem Staub macht. Ich habe in meiner fast vierzigjährigen Tennistätigkeit noch keinen Verlierer erlebt, der seine Niederlage mit Feuerwerk und Sektorgien gefeiert hat, obwohl es auch solche gibt, die Meister der Verstellung sind. Um so mehr gärt es aber in ihrem Innern. Im Geheimen schwören sie Rache.

Als »blutiger« Anfänger werden Sie bestimmt mit dem frisch gekauften Schläger in der Hand, dem Lehrer auf dem Platz gegenüberstehend, ein Gefühl völliger Verlorenheit und wahrscheinlich einen vernichtenden Minderwertigkeitskomplex haben. Wenn nach den ersten klärenden Worten Ihres »Peinigers« der erste Ball auf Sie zukommt und Sie einen Meter an diesem vorbeischlagen, wenn Sie völlig aus dem Gleichgewicht geraten, dazu auch noch eine köstlich komische Figur abgeben, verzagen Sie nicht. Denken Sie daran, daß – wenigstens bis heute – kein Gelehrter vom Himmel gefallen ist und daß der fünfmalige Wimbledonsieger Björn Borg seinen ersten Ball mit Sicherheit auch nicht getroffen hat.

Wenn Sie aber einmal das Niveau des »Schupfers« erreicht haben, bei dem Sie zwar noch aussehen wie ein Entomologe bei einer Schmetterlingsjagd, aber durch das öftere Treffen des Balles Ihre ersten Erfolgserlebnisse haben, rutschen Sie langsam in das Vorzimmer des siebten Himmels. Und wenn es Ihnen sogar gelingt, Ihren Extremitäten eine gewisse Disziplin beizubringen, der Schläger aufhört, mit Ihnen zu schwingen, und Sie den Schläger nun in Ihre Gewalt bekommen, werden Sie schon im siebten Himmel angelangt sein. Dann ist Ihr Ehrgeiz bestimmt nicht mehr zu bremsen. Der Spaß an der Sache läßt Sie nie mehr los. Sie sind restlos verloren und dem Tennis lebenslang ausgeliefert. Wenn Sie darüber hinaus auch noch ganz jung sind und Talent haben, werden Sie mit Sicherheit die höchsten Ebenen anstreben, und wir werden uns vielleicht einmal begegnen. Wenn Sie aber etwas früher geboren sind und eventuell nicht so viel Zeit und Talent mitbringen, werden Sie mindestens versuchen, von Jahr zu Jahr einige Sprossen in der Klubrangliste zu erklimmen, um es dem schon erwähnten Herrn Piepenbreier zu zeigen. All das geht aber nicht ohne die Mühe, an sich weiterzuarbeiten, ohne sich weiterzubilden, ohne den Versuch zu unternehmen, hinter die Geheimnisse dieses tollen Spiels zu kommen. Schließlich wollen Sie doch auf dem Platz »Ihren Mann« stehen, wollen nicht nur gut aussehen, sondern den Ball auch möglichst in die Ecke befördern, die Sie als Ziel bestimmt haben. Es ist zwar der Sinn dieses Spiels, den Gegner in Ungewißheit über Ihre Absichten zu lassen, aber es ist nicht Sinn des Spiels, erst einmal selber über die Richtung des eigenen Balles überrascht zu sein, auch wenn das den Gegner verwirrt.

Einem Autor ist es praktisch unmöglich, all sein Wissen über Tennis in ein einziges Buch niederzuschreiben. Solch ein Buch müßte an die 2000 Seiten haben, und Sie als Schüler würden nach dem Studium der ersten vierhundert diesen Almanach schwungvoll in den Kamin werfen und lieber dem örtlichen Gesangverein beitreten. Um so schwerer ist es, wenigstens all das Wichtigste verdaulich darzustellen, um Ihnen eine zumutbare Lektüre vorzulegen. Meine bisherigen schriftstellerischen Ausbrüche in Lehrbüchern mußten zwangsweise trocken, kurz und sachlich sein, denn sie waren vor allem für die Lehrkräfte gedacht. Mit diesem Buch möchte ich bescheiden versuchen, das breite Tennispublikum anzusprechen.

Ich möchte Ihnen meine langjährigen Erfahrungen in leichterer Form präsentieren, auch wenn es nicht immer möglich ist.

Das erste, das ich Ihnen gleich am Anfang ans Herz legen möchte, ist: Suchen Sie im Tennis immer Spaß, und bei allem Ernst der Sache vergessen Sie nicht Ihren **Humor!** Versuchen Sie über die eigene eventuelle Ungeschicklichkeit, vor allem am Anfang Ihrer hoffentlich glorreichen Karriere, zu lachen, nehmen Sie sich selbst und auch das Spiel nicht zu ernst. Das wird Sie nicht nur bei guter Laune halten, auch wenn Sie die Bälle in die nebenliegende Gärtnerei zwischen die Radieschen dreschen, sondern es verhindert vor allem die muskulöse Verkrampfung, die das **allergrößte** Hindernis beim Erlernen der Grundtechnik ist. Sie haben bestimmt schon gute Spieler oder sogar Profistars beobachtet und als Zaungast gedacht, daß Tennis das leichteste Spiel der Welt ist, weil diese Könner alle so leicht und scheinbar mühelos den Ball auch in schwierigen Lagen beherrschen. Glauben Sie mir, gleichgültig, was auch Sie bis jetzt über Tennis als eine der schwierigsten Sportarten gehört haben: Es ist in seinen Grundbewegungen sehr einfach. Ich werde Sie später davon überzeugen.

Man muß es nur von Anfang an richtig anpacken, denn jedes Umlernen und Korrigieren falscher Angewohnheiten kostet Sie später viel Mühe und Geld und den Lehrer noch mehr Nerven. Außerdem brauchen Sie als Tennis-Grünschnabel viel, viel Geduld, Hartnäckigkeit, Willensstärke und Fleiß. Diese Eigenschaften braucht man allerdings überall, soweit man nicht als Multimillionär zur Welt kam oder zu den Wermutbrüdern gehört. Darüber hinaus müssen Sie lernen, sich selbst realistisch einzuschätzen und nicht zu versuchen, über den eigenen Schatten zu springen. Genauso wie Sie in der Schule erst einmal mit dem 1 × 1 anfangen mußten, bevor Sie zum Integralrechnen kamen, müssen Sie auch im Tennis die berühmte Treppe hochsteigen; schön brav und bescheiden von unten vom Leichten nach oben zum Schweren klettern. Die Amerikaner nennen das step by step. Und bei aller Verbissenheit, vergessen Sie das Lachen nicht. Um es Ihnen deutlich darzustellen, erlauben Sie mir, Ihnen dieses step by step grafisch darzustellen. Wehe, wenn Sie versuchen, im Anfall eines Größenwahns zu mogeln und eine Stufe zu überspringen. Ich habe schon viele Spieler erlebt, und es waren unter ihnen auch große Talente, die sich überschätzten und die Sache im Hauruck-Stil lösen wollten. Das Ernüchtern gleicht dem Zustand einer durchzechten Nacht, allerdings mit viel längeren oder sogar ewigen Folgen.

**Grob-Form**

Außerdem hat jeder Mensch bei jeder Tätigkeit irgendwo seine individuelle Leistungsgrenze, und über diese kommt er nicht hinaus, auch wenn er sich auf den Kopf stellt und alle Götter des Olymps zu Hilfe ruft. Dies zu erkennen und einzusehen ist allerdings sehr, sehr schwer, das gebe ich zu. Trotzdem – man muß es. Schließlich ist es doch gleichgültig – vorausgesetzt, Sie wollen nicht gerade Berufsspieler werden –, wie hoch Ihre endgültige Leistungsgrenze ist. Im Tennis können Sie in jeder Leistungsklasse tausende Partner finden, mit denen Sie sich genauso verbissen bekriegen können, wie es zum Beispiel Connors mit McEnroe tut. Ist das nicht schön? Und wenn darüber hinaus Ihr Stil nicht gerade so unorthodox ist, daß sich die Leute bei Ihrem Anblick totlachen, können Sie mit sich selbst zufrieden sein. Dann ist auch Ihr gesundes Selbstvertrauen am Platze. Apropos Selbstvertrauen, ohne das läuft im Tennis gar nichts. Angsthasen und Schüchterne lernen es nie. Minderwertigkeitskomplexe müssen Sie schon vor der ersten Stunde mit Ihrer Zivilkleidung in der Garderobe ablegen und womöglich für alle Ewigkeit im Schränkchen – mit sieben Schlössern – einsperren und die Schlüssel ins Weltall befördern.

**Fein-Form**

Es ist wirklich kein Grund vorhanden, Angst zu haben, denn im Gegensatz zum Skifahren können Sie sich beim Tennis normalerweise nichts brechen und auch anderswie nicht zu gesundheitlichen Schäden kommen, es sei denn, Sie hauen sich zum Beispiel beim Aufschlag das Schienbein ein. Dies kann auch dem größten Könner passieren und tut verflixt weh. Und Angst vor Fehlern? Täglich, gerade in diesem Augenblick, werden auf der ganzen Welt Millionen Tennisbälle verschlagen, und es passiert gar nichts. Die Erde dreht sich, und das Spiel geht weiter.

**Stabilisierung**

Das beste Buch und der beste Lehrer werden Ihnen wenig nützen, wenn Sie nicht den Mut aufbringen, eventuell Tausende von Fehlern zu machen, denn nur durch Zuhören oder Lesen hat noch keiner Tennis

## Training

erlernt. Sie müssen spielen, spielen und noch einmal spielen. Wenn Sie aber auf den Tennisplatz zu Ihrer ersten Stunde gehen, z. B. schon durch dieses Buch vorbereitet, wenn Sie wenigstens einige Grundkenntnisse im Gehirn gespeichert haben und Sie annähernd wissen, was Sie erwartet, dann werden Sie die Anweisungen Ihres Lehrers viel besser verstehen, sich am Platz besser orientieren können und vor allem gleich von Anfang an eine gewisse Selbstkontrolle durchführen können.

Überlegen Sie mit mir, womit Sie sich am Platz auseinandersetzen müssen.

Das erste große Hindernis sind Sie selbst. Groß, klein, dick, schlank, stark oder schwach, be-

## Erfolg

weglich oder auch nicht, steif oder flexibel, jung oder alt, geschickt oder tolpatschig, fleißig oder faul, ehrgeizig oder auch nicht. Die verschiedenen Variationsmöglichkeiten dieser Eigenheiten oder Tatsachen gehen ins Unendliche. Und alle diese Eigenheiten prägen Ihren Stil, Ihr eigenes Spiel. Was man unter Stil versteht, werden wir uns später noch klarmachen.

Dann wird Ihnen ein Schläger in die Hand gedrückt, den man auf unzählige Arten anfassen kann, von denen leider 99 % für den jeweiligen Schlag falsch sein können; gerade die Schlägerhaltung beeinflußt die ganze Schlagbewegung stark.

Der Ball als solcher ist zwar den meisten Menschen kein unbekanntes Objekt, denn fast jeder hat schon irgendwann mit einem Ball zu tun gehabt, auch wenn er über ihn nur gestolpert ist. Der Tennisball aber, der hat's in sich. In der Kombination mit dem Schläger entwickelt er sich nämlich für den Anfänger zu einer scheinbar undefinierbaren geheimen Kraft, die von einer Geisterhand beeinflußt zu sein scheint.

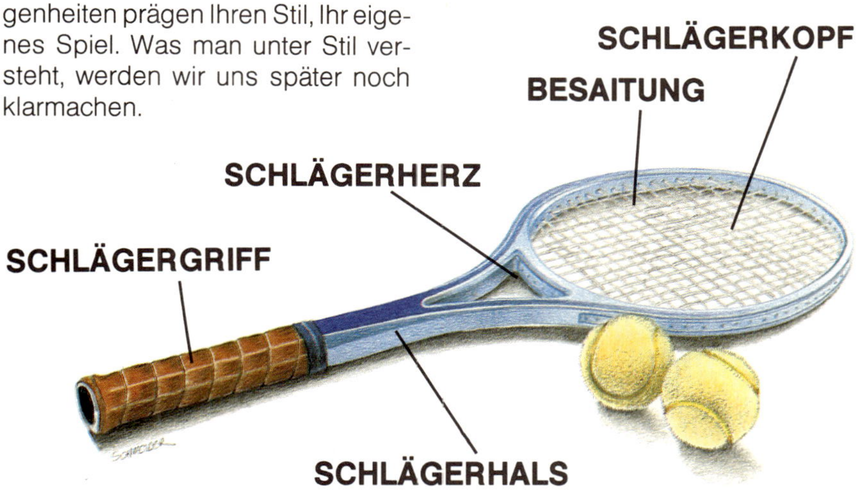


Mit diesem Gerät werden Sie sich in der Zukunft auseinandersetzen müssen. Normalerweise wird der Schläger zum Bälleschlagen benutzt, manche Spieler üben sich damit allerdings im Weit- oder sogar Zielwurf, was man nicht als Sinn des Tennisspiels bezeichnen kann. Einzelheiten, und sogar sehr interessante, finden Sie im Kapitel »Ausrüstung«.

Das nächste Problem ist der Tennisplatz. Abgesehen von den vielen Linien, die Ihnen am Anfang wie ein Spinnennetz vorkommen und deren Sinn erst einmal rätselhaft erscheint, wird Ihnen der Platz fast immer zu klein sein, besonders auf der gegnerischen Seite, denn die vorerst zufällig getroffenen Bälle »segeln« weit darüber hinaus. Dabei spreche ich noch gar nicht von den unterschiedlichen Eigenschaften verschiedener Oberflächen und Beläge. Damit aber nicht genug. Quer über den Platz haben die Götter ein Netz aufgestellt, das zwar in der Mitte nur 91,5 cm hoch ist, aber erst einmal ein kaum überwindbares Hindernis darstellt. Es ist nun einmal so. Die meisten von uns sehen die gegnerische Grundlinie nur durch das Netz. Denn wie viele Menschen sind über 195 cm groß, um darüber hinwegschauen zu können? Und wer denkt schon gleich am Anfang daran, daß der Ball in einer ballistischen Kurve fliegen muß? Daß über dem Netz ein Raum bis zu den Sternen frei ist?

Und damit der Unglückssack voll ist, steht auf der anderen Seite des Netzes irgendwann auch noch ein Gegner, der, frech wie er ist, einem den Ball immer dorthin zu spielen versucht, wo man gerade nicht steht.

So gesehen müßten Sie denken, daß es kaum möglich ist, dies alles zu verarbeiten. **Irrtum.** Das alles ist nicht einmal halb so schlimm, und von den anfänglichen Problemen abgesehen, ist das Bewältigen dieser Hindernisse relativ einfach, wenn man systematisch und geduldig vorgeht. Und eben das wollen wir in diesem Buch versuchen.

Ich bin davon überzeugt, daß jeder Mensch das Tennisspielen er-

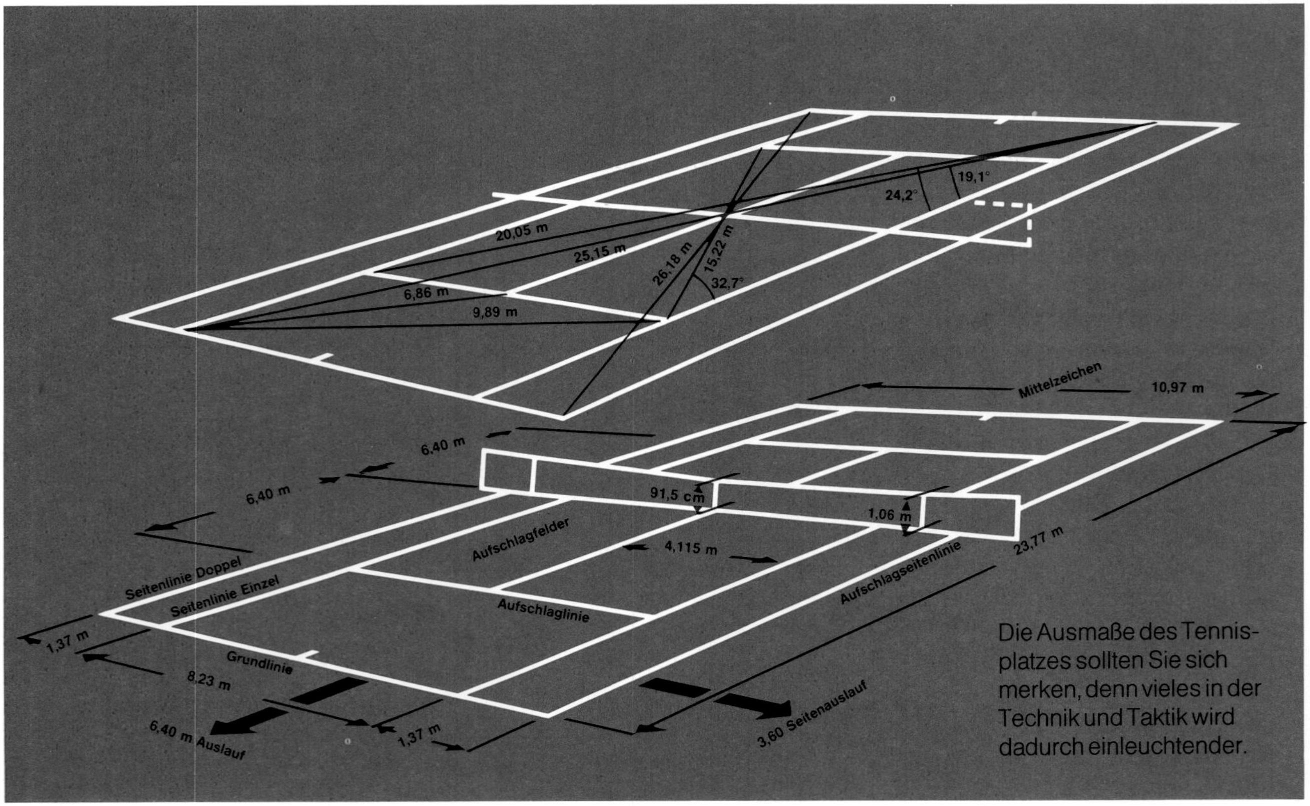


Die Ausmaße des Tennisplatzes sollten Sie sich merken, denn vieles in der Technik und Taktik wird dadurch einleuchtender.

lernen kann. Jeder eben auf seine eigene Art. Daraus ergibt sich, daß diejenigen Tennislehrer falsch handeln, die versuchen, alle Schüler über einen Kamm zu scheren. **Gerade im Tennis kommt die Individualität jedes einzelnen stark zum Vorschein.** Diese Tatsache macht unseren Sport so schön.

Ich habe Ihnen gesagt, daß Tennis in den Grundbewegungen einfach ist. Damit will ich aber um Gottes willen nicht sagen, daß diese Grundbewegungen auf Anhieb erlernbar sind. Wenn dies so wäre, würden die Tennislehrer brotlos sein. Schon die Tatsache, daß Sie ein ungewohntes Gerät – den Schläger – in der Hand halten, mit dem Sie ein anderes Gerät – den Ball – bewältigen sollen, ist für Sie, den armen Anfänger, schwierig. Stellen Sie sich einen Fußballspieler vor, der zwischen seinem Fuß und dem Ball noch etwas am Bein befestigt hat, um den Ball kicken zu können! Hinzu kommt beim Tennis die Tatsache, daß die Armbewegungen beim Schlagen im täglichen Leben in der Regel unüblich sind. Mit anderen Worten: Es werden Bewegungsabläufe praktiziert, Reflexe und Muskelkontraktionen hervorgerufen, die für die meisten in ihrer Gesamtheit oder wenigstens zum Teil neu sind.

Beim Erlernen des Tennisspiels handelt es sich primär nicht um das Erlernen von einwandfreien Schlägen, sondern um das Bewältigen der dazugehörigen Geräte, des Schlägers und über ihm des Balles. Das ist die Begründung, warum man mit der Grobform (siehe Grafik) anfangen muß. Sie können in der Theorie den Bewegungsablauf der Vorhand genauso gut wie ich beherrschen, wenn Sie aber in der Praxis den Schläger beim Ausholen wie eine Handgranate behandeln, bricht Ihnen im Nu die ganze Theorie wie ein Kartenhäuschen zusammen. Sie müssen dementsprechend zuerst Ihre Geschicklichkeit, das Ballgefühl, Flugbahn und Absprung und Umgang mit Schläger und Ball durch differenzierte Übungen fördern. Man nennt dies »Förderung der motorischen Intelligenz«. Das alles hat eigentlich mit einem einwandfreien Durchführen Ihrer späteren Weltklassevorhand noch recht wenig zu tun. Noch völlig unwichtig in diesem Zeitraum und in dieser Etappe sind die Linien, das Netz, der eventuelle zukünftige Gegner.

Wie Sie sehen, arbeiten wir uns langsam voran und bauen die vorher so unüberbrückbar scheinenden Hindernisse ab, bzw. ordnen die Reihenfolge Ihrer Bewältigung in realisierbare Bahnen. Erst wenn Sie den Schläger nicht wie ein heißes Eisen oder einen Igel anfassen, erst wenn Sie das Gefühl haben, daß er irgendwie in die Hand gehört, daß er dort kein Fremdkörper mehr ist, dann können Sie an die nächsten Details gehen. Erst wenn Ihr Abschätzungsgefühl für die Flugbahn und den Absprung des Balles Sie wenigstens in die richtige Richtung und Entfernung laufen läßt, so daß Sie der Ball nicht mehr mitten in die Stirn trifft oder aber in der anderen Ecke landet, als Sie glaubten, können Sie sich näher mit den Geheimnissen der Aushol- und Schlagbewegung beschäftigen. Dabei muß Sie, ja darf Sie, noch immer nicht das Netz, die Linien und schon gar nicht der eventuelle Gegner interessieren. Denken Sie daran – Sie befinden sich immer noch in der ersten Stufe, der Grobform. Und wenn in dieser Phase von Ihnen jemand eine exakte Schlagdurchführung verlangen oder sogar Richtung und Länge des geschlagenen Balles bestimmen sollte, empfehlen Sie ihm kalte Umschläge und bei andauernder Hartnäckigkeit eine Zwangsjakke. Nun verstehen Sie hoffentlich schon, was ich mit der Methode step by step meine.

Viele Lehrer und viele Schüler machen den Fehler, daß sie gleich in die ersten Minuten des Tennisbeschnupperns ein ganzes Buch voll Theorie legen, womöglich noch Vergleiche mit irgendwelchen ausgekochten Spitzenprofis anstellen. Im alpinen Skisport z. B. muß man auch erst mal auf den Skiern stehen, gehen, rutschen und klettern lernen, um danach langsam über Stemmbogen bis zum Parallelschwung seine Kenntnisse fortzusetzen. Dabei ist von einem Spezialslalom noch lange nicht die Rede. Diejenigen, die mehr wagen sollten, als ihnen zusteht, und einige Stufen überspringen möchten, landen nicht nur im Schnee, sondern oft im nächstliegenden Krankenhaus oder gehen die Gefahr ein, als tiefgekühltes Muster in einer Gletscherspalte unseren Nachfahren in alle Ewigkeit erhalten zu bleiben.

Zurück zum Tennis. **Die ganze Theorie darf nie zum Selbstzweck werden, denn praxislose Theorie ist genauso abwegig wie theorielose Praxis.** Sie dürfen sich nie mehr zumuten, als Sie im gegebenen Augenblick auch durchführen können, und immer nur die Äpfel pflücken, die in gesunder Reichweite sind. Für die höher hängenden müssen Sie erst einmal einen Ast höhersteigen.

Es ist einleuchtend, daß man ein programmiertes Vorwärtskommen auch geistig verarbeiten muß. Selbstverständlich brauchen Sie dabei nicht unbedingt einen IQ von Newton oder Einstein zu haben, obwohl ich in diesem Punkt in bezug auf das Hochleistungstennis etwas anderer Meinung bin als einige Tennisfachleute. Diese behaupten, daß ein Spitzenprofi gar keine besondere Intelligenz besitzen muß, daß auch Spieler mit unterdurchschnittlichem IQ in die Weltklasse vorstoßen können. Diese Behauptung widerspricht nämlich den Forschungen von Prof. Steinbach, der festgestellt hat, daß Hochleistungssportler in dem Bereich des IQ hoch bis extrem hoch mit 44 % gegenüber der Gesamtbevölkerung mit 25,5 % do-

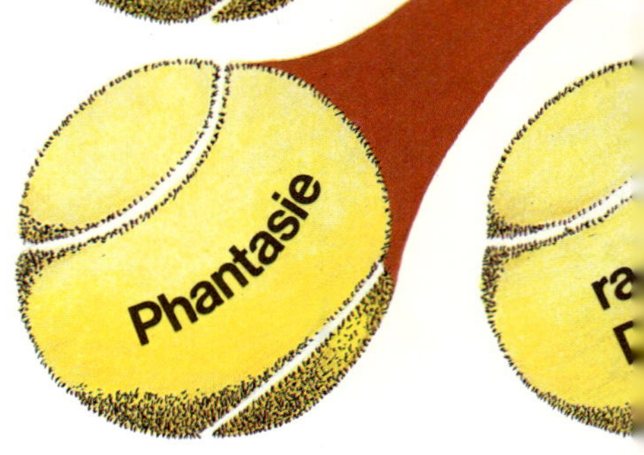

minieren. Nach Prof. Rohracher ist Intelligenz der Leistungsgrad der psychischen Funktion bei der Lösung neuer Probleme. Und müssen wir nicht gerade beim Tenniserlernen eine ganze Menge neuer Probleme lösen?

Auch wenn Sie nicht gerade einen Wimbledonsieg anstreben, brauchen Sie, um Fortschritte zu erzielen, die Fähigkeit zur geistigen Auseinandersetzung mit dieser Problematik. Solange nur Ihre Muskeln und nicht Ihr Kopf den Schläger dirigieren, werden Sie im Tennis immer eine Null bleiben. Ich gebe zu, daß besonders in den Anfangsstadien des Erlernens der Tennistechnik vor allem die Höhe des Talentes in einzelnen motorischen Bereichen wie Geschicklichkeit, Gelenkigkeit, Schnelligkeit, Reaktionsfähigkeit und Koordinationsfähigkeit für ein schnelles Vorwärtskommen mit ausschlaggebend ist. Deswegen erlernen talentierte Kinder in dem sogenannten Geschicklichkeitsalter (9–12 Jahre) auch die schwierigsten Spezialschläge spielend leicht.

Ein Geschickter wird es einfach schneller kapieren als ein Tolpatsch, aber zum Tennisspielen gehören nicht nur die Schläge allein, sondern auch Gedächtnistätigkeit, Geschwindigkeit der Auffassung, rasches Denken, Phantasie, Kombinationsgabe, Assoziation, Umstellbarkeit, Erfassen des Wesentlichen, schnelle Reaktion, Eigenständigkeit, Abstraktionskraft und vieles mehr. All diese Eigenschaften setzen die Psychologen bei einem intelligenten Menschen voraus.

Nur mit physikalischen Gesetzen kann man das Tennisspielen kaum erlernen, auch wenn diese den Flug des Balles bestimmen, wie ein berühmter Kollege schreibt, wobei dieser Kollege den IQ praktisch auszuschalten versucht. Ich möchte damit sagen, daß die Technik der Schläge zwar eine Voraussetzung ist, Tennis überhaupt spielen zu können, aber im Match hat sie nur einen Anteil am Erfolg. Einen ganz großen Anteil haben nämlich u. a. auch Eigenschaften wie Ehrgeiz, Intelligenz, Temperament, Wille, Konzentrationsfähigkeit, Selbstvertrauen, Anspruchsniveau, Selbstbeherrschung, Durchhaltefähigkeit, Spannkraft, Spielwitz und vieles mehr. Mit anderen Worten: Man darf die Technik nicht überbewerten! Auch wenn Sie einmal Schläge wie Borg oder Connors besitzen sollten, müssen Sie auch noch lernen wie diese Cracks zu spielen, um so erfolgreich zu sein. Dazu brauchen Sie mehr als nur motorisches Talent und Kenntnisse der physikalischen Gesetze!

Vorläufig sind Sie aber noch nicht so weit, denn jetzt kommt erst einmal das Feilen an der Schlagdurchführung: die Feinform. Inzwischen sind bestimmt schon aus den geschätzten 27 Linien auf Ihrer Seite des Platzes nur die sieben übriggeblieben, und das Netz reicht auch nicht mehr bis in den Himmel. Und wenn die Schläge dann sogar die richtige Form angenommen haben und Sie das Feld jenseits des Netzes immer öfter treffen, können Sie eine Stufe höher klettern. Von nun an heißt es nur noch – üben, üben, üben. Die vorhandene technische Durchführung muß stabilisiert werden, muß in jeder Situation funktionieren. Wenn dies der Fall ist, sind Sie schon so weit, daß Sie sich ruhig dem sportlichen Training, der Matchpraxis und dem Turnierspielen widmen können. Von nun an

Björn Borg

**Rekapitulieren wir:**

1. **Tennis erlernen bedeutet die eigene Herausforderung.**
2. **Erkennen Sie, welche Hindernisse im Wege stehen, und lernen Sie, diese einfach zu respektieren.**
3. **Suchen Sie immer Spaß am Tennis und vergessen Sie nicht zu lachen.**
4. **Packen Sie es gleich am Anfang richtig an.**
5. **Schätzen Sie sich richtig ein. Übernehmen Sie sich nicht.**
6. **Gehen Sie systematisch und geduldig vor.**
7. **Bleiben Sie auch bei Mißerfolgen optimistisch, angstlos und voll gesunden Selbstvertrauens.**
8. **Theoretisieren Sie nicht zu viel, aber unterschätzen Sie die Theorie niemals.**
9. **Bei allem Spaß – versuchen Sie nicht nur Muskeln, sondern auch Ihr Hirn einzusetzen.**
10. **Vergessen Sie nie: Jeder kann das Tennisspielen erlernen.**

steht Ihnen zu Ruhm, Pokalen und Dollarschecks nichts mehr im Wege, höchstens Sie selbst. Den Wimbledonsieg vor den Augen, können Sie sich in den »Krieg« begeben. Sie sind gewappnet und gerüstet. Und wenn es auch nicht gerade der Sieg in Wimbledon sein sollte, sondern nur in Kleinkleckersdorf oder Hintertupfingen oder nur über den Feind Piepenbreier – seien Sie ehrlich, es hat doch Spaß gemacht und die Schinderei hat sich gelohnt. Reichen Sie Ihrem Gegner die Hand und bedanken Sie sich bei Ihrem lieben Gott, daß er Sie zum Tennis geführt hat. Vielleicht hat Ihnen zu den schönen Stunden am Tennisplatz zufällig sogar dieses Buch verholfen, was mich besonders freuen würde.

Zum Abschluß dieses Kapitels möchte ich noch einmal wiederholen: Verzweifeln Sie nicht bei eventuellen anfänglichen Schwierigkeiten. Jeder kann das Tennisspiel erlernen, auch wenn nur im Rahmen seiner zum Teil angeborenen und zum Teil angelernten Fähigkeiten. Tennis macht Spaß in jedem Alter und in jeder Spielstärke!

Slazenger

# Allgemeines zur Tennistechnik

Wie ich Ihnen schon gesagt habe, ist die Tennistechnik im Prinzip einfach. Das Komische ist aber, daß nur die Zaungäste meine Meinung teilen. Anfänger am Platz sind von dieser Weisheit nur schwer zu überzeugen, besonders dann, wenn sie mit Handflächen voller Blasen die verflixte Filzkugel noch gar nicht richtig getroffen haben. Wenn ich nur eine narrensichere Methode wüßte, mit der ich jeden im Nu von meiner Meinung überzeugen könnte – ich wäre schon längst Multimillionär.

Bevor wir uns nun mit der Tennistechnik auseinandersetzen und bevor Sie versuchen werden, die Perfektion in Person zu sein, muß ich Ihnen leider erst einmal sagen, daß die Tennistechnik, wenn auch einfach, in Vollendung nicht erlernbar ist. In diesem Fall müßte es Spieler geben, die überhaupt keine Fehler machen. Die Tennisgeschichte lehrt uns aber das Gegenteil, und auch die größten Meister des weißen, inzwischen doch recht bunt gewordenen Sports, wie Tilden, Budge, Kramer, Gonzalez, Laver und Borg haben zum Teil Fehler am Fließband produziert. Ein absolut fehlerfreies Spiel gibt es einfach nicht. Warum ich es so oft betone? Bestimmt nicht, um Sie abzuschrecken. Nein, ganz im Gegenteil. Wenn Sie sich nämlich von Anfang an der Tatsache bewußt werden, daß jeder Spieler lebenslang mit irgendwelchen ihm eigenen, ganz persönlichen Mängeln in der Tennistechnik auskommen muß, werden Sie sich nur halb so viel ärgern, wenn Sie mit dem einen oder anderen Schlag die Sterne vom Himmel oder die Zwetschgen vom Baum hinter dem Tennisplatz holen. Sie werden mit wesentlich

kühlerem Kopf und gelockerter Muskulatur den nächsten Versuch unternehmen. Ehrgeiz muß sein. Aber er darf nicht in unerfüllbaren Wahn nach Fehlerfreiheit ausarten.

Martina Navratilova

# Der ideale Schlag

Kehren wir nun zum Anfang dieses Kapitels zurück. Vielleicht haben Sie schon Spieler gesehen, die mit einem von jeder Seite simplen, aber durchaus richtig und sicher durchgeführten Schlag die Gegner das Fürchten lehrten, andererseits wieder Könner beobachtet, die während eines Ballwechsels alle Schlagarten und Feinheiten des modernen Tennis demonstrierten. Letztere agierten vielleicht mit dem Ergebnis, daß der Gegner, mächtig beeindruckt, was es so alles gibt, voller Hochachtung und Demut diesen Sturm der Tennistechnikexplosion über sich ergehen ließ und notgedrungen auf einen eventuellen Fehler des Virtuosen wartete, der spätestens nach der dritten Kombination von Slice – Topspin – Dropshot – Chop auch prompt eintraf. Der kleine Unterschied zwischen diesen zwei Spielertypen ist der, daß die erste, langweilige Sorte von Spielern volle Pokal-Schränke besitzt, und die Alleskönner nur die ewigen Zweiten sind, allerdings in Turnieren mit zwei Teilnehmern. Ich will damit sagen, daß Tennistechnik kein Selbstzweck sein darf. Sie muß immer Mittel zum Zweck sein.

Wie viele Experten und Laien haben schon schwärmerisch von dem einen oder anderen Schlag eines Topstars behauptet, daß gerade dieser als einziger den idealen Schlag spielt. Was ist aber eigentlich der ideale Schlag? Wie sieht er aus? Ist es die Rückhand von Rosewall oder die Vorhand von Gimeno? Der Aufschlag von Tanner oder der Flugball von Newcombe? Oder ist es die Rückhand von Connors, die Vorhand von McEnroe, der Aufschlag von Zednik oder Flugball von Smith? Oder aber ... Nein, lassen wir das. So kommen wir nie weiter. Jeder hat seine eigene subjektive Vorstellung von einem idealen Schlag, und diese ist zum größten Teil weder fundamental begründet noch objektiv. Die meisten Schwärmer begutachten fast ausschließlich die ästhetische Seite des Schlages, und das ist viel zu wenig.

Plötzlich kommt aber der Herr Schlotterhose, hält den Schläger wie einen Kochlöffel oder eine Bratpfanne, steht dabei auf dem Platz wie ein Verdauungsgeschädigter, schwingt den Schläger ganz simpel ohne sichtliche Anstrengung und besitzt dabei die Frechheit, mit der Präzision einer Schweizer Uhr die Ecken zu treffen, bis die Linienfetzen fliegen. Alle staunen und regen sich über die unmögliche Technik des besagten Herrn Schlotterhose auf und sind empört, wenn gerade er zum Schluß auf dem Siegespodest den Pokal oder Scheck in Empfang nehmen kann. Dabei ahnen diese gepeinigten Ästheten nicht, daß gerade dieser Herr den idealen Schlag – zugegeben, mit Eigenkreationen durchspickt – demonstriert hat.

Wenn Sie nun den Namen Schlotterhose durch den Namen Borg ersetzen, wird vor Ihnen plötzlich der größte Tennisspieler der heutigen Zeit stehen. Und damit sind wir bei der Charakteristik eines

Vergleichen Sie die Position des Herrn Schlotterhose und die so typische Stellung von Björn Borg. Obwohl beide die gleiche Stellung einnehmen, scheint diese grundverschieden zu sein. Aber der Eindruck trügt.

idealen Schlages angelangt; er ist **einfach, äußerst rationell und wirkungsvoll.** Ja, so simpel ist es. Habe ich es Ihnen nicht gleich am Anfang gesagt?

Unter einfach verstehen wir einen Bewegungsablauf frei von jeglichen unnützen und überflüssigen Zuckungen, Verrenkungen, Zwischenbewegungen, Verkrampfungen und Korrekturen.

Rationell bedeutet: ohne unnützen Kraftaufwand, schwungvoll, leicht, immer der jeweiligen Situation angepaßt, gleichmäßig und ökonomisch.

Und wirksam? Ein guter Spieler läßt für sich das Score, zu deutsch das Ergebnis, sprechen und nicht den äußeren Effekt. Sicherheit und Länge vor Rasanz, Präzision vor Improvisation, Taktik vor Kopflosigkeit. Wirksam ist nur der Schlag, der Punkte bringt. Egal, ob direkt oder dadurch, daß der Gegner zu Fehlern gezwungen wird. **Sie können niemals so viele direkte Punkte machen, um damit ein Match zu gewinnen. Sie können aber immer so viele Fehler begehen, um es zu verlieren!**

Sie können einfach und sogar rationell schlagen. Solange aber der Ball dauernd auf der Aufschlaglinie des Gegners aufspringt und dieser ihn Ihnen um die Ohren donnert, werden Sie nicht einmal einen Blumentopf gewinnen. Also – kein idealer Schlag.

Sie können auch wirksam schlagen. Wenn Ihnen aber schon im zweiten Satz durch unrationelles Spiel die Puste ausgeht und Sie sich schließlich, von Krämpfen gepeinigt, in ärztliche Obhut begeben müssen, werden Sie kaum von einem idealen Schlag sprechen können. Ein Match geht nun einmal mindestens über zwei Gewinnsätze.

# Das Gefühl

Selbstverständlich kann man diese drei Beurteilungskriterien nicht frei im luftleeren Raum schweben lassen. Es gibt schon Begrenzungen, die durch physikalische, biomechanische und anatomische Gesetze und Tatsachen gegeben sind. Auch der größte Tennisvirtuose hat nun einmal ein radial aufgehängtes Schultergelenk. Auch er kann das Gesetz der Gleichheit des Absprung- und Aufsprungwinkels nicht ändern oder die Gravitation neutralisieren. Aber glauben Sie mir, in der Praxis gewöhnt man sich sehr schnell, diese Gesetze zu akzeptieren, ohne daß man dabei gleich Anatomie oder Physik studiert haben muß.

Es ist einleuchtend, daß Sie nicht von Anfang an die aufgeführten drei Kriterien in Ihrem Schlag spüren werden, denken Sie an die Stufen im ersten Kapitel. Aber mit zunehmender Spieldauer werden Sie bei dem einen oder anderen Schlag plötzlich spüren, daß dieser phantastisch war, daß gerade bei diesem Schlag alles geklappt hat, denn Sie haben gar keinen Widerstand, keine Verkrampfung, keine Verrenkung gespürt. Sie haben ganz einfach durchgeschwungen, und der Ball sauste wie ein Intercity davon. **Erwarten Sie nie zu schnell zu viel!** Sie müssen nach und nach Ihr Tennisgefühl entwickeln. Dieses Gefühl ist nicht meßbar, nicht beschreibbar, nicht durch einen Tennislehrer zu übermitteln. Es ist nur einzig und allein Ihr persönliches Gefühl, die plötzliche Erleuchtung, die Gewißheit, so und nicht anders. Ja, wenn Sie so wollen, der erfüllte Liebesakt zwischen Ihnen, dem Schläger und dem Ball.

Das Dumme an der Geschichte ist, daß dieses absolute Gefühl nicht zum Dauerzustand wird. Es ist Schwankungen unterworfen, die durch äußere Umstände, wie auch durch Ihre innere Verfassung, entstehen. Dadurch werden Sie Tage des absoluten Gefühls und Tage der Verzweiflung erleben. Aber auch das ist logisch und kalkulierbar. Ich werde es Ihnen gleich erklären. Versuchen Sie einmal Ihre Schulkenntnisse zu rekapitulieren, und bemühen Sie sich mit mir, ein wenig Ihr zeitliches und räumliches Vorstellungsvermögen zu erwekken.

Der Tennisplatz ist von einer Grundlinie zu der anderen 23,77 m lang. Der Einfachheit halber rechnen wir vom Treffpunkt zum Treffpunkt 24 m. Für diese Strecke braucht ein

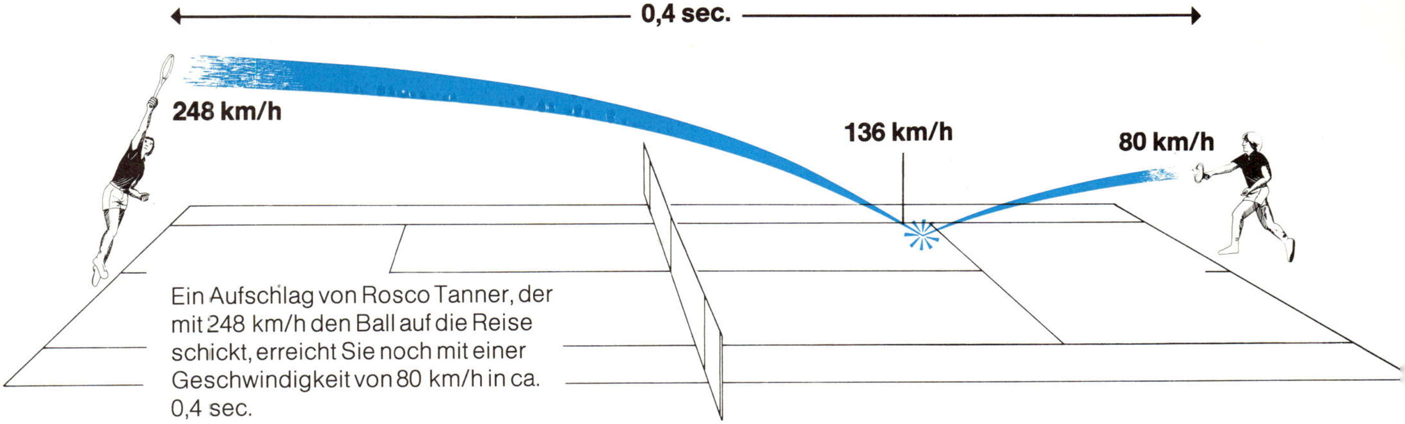


Ein Aufschlag von Rosco Tanner, der mit 248 km/h den Ball auf die Reise schickt, erreicht Sie noch mit einer Geschwindigkeit von 80 km/h in ca. 0,4 sec.

normal geschlagener Ball im Durchschnitt ca. 1,5 sec. Ein Aufschlag-As von dem Amerikaner Roscoe Tanner, der mit 248 km/h die Kugel zum Gegner befördert, kommt allerdings bei diesem in ca. 0,40 sec. angerauscht. Da Sie aber derzeit kaum einem Mister Tanner gegenüberstehen werden, sondern höchstens dem Herrn Piepenbreier, brauchen wir uns mit diesen Supergeschwindigkeiten vorläufig weder Ihren noch meinen Kopf zu zerbrechen.

Im Schläger hält sich der Ball nur 0,003–0,005 sec. auf, je nach dem, wie hart Sie schlagen. Je härter, desto »länger« wird der Ball mit den Seiten in Berührung bleiben, aber nie über die 0,005 sec. hinweg. Schon diese Minizeit, die durch ein menschliches Hirn gar nicht registrierbar ist, schließt aus, daß Sie oder ich oder Ihr Lehrer einen Ball im Schläger bewußt »lange« führen können, was immer wieder fälschlicherweise den armen Schülern eingehämmert wird. Selbstverständlich verursacht der Ballkontakt mit der Schlägerfläche auch eine metrische Berührungsstrecke. Diese erstreckt sich aber nur in einer Entfernung von 0 bis höchstens 15 cm. Was man richtigerweise unter dem Begriff »Führen« eines Balles versteht, bzw. wie man diesen Unsinn richtigstellen muß, werde ich Ihnen später erklären.

Rekapitulieren wir. Bei einem Grundlinienschlag fliegt der Ball ca. 24 m in 1,5 sec., und zwar öfter schneller als langsamer. Im Schläger selbst hält er sich ca. 0,004 sec. und vielleicht 7 cm auf. Erinnern Sie sich. Der Ausgangspunkt unserer Rechenstunde war das schwankende Gefühl. Alle diese Sekundenbruchteile, in denen Sie über Ihr Glück oder Unglück entscheiden müssen, sind unreparabel. Sie können weder einen Schlag während der Schlagbewegung noch einmal von vorne beginnen, noch dem Gegner sagen: »Pardon, dieser Patzer war nicht beabsichtigt. Wiederholen wir den Punkt noch einmal.« Weil im Treffpunkt durch den kurzen Zeitabschnitt keine Korrektur mehr möglich ist, liegt der Erfolg Ihres Schlages in dem Zeitabschnitt davor. Wenn Sie aber z. B. dadurch, daß Sie in der Schule eine Fünf geschrieben haben, oder Ihr Chef Sie wieder einmal zur Weißglut getrieben hat, oder Sie den Abend vorher einen über den Durst gekippt haben, geistig oder physisch nicht in bester Verfassung sind, werden Sie sich in der Vorbereitung zum Treffpunkt Schläger/Ball anders verhalten als im normalen, ausgeglichenen Zustand. Sie schwingen nur einen Bruchteil der Sekunde zu früh oder zu spät, Sie stehen um einige Zentimeter zu weit oder zu eng am Ball, in der Rücklage oder auf dem falschen Fuß – schon ist das Gefühl vom Vortage im Eimer.

Womit wir wieder bei der Ausgangsbasis angelangt sind. Ihr eigenes Gefühl für den Schlag verhält sich wie eine Diva: Es ist launisch und unberechenbar, leicht von den Umwelteinflüssen beeinflußbar und nicht immer kontrollierbar. Und das ist der Grund, warum Sie heute die Schläge in Superform mit geschlossenen Augen dahinhämmern und morgen hilflos wie ein Anfänger, mit Wut im Bauch, die Bälle in den Birkenwald befördern. Das absolute Gefühl hat mit Konzentration, Balance und Timing zu tun. Doch davon aber später mehr. Ich wollte Ihnen gleich am Anfang klarmachen, daß nicht nur Sie als Anfänger, sondern auch ich oder der Superstar nicht jeden Tag die gleiche »Form« finden. Die einmal erlernte Tennistechnik kann man nicht vergessen, aber man kann das Gefühl für die Situation, für den Ball, für die Harmonie aller beteiligten Komponenten, für den rhythmischen, feinmotorischen Bewegungsablauf verlieren. Der Grund kann allerdings außer Ihrem seelischen Zustand ebensogut mangelndes Üben oder Trainieren, wie auch das berühmte Überspielen sein.

Auf jeden Fall werden Sie aber, abgesehen von den eben erwähnten Schwankungen, mit zunehmender Schlagfertigkeit ein immer ausgeprägteres Gefühl bekommen. Dieses Gefühl ist der Garant des Erfolges.

# Am Anfang Flugbahn hin, Flugbahn her

Ich habe Sie schon im ersten Kapitel darauf aufmerksam gemacht, daß in den ersten Stunden und vor allem in der ersten Stufe der Grobform die Flugbahn und das Ziel des geschlagenen Balles unwichtig sind, daß diese kein Gradmesser für Ihre mehr oder minder richtig oder falsch geschlagene Vor- oder Rückhand sein darf. Im Gegenteil. Sie müssen Ihre Aufmerksamkeit ausschließlich der technischen Durchführung des Schlagablaufes widmen. Ich beobachte immer wieder Spieler, die mit dem Schläger umgehen wie mit einer Fliegenklappe bei einem Angriff eines Bienenschwarmes. Wenn sie dabei doch einmal zufällig den Platz treffen, geben sie vor Begeisterung über ihren göttlichen Schlag an der Theke gleich eine Runde aus. Aber diese Unglücklichen ahnen nicht, daß sie ihre »Weltklasseschläge« purem Zufall verdanken und nicht einem systematisch aufgebauten Schlag. Denn nur bei einem Schlag, der geduldig von Stufe zu Stufe erlernt wurde, der einen ausgewogenen und rhythmischen Bewegungsablauf hat, **ist die Flugbahn des Balles ein Gradmesser** der richtigen Durchführung, ein Gradmesser der richtigen Schlägerhaltung, der Aushol- und Schlagbewegung, des richtigen Treffpunktes, der Schlägerstellung im Treffpunkt, des Ausschwungs, der Gewichtsverlagerung und des Timings. Deswegen möchte ich Sie vor allem in der ersten Stufe, aber auch noch in der Stufe der Feinform warnen, dem dahinsegelnden Ball zu viel Bedeutung zuzumessen. Konzentrieren Sie sich nur auf die Durchführung, auf das **Wie** und nicht auf das Ziel, auf das **Wohin.** Denn ein menschliches Hirn kann sich nicht gleichzeitig auf zwei Vorgänge mit gleicher Intensität konzentrieren. Je mehr Sie einem bestimmten Vorgang, z.B. dem Treffen des gegnerischen Feldes, Beachtung schenken, umsomehr schalten Sie aus Ihren Gedanken andere Ereignisse, z.B. die Kontrolle des richtigen Schlagablaufes, aus. Man spricht in diesem Zusammenhang von der sogenannten **Enge des Bewußtseins.** Wenn Sie den Schlag korrekt durchführen, fliegt der Ball automatisch richtig. Es bleibt ihm nichts anderes übrig – denken Sie an die Physik und die Gravitation.

Erst in der dritten (Üben) und der vierten Stufe (Trainieren) wechselt die Wertstellung. Das Wohin übernimmt dann die wichtigere Rolle. Im Match schließlich soll man sich mit der technischen Durchführung schon gar nicht befassen, sondern die ganze Aufmerksamkeit nur der Taktik widmen.

Für all das brauchen Sie aber nicht nur die Geduld eines Nilpferdes, sondern eine insgesamt optimale innere Einstellung. Ihre Fortschritte werden beschleunigt, wenn Sie folgende **fünf Grundregeln** einhalten:

1. **Gehen Sie nie über die eigene, derzeit vorhandene Spielfertigkeit und Spielfähigkeit hinaus. Versuchen Sie nie mehr, als Sie vernünftigerweise erreichen können.**
2. **Schlagen Sie nie einen Ball, ohne sich vorher zu überlegen, was Sie damit erreichen wollen bzw. worauf Sie sich während des Schlages konzentrieren sollen.**

3. **Spielen Sie jeden Schlag mit voller Konzentration und vollem Einsatz.**

4. **Verkrampfen Sie sich nicht bei aller Verbissenheit innerlich und muskulös, sondern bleiben Sie locker und entspannt.**

5. **Dehnen Sie technisches Training nicht zu weit über den Ermüdungszustand hinaus, denn bei stark ermüdetem Organismus kommt es zu Störungen des Nerv-Muskel-Systems und dadurch zu abnehmender Koordinationsfähigkeit.**

# Progressive Ganzheitsmethode

Die Fähigkeit des Erlernens der Tennistechnik ist stark durch zwei Faktoren beeinflußt: Allgemeine Geschicklichkeit und tausendfache Wiederholung der einzelnen Bewegungsabläufe.

Die Geschicklichkeit ist leider im großen Maße erblich bedingt. Wenn Sie das Pech haben sollten, was ich nicht hoffe, und Ihre Vorfahren zu der tolpatschigen Sorte Mensch gehörten, ist die Gefahr sehr groß, daß auch Sie etwas mitbekommen haben. Es muß gar nicht so weit gehen, daß Sie beim Aufhängen eines Bildes gleich die Wohnung des Nachbarn demolieren, aber schon ein regelmäßig blau angelaufener Daumen bei etwaigem Umgang mit Hammer und Nagel zeugt nicht gerade von großer Geschicklichkeit. Um so mehr Geduld, Willen und Übung brauchen Sie für das Beherrschen des Balles und des Schlägers. Gott sei Dank aber sind die meisten Menschen, die sich für Sport interessieren, doch mehr oder weniger geschickt und somit für Tennis prädestiniert.

Die sensomotorische Entwicklung bedeutet die Automatisierung der Aufnahmefähigkeit einzelner Bewegungsabläufe und das Umsetzen in eine regelmäßige Bewegung.

Die Bewältigung der Tennistechnik bedeutet gleichzeitig die Entwicklung bzw. das Training des sogenannten **sensomotorischen Systems.** Ich weiß, dieser Ausdruck ist nicht jedem geläufig, deshalb möchte ich ihn erklären. Das sensomotorische System ist ein System der Reiz- und Empfindungsaufnahme, Wahrnehmungs-, Erkennungs- und Vorstellungsfähigkeit und die Überführung der Impulse in eine geordnete Motorik. Auf gut deutsch bedeutet die sensomotorische Entwicklung die Automatisierung der Aufnahmefähigkeit und das Umsetzen in ein Verhalten bzw. in eine regelmäßige Bewegung.

Und das ist ja schließlich das, was wir durch ewiges Wiederholen der Schlagbewegung erzielen wollen, nämlich die Stabilisierung des Bewegungsablaufes. Aber Vorsicht! Viele Schüler und leider auch manche Lehrer machen bei der Bewältigung der Technik vor allem in der Anfangsphase grobe Fehler. Sie üben viel zu lange nur eine Schlagart, und das meistens nur aus dem Stand oder immer wieder aus der gleichen Position, und noch dazu in Teile zerlegt. Abgesehen davon, daß Sie sich nicht zwei Jahre lang nur mit einem Vorhandschlag, sei er noch so gut, durchmogeln können, bevor eventuell auch die Rückhand an der Reihe ist, müssen Sie jede Schlagart auch in jeder Situation bewältigen können. Merken Sie sich, daß es im Tennis keine zwei Schläge gibt, die man unter den selben Bedingungen spielt. Wenn Sie so schön, stundenlang seitlich zum Netz gedreht, auf der Aufschlaglinie in der Ausholstellung stehend, vom Lehrer millimetergenau zugespielte Bälle bekommen, werden Sie wahrscheinlich irgendwann den Ball treffen lernen. Abgesehen davon, daß Tennis ein Lauf- und Bewegungssport ist und das Ziel nicht gerade im Wurzelnschlagen auf dem Platz zu suchen ist, funktioniert der Bewegungsablauf des Schlages nur in dieser einen geübten Position. Wenn am nächsten Tag aber nicht Ihr geliebter Tennislehrer auf der anderen Seite steht, sondern z. B. gerade Herr Piepenbreier und dieser Ihnen den Ball nun zum Trotz woanders hinspielt als Sie zu stehen pflegen, bricht der statisch erlernte Bewegungsablauf zusammen. Sie stellen dann stolpernd, schnaufend und den Schläger wie eine Windmühle schwingend, fest, daß die ganzen Lernstunden für die Katz waren und daß Ihr Tennislehrer doch nicht ein so lieber Kerl ist. Nun, um all diesen Gefahren aus dem Wege zu gehen, empfehle ich allen Lernsüchtigen und Lehrenden, die **dreiteilige, progressive Ganzheitsmethode** zum Erlernen der Tennistechnik anzuwenden:

1. **Lernen Sie immer den ganzen Schlag als eine einzige Einheit (mit Ausnahme vom Aufschlag). Schlagen Sie zuerst mit reduzierter Ausholbewegung auf eine reduzierte Entfernung mit reduziertem Schlägergewicht und vergrößern und verlängern Sie dies alles erst mit zunehmendem Lernerfolg.**
2. **Lernen Sie alle Grundschläge gleichzeitig.**
3. **Lernen Sie von Anfang an aus der Bewegung schlagen.**

Das Wurzelschlagen ist wohl kaum der Sinn des Tennisspiels.

Die Vertreter der zerstückelten und statischen Methode begründen diese damit, daß der Schlagablauf für einen Anfänger viel zu kompliziert ist, daß die Zerlegung in Einzelphasen und -bewegungen den Lernprozeß beschleunigt und daß man stehend die Entfernung zum Ball leichter abschätzen lernt, als wenn der Körper in Bewegung ist.

Diese Theorie hat mehrere Haken. Erstens betone ich noch einmal, daß bis auf den Aufschlag die Technik der anderen Schläge ganz einfach ist, und daß nicht der Schlagablauf als solcher, sondern das Bewältigen des Schlägers und des Balles einen Anfänger vor die größten Probleme stellt. Das Beherrschen des Schlägers sowie das Abschätzen der Fluggeschwindigkeit, Absprunggeschwindigkeit und des Absprungwinkels des Balles erlernen Sie aber im zerlegten und statischen Bewegungsablauf des Schlages viel langsamer, falls überhaupt richtig. Es gibt dazu Hunderte von Übungen in Form von Vorübungen, Geschicklichkeitsübungen, Werfen, Fangen, Prellen usw. Erinnern Sie sich bitte, was ich Ihnen eben von der sensomotorischen Entwicklung sowie der Geschicklichkeitsübungen gesagt habe.

Zweitens ist es ein Unding, das sich gegen jeden Grundsatz des motorischen Lernens richtet, einen geschlossenen und einfachen Bewegungsablauf, der als eine Einheit vor allem mit Schwung und in Harmonie verschiedener Komponenten durchgeführt werden muß, zu zerstückeln, die Ökonomie damit zu zerstören und einzelne Bewegungen wirklichkeitsfremd zu erlernen. Es ist weiter ein Unding, stunden- und wochenlang etwas zu üben, was ab einem gewissen Augenblick plötzlich nicht mehr Gültigkeit hat und was dann mühevoll und zeitraubend zum Idealzustand umgelernt werden muß.

Lernen Sie den Schlag von Anfang an wirklichkeitsgetreu in und aus der Bewegung und als einen einzigen geschlossenen Bewegungsablauf.

Oder haben Sie z. B. schon einmal einen Fußballspieler gesehen, der beim Kickenlernen wie ein Storch mit einem nach hinten ausgestreckten Bein, auf dem anderen Bein stehend, den Ball am Torwart vorbeizuschießen versucht hat? Das Geheimnis des richtigen Schlages oder Torschusses liegt im Schwung und im Timing aller Körperbewegungen. Sie können deswegen gar nicht früh genug mit dem Erlernen dieser zwei wichtigsten Komponenten anfangen.

Ich darf wiederholen: Lernen Sie das Tennisspielen von Anfang an wirklichkeitsgetreu! Nicht stur und starr stehend, sondern in und aus der Bewegung heraus ist der Körper anpassungsfähiger, mobiler, geschickter. (Die Physik lehrt uns, daß jemand, der in dynamischen Verhältnissen seine in statischen Verhältnissen erworbene Verhaltensweise fortsetzt, scheitert, und daß in dynamischen Verhältnissen grundsätzlich neue Verhaltensweisen von größerer Wirkung entwickelt werden können). Wir dürfen nicht vergessen, daß Sie doch Tennis spielen wollen, unter anderem auch aus Spaß an der Bewegung. Für diejenigen, denen die körperliche Betätigung nicht schmeckt, wäre z. B. Schach zu empfehlen. Dabei bekommen sie höchstens Blasen und Hornhaut am Kinn (durch die stützende Faust) oder Krämpfe im verlängerten Rücken vom langen Sitzen, denn bei dieser Sportart ist schon das Stirnrunzeln eine gewaltige motorische Aktion.

Um aber den Anfang doch zu erleichtern, empfehle ich Ihnen eben reduzierte Bewegungen, d. h., wie die Aushol-, so auch die Schlagbewegung in kürzerer Form und mit leichterem und damit besser zu handhabendem Schläger aus kürzerer Entfernung durchzuführen. Sie werden staunen, welch schnelle Fortschritte Sie machen und wieviel Spaß Sie an der Sache haben werden.

Darüber hinaus fangen Sie in der ersten Stunde am Platz gleichzeitig mit beiden Grundlinienschlägen, der Vorhand und der Rückhand, an, und nehmen Sie in der zweiten oder dritten Stunde den Flugball und eventuell den Anfang des Aufschlages dazu. Es gibt gar keinen Grund, warum Sie erst einmal wochenlang oder monatelang Vorhand, dann die Rückhand usw. üben sollen, um eventuell, falls überhaupt, erst im Greisenalter zu den Spezialschlägen zu gelangen. Mit Podagra, Rheuma und Muskelschwund ist z. B. Topspin nachweislich ziemlich schwer erlernbar. Solange Sie sich nicht übernehmen und die schon erwähnten Stufen brav einhalten, können Sie gleichzeitig an allen Schlägen arbeiten. Damit trimmen Sie nur Ihre Geschicklichkeit, Anpassungsfähigkeit, Variationsfähigkeit und das besagte sensomotorische System. Unterschätzen Sie sich nicht und vor allem sollten Sie es nicht zulassen, daß Sie jemand für zu dusselig hält und Ihnen eine Ganzheitsmethode nicht zumutet! Sie haben doch beim Autofahren auch nicht erst stundenlang das Gaspedal getreten, um dann das Bremsen, dann erst das Lenken und schließlich irgendwann das Schalten zu lernen. Ganz im Gegenteil. Gleich von Anfang an wurden Sie auf die Menschheit mit voller Pulle losgelassen, und es hat geklappt. Sie leben noch (der Beweis ist, daß Sie über diesem Buch sitzen), Ihre Mitmenschen auch, und Sie fahren heute im Straßenverkehr bestimmt mindestens so gut wie Niki Lauda. Jedenfalls habe ich noch keinen Autofahrer getroffen, der davon nicht überzeugt wäre.

Wenn Sie nicht ein halbes Leben lang Trainerstunden nehmen wollen, dann sollten Sie versuchen, sich nach diesen Ratschlägen zu richten. Sie werden dann sehr schnell Erfolgserlebnisse empfinden, die eine notwendige Motivation für weiteres Vorwärtskommen sind, denn **nichts bringt mehr Erfolg als der Erfolg selbst!**

# Umlernen oder nicht?

Ich nehme an, bzw. ich hoffe sogar, daß Sie als Leser dieses Buches nicht nur Anfänger, sondern auch Fortgeschrittener und Meister sind, Sie entweder etwas Neues erfahren, sich bestätigt fühlen wollen oder sogar beabsichtigen, etwas dazuzulernen. Sie werden im Laufe des Lesens feststellen, daß ich immer näher und konkreter die Tennistechnik angehe. Vielleicht entdekken Sie unter Umständen immer mehr Unterschiede zwischen Ihrer Auffassung oder Durchführung und meiner Predigt. Vielleicht kommen Sie sogar zu dem traurigen Schluß, daß irgendwelche Ähnlichkeiten zwischen Ihren Schlägen und meiner Auffassung rein zufällig sind. Nun stellt sich die Frage, was jetzt? Sollen Sie mir glauben, und wenn ja, sollen Sie Ihre Technik vergessen und eine neue lernen? Wie ist es eigentlich mit dem Umlernen?

Was das Glauben betrifft, so ist das eine Gewissensfrage. Ich kann Ihnen versichern, daß ich in meiner fast vierzigjährigen Tennistätigkeit so vieles gesehen, gehört, studiert, gelesen, experimentiert und in der ganzen Welt erlebt habe, daß ich mir durchaus zutraue, das so lange und oft mühevoll erworbene Wissen weiterzugeben und vor allem der Überzeugung bin, daß sich jeder auf seine Weise aus diesem Erfahrungsschatz etwas herausholen kann.

Nun aber zu der Korrektur bzw. zum Umlernen. Abgesehen von Ihrem persönlichen Stil, der im Rahmen der Regeln liegen kann und mit dem wir uns gleich anschließend befassen werden, können Sie etliches im Bereich der Tennistechnik mehr oder weniger orthodox oder unorthodox durchführen, ohne dabei gleich von falscher Technik sprechen zu müssen. Schlagen Sie bitte einige Seiten zurück und lesen Sie noch einmal nach, wie ein idealer Schlag aussehen soll.

Nehmen wir aber an, daß Sie wirklich der Überzeugung sind, in einigen Kriterien weit von der später beschriebenen Technik entfernt zu sein, daß Sie auch einiges aus der Charakteristik des idealen Schlages vermissen lassen, worauf wahrscheinlich Ihre derzeitige Stagnation zurückzuführen ist (denn fleißig sind Sie ja bestimmt) und daß Himmelherrgottsakra etwas passieren muß, um endlich einmal den Piepenbreier oder Borg zu packen.

Der Erfolg einer eventuellen Korrektur oder sogar eines Umlernens hängt von vielen Kriterien ab. Wie lange spielen Sie schon Tennis, mit anderen Worten: wie tief eingefleischt sind Ihre Fehler? Wie alt sind Sie? Je älter, pardon, früher geboren, desto schwieriger ist es, sich neue bzw. andere Bewegungsabläufe anzueignen. Wie motorisch talentiert (geschickt) sind Sie? Mit der besagten Geschicklichkeit des blauen Daumens werden Sie sich schwer tun. Wieviel Zeit haben Sie zum Üben – mit einer Stunde pro Woche werden Sie eventuell dreißig Jahre brauchen. Wieviel Ehrgeiz, Geduld und Willen bringen Sie in den Ringkampf mit Ihrem Lehrer ein. – Glauben Sie mir, daß jegliches Umlernen nicht nur von Ihnen, sondern auch von Ihrem Trainer mindestens die Geduld des lieben Gottes erfordert! Wie lange Zeit geben Sie sich, denn Sie müssen immer zuerst mit Rückschlägen bzw. Formabstieg und Spielstärkenminderung rechnen. Das Alte wollen Sie nicht, das Neue können Sie noch nicht, und so stehen Sie einige Zeit Ihren Gegnern, die Sie immer geschlagen haben, als Zwitter hilflos ausgeliefert gegenüber. Und – last, but not least – was versprechen Sie sich eigentlich von der ganzen Pferdekur? Sind Sie tief überzeugt, daß sich diese Mühe auch wirklich lohnt? Eine Korrektur, die im Endeffekt keine Spielstärkeverbesserung bringt – das sollten Sie wissen –, ist zwecklos.

Gleich von Anfang an sollten Sie sich einem erfahrenen Trainer anvertrauen. Falls Sie aber doch einmal etwas umlernen müssen, ist der beste Trainer gerade gut genug. Eigene Fehler erkennen Sie am besten mit den Augen anderer.

Wenn Sie sich nach dieser Selbsteinschätzung doch auf den mühsamen Weg des Umlernens begeben, denn schließlich sind Sie doch ein Kerl, müssen Sie sich quälen. Sie müssen damit rechnen, daß erst einmal der Ball unter Umständen wiederum dorthin fliegt, wie Sie es in Ihren grauenvollen Anfängen erlebt haben. Anders ausgedrückt heißt das, daß mehr die Spatzen auf dem Dach als der Gegner gefährdet sind, daß Sie duch Muskelkater Muskeln entdecken, die Ihnen bis jetzt völlig unbekannt waren, daß plötzlich Blasen genau neben der schon seit Jahren sorgfältig gepflegten Hornhaut – die Ihr ganzer Stolz ist – auftreten, daß Sie nach einigen ergebnislosen Stunden an der Qualität oder am Verstand Ihres Trainers zweifeln werden, oder daß Sie sogar nachts, in Schweiß gebadet, durch Alpträume aufwachen, ja daß sogar das Steak und das Pils im Klubhaus nicht mehr so gut schmecken wie zu der Zeit Ihrer komischen Vorhand.

Aber Kopf hoch! Wenn Sie bereit sind, sich durch all diese Hindernisse durchzubeißen, werden Sie zu Ihrem neuen ersten Erfolgserlebnis kommen. Sie werden plötzlich spüren, daß es wiederum bergauf geht. Sie werden von neuen Gefühlen beflügelt, die neidischen Blicke Ihrer Spielkollegen auskosten und schließlich feststellen, daß sich diese unmenschliche Plagerei doch gelohnt hat und das Pils an der Theke wieder zum köstlichen Trunk geworden ist. Prost! Allerdings ist eines sicher: Was immer Sie für eine Korrektur angestrebt haben, vollkommen erreichen Sie diese nie. Denn abgesehen von Ihren individuellen Darstellungsmöglichkeiten werden die schon seit langem praktizierten und eingefleischten tennistechnischen Details die neuen Elemente zwangsweise beeinflussen.

Deswegen möchte ich Ihnen raten, daß Sie sich gründlich mit Ihrem Trainer beraten. **»Die eigenen Fehler erkennt man am besten mit Augen anderer«,** sagte schon der alte Konfuzius, und der war schlau. Häufig muß man nämlich gar nicht den ganzen Ablauf umstellen, sondern nur ein Detail, das entweder schon alleine ausreicht, um eine Besserung zu erreichen oder aber im Laufe der Zeit die anderen Komponenten des Schlages beeinflußt, ohne daß Sie sich dessen bewußt werden. Das ist z. B. fast immer bei einer Griffänderung der Fall, denn gerade der Griff ist der Ausgangspunkt der ganzen Aushol-, Schlag- und Ausschwungbewegung, wie ich Ihnen später noch erklären werde.

Etwas anders sieht die Situation aus, wenn Sie, oder in diesem Alter muß ich besser Du sagen, so zwischen 10 und 16 Jahre alt bist, unter Umständen sogar auch älter, und darüber hinaus über eine große Menge motorischen Talents verfügst, fleißig bist und die höchsten Sprossen anstrebst, z. B. in die Davis-Cup-Mannschaft kommen und vielleicht noch darüber hinaus willst. In diesem Fall sind Korrekturen eventuell falsch erlernter Schläge unumgänglich. Mit fundamentalen Fehlern wäre Deine Aufstiegschance sehr beschränkt und Du würdest die Gefahr eingehen, in der Mitte des Weges stehen zu bleiben und Deine optimale individuelle Leistungsgrenze niemals erreichen zu können. Das wäre sicherlich nicht in Deinem Sinne. Ich selber habe sehr oft mit den derzeitigen deutschen Spitzenspielern Schlagumstellungen und Korrekturen im Jugendalter praktizieren müssen. So z. B. habe ich mit Uli Pinner schon am Ende seiner Jugendzeit und sogar noch später hart an der Verbesserung seines Flugballes und seiner Slices gearbeitet. Wie Ulis Ergebnisse zeigen, hat er es zum größten Teil geschafft. Bei Rolf Gehring habe ich in seinem 14. Lebensjahr mit der Umstellung der Rückhand begonnen. Er spielte nur Slice, und auch diesen Schlag nicht richtig. Ähnlich war es bei Werner Zirngibls Rückhand, Hans-Dieter Beutels Vorhand, Sylvia Hanikas Rückhandtopspin, Bettina Bunges Vor- und Rückhandtopspin usw. Ich will damit sagen, daß bei talentierten Jugendlichen, die vor allem auch die nötigen moralischen Voraussetzungen mitbringen, eine Korrektur falscher Angewohnheiten nötig und möglich ist. Man muß allerdings genau analysieren, ob es sich um einen echten Fehler oder nur um eine individuelle Abweichung, die die Leistung nicht beeinträchtigt, handelt. Dies zu erkennen, verlangt von der Lehrkraft große Erfahrungen und hohes Fachwissen. Deswegen empfehle ich, in solchen Fällen den gleichen Weg zu gehen, wie es vor spektakulären Operationen gang und gäbe ist – lieber mehrere Professoren konsultieren, bevor das Skalpell zum ersten Schnitt angesetzt wird. Oft kann man mehr verderben als verbessern. Also junge Freunde, Kopf hoch, an die Arbeit und vielleicht auf Wiedersehen in der Davis-Cup-Mannschaft.

Zum Abschluß dieses Kapitels möchte ich einen Grundsatz als Richtlinie anführen. »Unorthodoxe Spieler auf die Idealform umzustellen ist dann falsch, wenn sie mit ihrem unorthodoxen Spezialschlag Wirkung erzielen. Wirkung ist doch das Entscheidende.« Diese Weisheit ist leider nicht von mir, sondern von meinem Schweizer Kollegen und Freund Marcel Maier.

SO BIAN
RA D RO

# Der persönliche Stil

Sie werden bestimmt schon gemerkt haben, daß wir uns bis jetzt noch gar nicht mit den einzelnen Schlägen auseinandergesetzt haben. Dies hat seinen Grund und wird noch einige Seiten dauern. Bevor wir so weit sind, halte ich es für unbedingt notwendig, Sie zuerst mit all dem bekanntzumachen, was in den meisten Lehrbüchern eine untergeordnete bzw. gar keine Rolle spielt. Meiner Meinung nach ist das aber das Allerwichtigste – nämlich Sie als Schüler auf all das vorzubereiten und Sie darüber aufzuklären, was Sie in diesem herrlichen Sport auf dem langen Weg zum Champion alles erwartet. Womit Sie sich auseinandersetzen müssen, was Sie zu bewältigen haben, was für verschiedene Komponenten eine große oder sogar dominierende Rolle spielen und was Ihnen Ihr Vorwärtskommen erleichtert. – Sie müssen all dies kennenlernen! Die Technik der einzelnen Schläge, deren Durchführung ist einfach, vorausgesetzt, daß man weiß, wie man diese Schläge begreifen soll und welche Wertstellung die einzelnen Teile des Schlages haben. Ich bin überhaupt der Meinung, daß man allgemein den einzelnen Phasen des Schlagablaufes, besonders der Armbewegung, viel zu viel Bedeutung beimißt. Manche gehen die Sache mit dem Metermaß an und versuchen, die einzelnen Bewegungsphasen millimetergenau vorzuschreiben, sozusagen dem Schüler eine Technik aufzuzwingen, die in 99% der Fälle eine »Vergewaltigung« der Individualität des Lernenden bedeutet.

Glauben Sie mir, es gibt auf der ganzen Welt unter den ca. 50 Millionen Tennisspielern keine zwei Spieler, die die gleichen Schläge spielen, genauso, wie es keine zwei gleiche Nasen oder zwei gleiche Handschriften gibt. Wenn Sie mir zwei Tennisspieler präsentieren können, die nur einen einzigen, völlig identischen Schlag haben, verpflichte ich mich hiermit feierlich, Ihnen persönlich, lebenslang und kostenlos Ihr Auto zu waschen.

Und trotzdem haben alle guten Spieler viele Gemeinsamkeiten. Diese müssen sie haben, denn wenn sie gut spielen wollen, sind gewisse physikalische und biomechanische Gesetze einzuhalten und zu respektieren. Sie müssen den anatomischen Gegebenheiten des menschlichen Körpers Rechnung tragen und die Balance, das Timing, die Gewichtsverlagerung usw. optimal entwickeln.

Am besten und am anschaulichsten vergleichbar ist die Entwicklung der Tennistechnik jedes einzelnen, **des sogenannten persönlichen Stils,** mit der Entwicklung der Handschrift. Als Sie noch ein Dreikäsehoch waren und mit der Tüte voller Leckereien das erste Mal die Schule betraten, wurde von Ihren Lehrern das aussichtslose Unternehmen gestartet, Ihnen eine manierliche Schrift beizubringen, sozusagen die Idealschrift, die Musterschrift. Sie fingen an, gleichmäßige Striche, Kreise usw. zu malen. Man sollte meinen, daß ein Kreis doch ein Kreis und ein Strich ein Strich wie jeder andere ist. Wenn Sie sich aber über die Schulter hinweg, was verboten war, den Kreis und den Strich Ihres Mitleidenden angeschaut haben, stellten Sie plötzlich fest, daß Ihr Kreis mit Sicherheit der Schönere war – auf jeden Fall aber war er anders. Sehen Sie, schon in diesen ersten Kreisen brachten Sie Ihre Individualität zum Vorschein. Zugegeben, die Ähnlichkeit war in den ersten Versuchen frappierend, aber zwei Jahre später sah plötzlich Ihr A ganz anders aus, als das A von Lieschen Müller. Weitere zwei Jahre später hatte auch Ihr eigenes A mit Ihrem ursprünglichen A kaum Ähnlichkeit. Vielleicht schreiben Sie heute das A so, daß nur Sie allein erkennen, daß es sich um ein A handelt. Wenigstens mir geht es so. Und das alles nennt man persönliche Schriftentwicklung. In Ihrer Schrift kann ein Graphologe Ihren ganzen Charakter feststellen. (»Charakter – in allgemeiner Bedeutung jede an einem Individuum beobachtete Eigenheit bzw. die Summe aller Eigenheiten, die es ermöglicht, das einzelne Individuum oder

Lebewesen mit anderen zu vergleichen.« Aus dem Wörterbuch der Psychologie, Drewer-Fröhlich).
Mit anderen Worten, Ihre Schrift ist durch Ihren Charakter geprägt. Sie ist der Ausdruck Ihres Wesens.

Und genauso verhält es sich bei der Entwicklung Ihrer Tennistechnik. Auch hier spiegeln sich neben Ihren morphologischen Gegebenheiten (Körperbau und Körperproportionen, Muskelmaße, Elastizität und Kraft der Muskeln, Proportionen der Gliedmaßen usw.), Ihrem motorischen Talent (Geschicklichkeit, Gewandtheit, Beweglichkeit, Flexibilität, Schnelligkeit, Reaktionsfähigkeit) auch Ihr Charakter, Ihre psychischen Fähigkeiten (Intelligenz, Wille, Konzentrationsfähigkeit, Zielstrebigkeit, Selbstbewußtsein, Selbstwertstreben, Durchhaltefähigkeit und vieles mehr). Glauben Sie mir, ein guter Trainer kann aus dem Stil sowie der Einstellung und Taktik auf Grund der eben genannten Kriterien Ihre Persönlichkeit recht genau charakterisieren. Umgekehrt muß ein guter Trainer die Fähigkeit besitzen, auf Grund Ihrer Persönlichkeit Ihnen im Rahmen des Möglichen Ihre individuelle Darstellung zu ermöglichen und diese sogar unterstützen und fördern!

Dies alles bedeutet, daß Sie es nie schaffen, auch wenn Sie sich dabei umbringen, einen Borg, Connors oder einen anderen Topstar nachzuahmen. Einen Schlag wie eine Spielauffassung zu kopieren, ist unmöglich. Solche Gedanken geben Sie bitte gleich am Anfang Ihrer glorreichen Karriere auf. Versuchen Sie auf Grund Ihrer persönlichen Fähigkeiten Ihr eigenes Tennisoriginal zu entwickeln. Diese Theorie bedeutet aber auch, daß es keinen vorprogrammierten **universalen** Bewegungsablauf eines Schlages geben kann. Wenn es einen gäbe, müßte er erlernbar sein. Es müßte eine Men-

Vergleichen Sie, wie sich die Einzelphasen von Rod Laver und Roger Taylor in den Knotenpunkten ähneln. Wenn Sie die Aufschläge aber als Ganzes in der Bewegung sehen würden, müßten Sie feststellen, daß die Aufschläge unterschiedlich sind – der persönliche Stil dominiert.

ge Spitzenspieler existieren, die diesen einzig richtigen Stil bis ins i-Tüpfelchen praktizieren können. Das ist aber, wie Sie sich durch ein genaues Beobachten der Weltklasse überzeugen können, nicht der Fall. Jeder Spieler hat seine eigenen Charakteristika, seine persönliche Note. Daß er Topspieler ist, bedeutet, daß er neben dem vorhandenen Talent und Fleiß die schon erwähnten Gesetze und Faustregeln einhält. Nicht mehr und nicht weniger.

Wenn Sie z. B. Reihenfotos in den wichtigsten Schlagphasen von verschiedenen Profis betrachten, werden Sie fast immer völlig identische Stellungen beobachten können. Das sind eben die Phasen, die den idealen Schlag ausmachen. Alles, was zwischen diesen einzelnen Knotenpunkten passiert, der motorische Bewegungsablauf also, ist die persönliche Kreation des Spielers. Wenn Sie diese sich völlig gleichenden Standfotos als Film betrachten, unterscheidet sich plötzlich der eine Spieler von dem anderen wie ein Elefant von einem Kamel. Und auch Sie werden Ihren persönlichen Stil nach und nach finden, wie Sie auch immer Ihren Trainer damit zur Verzweiflung bringen mögen. Jetzt schreibe ich mir schon eine Stunde über den persönlichen Stil die Finger wund und habe Ihnen noch immer nicht verraten, was ich damit meine. Vor Jahren habe ich eine Definition erfunden, die ich Ihnen mangels besserer Definitionen verraten möchte: **Persönlicher Stil** ist eine individuelle Auslegung der gegebenen, allgemein gültigen Tennistechnik auf Grund der spezifischen morphologischen Voraussetzungen (Körperbau, Proportionen der

Die Entwicklung des persönlichen Stils ist durch viele Faktoren individuell gefärbt. Eines Tages erreichen Sie Ihre eigene persönliche »Tennishandschrift«, und diese behalten Sie das ganze Tennisleben.

Gliedmaßen, Körpermasse, Last-Kraft-Verhältnis), intellektueller Eigenschaften (Intelligenz, Charakter, Temperament) sowie der motorischen Begabung des Spielers.

So, jetzt wissen Sie, warum Sie Ihre Vorhand oder Ihren Flugball anders schlagen oder schlagen werden als Herr Schlotterhose oder Mister McEnroe.

Wie geht eigentlich diese Entwicklung des persönlichen Stils vor sich? Auch damit habe ich mich vor vielen Jahren schon auseinandergesetzt und auf Grund jahrzehntelanger Erfahrungen in der Praxis eine grafische Darstellung, einen sogenannten **Korridor,** zustande gebracht, den ich 1974 in Paris bei einem internationalen Trainersymposium zur Diskussion stellte. Zu meiner Überraschung wurde dieser angenommen und von vielen Ländern so oder in etwas modifizierter Form übernommen. Ich möchte versuchen, Ihnen diesen Korridor zu erklären, damit Sie wissen, wie Sie sich entwickelt haben oder entwikkeln werden.

Die Zahlen oben auf der Grafik geben die Spieljahre an. Sie können am Anfang der Kurve Ihr eigenes Anfängeralter setzen. Der Korridor reicht von der sogenannten Ideallinie, das ist die absolut ideale Durchführung eines Schlages (falls es die gäbe), frei von jeglicher Individualität, 100%ig berücksichtigend alle Gesetze und Regeln, bis zu der noch akzeptierbaren Grenze, hinter der der Schlag nicht nur völlig unorthodox, sondern mit grober Mißachtung physikalischer und biomechanischer Gesetze durchgeführt wird.

Am Anfang befinden Sie sich außerhalb des Korridors, weil noch keine Technik vorhanden ist. Bis jetzt ziemlich logisch, nicht wahr? Ihr Trainer tut sein Bestes und versucht, Sie im Laufe der ersten zwei bis drei Jahre so nahe wie möglich an die Ideallinie heranzubringen. Das ist die Zeit der Grobform und der Feinform. Wieweit es ihm gelingt, hängt nicht nur von seinen Fähigkeiten, sondern von Ihrem Talent, Eifer, Fleiß und vielen anderen Faktoren ab. Nach etwa zwei bis drei Jahren beherrschen Sie das Spiel schon so weit, daß Sie sich trauen, die dritte und anschließend die vierte Stufe – Üben und Trainieren – anzupeilen. Gleichzeitig fangen Sie an, Ihre ersten vagen Matchversuche zu unternehmen. Diese Phase ist immer die gefährlichste, besonders bei Kindern. Mit relativ viel Grundtechnik ausgestattet, aber in der Durchführung und Wirkung noch unsicher, versuchen Sie, Ihre ersten Siege zu erringen, Niederlagen zu verdauen, Connors oder Piepenbreier zu kopieren, oft sich widersprechende »Ratschläge« von anderen Mitspielern oder sogar Trainern anzunehmen, Ihre eigenen Schlauheiten durchzusetzen. Ergebnis: Sie entfernen sich wieder im D-Zugtempo von der Ideallinie. Ihr geplagter Trainer appelliert an Ihren Verstand und unternimmt verzweifelte Versuche, Sie zu seinen Idealvorstellungen zurückzuführen. Daraus ergibt sich ein zwei- bis dreijähriger Kampf zwischen Ihnen und Ihrem Lehrmeister, der oft von Blitz und Donner begleitet wird. Zur Aufheiterung der Umgebung mischen sich noch die Eltern, der Opa, Tanten, Ehemänner, Ehefrauen und verschiedene Funktionäre ein, und das Chaos ist komplett. Trotz dieser turbulenten und an überraschenden Ereignissen reichen Periode stabilisiert sich die Technik der einzelnen Schläge immer mehr. Eines Tages, bei den Jugendlichen um das 13.–15. Lebensjahr, d. h. nach ca. sechs bis sieben Jahren, bei den Älteren etwas früher, ist Ihr eigener persönlicher Stil, Ihre Eigenkreation perfekt. Von nun an sind eventuell nur noch einzelne technische Details zu verbessern und zu korrigieren. Der gesamte Schlagablauf ist aber gegeben, auch wenn Sie oder Ihr Lehrer sich auf den Kopf stellen und den Teufel um Hilfe bitten, aus dem Herrn Schlotterhose wird kein Herr Piepenbreier, und aus dem Uli Pinner kein Rolf Gehring.

Die Entfernung Ihrer individuellen Linie von der Ideallinie hat keinen unmittelbaren Zusammenhang mit Ihrer Spielstärke. Borg z. B. bewegt sich nahe der Grenzlinie und ist der Beste der Welt. Sie aber können fast auf der Ideallinie hocken und bringen es vielleicht nicht einmal zum Klubmeister, was ich Ihnen allerdings nicht wünsche. Erinnern Sie sich, was ich Ihnen schon einmal gesagt habe – auch wenn Sie Schläge wie Spitzenstars besitzen sollten, müssen Sie auch noch lernen wie diese zu spielen, um erfolgreich zu sein. Wenn es beim Tennis Punkte für die schöne und korrekte Durchführung von Schlägen gäbe, müßten hierzulande einige Spieler in der absoluten Weltklasse zu finden sein. Leider oder Gott sei Dank – schauen Sie sich das Trauerspiel und das Theater im Eiskunstlaufen an – zählen nur Punkte.

Jetzt wissen Sie, wie Ihr Werdegang verlaufen wird. Falls Sie einen Klugen treffen sollten, der Ihnen versucht, irgendwelche Schläge eines Stars oder sogar, und das ist das Verwerflichste, seine eigenen beizubringen, schicken Sie ihn schleunigst in die nächstliegende Wüste, denn so ein Ratgeber hat von Tennis garantiert keine Ahnung, davon aber viel!

Merken Sie sich bitte eines: Auch die beste Kopie ist nur eine Kopie, ein wertloses Werk, und kein Original. Egal wie hoch Ihre Ambitionen im Tennis gesteckt sind, **versuchen Sie immer, ein eigenes Original zu werden.** Es gibt tausende haargenauer Repliken von Leonardo da Vincis Mona Lisa, aber nur die lächelnde Dame im Louvre ist Millionen wert. Auf der anderen Seite existieren eine Menge anders lächelnder Damen auf Bildern, deren Wert auch in die Millionen geht, nur die Maler heißen nicht Leonardo da Vinci, sondern Rubens, Tizian, Dürer, Picasso usw. Vielleicht sind gerade Sie der Picasso des weißen Sports, wer weiß?

# Die Konzentration

Schon des öfteren kam dieser Ausdruck in den voranliegenden Zeilen vor. Vielleicht werden Sie fragen, was um Gottes willen hat meine Aushol- und Schlagbewegung mit der Konzentration zu tun. Leider sehr viel! Wie ich Ihnen schon sagte, ist die geistige Auseinandersetzung mit der Technik eine Voraussetzung des schnellen Vorwärtskommens.

Ich bezweifle, daß Sie einen guten und regelmäßigen Schwung zustande bringen, wenn Sie dabei an Sophia Loren, Bo Derek oder an duftende Speckknödel denken. Sie haben schon im vorherigen Kapitel über die Enge des Bewußtseins gelesen, daß die psychischen Funktionen nicht gleichzeitig für zwei verschiedene Aufgaben aktiviert werden können. Mit anderen Worten, Ihre Aufmerksamkeit (was nach Prof. Rohrbacher der jeweilige Aktivitätsgrad der psychischen Funktionen, der Wahrnehmung, des Vorstellens oder des Denkens oder aller Funktionen gleichzeitig ist) muß immer der jeweiligen Tätigkeit voll gewidmet werden, wenn diese Tätigkeit auch die erwarteten Spuren hinterlassen soll.

Nun ist aber leider unser Hirn auch kein Perpetuum mobile. Es muß angetrieben und ernährt werden und unterliegt, genauso wie unsere Muskeln, nach und nach dem jeweiligen antrainierten Zustand entsprechend, Ermüdungserscheinungen, wobei es zu Konzentrationsschwächen kommt. Sie sind plötzlich nicht mehr imstande, die ausgeübte Tätigkeit, z. B. die gerade geübte Vorhand, geistig zu verfolgen, was zur Folge hat, daß es zu Koordinationsstörungen kommt, die den schon vorhandenen Bewegungsablauf ganz schön durcheinanderbringen. Sie haben plötzlich wieder den Eindruck, daß der Schläger nur aus Holz besteht und die Bespannung jemand gestohlen hat.

Immer wieder werden Sie Lehrern begegnen, die ihre Schüler beschwören, sich dauernd und voll zu konzentrieren. Ist es aber überhaupt möglich, sich **pausenlos,** über Stunden hinweg, optimal zu konzentrieren? Nein, auf gar keinen Fall. Ähnlich könnte man von Ihnen die Quadratur des Kreises verlangen.

Ich möchte an dieser Stelle das Konzentrationsgenie Björn Borg zitieren: »Wenn man körperlich ermüdet, ist es fast unmöglich, stark zu spielen. Aber was vielen Leuten – sogar vielen Tennisspielern – nicht bewußt ist, ist die Tatsache, daß derselbe Effekt eintritt, wenn Sie ›geistig‹ müde werden, sprich: die Konzentration verlieren. Es ist nicht ganz einfach, exakt zu erklären, was es bedeutet, ›geistig‹ nachzulassen. Aber hauptsächlich – so sehe ich es – kann man sich darunter eben die Unfähigkeit vorstellen, während des Spiels durchgehend konzentriert zu bleiben.

Das passiert mir, und das passiert jedem Spieler. Und allzu häufig ist es in einem ausgeglichenen Kampf dieses kurze Nachlassen, verursacht, wie ich glaube, durch eine Ermüdung des Geistes, von dem Sieg oder Niederlage abhängen.« Wie Sie sehen, auch der große Borg kann diese nachlassende oder schwankende Aufmerksamkeit »nicht exakt erklären«. Deswegen möchte ich versuchen, diesen Vorgang wenigstens kurz und simpel (darüber könnte man ein Buch schreiben) klarzustellen, womit Sie schon, wenigstens in diesem Punkt, Björn Borg voraus sind.

Genauso wie unsere Muskeln bei lang andauernder Tätigkeit »sauer« werden und eine Regenerationsphase beanspruchen, braucht auch unser Hirn eine Erholungspause. Unsere Aufmerksam-

Der fünfmalige Wimbledonsieger Björn Borg ist ein Paradebeispiel optimaler Konzentrationsfähigkeit. Wegen dieser Gabe wird er auch »Eisberg« genannt.

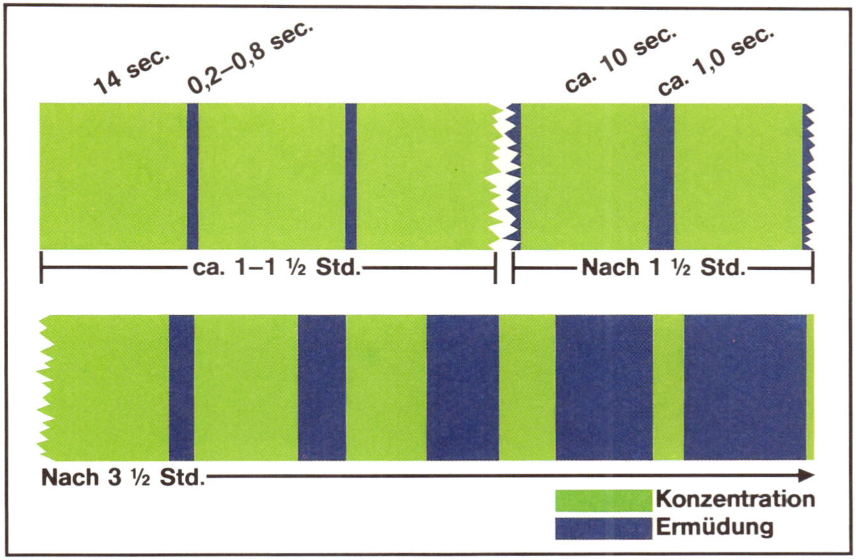


Auch unsere Aufmerksamkeitsfähigkeit ist Schwankungen ausgesetzt, die sich mit zunehmender Ermüdung zu unseren Ungunsten entwickeln.

keit ist dauernden Schwankungen ausgesetzt, die zwischen 5 und 14 Sekunden liegen. Nicht nur im physischen Bereich treten Kraft- oder Ausdauerschwankungen auf, auch im psychischen Bereich kommt es zu Aufmerksamkeitswellen, die aus den Phasen Leistung – Ermüdung – Erholung – Leistung bestehen. Nach maximal 14 sec. optimaler Konzentration (sogenannten Beta-Wellen) kommt es für eine Zeit von 0,2 bis 0,8 sec. zur Ermüdung (sogenannten Alpha-Wellen) und dadurch zu Stoffwechselvorgängen, die die verbrauchte Substanz ersetzen müssen.

Ein Match oder ein Training dauert aber eine oder mehrere Stunden. Mit zunehmender Zeitdauer werden Sie müder. Wie Ihre physischen, so benötigen auch die geistigen Kräfte immer längere Erholungsphasen, um wieder neu mobilisiert werden zu können. Mit anderen Worten, die Konzentrationsfähigkeit läßt nach, die Dauer der schwankenden Aufmerksamkeit wird länger, und die optimale Konzentrationsfähigkeit wird kürzer. Später reicht auch die längere Erholungsphase nicht mehr aus, die Ganglienzellen im Hirn werden nicht mehr vollständig regeneriert. Es entsteht dann auf die Dauer ein Defizit der verbrauchten Energie, und es kommt zu einem immer größeren Ermüdungszustand (Ihre Gedanken wandern) bis hin zu einer eventuellen völligen psychischen Erschöpfung.

Die Koordination Nerv-Muskel wird gestört, der Bewegungsablauf gerät durcheinander, die bis dahin bombensichere Rückhand wird zur Lotterie, die Bälle ziehen eigene Bahnen durch die Landschaft, Sie geraten langsam aber sicher in Wut und Verzweiflung. Dadurch kommt es zu einer gewissen Panikstimmung, die wiederum muskuläre Verkrampfungen hervorruft. Diese stören den eingeübten Bewegungsablauf noch mehr, es kommt zu Koordinationsstörungen der feinmotorischen Bewegungsabläufe. Sie geraten in einen Teufelskreis, in dem nichts mehr stimmt; der Salat ist perfekt, Dressing inbegriffen. Ein Training können bzw. müssen Sie in diesem Augenblick abbrechen, denn alles, was Sie in dieser Untergangsstimmung unternehmen, ist falsch. Sie gehen die große Gefahr ein, die schon vorhandenen und erlernten feinen motorisch-technischen Abläufe zu zerstören.

Was sollen Sie aber in einer solchen Situation im Match machen? Es darf einfach zu so einem »Zusammenbruch« gar nicht erst kommen, denn wenn es einmal soweit ist, bleibt Ihnen sowieso nichts anderes übrig, als dem Gegner zum Sieg zu gratulieren und schnell das Weite zu suchen. Das bedeutet aber, daß auch die Konzentrationsfähigkeit geübt werden muß! Womit wir wieder bei dem Lehrer angelangt sind, der in guter Absicht falsch handelt, indem er Sie zu dauernder Konzentration aufruft. Ein Ballwechsel im Match auf einem Sandplatz dauert im Durchschnitt ca. 7,15 sec. (das ist ein Wechsel von 2,91 Bällen). Auf schnellen Plätzen ist die Durchschnittszeit noch kürzer: 5,67 sec. auf Kunststoff – bis 4,27 sec. auf

Holzplätzen. Und gerade in dieser Phase müssen Sie optimal konzentriert sein! Sie müssen »mit dem sein, was der Körper tut, und die unbewußten oder automatischen Funktionen laufen ab, ohne von Gedanken gestört zu werden.« (Gallwey 77 – 5.) Danach folgt eine Pause, die am häufigsten intervallartig 11–20 sec. beträgt. In dieser Zeit brauchen Sie sich nicht optimal zu konzentrieren, denn es passiert im Augenblick nichts Weltbewegendes; außerdem, Herr Schlotterhose ruht ja auch. Sie dürfen selbstverständlich nicht mit der Blondine am Zaun flirten oder mit Ihrem Doppelpartner die Großwetterlage diskutieren, denn das bringt Ihre Gedanken in andere Gebiete – erinnern Sie sich bitte an die Enge des Bewußtseins. Aber Sie sollen sich entspannen, und das muskulös sowie auch geistig (kognitiv), um bei dem nächsten Aufschlag, oder im Training beim nächsten Ballwechsel, wieder voll regeneriert Ihre Aufmerksamkeit nur dem Ball widmen zu können. »Konzentration im Tennis bedeutet vielmehr, kognitiv (emotional) entspannt und neuro-muskulös angespannt zu sein«, meint Prof. Gabler. (Prof. Gabler – Leistungssport 2–80.)

Apropos Ball: Ein beflügelter Hinweis fast jedes Trainers ist: Richten Sie Ihre Augen immer auf den Ball, beobachten Sie diesen bis zum Treffpunkt – womit dieser gute Mann vor allem den technischen Sinn verfolgt. Leicht gesagt, aber leider nicht durchführbar. Sie können den Ball im Treffpunkt gar nicht sehen, denn in diesem Augenblick geht alles so schnell (wissen Sie noch wie schnell? Schauen Sie auf die Seite 24), daß Ihre Augen den Treffpunkt gar nicht beobachten können. Messungen in den USA haben ergeben, daß der Ball aus Ihrem Blick ca. 1½ m vor dem Treffpunkt ver-

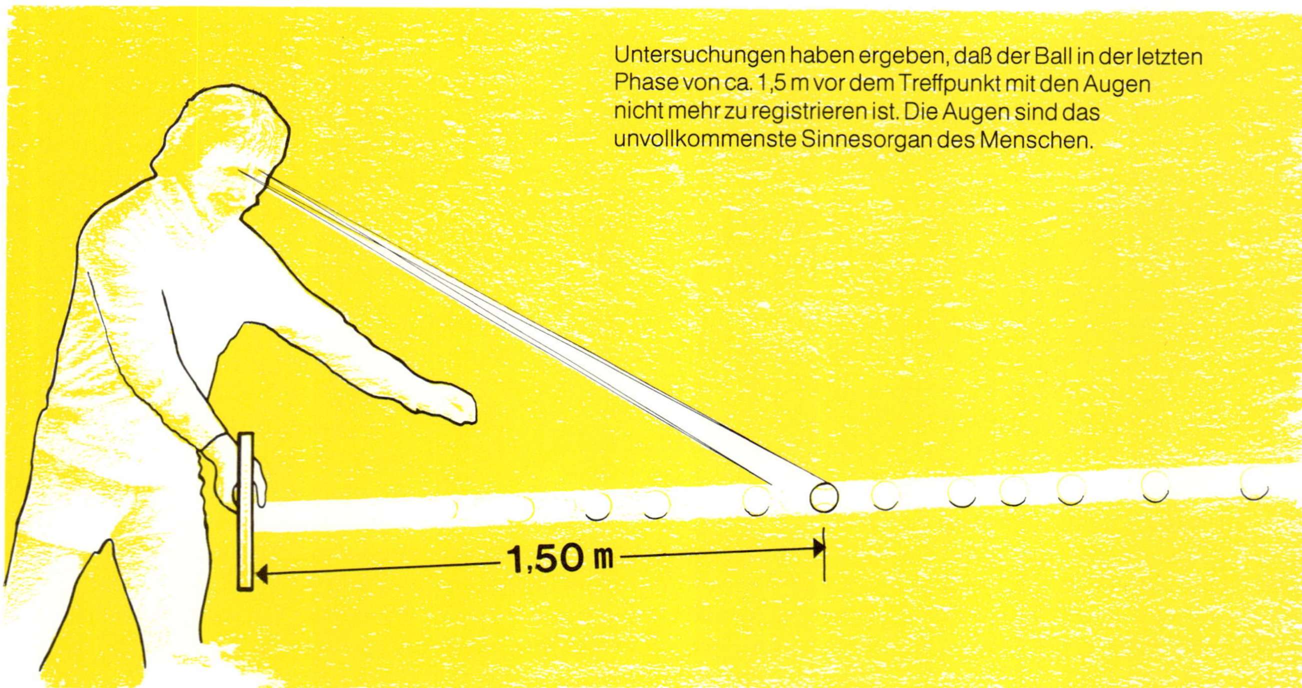


Untersuchungen haben ergeben, daß der Ball in der letzten Phase von ca. 1,5 m vor dem Treffpunkt mit den Augen nicht mehr zu registrieren ist. Die Augen sind das unvollkommenste Sinnesorgan des Menschen.

»Jimbo« Connors betrachtet nicht den Gegner, sondern den Ball als seinen Feind, den er bei jedem Schlag zu killen versucht.

schwindet, das heißt, daß alles, was sich in dieser Periode bis hin zum Treffpunkt abspielt, eine reine Gefühls- und Erfahrungsreaktion ist. Trotzdem ist die Aufforderung Ihres Trainers nicht ganz von der Hand zu weisen. Denn dadurch, daß Sie sich zwingen, dem Ball **(und nur diesem)** so lange wie nur möglich mit den Augen zu folgen, zwingen Sie sich automatisch zum Ausschließen aller anderen Gedanken aus Ihrem Bewußtsein. Sie geben Ihrem Hirn keine Chance, an irgendwelche Dummheiten zu denken. Ihre Gedanken wandern nicht. Diese Tatsache ist das große Geheimnis aller Weltstars des Tennissports. Connors z. B. sagt selbst, daß nicht der Gegner, sondern der Ball für ihn ein verhaßter Feind ist, den er nie aus den Augen läßt und den er mit jedem Schlag zu töten (killen) versucht.

Darüber hinaus treffen Sie den Ball viel sauberer, wenn Ihre Augen ihn so lange wie nur möglich beobachten, anstatt z. B. sich visuell mit dem Gegner, den Zuschauern oder den dahinziehenden Kranichen zu beschäftigen.

Zurück zur Konzentration. Auch diese muß geübt werden. Sie müssen sich zwingen, schon im Training volle Aufmerksamkeits- und Entspannungsperioden **wissend** zu wechseln. Sie müssen lernen, auch mit Ihren geistigen Fähigkeiten sparsam umzugehen, damit diese über eine lange Zeitdauer ihre Kreativität behalten. Lernen Sie, sich während des Ballwechsels optimal zu konzentrieren und in den Pausen zu erholen, d. h. eine Stufe zurückzuschalten und nicht über den eben verpatzten Schlag zu grübeln – denn dadurch arbeiten Ihre Hirnzellen ja weiter –, und lernen Sie, Ihre Konzentrationsfähigkeit auch noch nach zwei Stunden auf hohem Niveau zu halten. Ein langes Match zweier technisch gleichstarker Gegner gewinnt derjenige, der die bessere Kondition und Konzentration in die Waagschale legen kann. Die Konzentrationsfähigkeit hat nämlich unter anderem einen engen Zusammenhang mit Ihrem konditionellen Zustand. Die physische Ermüdung hat sofort eine psychische zur Folge. Deshalb ist ein ausgezeichneter konditioneller Zustand eine Voraussetzung für die Fähigkeit einer lange Zeit anhaltenden Konzentration. Ich wünsche Ihnen, daß Sie immer und ewig beides besitzen.

Lassen Sie mich Ihnen zum Abschluß dieses Absatzes eine große Weisheit ans Herz legen. Diese betrifft **alles,** was Sie im Spiel brauchen: **Sie können in einem Match nur das anwenden und erfolgreich durchführen, was Sie im Training zigtausendmal geübt haben!** Alles andere ist Hasard und gehört eher in eine Spielbank. Dort gewinnen Sie allerdings weniger Pokale, vielmehr aber an bitterer Erfahrung.

ellesse ellesse

# Der Schlag

Es wurden schon ganze Bücher über die Aushol- und Schlagbewegungen geschrieben, die einzelnen Phasen zerfleischt und stückweise wie auf einem Silbertablett präsentiert. Oft wurden sinnlose, sich widersprechende subjektive Begründungen für die Priorität des Handgelenks oder aber des Unterarmes, des Schlägerkopfes, der flachen oder hohen Ausholbewegung usw. aufgestellt mit dem Ergebnis, daß die meisten dieser zum Teil künstlich aufgestellten Theorien sich in der Praxis als wertlos und wirklichkeitsfremd gezeigt haben. Selbstverständlich muß es Regeln und Idealvorstellungen sowie Orientierungsmuster geben, aber diese können nur dann realistisch sein, wenn sie die anatomischen Gegebenheiten des menschlichen Körpers und die biochemischen und physikalischen Gesetze respektieren, wenn sie praktikabel sind und vor allem **jedem** Spieler es ermöglichen, auf **seine** Art und Weise **einfach, rationell** und **wirkungsvoll** den einzelnen Schlag **unbegrenzt** zu wiederholen.

Überlegen wir uns noch einmal, was wir eigentlich mit einem Schlag erzielen wollen: Einfach den Ball in eine gewisse Richtung und auf eine gewisse Stelle des gegnerischen Feldes zu befördern, ohne sich dabei die Sehne zu reißen, ins Stolpern zu geraten oder sich das Knie mit dem Schläger einzuschlagen, wobei immer die Präzision und Sicherheit der Geschwindigkeit vorgezogen werden muß.

Um aber den Ball in eine gewisse Richtung und Länge unzählige Male schlagen zu können, müssen Sie den Schläger durch den Treffpunkt immer wieder auf die gleiche Art und Weise in die Richtung auf das Ziel schwingen. Ich betone hier das **Schwingen** und nicht das Stoßen, Drücken, Rucken oder Schieben.

# Der Schwung

Nun sind wir beim Zauberwort **Schwung** angelangt. In den Fachzeitschriften und Lehrbüchern wimmelt es von Phasenfotos der Profis, in denen die einzelnen Schläge in jeder nur möglichen Phase vorgestellt werden. Dazu werden Kommentare geschrieben, warum in der Phase X gerade das Handgelenk so und nicht anders gebeugt oder gestreckt werden muß, warum der Schlägerkopf geöffnet oder geschlossen ist, usw. Das ist alles zweifellos für eine Analyse und Begründung des Bewegungsablaufes richtig. Ich tue dies in diesem Buch auch. Leider wird dabei aber kaum der Begriff Schwung ausreichend betont, und es wird vor allem vergessen, daß ein harmonischer, schwungvoller Grundschlag vom

Chris Evert-Lloyd

Anfang bis zum Treffpunkt nur ca. 0,6 sec. dauert. In diesem kurzen Zeitraum sollen Sie in all den beschriebenen Phasen (bei einer teueren Fotokamera können es hundert sein), das Handgelenk, den Schlägerkopf, den Unterarm, die Schultern und was weiß ich noch alles kontrollieren können? Keiner kann das, die Autoren selbst auch nicht, weil zu viele verschiedene Einzelbewegungen gleichzeitig verlaufen müssen. Trotzdem schwingen Tausende und Abertausende den Schläger richtig durch den Treffpunkt. **Jawohl – sie schwingen den Schläger!**

Das Geheimnis eines guten Spielers liegt im Schwung und im Rhythmus. Ein Schlag ist eine in sich geschlossene rhythmische Schwungbewegung und nicht eine Reihe von einzelnen Schwungpositionen. Erinnern Sie sich noch an meine Ganzheitsmethode? Der Schlagschwung ist in seiner Gesamtheit ein natürlicher Vorgang, vorausgesetzt, daß Sie alles das eliminieren, was Ihren eigenen Schwung zum und durch den Treffpunkt beeinträchtigen könnte. Die Betonung liegt auf **eigenem** Schwung, denn ich habe Ihnen schon ausführlich erklärt, daß es keine zwei gleichen Schläge auf der Welt gibt, und daß jeder Spieler seinen eigenen persönlichen Stil suchen und finden muß. Zu diesem persönlichen Stil gehört auch der persönliche Schwung. Ein 160 cm kleiner Mensch wird anders schwingen als ein 195 cm großer Riese, einer mit langen Extremitäten schwingt anders als einer mit kurzen Extremitäten. Ein Unterschied wird auch zwischen einem mit schlanken oder einem mit ausgeprägten Muskeln sein. Jedes Dogma ist falsch am Platz, denn jeder Spieler muß lernen, auf **seine eigene natürliche** Art zu schwingen.

Ein schwungvoller Schlag »aus einem Guß« ist Voraussetzung für einen guten Tennisspieler.

Der Schlägerkopf beschreibt während der Aushol- und Schlagbewegung eine vertikale Schleife. Diese Schleife ist in ihrer Größe und Weite von Schlagart zu Schlagart und von Spieler zu Spieler unterschiedlich, aber sie ist da! Wenn Sie den Schläger ideal schwingen wollen, muß es eine rhythmische, ununterbrochene und sich dauernd beschleunigende Bewegung sein. Die Geschwindigkeit des Schlägerkopfes soll immer im **Treffpunkt** den **Höhepunkt** erreichen, gleichgültig, welche Schlagart und in welchem Tempo Sie schlagen. Um das zu erreichen, müssen Sie den Bewegungsablauf sanft und langsam anfangen. Auf keinen Fall mit Vollgas. Ein Vergleich mit dem Autofahren bietet sich an. Wenn Sie nämlich mit Vollgas starten, landen Sie entweder in der gegenüberliegenden Gärtnerei zwischen Rotkraut, Kohl-

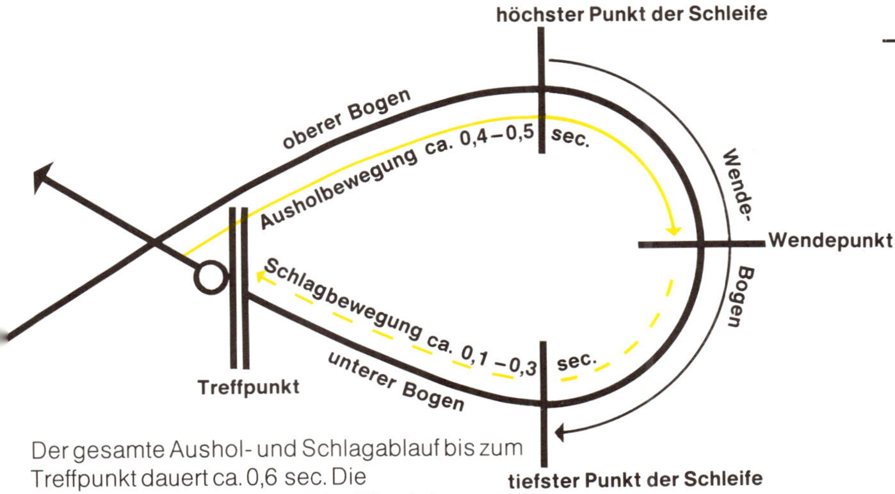


Der gesamte Aushol- und Schlagablauf bis zum Treffpunkt dauert ca. 0,6 sec. Die Beschleunigung erfolgt erst im Wendebogen und erreicht bei jedem Schlag im Treffpunkt die Höchstgeschwindigkeit. Die Aushol- und Schlagbewegung soll ein harmonischer, geschlossener Bewegungsablauf sein.

rabis, Radieschen und den überraschten Raupen, oder aber der Motor säuft ab.

Ein Schlag bzw. eine Schlagart ist nur dann korrekt, wenn Sie den Schläger von Anfang bis zum Schluß mit dem dieser Schlagart angepaßten Rhythmus und Tempo schwingen. Das Tempo ist z. B. bei einem Topspin, bei einem Slice oder bei einem Stopball unterschiedlich. Die benötigte Geschwindigkeit des Schlägerkopfes im Treffpunkt beeinflußt den Zeitanfang sowie die Geschwindigkeit der Beschleunigung. So ist z. B. ein Topspinschwung des Schlägers viel schneller als der eines Slice. Wenn er aber schneller ist, ist der Zeitablauf kürzer! Falls Sie rhythmisch schwingen wollen, d. h. den Bewegungsablauf ohne Unterbrechung und mit zunehmend steigender Geschwindigkeit des Schlägers durchführen wollen, müssen Sie den ersten Ansatz der Schlägerbewegung und vor allem der Schulterdrehung rückwärts der beabsichtigten Schlagart und darüber hinaus der beabsichtigten Schnelligkeit Ihres Schlages anpassen. Dies heißt, daß Sie z. B. bei einem Slice früher mit der Ausholbewegung anfangen müssen als bei einem Drive oder Topspin. Hinzu kommt noch, daß Sie den Anfang des Rückschwungs auch der Geschwindigkeit des ankommenden Balles anpassen müssen, denn es ist ein Unterschied, ob Ihnen Frau Knobelspieß den Ball mit 20 km/h hinschubst oder Billie Jean King einen 180 km/h schnellen Schmetterball in Ihre Ecke donnert.

Aus diesen Erläuterungen geht eindeutig hervor, daß die immer wieder pauschal geäußerten und geschriebenen Behauptungen der verschiedenen Experten unsinnig sind, nämlich, daß jeder Weltklassespieler mit der Ausholbewegung des Armes **grundsätzlich** dann anfängt, wenn der Ball den gegnerischen Schläger verlassen hat. Dies wird in der Praxis auch eindeutig von allen Profis widerlegt. Wenn z. B. der ankommende Ball als langsamer und langer Angriffsslice gespielt wurde, Sie den an das Netz stürzenden Herrn Schlotterhose mit einem Topspin elegant passieren wollen und die Ausholbewegung nach dem oben gegebenen Ratschlag mancher Experten anfangen, haben Sie schon durchgeschwungen und den Schlag beendet, bevor der Angriffsball des Herrn Schlotterhose überhaupt Ihre T-Linie erreicht hat. Das ist wohl kaum der Sinn der Sache. Oder aber Sie haben den Schlag begonnen, diesen dann zwangsweise abgebrochen, gewartet, und erst, wenn der Ball in der richtigen Entfernung war, den Schwung von neuem angesetzt. In diesem Fall kann man kaum von einer rhythmischen Schwung- und Gesamtbewegung sprechen. Ganz im Gegenteil. Oder haben Sie schon einen Profi mit ausgeholtem Schläger 14 m die Grundlinie entlanggaloppieren sehen, um einen in die andere Ecke plazierten Ball des Gegners zurückzuschlagen? Dieser Spieler startet, bevor der Gegner den Ball geschlagen hat, sprintet in

Sie müssen in normaler Laufbewegung die größere Entfernung überwinden und erst in der letzten Phase kurz vor dem Treffpunkt beginnt die Ausholbewegung mit der Drehung der Schulterpartie mit darauffolgender Ausholbewegung des Armes.

üblicher Weise in die andere Ecke, dreht während des Laufens zuerst den Schultergürtel, und erst, wenn er in der Treffpunktnähe angelangt ist, beginnt er mit der Ausholbewegung des Schlägers, um einen fließenden Schlag durchführen zu können.

Womit ich den pauschalen, oben erwähnten Ratschlag der Experten insoweit präzisieren möchte, daß dieser prinzipiell und generell nur für den Anfänger Gültigkeit hat, der vom Trainer kurze und regelmäßige Bälle zugespielt bekommt. Er selber versucht vorerst, den einfachen Grundschlag zu spielen und neigt in der Mehrzahl dazu, zu spät und unrhythmisch auszuholen, weil seine Nerv-Muskel-Koordination noch nicht ausgeprägt und sein Abschätzungsvermögen mangelhaft ist. In diesem Fall ist es besser, lieber früher als zu spät auszuholen.

Für einen Spieler, der sich in der 3. bis 5. Stufe der Entwicklungsskala befindet, gilt diese Regel nicht mehr. Sie gilt jedenfalls nicht immer, denn dieser Spieler hat schon seinen eigenen persönlichen Stil und damit auch seinen persönlichen Rhythmus gefunden und den Schwung der jeweiligen Situation anzupassen gelernt! Aber auch für jeden Spitzenspieler gilt: **Holen Sie immer so zeitig aus, daß Sie den gesamten Bewegungsablauf des Schlages ohne Hast und Störung des Schlagrhythmus durchführen können!**

# Die Schwungebene

Sie können auf verschiedene Weise einen Schläger schwingen. Abgesehen davon, daß Sie bei vielen Arten die komischsten Figuren abgeben und damit eher im Zirkus Humberto als Clown Ferdinand Beifallsstürme ernten könnten, sind auch die »ästhetischen« Schwünge in richtige und falsche einzuordnen.

Im Prinzip können Sie mit gewissen Abweichungen in zwei Ebenen schwingen, nämlich in der horizontalen und in der vertikalen. Die horizontale Ebene, die leider immer noch von vielen bevorzugt wird, ist aus physikalischen sowie auch aus anatomischen und biomechanischen Gründen falsch!

Der Schlagablauf, die Schlag- und Ausschwungbewegungen verlaufen in einem Bogen, **niemals** in einer Linie (biomechanisches Gesetz eines optimalen Beschleunigungsweges), denn Sie wollen ja schwingen, nicht stoßen oder schieben. Der Bogen ist auch damit zu begründen, daß der ganze Bewegungsablauf des Armes seinen Ausgangspunkt im Schultergelenk hat, dadurch von einem festen Zentrum ausgeht und der Schlägerkopf, mit dem eigentlich geschlagen wird, der äußerste Punkt der bogenförmigen Schwungbewegung ist. Durch das radial aufgehängte Schultergelenk ist aber die Schwungbewegung in einer horizontalen Ebene unnatürlich, dadurch unökonomisch. Man kann aus biomechanischen und anatomischen Gründen in dieser Ebene nie die vorhandene Kraft in einen idealen Schwung umsetzen, denn nur ein langer Hebel, der ausschließlich durch einen **senkrechten** Abstand der Schulterachse zum Treffpunkt gegeben ist (vertikale Ebene), ermöglicht einen optimalen Schwung.

Da der gesamte Bewegungsablauf in einem flachen Bogen verläuft, ist praktisch nur ein einziger Treffpunkt (siehe Zeichnung) für eine gewisse Schlagrichtung möglich. Wenn Sie sich erinnern, daß eine beabsichtigte, beliebige Führung des Balles im Schläger physikalisch ausgeschlossen ist und man darüber hinaus einen Schläger aus anatomischen Gründen nicht aus seiner bogenförmigen Bahn plötzlich geradlinig über eine größere Distanz herausführen kann, wird Ihnen klar sein, warum ein horizontaler Schlägerschwung zur Unsicherheit besonders in der beabsichtigten Richtung des Balles führt. Hinzu kommt noch die Tatsache, daß der Ball in einer ballistischen Kurve fliegt. Daher muß er in den meisten Fällen in diese Kurve von unten nach oben eingeleitet werden. Das geht aber durch die horizontale Armführung nicht, und deshalb ist es in einem solchen Fall nötig, den Ball in seine Parabelbahn durch die Neigung, das Öffnen des Schlägerkop-

Um einen idealen Schwung zu erreichen, muß der Schlag in einer vertikalen Ebene durchgeführt werden, in der ein optimaler senkrechter Abstand der Schulterachse zum Treffpunkt einen langen Hebel ermöglicht.

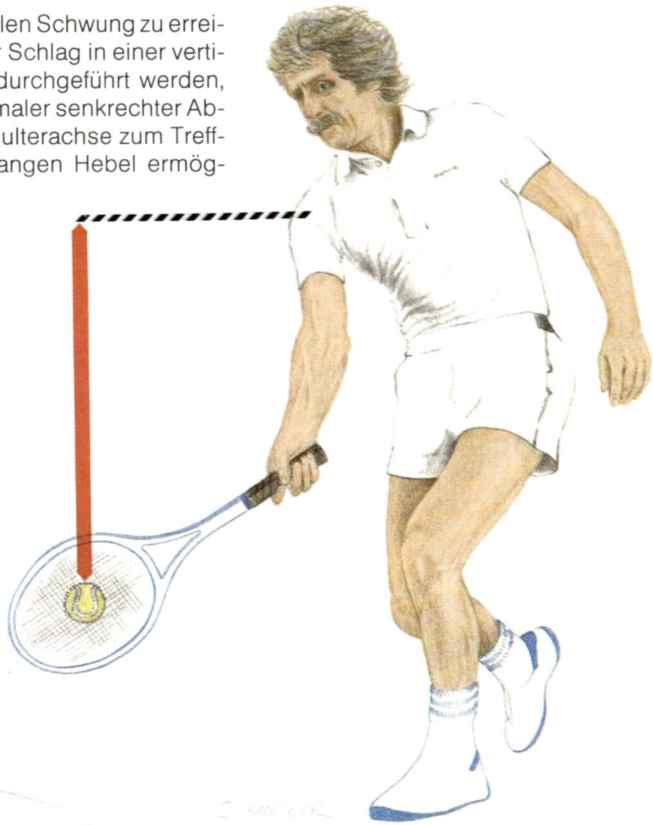

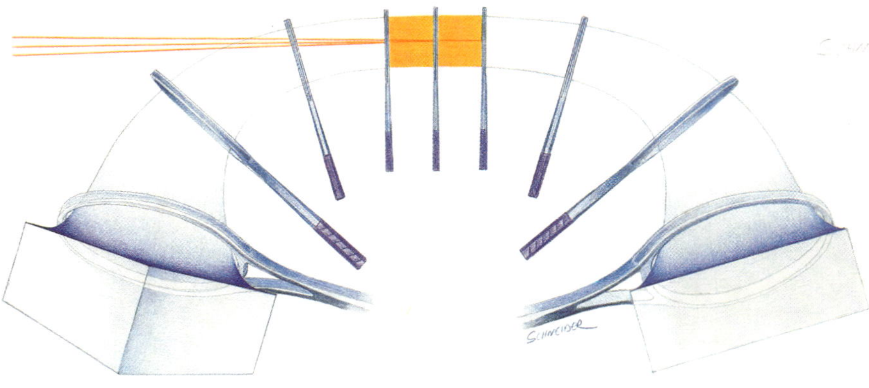

Für jede einzelne Richtung des geschlagenen Balles gibt es nur einen einzigen Treffpunkt. Einen Ball kann man nicht im Schläger bewußt führen. Um die Fehlerquote so weit wie nur möglich herabzusetzen, muß sich der Treffpunkt innerhalb der ausgedehnten Treffstrecke befinden.

# Die Schwungebene

Deutlich sehen Sie den Unterschied zwischen einem horizontalen und einem vertikalen Schlag. Beim vertikalen Schlag schwingen Sie den Schläger in einer vertikalen Ebene, in unserem Fall an einer Glasscheibe entlang. Beim horizontalen Schlag geht diese Scheibe in die Brüche.

fes im Treffpunkt, zu schlagen, was wiederum zu verschiedenen Höhenvariationen und Längendifferenzen führt und damit verbundene Unsicherheiten verursacht.

Die ideale Schwungführung wäre in der absoluten vertikalen Ebene zu finden, denn diese Bewegung des Armes ist am ökonomischsten und in der Richtungsbestimmung des Balles am idealsten, aber aus tennistechnischen Gründen (z. B. wäre der Schlägerkopf zu tief, die Entfernung zum Ball wäre zu kurz u. a.) sowie aus anatomischen Gründen (der Körper steht im Wege) ist diese Schwungführung bis auf Ausnahmefälle nicht praktikabel.

Deshalb schwingen alle Spitzenspieler in einer mehr oder weniger vertikalen Ebene (siehe Zeichnung). Im äußersten Fall sollte sie 45° geneigt sein. Um dem Arm die freie Schwungmöglichkeit zu garantieren, ist ein Vorbeugen in der Taille notwendig. Wir kommen aber auf dieses Thema im Zusammenhang mit dem Treffpunkt noch einmal zurück.

Wie Sie schon bemerkt haben werden, unterscheidet sich diese Passage etwas von dem vorangegangenen Text in früheren Kapiteln. Sie ist etwas schwerer verdaulich, aber es ist unbedingt notwendig, in diesem so schwierigen Thema Klarheit zu schaffen. Viele Autoren beschreiben in ihren Büchern ganz präzise die Aushol- und Schlagabläufe. Sie zerstückeln die Schläge in Einzelphasen, präsentieren dem Leser fast jeden Zentimeter der Vorhand von Navratilova oder des Flugballes von McEnroe. Aber abgesehen davon, daß diese Bilder eben nur zeigen, wie Navratilova oder McEnroe zu schlagen pflegen, und nicht auf Ihre eigenen Probleme eingehen, ist der Sinn der Einzelphasen rein theoretisch. Wenn Sie wissen, wie Sie Ihren Schlagschwung als Ganzes durchführen sollen, werden Sie, abgesehen von Ihrer individuellen Färbung, aus den schon oft erwähnten physikalischen, anatomischen und biomechanischen Gründen nicht anders schlagen können, als es die Profis auch tun. Ob Sie auch so erfolgreich sein werden, steht allerdings auf einem anderen Blatt. Darüber haben und werden wir uns noch unterhalten.

# Der Körpereinsatz

Ich habe Ihnen den Schwung vorläufig nur im Zusammenhang mit der Armbewegung zu erläutern versucht. Bekannterweise ist aber gerade beim Tennis fast der ganze Körper mehr oder weniger an einem Schlag beteiligt. Einen richtigen Schlagrhythmus können Sie nur dann erreichen, wenn alle einzelnen Komponenten in Ihren Bewegungsabläufen übereinstimmen, wenn sie wie bei einem Getriebe ineinander übergehen. Solange Ihre Beine spazierengehen und der Oberkörper steif in der Gegend herumsteht, als ob Sie einen Bambusstock geschluckt hätten, können Sie mit dem Arm noch so schön und gut schwingen, der Ball wird dann seine eigenen Bahnen ziehen und Sie früher oder später zur Weißglut bringen. Andererseits wird der Körpereinsatz oft überbewertet. Manche Experten sehen sogar das Allseligmachende vor allem im Körper- und Gewichteinsatz. Dem möchte ich ganz entschieden widersprechen, denn der Körpereinsatz ist zwar wichtig, aber **nicht allein dominierend!** Man muß ihn nur als eine notwendige Ergänzung zum Schwung des Armes und dadurch des Schlägerkopfes betrachten. Denn schließlich ist es im Endeffekt der Schlägerkopf, der den Ball zum Gegner befördert, und nicht die Hüfte, der Oberschenkel oder die Schulter, wie wichtig auch immer diese Körperpartien für den Schlag sein mögen. Darüber hinaus muß das Handgelenk eine Krafteinwirkung bis 31,7 kg aushalten. Dabei ist es gleichgültig, ob Sie auf den Füßen oder auf dem Kopf stehen.

Ein in der letzten Zeit auch hierzulande bekannt und populär gewordener Fachmann geht sogar so weit und behauptet, daß »in einem guten Schlag der Schwung so gut **wie gar nicht** aus dem Arm kommt«, sondern daß »die wirkliche Kraft aus der Bewegung der Hüften und der Oberschenkel kommt«, und daß »Sie weitaus mehr Gewalt in die Schläge legen können, wenn Sie die Kraft aus den Oberschenkeln beziehen . . .«. Dies mag beim Diskuswerfen oder Kugelstoßen stimmen, aber nicht beim Tennisspielen!

Erst einmal ist in diesem Zusammenhang zu klären, was im Tennis wichtiger ist: die Sicherheit, Präzision und Länge oder Geschwindigkeit des Balles, Schlagkraft oder Gewalt. In den letzten zehn Jahren, vorher selbstverständlich auch, sind die dominanten weiblichen und männlichen Spielerpersönlichkeiten im Welttennis, obwohl athletisch hervorragend durchgebildet, als alles andere denn als Kraftspieler zu bezeichnen – Borg, McEnroe, Gerulaitas, Ashe, Orantes, Vilas, Lendl, Noah, Smith, Higueras, Tarozsy, Fibak, Evert, Austin, Goolagong, Turnball und viele mehr. Diese Spieler und Spielerinnen bevorzugen das Schachspiel am Platz, obwohl auch sie hart zuschlagen können und das auch oft tun. Auf gar keinen Fall spielen sie aber Powerplay-Tennis. Borg und Evert z. B. gehen nur zum Netz, um dem Gegner, nach dem meist gewonnenen Match, die Hand zu reichen. Leicht über der Grenze befinden sich vielleicht Connors und Navratilova, aber auch diese Spieler gehören zu den gefühlvollen und nicht zu den hirnlosen Dreschern.

Die gesamte Weltklasse schlägt an die 70 % der Bälle mit einer Geschwindigkeit von ca. 57–86 km/h oder langsamer. Dies bedeutet, daß der Ball vom Schläger zum Schläger auf eine Entfernung von ca. 24 m 1–1,5 sec. oder länger unterwegs ist. Nur bei etwa 30% der Schläge fliegt der Ball kürzer als eine Sekunde (Aufschlag inbegriffen), was bedeutet, daß ein richtiger, kraftvoller Schlag von über 100–246 km/h (1. Aufschlag von Roscoe Tanner) recht selten angewandt wird, denn Sicherheit und Präzision überwiegen vor roher Kraft, Gewalt und Geschwindigkeit. Im Profitennis wird heutzutage ein sogenanntes Prozenttennis gespielt. Das heißt, daß der gute Spieler kaum einmal einen Schlag anwendet, der weniger als mit 50 %iger Sicherheit geschlagen werden kann. Das kopflose Risiko, und das sind nun einmal sehr harte und dadurch schwer kontrollierbare Schläge, wird weitestgehend vermieden. Nur ein Dummkopf versucht immer wieder Schläge, die von vornherein aussichtslos sind.

Weil Sie leider, wenigstens vorläufig, kaum zu der Weltklasse gehören werden, sind die oben angeführten Zahlen für Sie nur insofern interessant, indem Sie bis auf Ausnahmen noch langsamer schlagen werden, in der Mehrzahl mit einer Geschwindigkeit unter 50 km/h. Ihre Bälle werden überwiegend in einer Zeit von 1,5–2 sec. den Schläger von Frau Knobelspieß erreichen. Und diese Ballgeschwindigkeit (und sogar viel höhere) erreichen Sie garantiert mühelos, auf einem Holzbein stehend oder sogar sitzend, ohne jegliche Körperbewegung, nur mit dem Schwung des Armes. Damit will ich um Gottes Willen nicht sagen, daß das richtig ist. Nur, es ist theoretisch und praktisch möglich.

Warum also dauernd predigen, daß der Körpereinsatz das Primäre im Tennis ist, daß ohne diesen kein kraftvoller Schlag zustande kommt? Oder aber, warum die Gewalt der Schläge so hervorheben? Einen mit 90 km/h gespielten Drive, der auf der T-Linie aufspringt, haut Ihnen Ihr Gegner ohne Wimpernzucken und ohne jegliche Anstrengung um die Ohren. Was aber viel wahrscheinlicher ist, Ihr Ball endet im Birkenwald. Der Kraftaufwand soll immer sparsam sein.

Ein weiterer Faktor, der gegen die übertriebene Hervorhebung der Gewichtsübertragung und des Körpereinsatzes **im Zusammenhang** mit der Ballgeschwindigkeit spricht, ist der, daß die Gewichtsübertragung vom hinteren auf den vorderen Fuß sowie die Auflösung des Drehmoments der Hüften (darüber später Näheres) normalerweise im Treffpunkt **beendet** ist. Das heißt, daß im Treffpunkt der Körper, mit Ausnahme von ausgelaufenen Schlägen, für einen Sekundenbruchteil in einer relativen Ruhestellung ist – der Oberkörper bewegt sich hier in den Schlag –, und nur der Arm mit Hilfe des vorangegangenen Körpereinsatzes eine optimale Schwunggeschwindigkeit hat. Dies ist logisch, denn für die Präzision des beabsichtigten Schlages ist wenigstens eine minimale Stabilisierung der Körpermasse im Treffpunkt notwendig. Oder haben Sie schon einmal einen Jäger gesehen, der im Weltrekordtempo über 100 m einem Hasen hinterhersaust, mit dem Ziel, daß dadurch seine Kugel um 36 km/h schneller ist? Wenn dieser Jäger diesen »Meister-Lampe-Braten« mit nach Hause bringen will, wird er so ruhig wie nur möglich zu stehen versuchen und auf die zusätzlichen 36 km/h seines Geschosses gerne verzichten.

Wenn für die Geschwindigkeit des Balles vor allem der Körpereinsatz entscheidend und der Schwung im Arm nebensächlich wäre, müßte man demzufolge gerade im und durch den Treffpunkt durch einen maximalen Körpereinsatz, z. B. in den Schlag laufen, jede Ballbeschleunigung zu erreichen versuchen. Nun, das macht aber mit

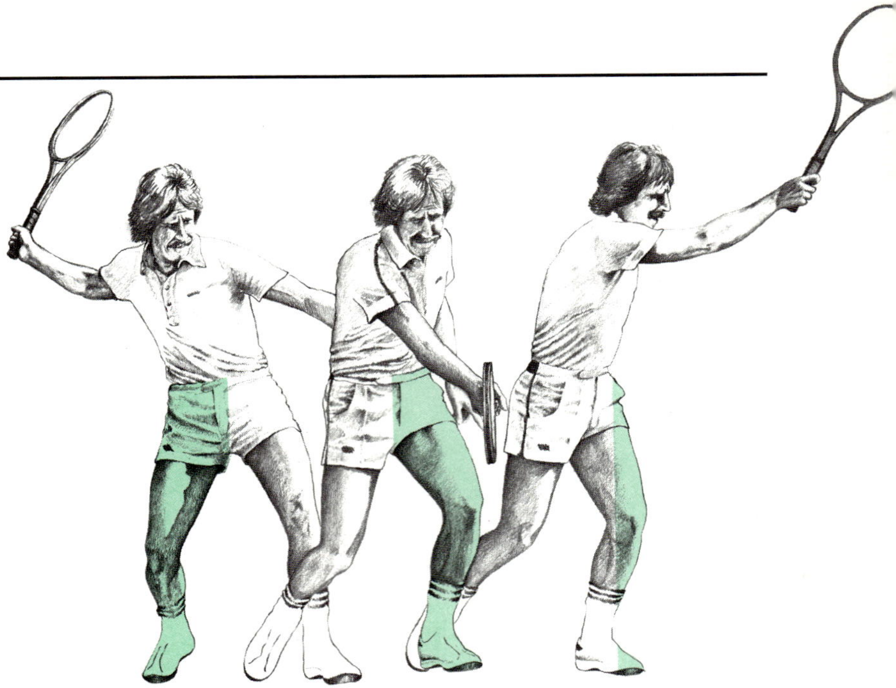

Die Gewichtsübertragung vom hinteren auf den vorderen Fuß sowie die Auflösung des Drehmoments ist im Treffpunkt beendet. Während des Ausschwungs nach dem Treffen des Balles setzt sich allerdings die Oberkörperbewegung in die Schlagrichtung fort.

Die genaue Analyse dieses Bildes finden Sie in dem nebenstehenden Text.

Absicht kein einziger Klassespieler, obwohl viele Spitzenspieler in die Schläge, vor allem beim Topspin, sogar springen. Diese Tatsache ist aber vor allem die Folge des enormen »Aus – den – Knien Gehens« sowie des Bemühens um mehr **Sicherheit,** wie ich Ihnen später noch erklären werde. Diese Spieler springen u. U. genauso in die langsamen Schläge, in Schläge, die wenig oder keine Kraft benötigen!

Merken Sie sich bitte folgendes bis zu Ihrem greisen Tennisalter: Der Körpereinsatz kann im Tennis nie ein Ersatz für den Schwung des Armes sein. Er ist allerdings ein **wichtiger ergänzender Faktor** für das Ermöglichen eines optimalen Armschwungs, dient vor allem der **Kontrolle** des geschlagenen Balles und ist demzufolge für die Präzision und Sicherheit Ihres Schlages unerläßlich!

Wenn wir nun den Körpereinsatz und die Gewichtsverlagerung im Zusammenhang mit Kraft und Schwung sowie mit Sicherheit und Präzision eingestuft haben, können wir uns mit diesen zwei Faktoren in aller Ruhe beschäftigen.

Rekapitulieren wir erst einmal. Sie sollen einen Schlagschwung in einer fast vertikalen Ebene, die in die Schlagrichtung zeigt, durchführen. Ich habe einmal in einem englischen Golfbuch eine Zeichnung gesehen, die mich inspiriert hat. Ich möchte mir erlauben, diese Idee ins Tennis zu übertragen.

Stellen Sie sich vor, Sie stehen in der Ausholstellung **der Vorhand** auf den Gleisen einer Eisenbahn. Falls Sie es wirklich versuchen sollten, informieren Sie sich rechtzeitig über den Fahrplan, sonst könnte es Ihnen passieren, daß diese Zeilen die letzten waren, die Sie je gelesen haben. Ihr Schlagziel liegt am Ende der Schienen, vorausgesetzt, Sie stehen nicht gerade vor einer Kurve. Der rechte Fuß steht auf der linken Schiene, der Linke auf der Schwelle. Der Treffpunkt ist über der rechten Schiene. Die Schulter- und Hüftachse zeigt genau in die Richtung der Schienen, also in die beabsichtigte Schlagrichtung, der vertikale Schwung kann problemlos, durch die günstige Körperstellung beeinflußt, den Gleisen entlang in die beabsichtigte Schlagrichtung durchgeführt werden. Solch ein Schwung wird außerdem durch eine Beugung der Knie und ein leichtes Vorbeugen des Oberkörpers aus der Taille erleichtert. Ich meine Vorbeugen des Oberkörpers, und nicht Hinausstrecken des verlängerten

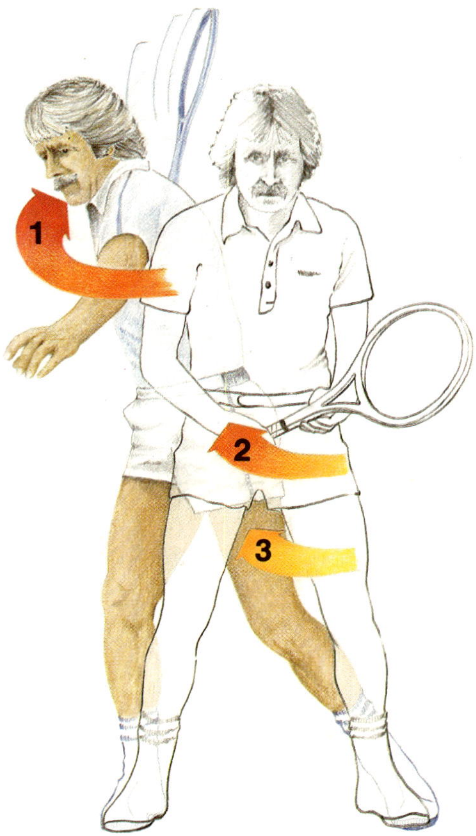


Die Ausholbewegung und die damit verbundene Federspannung beginnt durch das Drehen des Schultergürtels und das Zurückführen des Armes und setzt sich über die Drehung der Hüften bis zu der Drehung der Oberschenkel fort.

Die Auflösung der Federspannung beginnt mit dem Einschwenken des Schlägerkopfes in den Wendebogen in die entgegengesetzte Richtung nach biomechanischem Prinzip durch Impulse von unten nach oben.

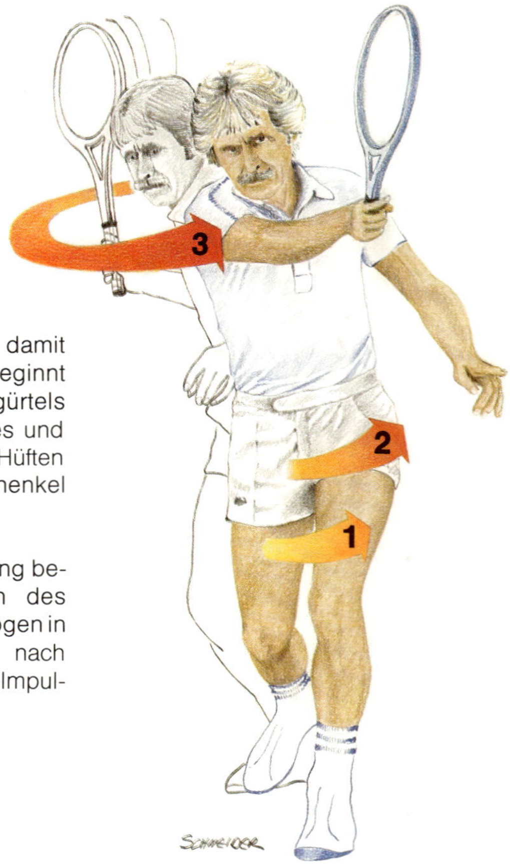


Rückens, meine Damen und Herren, auch wenn dies, vor allem bei den Damen, recht appetitlich aussieht.

Der Schlagschwung verläuft in der besagten vertikalen Ebene in einem langen Bogen erst einmal von innen nach außen, von der linken zu der rechten Schiene bis zum Treffpunkt, um dann als Ausschwung wiederum von außen nach innen, von der rechten zu der linken Schiene, zurückgeführt zu werden.

Dieser Schlagschwung sowie der Ausschwung hat logischerweise passiven und aktiven Einfluß auf die Körperstellung und die Körperarbeit. Bleiben wir erst einmal bei der Vorhand. Schon während der Ausholbewegung fängt ein wichtiger Teil des Körpereinsatzes an, nämlich die **Federspannung,** die den nachfolgenden Schlagschwung auslösen soll. Und jetzt passen Sie bitte besonders gut auf, denn gerade in diesem Bereich wird sehr viel falsch erzählt und falsch getan. Erst einmal erfolgt durch einen Impuls aus der Schulter die Drehung des Schultergürtels. Ihr folgt die Ausholbewegung des Schlagarmes und des Schlägerkopfes in einem flachen Bogen, wobei die ganze Aushol- und Schlagbewegung eine fließende Schleife ist. Je weiter der Schultergürtel nach rechts rotiert, um so mehr drehen sich in der Folgebewegung die Hüften in die gleiche Richtung, die rechte Hüfte weicht also dabei nach rechts hinten aus. Erst zuletzt wird dieser Drehmoment auch auf die Oberschenkel übertragen. In dem äußersten Punkt der Ausholbewegung ist der Körper **von oben nach unten** wie eine Feder aufgedreht, wobei das Gewicht vor allem auf dem hinteren Fuß liegt, das ist bei einem Rechtshändler der rechte. Beim Einschwenken des Schlägerkopfes in den Wendebogen und besonders hinter dem Wendepunkt der Schleife beginnt das Auflösen der Federspannung in die entgegengesetzte Richtung **von unten nach oben!** Die Unterstützung der Beschleunigung der Armbewegung und dadurch des Schlägerkopfes erfolgt nach dem biomechanischen Prinzip durch nacheinanderfolgende Streckungen, immer mit der am tiefsten liegenden Muskelgruppe beginnend. Es ist eine Kettenreaktion von den unteren Extremitäten, vor allem aus den Oberschenkeln, über den Bauch und die Rückenmuskulatur bis hin zum Schultergürtel, Oberarm, Unterarm und Handgelenk. Die maximale Geschwindigkeit hat schließlich der Schlägerkopf. Der ganze Vorgang ist fließend wie aus einem Guß (biomechanisches Prinzip der Koordination von Teilimpulsen). Während dieser Aktion verlagert sich das Gewicht vom rechten auf den linken Fuß. Im Treffpunkt hat der Schlägerkopf die für den jeweils beabsichtigten Schlag optimale Geschwindigkeit.

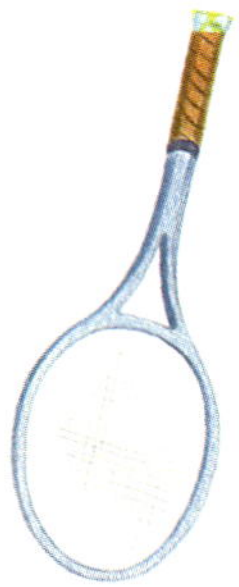

Allerdings betone ich noch einmal, daß der gesamte Körpereinsatz nur ein ergänzender Faktor des idealen Armschwunges ist. Die beste Körperarbeit hilft wenig, wenn Sie den Arm von sich aus nicht beschleunigen können. Am besten ist es bei einem Aufschlag zu kontrollieren. Immer, wenn ich Kinder teste, lasse ich sie, bevor sie mir ihren Aufschlag zeigen, den Ball **werfen.** Diejenigen, die mit dem Ball gerade noch das Netz oder die T-Linie dahinter erreichen, schlagen garantiert nicht gut auf. Diejenigen, die den drüben stehenden Zaun übertreffen, können in der Regel auch gut aufschlagen. Warum? – Ganz einfach. Der Aufschlag ist im Prinzip nichts anderes als eine Wurfbewegung, ein Werfen des Schlägers mit dem Schlägerkopf voraus gegen den Ball! Bei einem zehnjährigen Kind kann man bestimmt noch kaum von Kraft, Gewalt und einem einwandfreien Körpereinsatz sprechen. Letzterer ist übrigens gerade bei einem Aufschlag der komplizierteste und dadurch schwierigste Vorgang. Das Werfen aber, das Beschleunigen des Armes, beherrschen die **talentierten** Stepkes in diesem Alter einwandfrei.

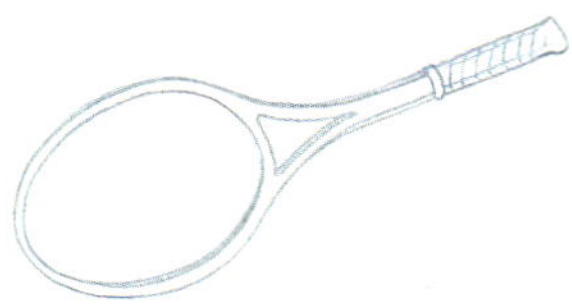

Womit wir wieder einmal bei dem Begriff Talent angelangt sind. Ja, lieber geplagter Schüler, auch zum Schwung, zu einer natürlichen, unverkrampften Beschleunigung des Armes brauchen Sie Talent, brauchen Sie günstige anatomische Voraussetzungen im Schultergelenk. Wenn Sie diese vermissen,

Die Aufschlagbewegung ist praktisch eine Wurfbewegung.

können Sie noch so ideal auf- und abdrehen, doch einen optimalen **Armschwung** erreichen Sie nicht. Sie müssen sich mehr als andere durch Perfektionieren der Technik und durch Kraftunterstützung aushelfen.

In der Praxis können Sie Spieler jeder Spielerklasse bis hin zu den Weltstars beobachten, die scheinbar leicht, ohne Anstrengung, den Ball enorm beschleunigen können und über den Platz mit fast lächelndem Gesicht dahinschweben. Ich denke dabei z. B. an Ashe, Rosewall, Gottfried, Orantes, Fibak, Nastase, Goolagong, Mandlikova, Turnball, Bunge. Demgegenüber gibt es Spieler, die anscheinend jede Sekunde ihre Seele zum Himmel pusten möchten. Sie schnaufen mit verzerrten Gesichtszügen, stöhnen, spucken, pfeifen, piepsen, kreischen bei jedem Schlag, als wäre es ihr letzter. Sie hämmern mehr mit Kraft als mit Schwung, um überhaupt dem Ball eine gewisse notwendige Geschwindigkeit übermitteln zu können. Hierzu sind unter anderem Connors, Vilas, Dibbs, Solomon, Wade, King, Ried, Madruga, früher bei uns I. Buding, und viele mehr zu zählen.

Wie Sie schon wissen, soll die ganze Schleife der Aushol- und Schlagbewegung ein einziger ununterbrochener, geschwindigkeitssteigernder Bewegungsablauf sein. Dies ist bei einer horizontalen Ausholbewegung nicht möglich, denn ohne den Wendebogen erreichen Sie einen Wendepunkt, in dem die Ausholbewegung unterbrochen werden muß, um anschließend den Schläger in die gegenseitige Richtung zu leiten. Verteidiger der horizontalen Aushol- und Schwungbewegung, wie z. B. W. T. Tilden, behaupten, daß diese schneller sei als die mit einer Schleife. Ich habe jedoch bei Messungen das Gegenteil festgestellt. Eine Aushol- und Schlagbewegung bei einem Schlag in einer vertikalen Ebene mit einer Schleife verläuft in ca. 0,6 sec., bei einem Topspin in ca. 0,4 sec. Eine horizontale Schwungbewegung aber dauert zwischen 0,7–1 sec., denn die Pause im Wendepunkt, die durch die Zentrifugalkraft noch verlängert wird, kostet Sie Zeit und Energie, weil Sie bei einer Ausholbewegung in der horizontalen Ebene dreimal mehr Energie benötigen, vom Verlust der Harmonie ganz zu schweigen, denn Sie müssen den Schlag praktisch zweimal anfangen.

Gehen wir nun einmal den ganzen Schwung der Aushol-, Schlag- und Ausschwungbewegung gründlich durch.

# Die Ausholbewegung

Der Beginn der Ausholbewegung ist sehr wichtig, denn damit bestimmen Sie den rhythmischen Verlauf des ganzen Schlagablaufes. Sie dürfen weder zu früh noch zu spät ansetzen. Ich weiß, es ist sehr schwer, aber die steigende Erfahrung wird Ihr Abschätzungsvermögen schon prägen. Wie Sie wissen, ist der Durchschnittsball vom Gegner zu Ihnen ca. 1,5 sec. unterwegs. Die rhythmische Aushol- und Schlagbewegung bei einem geraden Schlag dauert ca. 0,6–0,9 sec. Sie haben demzufolge genug Zeit und müssen nicht vorzeitig und hastig anfangen. Ein vorzeitiger Anfang ermöglicht Ihnen vielleicht zwischendurch noch einen Blick zu Ihrem blonden Schwarm, aber der Rhythmus geht dadurch baden. Je nach beabsichtigter Schlagart sollten Sie mit der Ausholbewegung dann anfangen, wenn sich der Ball in der unmittelbaren Netznähe befindet. Je schneller Sie den Schlag durchführen wollen, wobei der gesamte Bewegungsablauf zeitlich gesehen kürzer wird, desto »später« fangen Sie an. Es gibt hierfür keine Vorschrift; im Gegenteil, Sie müssen individuell den eigenen Rhythmus bestimmen.

Der Anfang der Oberkörperdrehung, die mit dem Drehen des Schultergürtels anfängt, und der Ausholbewegung ist ruhig, sanft und vor allem ohne Verkrampfung. Denken Sie an das Anziehen der Feder. Die Ausholbewegung erfolgt in der Körpernähe und auf dem kürzesten Wege. Die Schultern und Hüften sollten bei der Vorhand solange gedreht werden, bis sie parallel zu der beabsichtigten Schlagrichtung sind. Bei der Rückhand soll die Dre-

Die Ausholphasen der Vor- und Rückhand sind im Text ausführlich beschrieben.

hung sogar darüber hinaus gehen, denn der Schlagarm und die dazugehörige Schulter sind in diesem Falle vorn und müssen, um ausreichenden Schwung holen zu können, auf weiterem Weg nach hinten gebracht werden. Sie müssen deswegen aus anatomischen Gründen dem Gegner fast den ganzen Rükken zeigen, was in diesem Fall nicht als Unhöflichkeit aufgefaßt werden soll. Diese Tatsachen sind auch die Begründung dafür, warum die Rückhand ein natürlicher Schlag ist: Die Federspannung und dadurch die Auslösung des Schwungs ist viel größer und dadurch idealer.

Wie weit soll nun eigentlich ausgeholt werden? Auch über diesen sehr wichtigen Punkt streiten sich die Geister. In vielen Büchern können Sie nachlesen, daß am Ende der Ausholbewegung der Schlägerkopf nicht über die Schulterachse hinausragen darf. Warum um Gottes willen? Wer in diesem Punkt eine exakte Vorschrift stellt, handelt dogmatisch und falsch.

Ich möchte Ihnen deswegen einige Orientierungspunkte präsentieren, die Ihnen Ihre Entscheidung erleichtern.

Der erste Orientierungspunkt besagt, daß Sie im Prinzip so weit ausholen können, wie Sie keine unangenehme Verspannung in der Schulter verspüren. Ein Muskelfaserriß oder ein ausgekugeltes Schultergelenk zum Beispiel wären wohl ein Zeichen einer gewissen Übertreibung.

Ausholphasen der Rückhand

Der zweite Punkt lehrt, daß Sie so weit ausholen sollen, wie es Ihnen die Zeit erlaubt. Das ist im unmittelbaren Zusammenhang mit der Geschwindigkeit des ankommenden Balles sowie mit Ihrem eigenen Schwungeinsatz zu betrachten. Wenn nämlich ein sehr langsamer und kraftloser Ball angetrudelt kommt und Sie mit einem schnellen Drive oder Topspin dem Ballwechsel ein glückbringendes Ende bereiten möchten, müssen Sie logischerweise einen größeren Schwung anwenden und deshalb versuchen, in der Ausholbewegung den Schläger, so weit wie nur möglich, zurückzunehmen. Bei einer zu kurzen Ausholbewegung müßten Sie den Schwung durch Krafteinsatz ersetzen, was zwangsweise zu einer Verkrampfung der Armmuskulatur und demzufolge zu einer Störung des üblichen Schlagrhythmus führen muß. Wenn aber Herr Schlotterhose, selbstverständlich rein zufällig, Ihnen einen Aufschlag mit 150 km/h hinhämmert, werden Sie nicht nur vor lauter Schreck, sondern auch der Zeit wegen kaum Gelegenheit zu einer weiten Ausholbewegung haben. Im Gegenteil, diese wird zwangsweise sehr kurz sein müssen, um dieser Frechheit des besagten Herrn Schlotterhose erfolgreich zu begegnen, und um ihm zu zeigen, daß Sie nicht so leicht aus der Fassung zu bringen sind.

Amerikanische Untersuchungen in der University of Massachusetts haben ergeben, daß die Profis die Schlägergeschwindigkeit sowie die dafür erforderliche Ausholweite der Geschwindigkeit des ankommenden Balles automatisch so anpassen, **daß die Gesamtgeschwindigkeit von Ball und Schläger nie 160 km/h überschreitet!** Diese magische Zahl läßt die Schlußfolgerung zu, daß die Schlaghand nur eine begrenzte Kraft beim Aufprall des Balles duldet (bis 31,7 kg), und daß alles, was darüber hinausgeht, mit großem Unsicherheitsfaktor verbunden ist.

Die Kraft, die auf den Schläger und damit auf das Handgelenk beim Aufprall des Balles einwirkt, ist enorm – bei einem Grundlinienschlag beträgt sie bis 25,4 kg und bei einem Aufschlag sogar bis 31,7 kg!

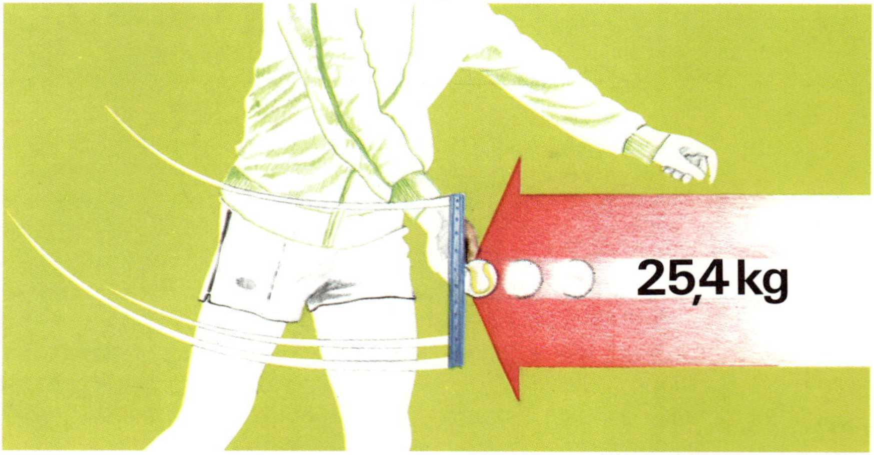


Vier Beispiele dieser Untersuchung möchte ich zur Information anführen:

1. **Ballgeschwindigkeit beim Aufschlag – 0 km/h Schlägergeschwindigkeit 144–152 km/h**
2. **Ballgeschwindigkeit beim Return – 80 km/h Schlägergeschwindigkeit – 72–80 km/h**
3. **Ballgeschwindigkeit beim Grundlinienschlag – 40–96 km/h Schlägergeschwindigkeit – 80–48 km/h**
4. **Ballgeschwindigkeit beim Flugball – 32–112 km/h Schlägergeschwindigkeit – 72–0 km/h**

Diese unterschiedlichen Schlägergeschwindigkeiten erfordern zwangsweise unterschiedliche Ausholweiten, wie die Amerikaner festgestellt haben.

Drittens wird die Länge der Ausholbewegung von Ihrer Schlagposition am Platz bestimmt. Sie werden bei einem Schlag in der Nähe der T-Linie, wobei der Ball höchstens über 17 m befördert wird, wahrscheinlich kaum das Bedürfnis zu einem so weiten Ausholen haben, wie wenn Sie drei Meter hinter der Grundlinie einen in die Ecke Ihrer Platzhälfte plazierten Ball Ihres Gegners über fast 29 m in seine quer gegenüberliegende Ecke zurückzuschlagen versuchen.

Und viertens schließlich hängt die Ausholweite von der Schlagart ab. Sie differiert etwas bei einem Slice, Dropshot, Lob, Topspin oder z. B. Drive, denn Sie benötigen bei den verschiedenen Schlagarten in der Ausholphase verschiedenen Raum für die Durchführung eines der Schlagart angepaßten größeren oder kleineren Wendebogens.

Jetzt werden Sie wahrscheinlich denken, daß die oben gesagte Regel – nicht über die Schulterachse hinaus – doch viel einfacher ist. Sie schreibt etwas Greifbares vor. Wie soll man sich in der Vielfalt der Möglichkeiten zurechtfinden? – Keine Angst, Sie werden mit zunehmender Spielfertigkeit **automatisch** das Richtige tun. Im Gegenteil. Dadurch, daß Sie sich nicht einer völlig unnützen Selbstkontrolle hinter Ihrem Rücken unterwerfen müssen und sich selbst Freiheit gönnen, werden Sie nicht verkrampfen, und Sie werden instinktiv das Richtige wählen. Sie werden viel schneller **Ihren eigenen** Schwungrhythmus finden. Wenn Ihnen eine Regel zu Ihrer Beruhigung aber doch unentbehrlich ist, bitte, Sie sollen diese haben: **Holen Sie nie weiter aus als unbedingt notwendig!**

# Die Schlagbewegung

Verehrter Schüler. Nun kommt auf Sie der allerwichtigste Teil des Tennisschlages zu. Es ist der Teil, der durch das hohe Tempo und durch die exakte Zeitbegrenzung, in der er durchzuführen ist, am wenigsten von Ihren Sinnen kontrolliert werden kann, der aber den Erfolg oder Mißerfolg Ihres Schlages am meisten beeinflußt, ja, der über diesen maßgebend entscheidet.

Es ist paradox, der wichtigste und entscheidendste Teil, der am meisten einer Kontrolle unterstehen sollte, verläuft so schnell, daß Sie ihn kaum kontrollieren können. **Um so mehr Gewicht fällt der in dem vorherigen Absatz beschriebenen Vorbereitung zu!** Denn nur wenn diese rechtzeitig und richtig vonstatten ging, werden Sie fähig sein, die Schlagbewegung, das ist der Teil vom Wendepunkt bis zum Treffpunkt, einwandfrei einzuleiten und durchzuführen. Weil es sich um eine sogenannte »ballistische« Bewegung handelt, ist in dieser Phase keine Korrektur mehr möglich. Sie müssen dann auslöffeln, was Sie vorher gekocht haben. Wenn Sie schlecht gewürzt haben, wird die Schlagbewegung ohne Geschmack sein, und wenn Sie zu lange und zu heiß gekocht haben, werden Sie zwangsweise bemüht sein, das Ding so schnell wie nur möglich und hastig aus den Händen, pardon, aus dem Schläger zu lassen.

Der Schlagschwung wird in einem Zeitraum von 0,1 – 0,3 sec. mit einer Schlägergeschwindigkeit bis 80 km/h durchgeführt.

Ich bin leider kein Koch, obwohl ein Gourmet, und deshalb höre ich lieber mit den kulinarischen Vergleichen auf. Schuster, bleib bei deinen Leisten.

Sie werden aber bestimmt meine oben erwähnte Meinung teilen, wenn ich Ihnen vertraulich verrate, daß Sie diesen Teil des Schwungs in 0,1–0,3 sec. mit einer Schlägergeschwindigkeit bis zu 80 km/h meistern müssen. Wenn Sie trotzdem der Überzeugung sind, daß Sie in dieser »Zeit« imstande sind, Ihre Schultern, Hüften, Oberarm, Handgelenk, Schlägerkopf oder sonst noch etwas einzeln und präzise zu kontrollieren oder die Harmonie dieser einzelnen Faktoren **bewußt** im Griff zu haben oder sogar diese zeitlich wie räumlich zu korrigieren, sind Sie ein Genie, das Borgs Wimbledonrekord mindestens zehnfach überbieten müßte. Ich möchte Sie bitten, mich als persönlichen Coach zu engagieren. Dann haben wir nämlich beide lebenslang ausgesorgt. Ich gehe mit Ihnen aber jede Wette ein, daß ich leider auch weiterhin auf andere Weise meinen Lebensunterhalt verdienen muß.

Die Länge, die Höhe, die Richtung, die Geschwindigkeit sowie die Art und Menge des Dralls des geschlagenen Balles werden durch die Neigung, die Rasanz sowie die Richtung des Schlagschwungs bestimmt.

Wie Sie sehen, entscheidet über das absolute Glücksgefühl oder über eine herbe Enttäuschung, über den Sieg oder die Niederlage ein Zeitraum von 0,1–0,3 sec. Deswegen betone ich bei meinen Schülern immer wieder unermüdlich, daß eine äußerst sorgfältige Vorbereitung und präzise Durchführung der Ausholbewegung im Zusammenhang mit der komplexen Körperarbeit von eminenter, bei einem Profi sogar von lebenswichtiger Notwendigkeit ist. Wenn Ihre Fußstellung oder Ihre Körperdrehung, der Zeitpunkt der Ausholbewegung oder der Schlagbewegung falsch oder mangelhaft sind, wird der Schläger in die Schlagbewegung unpräzise eingeführt, und das Resultat ist ein verpatzter Schlag. Wenn es gerade der Matchball im Finale eines 250000-$-Turnieres ist, kosten Sie diese 0,1–0,3 sec. die Kleinigkeit von 50000 $. Ein etwas zu teurer Spaß.

Ich habe schon in dem Absatz über die Schwungebene ausführlich begründet, warum der Schlagschwung in einer vertikalen Ebene durchgeführt werden muß. Deswegen glaube ich nicht, daß wir zu diesem Thema noch einmal zurückkehren müssen. Wichtig in diesem Zusammenhang ist aber, daß der Schläger zum Treffpunkt bei natürlich gestrecktem Arm möglichst immer in **Körpernähe** (vertikale Ebene) geschwungen wird, um über einen langen Hebel die günstigste Hebelwirkung zu erreichen. Die Differenz der Schlagführung zum Treffpunkt bei verschiedenen Schlagarten werde ich später behandeln.

Was passiert nun im einzelnen zwischen der Kehre im Wendebogen und dem Treffpunkt?

Sie wissen schon, daß der Impuls zu dem Schlagschwung aus den Oberschenkeln kommt und über die Hüften, die Bauch- und Rückenmuskulatur bis zum Schultergürtel und über den Arm bis hin zum Schläger verläuft. Diese Aufzählung zeigt zwar die Reihenfolge der Ansätze und Impulse, aber nicht den Gesamtablauf an. Ich betone noch einmal: Der Armschwung muß dem Schläger die Geschwindigkeit übermitteln. Alle anderen Komponenten garantieren nur einen harmonischen Ablauf sowie eine optimale Ausnützung und Unterstützung des Krafteinsatzes der einzelnen beteiligten Körperteile zum Zwecke der Beschleunigung des Balles und vor allem zum Zwecke der **Sicherheit!**

Bei gleichzeitiger Gewichtsverlagerung vom hinteren auf den vorderen Fuß wird der Schläger zum Treffpunkt hin beschleunigt. Obwohl die Übertragung der Kräfte von unten nach oben angesetzt hat, verhält sich der Oberkörper ziemlich neutral. Auf keinen Fall dürfen z. B. die Hüften oder sogar der Schultergürtel im voraus rotieren. Im Gegenteil, sie setzen von unten nach oben kurz nacheinander zu einer Rotation an, im weiteren Verlauf aber **folgen** sie dem Armschwung. Wir sind weiterhin nicht bei der Leichtathletik, sondern immer noch beim Tennis. Es ist

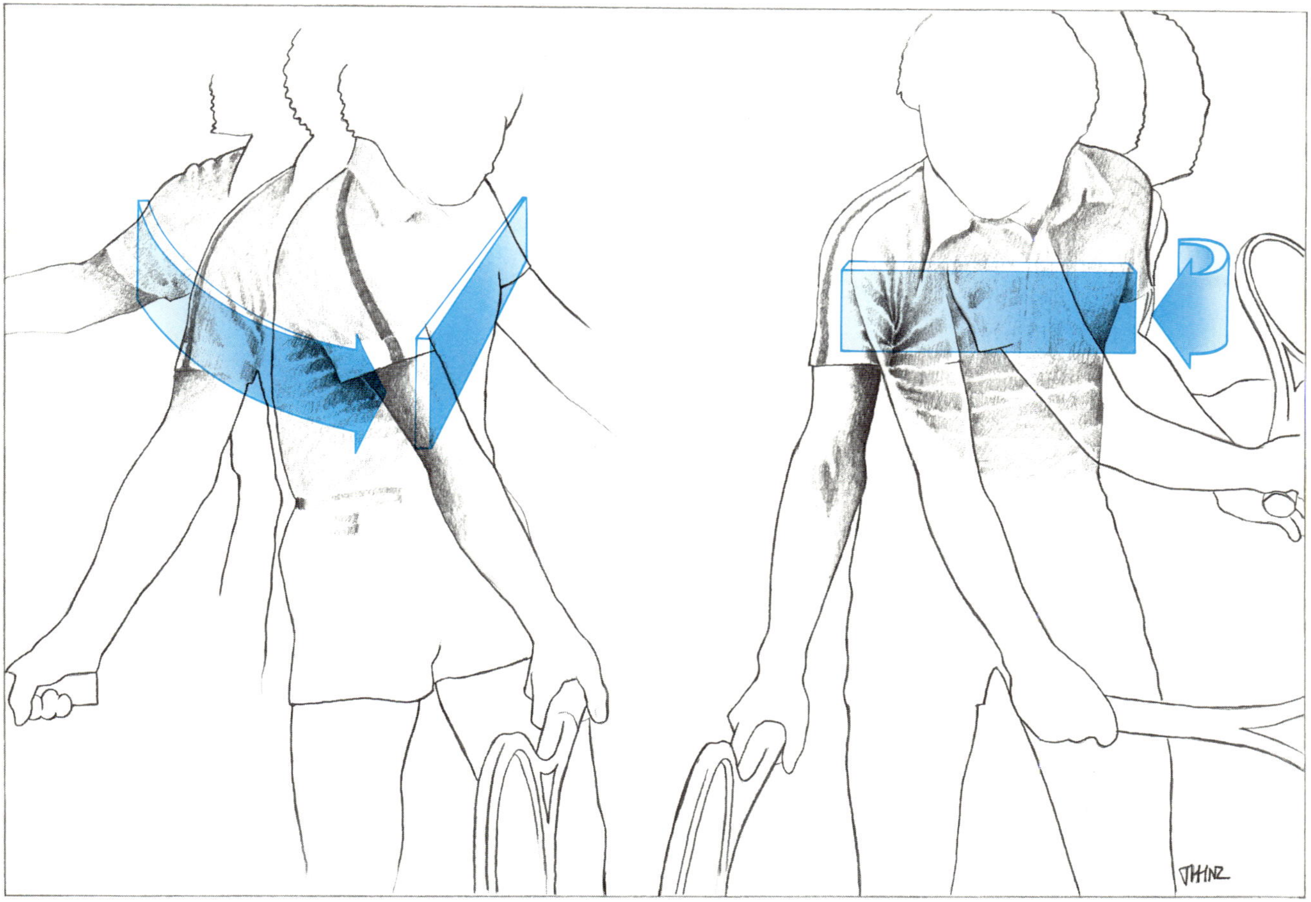

Bei der Vorhand rotiert der Oberkörper während der Schlagbewegung bis zum Treffpunkt fast in die frontale Stellung – im Gegensatz zu der Rückhand, bei der es nur zu einer minimalen Rotation kommt.

doch ein großer Unterschied, ob Sie die notwendige Körperrotation zu einem maximalen Kräfteeinsatz zum Zwecke der größtmöglichen Weite (z. B. beim Diskuswerfen oder Kugelstoßen) oder aber in einer begrenzten Entfernung diese zur Präzision des Schlages sowie eventuell zu einer hohen Beschleunigung des Schlägers benötigen. Noch bedeutender wirkt sich diese im weiteren Verlauf des Schlages aus, im Treffpunkt und im Ausschwung. Davon aber später.

Die eigentliche Rotation des Schultergürtels erfolgt bei der **Vorhand** aus anatomischen Gründen, weil der Schlagarm, und damit die dazugehörige Schulter, im Verhältnis zu der Schlagrichtung hinten sind und beide Partien durch die Schlägerführung zwangsläufig nach vorn mitgezogen werden. Bei der **Rückhand,** bei der der Schlagarm und die Schulter in der Seitstellung vorne sind, kommt es aus dem äußersten Punkt der Ausholbewegung, in dem der Oberkörper fast mit dem ganzen Rücken zum Gegner gedreht ist, nur zu einer minimalen Rotation des Schultergürtels und das nur bis zu dessen Parallelstellung zur Schlagrichtung.

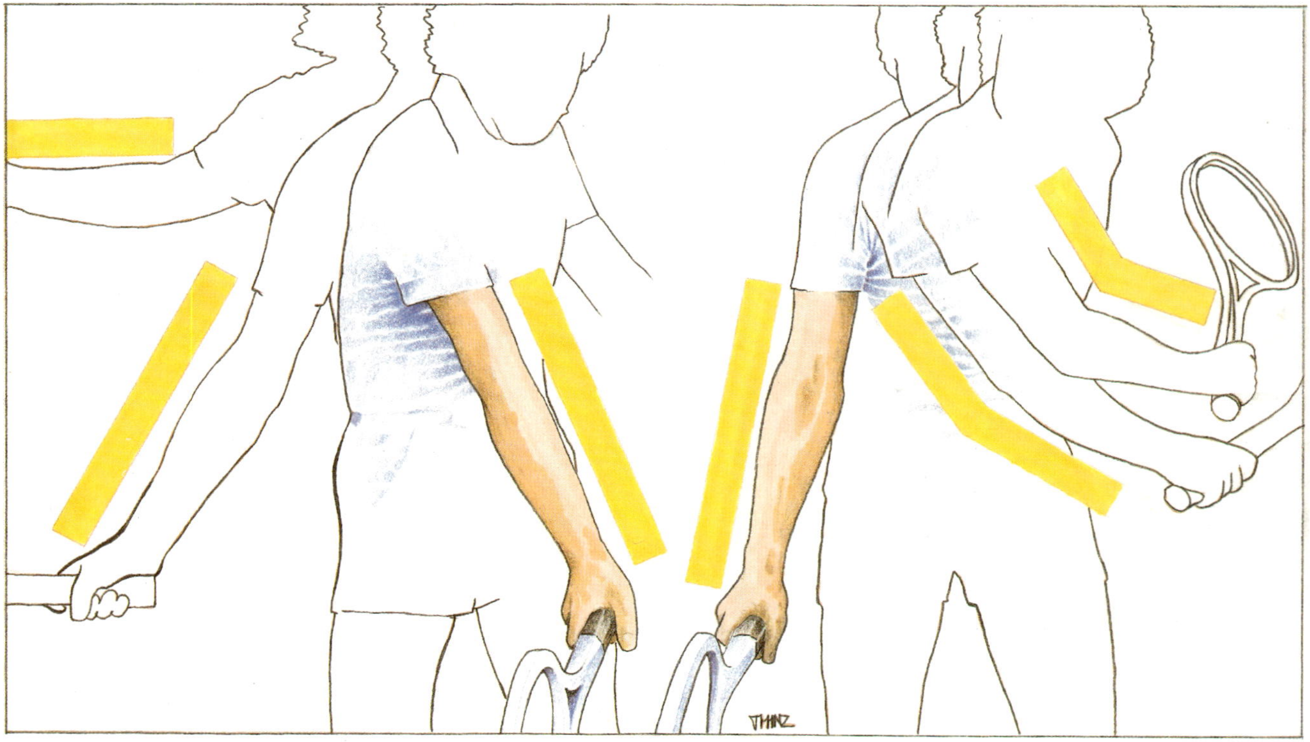

Bei der Vorhand streckt sich der Arm schon im Wendebogen und schwingt durchgestreckt bis zum Treffpunkt durch. Bei der Rückhand streckt er sich erst während der Schlagbewegung bis zu voller Durchstreckung im Treffpunkt.

Bei beiden Schlägen ist in der Aushol- und Schlagphase die rechte Schulter tiefer als die linke. Erst im Treffpunkt sind beide Schultern in der gleichen Ebene. Der Schlagarm streckt sich bei der Vorhand schon in der Endphase der Ausholbewegung durch und wird in dieser natürlichen Durchstreckung bis zum Treffpunkt geführt. Bei der Rückhand fängt die Streckbewegung erst in der Schlagphase an. Zu einer vollen Durchstreckung kommt es erst kurz vor dem Treffpunkt.

Der linke Arm dient während der Schlag- und Ausschwungbewegung ausschließlich dem Gleichgewichtsausgleich. Er soll keine beabsichtigten Mit- oder Gegenbewegungen ausüben. Sie würden nur die Harmonie des Bewegungsablaufes stören. Auch in der Tasche ist er unpassend.

Falls der Schlag nicht ausgelaufen werden muß, ist am Ende der Schlagbewegung das Körpergewicht voll auf den vorderen Fuß verlagert.

All diese Tatsachen dürfen Sie nicht als Selbstzweck betrachten, sondern als eine notwendige Voraussetzung zu dem richtigen Einschwenken des Schlägers in die sogenannte **Treffstrecke,** innerhalb der sich der **Treffpunkt** befindet.

# Der Treffpunkt

Erst einmal bin ich Ihnen noch einige klärende Worte zu der Möglichkeit oder Unmöglichkeit der sogenannten Ballführung schuldig, die ich im Absatz »Gefühle« schon angezeigt habe, denn die Klärung dieses Problems ist von großer Wichtigkeit für all das, was anschließend folgt.

Immer wieder werden Sie Trainer finden, die ihre Schüler zu einer möglichst langen Ballführung im Schläger auffordern. Sogar Arthur Ashe, immerhin Wimbledonsieger, schreibt: » . . . je länger Sie den Ball innerhalb der Treffstrecke auf dem Schläger haben, desto größer wird Ihre Kontrolle über den Schlag.« Und weiter: » . . . in jedem Fall aber müssen Sie sich bemühen, den Ball **so lange** wie nur möglich auf den Saiten zu haben – Führen des Balles nennt man das.« Bei einem meiner Vorträge vor prominenten Trainern vor vielen Jahren hat ein bekannter deutscher Trainer, übrigens einer meiner größten Kritiker, nachdem ich die Unmöglichkeit einer **beabsichtigten** beliebig langen Ballführung im Schläger begründet habe, geantwortet: »Auch wenn alle biomechanischen und physikalischen Gesetze dagegensprechen, ich kann das doch!« Kommentar überflüssig.

Wie Sie sehen, ist 2 × 2 nicht für jeden 4, oder aber wedelt bei manchen der Schwanz mit dem Hund. Deswegen muß ich mich mit der »Ballführung« beschäftigen, um Sie ein für allemal aufzuklären. Wenigstens in diesem Punkt wird mancher von Ihnen schon schlauer sein als sein Trainer oder Arthur Ashe.

An der Technischen Universität in Braunschweig sowie, unabhängig davon, auch in den USA und in Italien, haben sich sehr kluge Köpfe mit verschiedenen Messungen des Schläger- und Ballverhaltens im Schläger beschäftigt, umfangreiche Untersuchungen angestellt, präzise Laborinstrumente und Computer zu Hilfe geholt. Sie sind u. a. zu dem folgenden Ergebnis, was den Ballkontakt mit dem Schläger betrifft, gekommen: Der Ball hält sich im Schläger etwa 0,003 bis 0,005 sec. auf, die räumliche Berührungsstrecke ist 0 bis maximal 15 cm! Je härter Sie einen Ball schlagen, um so mehr wird er selbst, wie auch die Bespannung, deformiert, und um so »länger« (Aufhebung der Deformation) bleibt er im Schläger. Näheres dazu im Kapitel Ausrüstung.

Abgesehen davon, daß Sie weder die 0,005 sec. noch die 0,003 sec. in Ihrem Gehirn und um so weniger im Schläger registrieren können, kommt es zu folgender Diskrepanz: Sie als geplagter Anfänger werden kaum den Schläger mit 70 km/h zu schwingen versuchen, um dem Ball eine Geschwindigkeit von 180 km/h zu geben, sondern, der Anweisung Ihres Trainers folgend, ganz vorsichtig und behutsam den Schwung ansetzen. Nun sagt Ihnen aber u. U. dieser liebe Herr, daß Sie bei diesem langsamen Schlägerschwung den Ball lange führen müssen, um diesen sicher über das Netz zu befördern. Und in diesem Augenblick haben Sie den Gulasch. Einerseits verkrampfen Sie dabei garantiert, und von Schwung kann keine Rede mehr sein, andererseits ist bei einem langsamen Schwung der Ball vielleicht 0,045 sec. und ca 3 cm im Schläger. Auch wenn Sie oder der Lehrer sich umzubringen versuchen, er wird nicht länger werden. Um die Kugel »länger« im Schläger zu haben, wobei Sie auch keine bewußte Führung des Balles zustandebringen könnten, müßten Sie mit voller Wucht draufdreschen.

Abgesehen davon, daß Sie es zu einem Connors noch so weit haben wie ich zum Caruso, können Sie sich, falls Sie den Ball überhaupt treffen, höchstens einen Muskelriß oder einen Knochenbruch holen, aber bestimmt keine Führungsstrecke von 15 cm kontrollieren. Bei einer Schlägergeschwindigkeit von 70 km/h auf einer Entfernung von 175 cm (Schlägerführung vom Wendepunkt der Schleife zum Treffpunkt) ist die Sache für Sie vorbei, bevor Sie überhaupt registriert haben, daß sie angefangen hat. Der Balljunge kann Ihren Ball lange im Buchenwald suchen.

Sagen Sie mir aber bitte ja nicht: » . . . und ich kann es doch!«

All den physikalischen und mathematischen Beweisen zum Trotz müssen Sie aber versuchen, eine realisierbare Kontrolle über den Ball im Treffpunkt zu erlangen. Diese ist auch möglich durch einen ganz simplen Trick – einfach vor, im und nach dem Treffpunkt alle Störfaktoren ausschließen. Sie wissen inzwischen, daß der Schlagschwung in einem weiten Bogen erfolgt. Ich habe auch schon begründet, warum Sie den Schläger **nie** geradlinig **schwingen** (nicht schieben oder stoßen) können. Da der Ball aber nur eine minimale Zeit am Schläger ist, müssen Sie den bogenförmigen Schwung gerade in dieser Zeit etwas auszudehnen versuchen, um zu verhindern, daß die Neigung der Schlägerfläche im Treffpunkt sowohl in der Längsachse wie auch in der Breitachse zu der beabsichtigten Richtung des Schlages ungünstig oder falsch ist. Diese kurze Ausdehnung nennen wir die schon erwähnte **Treffstrecke.**

Den Hauptanteil an dieser Ausdehnung oder Verflachung des Bogens hat der Körpereinsatz und die damit verbundene Gewichtsverlagerung, womit ich auf den Absatz »Körpereinsatz« zurückkomme. Erinnern Sie sich bitte an den Schwung von innen nach außen bis zum Treffpunkt. Auf dem Bild können Sie deutlich die Strecke erkennen, die der Schläger, bei bloßer Oberkörperbewegung, die in der Endphase der Gewichtsverlage-

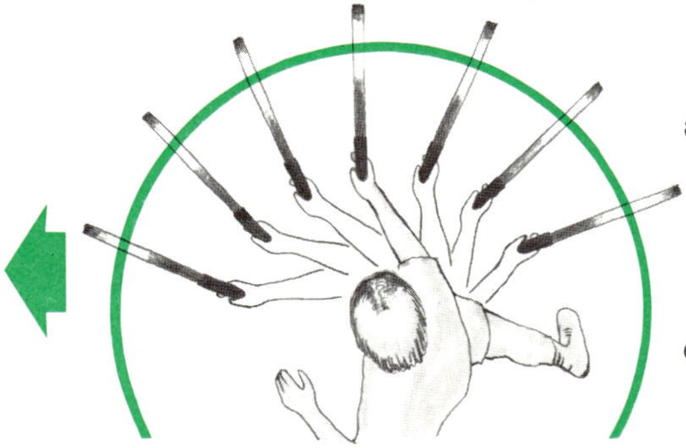

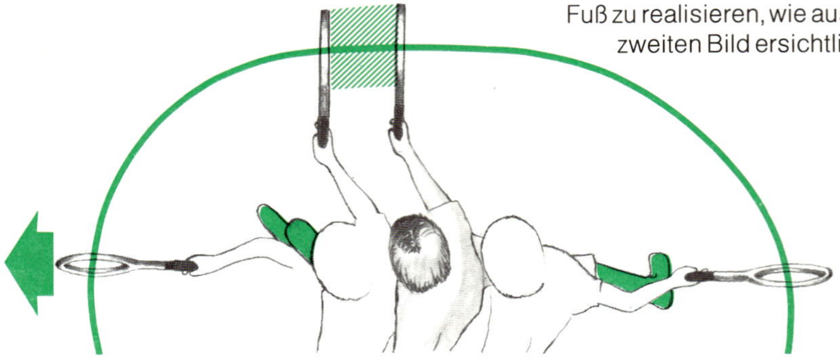

Auch bei einem vertikalen Schwung beschreibt der Schläger von der Vogelperspektive aus gesehen eine bogenförmige Bewegung. Um die Sicherheit und die Präzision des geschlagenen Balles zu erhöhen, muß dieser Bogen in und um den Treffpunkt verflacht werden, wodurch die sogenannte Treffstrecke entsteht. Dies ist vor allem durch die Gewichtsverlagerung vom hinteren auf den vorderen Fuß zu realisieren, wie aus dem zweiten Bild ersichtlich ist.

Auf dem Bild ist die Strecke, die der Schläger ohne jegliche Armbewegung nur durch die Gewichtsverlagerung vom hinteren auf den vorderen Fuß erzielt, deutlich zu erkennen. Um die optimale Treffstrecke zu erreichen, muß diese Körperbewegung in jeden Schlag eingebaut werden.

Wenn der Körper im Treffpunkt in die Rücklage gerät, wird die waagerechte Treffstrecke bis auf Null reduziert.

rung vom hinteren auf den vorderen Fuß erfolgt, ohne den Arm zu bewegen, absolviert.

Diese Strecke, die den Bogen verflacht, ist bei einem Schlag in den Schwung mit eingebaut, vorausgesetzt, Sie bewegen den Körper im richtigen Moment durch die Gewichtsverlagerung gegen den Ball. Die Fachleute haben dafür einen schönen deutschen Ausdruck **Step-in.** Die Profis bewegen den Oberkörper sogar weit über den vorderen Fuß nach vorne hinaus, oder, wie ich schon erwähnte, springen in den Ball, um die Treffstrecke noch mehr zu verlängern, wodurch die Sicherheit sowie die Präzision des Schlages weiter vergrößert werden. Zugegeben, die meisten machen das instinktiv, ohne sich der positiven Folgen so richtig bewußt zu werden.

Demgegenüber können Sie bei schlechteren Spielern eine bemerkenswerte Krankheit entdekken, die »Treffpunktskoliose« rückwärts. Diese Sorte von Spielern versucht während der Schlagbewegung und besonders im Treffpunkt den Oberkörper vom Ball so weit wie möglich rückwärts zu drücken, als ob der Ball stinken würde. Was dann allerdings stinkt, ist der Schlag selbst, denn in der Rücklage des Oberkörpers, wie man es fachlich zu nennen pflegt, schwingt der Schläger zu steil aufwärts, die Treffstrecke ist fast auf Null geschmolzen. In dieser Situation den richtigen Treffpunkt zu erwischen, gleicht einem Zufallstreffer in Wim Thoelkes »Der Große Preis«.

Hiermit möchte ich noch einmal betonen, daß der gesamte Körpereinsatz, wie auch die Gewichtsverlagerung, **vor allem der Sicherheit** des Schlages dienen und **nicht überwiegend** und schon gar nicht **nur** der Kraft des Schlages. Ich bin mir selbstverständlich des Wertes des richtigen Körpereinsatzes für das Erreichen eines schnellen Armschwungs bewußt, wie aus meinen Ausführungen hoffentlich klar genug hervorgeht.

Kurz zusammengefaßt ist zu sagen, je länger Sie den Schläger in der Treffstrecke führen können, desto kleiner ist die Gefahr, den Ball im Treffpunkt negativ zu beeinflussen. Sie können versuchen, den Schläger lange durch die Treffstrecke zu schwingen. Sie können aber **niemals** einen Ball bewußt und beliebig lange am Schläger führen!

Wenn Sie auf jemanden stoßen sollten, der trotz allen diesen Tatsachen behauptet, den Ball nach Wunsch führen zu können, dann bitte ich Sie dieses Mal, ihn nicht in die Wüste zu schicken. So ein Exemplar gehört als Rarität in die Vitrine eines Museums.

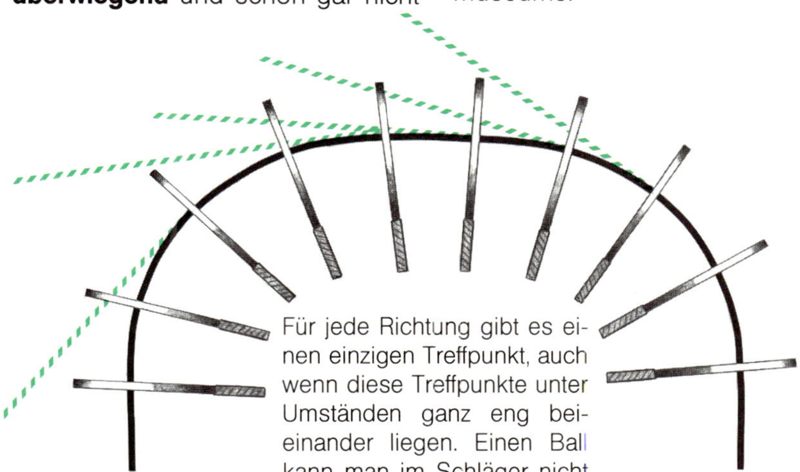

Für jede Richtung gibt es einen einzigen Treffpunkt, auch wenn diese Treffpunkte unter Umständen ganz eng beieinander liegen. Einen Ball kann man im Schläger nicht bewußt führen.

Der ideale Treffpunkt liegt immer vor der vorderen Hüfte, wobei er bei der Rückhand der Vorhand gegenüber aus anatomischen Gründen etwas weiter nach vorne verlegt ist. Bei einem Schlag aus dem Stand ist in diesem Augenblick die Gewichtsverlagerung in die Schlagrichtung vollendet. Die Beine sollen in einer bequemen Breitstellung sein. Der Oberkörper ist bei der Vorhand schon zum Teil in der frontalen Stellung, bei der Rückhand ist er aber exakt seitlich gestellt; die Schulterpartie ist waagerecht, der Schlägerkopf ist in der überwiegenden Mehrzahl der Grundlinienschläge in der senkrechten Stellung, der linke Arm dient dem Gleichgewichtsausgleich.

Innerhalb der Treffstrecke befindet sich, wie Sie schon wahrscheinlich schlauerweise richtig geschätzt haben, der **Treffpunkt.** Für jeden Schlag bzw. für jede Richtung und Höhe des Balles existiert nur ein einziger idealer Treffpunkt, auch wenn diese zum Teil nur Zentimeter voneinander entfernt sind. Nun werden Sie wahrscheinlich fluchen, denn, wie zum Donnerwetter sollen Sie in der Eile, in der Sie die Grundlinie entlangtraben, millimetergenau den richtigen Treffpunkt finden, um Herrn Piepenbreier am Netz zu passieren? – Zu Ihrer Beruhigung kann ich Ihnen versichern, daß auch der ausgekochteste Profi das nicht immer kann. Der vertikale Schwung ist wieder einmal Ihre Rettung. Er ermöglicht Ihnen auch dann einen verhältnismäßig guten Schlag, wenn Sie den idealen Treffpunkt nicht erwischt haben. Dann wird der Ball allerdings wahrscheinlich nicht so schnell, so lang oder präzise sein, wie Sie beabsichtigt haben. Er wird aber in etwa das Ziel mit einer gewissen Abweichung ansteuern. Das wäre mit einem horizontalen Schwung nicht möglich.

Glauben Sie ja nicht, daß es so einfach ist, auf eine Tausendstelsekunde den Schläger regelmäßig in die richtige Position zu schwingen. Das kann keiner. Ich nicht, Herr Schlotterhose nicht und John McEnroe auch nicht. Die Qualität des Spielers, seine Spielstärke und Plazierung auf der Rangliste zeugt aber davon, wie oft oder wie selten er den Ball im idealen Treffpunkt oder in der unmittelbaren Nähe erwischte.

Nun schreibe ich schon so lange über den Treffpunkt, und Sie wissen noch gar nicht, wo dieser eigentlich liegt. Das ist aber schnell gesagt. Er liegt immer vor der vorderen Hüfte, wobei er bei der Rückhand etwas weiter vorverlegt ist. Näheres werde ich Ihnen dazu in dem Absatz »Schlägerhaltung« erzählen.

Im Treffpunkt sind die Beine wie auch der Schlagarm durchgestreckt, das Gewicht ist auf den vorderen Fuß verlagert, die Schulterpartie und das Becken sind bei der Vorhand in einer Querstellung, bei der Rückhand allerdings exakt parallel zu der Schlagrichtung des Balles, die rechte Schulter in gleicher Höhe mit der linken.

Vielleicht haben Sie bisher eine Beschreibung der Stellung des Handgelenkes und der Schlägerfläche vermißt. Ich habe es nicht vergessen, aber alles zu seiner Zeit. Deswegen bitte ich Sie noch um etwas Geduld.

Die Ausschwungphase ist der Gradmesser für Ihre einwandfrei durchgeführte Schlagbewegung. Der Ausschwung soll zuerst weit in die Schlagrichtung erfolgen. Bei einem langsam durchgeführten Schlag wird der Schläger am Ende der Ausschwungphase in die Richtung des Gegners zeigen.

# Der Ausschwung

Theoretisch könnte ich mit dem Treffpunkt aufhören. Alles, was danach kommt, ist nur eine logische Folge der Schlagbewegung und hat auf den Ball keinen Einfluß mehr, denn der bereitet hoffentlich zu dieser Zeit Ihrem Gegner allerhand Kopfschmerzen. Aber gerade der Ausschwung ist ein wichtiger Kontrollpunkt für Ihre Künste.

Sie können bekannterweise keine Bewegung abrupt abbrechen, es sei denn gewaltsam, indem Sie zum Beispiel mit ihrem Vehikel an eine Garagenwand gebrummt sind, womit Ihre Fortbewegung auf etwas unangenehme und brutale Art verhindert wurde, was Sie noch lange spüren werden.

Nur bei einem Vorhandschlag, der mit hoher Schwunggeschwindigkeit geschlagen wurde, erfolgt der Ausschwung über die volle Durchstreckung in die Schlagrichtung bis eventuell über die linke Schulter zurück.

Bei der Vorhand ist am Ende der Ausschwungphase der Oberkörper in frontaler Stellung zum Netz.

Im Tennis sollen Sie den Ausschwung nicht bewußt zu bremsen versuchen, denn das können Sie nur mit einem zusätzlichen Krafteinsatz. Dieser kostet unnütz Energie, die Sie früher oder später mit Bestimmtheit anderswie benötigen werden. So gesehen ist es am besten, wenn Sie den Dingen freien Lauf lassen. Was bedeutet das?

Wenn Sie bei der Vorhand den Schläger mit einem vertikalen Schwung in die Schlagrichtung geschwungen haben, muß dieser logischerweise auch nach dem Treffpunkt dieser Schlagrichtung folgen. Wenn Ihr Schwung langsam war, wird der Schläger am Ende des Ausschwungs bei voller Durchstreckung des Armes zur Ruhe kommen und in die Richtung des zum Gegenschlag vorbereiteten Gegners zeigen. Wenn Sie allerdings einen kraftvollen Drive hingeschossen haben, wird Ihr Schlägerkopf **über** den vorher genannten Punkt bogenförmig weiter nach links bis eventuell zu Ihrer linken Schulter oder sogar darüber hinaus zurückschwingen. Ich betone, **über** den vorher genannten Punkt, das heißt **über die volle Durchstreckung des Armes** in die Schlagrichtung!

Bei der Rückhand muß sich der Oberkörper am Ende der Ausschwungbewegung in seitlicher Stellung zum Netz befinden, der Schläger zeigt bei durchgestrecktem Arm in die Schlagrichtung. Ein Weiterrotieren in die frontale Stellung, wie es bei der Vorhand der Fall ist und wie es Ihnen das zweite Bild zeigt, darf nicht vorkommen, denn dadurch ist die Gefahr gegeben, daß der Schläger vorzeitig aus der Treffstrecke gebracht wird, wodurch nicht nur die Richtung, sondern auch die Härte und Länge des geschlagenen Balles negativ beeinflußt wird.

Diese Phase des Ausschwungs ist nämlich die wichtigste, denn sie ist der Gradmesser für Ihre einwandfrei durchgeführte Schlagbewegung, für die optimale Führung des Schlägers durch die Treffstrecke in die gewünschte Schlagrichtung sowie für den vertikalen Schwung.

Der Ausschwung zu oder über die linke Schulter ist nur eine **Folgeerscheinung** der Rasanz des Schlages. Auf keinen Fall soll der Ausschwung absichtlich so weit durchgeführt werden, wenn dazu kein Anlaß ist. Ich betone es deswegen, weil sehr oft der Ausschwung zu oder über die linke Schulter **mit Absicht** gelehrt wird, als ob das Ziel des Ausschwungs ein eventuelles Kratzen mit dem Schläger am eigenen Rücken wäre, oder als ob Sie nicht andere Sorgen am Platz hätten, als überflüssige Bewegungen zu üben.

Nur bei einem horizontalen Schwung wäre der Ausschwung über die linke Schulter natürlich. Wir haben uns aber geeinigt, daß Sie diesen nicht anwenden werden. Das stimmt, oder?

Am Ende des Ausschwungs bei der Vorhand ist der Oberkörper frontal zum Netz gerichtet, was aus anatomischen und biomechanischen Gründen die Folge des Armschwungs ist.

Bei der Rückhand liegen die Dinge etwas anders. Im Gegensatz zu der Vorhand, bei der der Oberkörper in die frontale Stellung rotieren muß, um einen freien und langen Ausschwung in die Schlagrichtung zu gewährleisten, darf bei der Rückhand der Oberkörper auf Grund der Tatsache, daß der Schlagarm vorne ist, wie unmittelbar vor, so auch nach dem Treffpunkt nicht rotieren. Dadurch würde der Schläger vorzeitig aus der Treffstrecke und aus der Schlagrichtung nach rechts hinausgeführt werden. Ein »Verreißen« des Balles nach rechts wäre die unmittelbare Folge. Der Oberkörper bleibt deswegen während der ganzen Schlag- und Ausschwungbewegung in seitlicher Stellung und kehrt in die frontale Ausgangsposition zurück, wenn der Schlag beendet ist.

Zusammengefaßt kann ich den gesamten Schlagablauf als eine harmonische Schwungbewegung des Armes im Einklang mit dem Körpereinsatz von hinten nach vorne in die Schlagrichtung bezeichnen.

Das Timing, der Schlag aus einem Guß ist das Geheimnis des Topspielers.

# Das Timing

Wiederholen wir noch einmal kurz den gesamten Bewegungsablauf des Schlages. Sie werden sehen, wie einfach das ist.

Fangen Sie mit der Drehung des Schultergürtels und der Hüften an. Es folgt die Ausholbewegung des Armes bei gleichzeitiger Gewichtsverlagerung auf den hinteren Fuß. Der Bewegungsablauf darf nicht unterbrochen werden. Beschleunigen Sie den Schläger im Wendebogen, führen Sie ihn gegen den Ball mit der optimalen Geschwindigkeit für den beabsichtigten Schlag bei gleichzeitiger Gewichtsverlagerung auf den vorderen Fuß. Dabei wird die Spiraldrehung von den Oberschenkeln aus über die Hüften bis zu dem Schultergürtel aufgelöst. Treffen Sie den Ball in der bestmöglichen Balance des Körpers, mit dem Gewicht auf dem vorderen Fuß, und schwingen Sie den Schläger **weit** und locker in die Schlagrichtung aus.

Diesen Ablauf nennen wir Schlag aus einem Guß, und der international übliche Fachausdruck hierfür heißt **Timing!** Damit sind wir bei einem Begriff angelangt, der meiner Meinung nach in der Tat im Tennis eine der wichtigsten Rollen spielt. Unter Timing verstehen wir das harmonische Zusammenspiel aller Bewegungen des Oberkörpers, der Extremitäten und des Schlägers. Wenn sich einer dieser Teile selbständig macht und innerhalb Ihres Bewegungsablaufes eine dominierende Rolle unter Mißachtung der anderen Faktoren einnimmt, werden Sie nicht nur eine komische Figur abgeben, sondern den Ball in die Binsen schlagen. Ich beobachte immer wieder Tennisspieler, die bei jedem Schlag mehrere Sportarten zu pflegen versuchen, wie Fechten, Eiskunstlaufen, Handball, Hochsprung, Bodenturnen, Skilaufen und vieles mehr. All diese Sportarten allerdings im Anfängerstadium und quer durch den Gemüsegarten. Manchmal denke ich mir, daß es gar nicht möglich ist, in einer so kurzen Zeit eines einzigen Schlages so viele überflüssige, wilde und gegensätzliche Bewegungen, Ruck- und Zuckungen auszuüben. Bei manchen Exemplaren grenzt diese Mixtur schon an Artistik.

Ohne Worte

Leider entspricht das Resultat, also der geschlagene Ball, nicht einmal annähernd dem durch die verschiedenartige Bewegungsexplosion angedrohten Effekt. Der Ball plumpst gerade noch über das Netz, und wenn er könnte, würde er selbst aus dem Staunen, wie er eigentlich die 15 m überbrückt hat, nicht herauskommen. Vergessen Sie bitte nicht – Sie sollen den Schläger schwingen, nicht umgekehrt.

Das Geheimnis des rationellen, einfachen und wirkungsvollen Schlages des Profis liegt im Timing, in der einwandfreien Koordination aller am Schlag beteiligten Einzelbewegungen. Deswegen scheint der Schlag eines Könners so simpel zu sein. Diejenigen, die noch Ken Rosewall in Erinnerung haben, werden bestimmt mit mir der Meinung sein, daß dieser großartige Spieler geradezu ein Idealbild an Harmonie, Koordination und Balance war. Das Timing können Sie aber weder bei Ihrem Trainer erwerben, noch im Warenhaus kaufen oder bei Christie's ersteigern. Sie müssen es sich durch ausdauerndes Üben nach und nach aneignen. Wenn Sie sich noch an die Stufen erinnern, ist das Timing kaum vor der dritten Stufe in allen Lagen zu erlernen. Haben Sie deshalb **Geduld!**

Nun werden Sie fragen, wie Sie es erkennen, ob Ihr Timing den Anforderungen entspricht. Die Antwort ist einfach. Wenn Sie tausend Schläge hintereinander problemlos auf die gleiche Art und Weise schlagen können, wobei diese nicht unbedingt im Feld landen müssen, haben Sie Ihr Timing gefunden. Solange aber eine Rückhand der anderen wie ein Nashorn einem Osterhasen ähnelt, werden Sie sich wahrscheinlich mit einem Timing in Ihren Schlägen kaum rühmen können.

Sie werden es schon selbst merken, wenn jeder zweite Ball, zu Ihrer und des Gegners Überraschung, einen Weg sucht, den man als eigenwillig bezeichnen könnte.

Ich bin davon überzeugt, daß jeder halbwegs geschickte Mensch einen vernünftigen Schlag zustande bringen kann, ohne daß er 365mal im Jahr ein ganzes Turnfest am Platz veranstaltet. Voraussetzung ist aber, daß er dem Zusammenspiel der Kräfte und der einzelnen Bewegungen eine Form gibt, die die Prioritäten und die Wichtigkeit der einzelnen Bewegungsabläufe respektiert.

# Die Schlägerhaltung – der Griff

Im Laufe der Jahrzehnte hat sich die Schlägerhaltung immer mehr nach gewissen Erfordernissen stabilisiert. Sie können den Schläger zwar wie einen Kochlöffel beim Eierrühren, dies ist der sogenannte Bratpfannengriff, oder aber wie einen Hammer (Hammergriff) halten, Sie können aber auch einen »korrekten« Griff, wie er im Lehrbuch steht, benutzen. Sie können unter Umständen mit allen diesen Griffarten Wimbledon gewinnen – oder auch nicht. Mit einigen allerdings eher nicht.

Eines ist aber sicher. Die Schlägerhaltung beeinflußt den gesamten Schlagablauf oder anders ausgedrückt, Ihr Schlagablauf wird durch Ihren Griff geformt. Dadurch ist oft ein Fehler im Schlag nur durch die Korrektur der Schlägerhaltung zu beseitigen. Der Griff bestimmt die Schlägerstellung im Treffpunkt vor allem im Verhältnis zum Körper und unterstützt den optimalen Einsatz des Schwungs und der Kraft, oder er bewirkt das Gegenteil. Er ist somit eine der wichtigsten Voraussetzungen eines guten Schlages, sozusagen die Ausgangsbasis. Trotzdem bemühen sich die meisten Tennisspieler so gut wie gar nicht, sich einen optimalen Griff beizubringen. Verstehe das, wer will.

Sie werden sich wahrscheinlich wundern, daß Ihr Handgelenk einer enormen Aufprallkraft ausgesetzt ist. Bei den Grundschlägen variiert diese zwischen 12,7 und 25,4 kg, beim Aufschlag zwischen 13,6 und 31,7 kg und beim Flugball zwischen 8,16 und 21,77 kg! Das haben die Amerikaner an der Universität von Massachusetts festgestellt. Deswegen ist eine anatomisch und biomechanisch einwandfreie und optimale Schlägerhaltung für einen erfolgreichen Schlag unbedingt erforderlich.

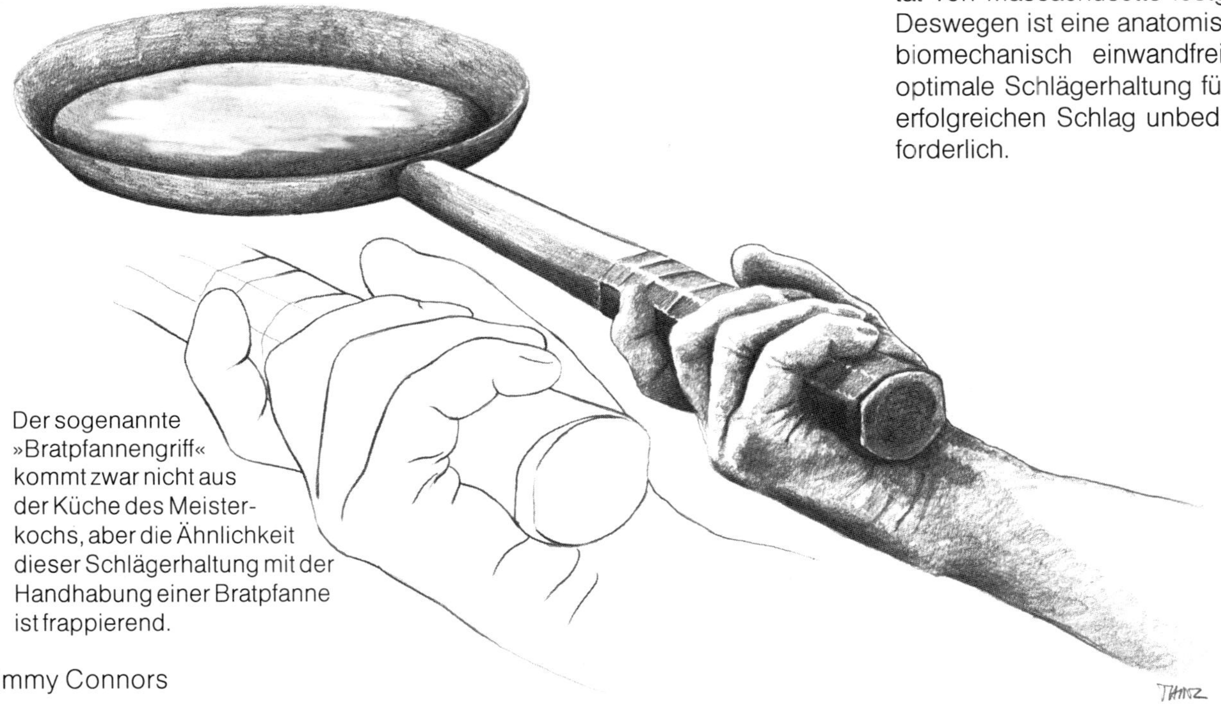


Der sogenannte »Bratpfannengriff« kommt zwar nicht aus der Küche des Meisterkochs, aber die Ähnlichkeit dieser Schlägerhaltung mit der Handhabung einer Bratpfanne ist frappierend.

Mit dieser Schlägerhaltung, die wir in der Fachsprache »Hammergriff« nennen, können Sie zwar auf die Nägel hämmern, aber gewinnen werden Sie damit nicht einmal in Hintertupfingen.

Es wird sehr oft von einem sogenannten »korrekten« Griff gesprochen, und es gibt Abbildungen in der Fachliteratur, die präzise vorschreiben, auf welcher Kante oder Fläche des Griffes die Spitze gerade Ihres »V« zwischen dem Daumen und dem Zeigefinger bei dieser oder jener Griffhaltung sein **muß.** Ich bitte Sie, falls Sie schon so etwas gelesen oder gehört haben sollten, vergessen Sie es sehr schnell, auch wenn diese Ratschläge gut gemeint sind.

Jeder Mensch besitzt doch eine anders gebaute Hand. Der eine hat schmale und lange Finger, der andere kurze und dicke; einer hat Handflächen wie Schaufeln oder Windmühlenblätter, ein anderer wiederum besitzt die zierlichen Hände der Kameliendame. Schon dadurch muß die Spitze des »V« am Griff bei gleicher Griffstärke von Mensch zu Mensch bei derselben Schlägerhaltung unterschiedlich plaziert sein. Die Griffstärke kann man nicht vorschreiben, sie ist eine Sache des Gefühls, obwohl es prinzipielle Empfehlungen gibt.

Was ist eigentlich ein korrekter Griff? Einfach ausgedrückt, ist es der Griff, der es **Ihnen** ermöglicht, einen **Ihrem** Körperbau und **Ihrem** Geschicklichkeitsgrad angemessenen optimalen Schlagschwung in dem der jeweiligen Schlagart angepaßten Treffpunkt vor dem Körper ideal einzusetzen. Dabei darf das Handgelenk nicht überanstrengt werden. Es dürfen mit ihm im letzten Augenblick auch keine Ausgleichskorrekturen durchgeführt werden, um die Schlägerfläche in eine ideale Stellung zur Schlagrichtung und Schlaghöhe zu bringen. Sie sollen Ihre eigene Griffhaltung finden, die es **Ihnen,** und nicht Björn Borg, McEnroe oder Lendl, ermöglicht, den Schläger durch den richtigen Treffpunkt durchzuschwingen. Die eben erwähnten Herren halten die Keule auch recht unterschiedlich und spielen gar nicht so schlecht, oder?

Wie Sie sehen, komme ich auch in diesem Fall Ihrer verehrten Individualität weitestgehend entgegen. Diese individuelle Freiheit geht allerdings nicht so weit, daß Sie den Schläger wie einen Bumerang bei einer Känguruhjagd anfassen dürfen. Auch die Schlägerhaltung hat eigene Gesetze, und es gibt erwiesenermaßen günstige Schlägerhaltungen, die für die Ausführung einzelner Schlagarten unumgänglich sind. Allerdings können Sie innerhalb dieser, wenn Sie so wollen, empfohlenen Schlägerhaltungen Ihrer Individualität freien Lauf lassen.

Bevor ich Ihren schon so geplagten Kopf mit Vorteilen und Nachteilen einzelner Schlägerhaltungen, deren Namen und Beschreibungen belaste, erlauben Sie mir erst einmal, Ihnen Ihren persönlichen Anfangsgriff beizubringen, ohne daß ich Sie kenne, jemals gesehen habe und höchstwahrscheinlich niemals zu Gesicht bekomme, so bedauernswert das für uns beide auch immer ist.

Stellen Sie sich bitte mit normal gegrätschten Beinen erst einmal mit der linken Hüfte seitlich zu einem imaginären Netz gedreht. Das können Sie auch in Ihrer Wohnstube probieren. Nun fassen Sie den Schläger mit der linken Hand am Schlägerhals so an, daß das Griffende bei senkrecht gestellter Schlägerfläche und durchgestrecktem linkem Arm etwa in die Richtung Ihrer linken Leiste in der Höhe des Hüftknochens zeigt. Jetzt legen Sie die Handfläche der rechten Hand auf die hintere Breitseite des Griffes und umfassen diesen mit den Fingern. Das wär's. Einfach, nicht wahr?

In dieser Position wird sich künftig, wenigstens am Anfang, Ihr Schläger im Treffpunkt bei Ihrer Vorhand befinden. Wie Sie schon wissen, entscheidet sich Ihr Sein oder Nichtsein gerade im Treffpunkt. Wenn es kein biomechanisches Prinzip der Koordination von Teilimpulsen gäbe, könnte man sogar ketzerisch sagen, daß alles, was Sie mit dem Schläger vorher unternehmen, unwichtig ist, falls der Schläger im richtigen Zeitpunkt, in richtiger Schlagrichtung, in richtiger Stellung zum Körper und Ball den letzteren trifft. Und dafür benötigen Sie Ihre **eigene** korrekte Schlägerhaltung.

Ohne zu wissen, wie diese Griffart heißt und was sie für Vorteile für Ihre zukünftige Bombenvorhand bringt, ohne daß Sie sich um ein »V« oder um irgendwelche Kanten kümmern müssen, können Sie frohlockend und zuversichtlich an Ihrer Vorhand basteln.

Wenn Sie nach einiger Bastelzeit feststellen sollten, daß plötzlich die jetzige Griffhaltung mit der ursprünglichen nicht mehr voll übereinstimmt, wenn Sie sich dabei trotzdem wohlfühlen und von Erfolg zu Erfolg rasen, ändern Sie um Himmels willen nichts. Erinnern Sie sich lieber an die Entwicklung Ihres individuellen Stils und danken Sie Ihrer Schutzpatronin, daß Sie **Ihre eigene ideale Griffhaltung** gefunden haben, auch wenn Borg oder Tracy Austin den Schläger anders zu halten pflegen. Denn schließlich wollen Sie nicht wie Borg oder Austin spielen, sondern viel, viel besser, oder?

Unternehmen wir nun die gleiche Prozedur bei Ihrer Rückhand. Sie brauchen sich nicht zu drehen.

Beim Rückhandgriff legen Sie die Handfläche senkrecht auf die obere Schmalseite des Griffes. Beim Vorhandgriff wird die Handfläche von der Seite aus auf die hintere Breitseite des Griffes gelegt.

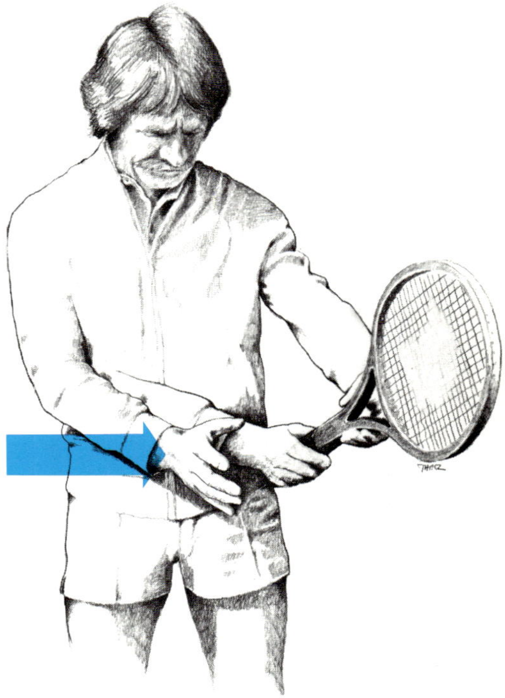

Der Einfachheit halber versetzen Sie das Netz nun vor Ihre rechte Hüfte. Fassen Sie den Schläger wiederum mit den Fingern der linken Hand am Schlägerhals an, stellen den Schläger mit durchgestrecktem linkem Arm und senkrechter Schlägerfläche so in den Raum, daß das Griffende ca. 15 cm vor Ihrer rechten Hüfte in Richtung Netz wieder in die Höhe des Hüftknochens zeigt. Nun legen Sie die Handfläche der rechten Hand auf die obere Schmalseite des

Griffes und umfassen den Griff mit den Fingern. Genau hier ist Ihr zukünftiger Treffpunkt bei der Rückhand.

Wenn Sie einmal Ihre eigene Griffhaltung, bei der Sie sich wohlfühlen, gefunden haben, brauchen Sie weder das »V« noch die Kanten oder Flächen des Griffes zu beachten, denn das berühmte **Gefühl** sagt Ihnen immer, ob der Schläger richtig in der Hand liegt. Je höher Sie die Leistungsentwicklungsstufen klettern werden, desto unproblematischer wird der Wechsel zwischen der Vorhand- und Rückhandhaltung vonstatten gehen. Sie werden schneller wechseln lernen, als Sie denken können.

Es gibt noch allerhand Opponenten, die eben wegen des notwendigen Wechsels zwischen Vor- und Rückhandgriff für einen einheitlichen Griff plädieren. Angeblich ist der Zeitverlust zu groß oder aber die Präzision der Handstellung soll am Griff leiden. Schmarrn! Der Ball ist, wie Sie schon wissen, im Durchschnitt 1,5 sec. zu Ihnen unterwegs, und in dieser Zeit können Sie die Griffhaltung fünfmal hin und her wechseln. Sogar bei schnellem Flugballwechsel am Netz, z. B. im Doppel, reicht die Zeit zum Wechsel aus. Die Reaktionsgeschwindigkeit zwischen unserem Gehirn über die Nervenstränge zum Muskel beträgt 300 km/h. Der Befehl ist in 0,2 bis 0,25 sec. ausgeführt. Die besten Vorhandschläge wurden und werden mit dem Vorhandgriff und die

Zwischen dem Unterarm und dem Schlägerhals soll bei jeder korrekten Griffhaltung ein Winkel von rund 120° sein. Bei diesem »Langgriff«, liegen die Finger schräg zur Griffachse. Wenn Sie den Schläger mit senkrecht zur Griffachse gestellten Fingern anfassen, ist das ein »Kurzgriff«, bei dem das Handgelenk überangestrengt wird. Wenn Sie das örtliche Krankenhaus meiden wollen, empfehle ich Ihnen, diesen Griff zu meiden.

besten Rückhandschläge mit dem Rückhandgriff gespielt! Das ist eine nicht wegzudiskutierende Tatsache im Welttennis.

Bevor wir die einzelnen Griffarten aufzählen und ihnen die richtigen Namen geben, möchte ich noch einige Bemerkungen zur Griffhaltung loswerden, die alle Griffarten betreffen, denn schließlich können und wollen Sie doch unter Ihren Kollegen nicht wie ein Dilettant oder Tennisanalphabet dastehen.

Der Schläger soll so angefaßt werden, daß das Ende des Griffes mit dem Handballen abschließt. Wenn Ihnen ein Stück vom Griffende aus der Hand ragt, gehen Sie nicht nur die Gefahr ein, daß Sie sich vor allem bei der Rückhand des öfteren das rechte Knie einschlagen, sondern Sie bringen sich darüber hinaus um einen Großteil der wichtigen Hebelwirkung, da der Schläger ja dadurch kürzer wird.

Andererseits verursacht ein zu weit in der Hand verstecktes Schlägerende eine Überanstrengung und dadurch eine Lockerung des Handgelenks, wodurch Sie Präzision einbüßen.

Außerdem sollen die Finger schräg zu der Griffachse liegen. Man nennt dies einen »Langgriff«. Sie sollen nicht senkrecht zur Griffachse liegen, was wiederum logischerweise als »Kurzgriff« bezeichnet wird. Bei einem Kurzgriff ist der Winkel zwischen dem Unterarm und dem Schlägerhals ungünstig, etwa 90°, wodurch die Bewegungsfreiheit des Handgelenks in der Senkrechten stark eingeschränkt ist. Außerdem ist das Handgelenk wiederum stark überanstrengt.

Wir unterscheiden neben einer ganzen Menge nicht empfehlenswerter Griffarten vier, die im heutigen Tennis eine dominierende Rolle spielen und die zu empfehlen sind.

## Der Eastern-Vorhandgriff

Warum dieser typische Vorhandgriff gerade Easterngriff heißt, weiß wohl kaum jemand richtig. Er kommt jedoch ursprünglich aus den USA.

Praktisch alle guten Vorhandspieler in der Weltklasse bevorzugen diesen Griff für die Vorhand. Abgesehen von dem günstigen Treffpunkt vor der linken Hüfte, unterstützt diese Griffhaltung aus anatomischen und biomechanischen Gründen die Stabilität des Handgelenks. Die Handfläche und damit die Masse ist hinter dem Griff. Sie fängt die Aufprallkraft des Balles voll auf, das Handgelenk wird nicht überlastet. Sie schlagen, wenn Sie so wollen, mit der Handfläche. Ohne Schläger würden Sie es doch genau so machen, oder?

Diese Griffhaltung habe ich Ihnen schon einige Seiten vorher empfohlen und beschrieben. Man nennt sie auch Shake-Hand-Griff, denn man nimmt den Schläger in eine ausgestreckte Hand, als ob man diese jemandem reichen möchte. Glauben Sie mir, es ist wirklich unwichtig, ob die Hand bei dem einen oder anderen einige Millimeter rechts oder links am Griff verrutscht. Sie darf nur nicht bis in die Nähe des Continental-Rückhandgriffes kommen.

Für alle anderen Schläge ist diese Griffart nicht empfehlenswert. Beim Aufschlag z.B. ist das Griff-

Wenn die Aufprallkraft des Balles mit der Handfläche abgefangen wird, ist die Beanspruchung des Handgelenkes aus anatomischen und biomechanischen Gründen am kleinsten, und dessen Festigkeit ist am größten. Und gerade diese Handflächenstellung ist die Ausgangsbasis für den günstigsten Vorhandgriff.

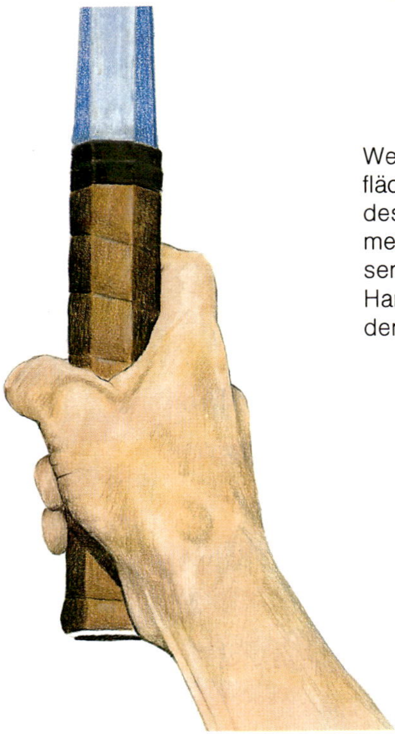

Beim Eastern-Vorhandgriff befindet sich die Handfläche hinter dem Griff. Zwischen dem Schlägerhals und dem Unterarm ist von oben aus gesehen in der Normalstellung ein stumpfer Winkel.

Ein Aufschlag mit Easterngriff liegt im Treffpunkt tiefer als einer mit Continentalgriff. Das ist allerdings nur einer der Nachteile des Easterngriffes beim Aufschlag.

Bei einem Continental-Rückhandgriff ist der Schläger von oben aus gesehen eine Verlängerung des Unterarmes, wodurch der Treffpunkt bei natürlicher Lage des Handgelenkes vor der rechten Hüfte ermöglicht wird. Es ist medizinisch bewiesen, daß die besten Griffhaltungen diejenigen sind, bei denen das Handgelenk im Treffpunkt weder gebeugt noch gestreckt werden muß.

de beim Zuschnappen im Wege, und der Treffpunkt ist nicht im höchstmöglichen Punkt situiert.

Bei der Rückhand ist der Treffpunkt zu weit hinten, und die Aufprallkraft des Balles wird nur mit den Fingerspitzen abgefangen, was für die Sicherheit ein waghalsiges Unternehmen ist. Darüber hinaus ist es nur eine Frage der Zeit, wann Sie mit Ihrem Handgelenk die Orthopädie des Städtischen Krankenhauses aufsuchen müssen.

## Der Continental-Rückhandgriff

Ich gebe zu, daß dieser Griff, der von den meisten guten Rückhandspielern der Welt praktiziert wird, ein gewisser Kompromiß ist, denn für die Unterstützung der Festigkeit des Handgelenks ist er nicht so ideal wie der Easterngriff für die Vorhand. Die Handfläche liegt nämlich nicht hinter dem Griff in Richtung Gegner, sondern über diesem. Diese Tatsache bedeutet, daß durch die fehlende Masse hinter dem Griff das Handgelenk etwas mehr angestrengt wird. Eine Entlastung bedeutet aber der auf der hinteren Breitseite schräg liegende Daumen. Die Alternative wäre der Eastern-Rückhandgriff mit dem Daumen längs der Griffachse auf der hinteren Breitseite. Er bringt aber etliche Nachteile für die technische Durchführung der Rückhand sowie für die Variationsmöglichkeiten der Schlagarten mit sich. Er ist zum Beispiel ungünstig für einen Slice und deswegen nicht empfehlenswert. Auch den Continentalgriff habe ich Ihnen schon empfohlen.

Bei einem richtigen Continental-Rückhandgriff ist der Schläger von oben aus gesehen eine Verlängerung des Unterarms. Er liegt mit ihm in einer vertikalen Ebene. Übrigens ist medizinisch bewiesen, daß die besten Griffhaltungen diejenigen sind, bei denen das Handgelenk im Treffpunkt weder gebeugt noch gestreckt werden muß. Das heißt, daß die Hand eine natürliche Verlängerung des Unterarms ist, was gerade bei dem Eastern-Vorhand- und Continental-Rückhandgriff der Fall ist. Alle Griffarten, bei denen mit dem Handgelenk manipuliert werden muß, wirken sich früher oder später negativ auf die Unterarmmuskulatur und besonders auf den Epicondilus aus, dessen Entzündung den gefürchteten Tennisarm hervorruft.

Das individuelle Verrutschen der Hand ist auch bei dieser Griffart nicht tragisch, obwohl der Spielraum und dadurch die Variationsmöglichkeiten etwas beschränkt sind. Auf keinen Fall sollte die Hand zu weit nach rechts in Richtung Vorhand-Easterngriff verrutschen. Wenn schon, dann eher in die entgegengesetzte Richtung.

Mit dieser Griffart wird nicht nur die Rückhand, sondern der Rückhandflugball, eventuell sogar der Vorhandflugball, der Aufschlag und der Schmetterball gespielt. Nur für die Vorhand ist er ungünstig. Das Handgelenk wird überbeansprucht, und der Treffpunkt ist zu weit hinten.

Praktisch alle Spieler, die mit diesem Griff Vorhand spielen, schlagen aus dem Handgelenk, um der Überanstrengung auf dieses Gelenk auszuweichen. Schläge aus dem Handgelenk sind aber entweder sehr seltene Kabarettstücke der Spitzenprofis, vor allem dort, wo es um nichts geht, oder ein Selbstmordunternehmen des Otto-Normalverbrauchers.

# Der Semicontinentalgriff

Abgesehen von dieser Wortspielerei, es könnte auch Semieasterngriff heißen, ist diese Griffart, die von etlichen Spitzenspielern praktiziert wird, für den Anfänger mit seinem noch unterentwickelten Handgelenk und mangelnder Technik ungeeignet.

Wie das Wort »Semi« schon andeutet, handelt es sich um eine Mixtur zwischen Eastern-Vorhand- und Continental-Rückhandgriff, also um einen Zwitter. Das heißt, daß die Handfläche auf dem Griff eine Position zwischen diesen zwei Griffarten einnimmt.

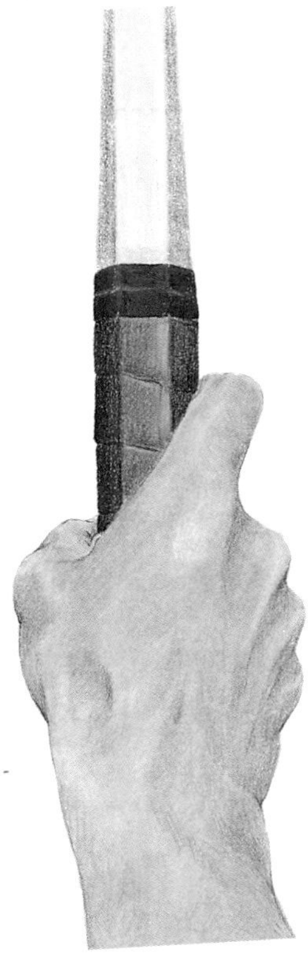

Diejenigen, die diesen Griff anwenden, greifen entweder gar nicht um, oder aber nur mit dem Handballen, bei der Vorhand hinter den Griff, bei der Rückhand über diesen.

Ich würde Ihnen empfehlen, diese Griffart den ausgekochten Profis zu überlassen, denn dafür braucht man nicht nur ein bärenstarkes Handgelenk, sondern auch einen hohen tennistechnischen Entwicklungsgrad. Man muß dabei bei der Vorhand das Handgelenk im Treffpunkt etwas öffnen (strecken) und bei der Rückhand wiederum schließen (beugen), um den jeweiligen Schlag im richtigen Treffpunkt durchführen zu können, was bei nicht versierten Spielern einen hohen Unsicherheitsfaktor mit sich bringt. Vergessen Sie auch die oben erwähnten gesundheitlichen Folgeschäden nicht.

Bei allen drei bisher beschriebenen Griffarten ist zwischen dem Unterarm und dem Schlägerhals auf der Speiche-Seite des Armes ein stumpfer Winkel.

Der Semicontinentalgriff ermöglicht es zwar, wie die Vorhand, so auch die Rückhand mit ein und demselben Griff zu spielen, aber das Handgelenk muß dabei »geöffnet« oder »geschlossen« werden, um den idealen Treffpunkt vor der vorderen Hüfte zu erreichen. Das bringt aber Unsicherheit und höhere Beanspruchung des Handgelenkes mit sich.

Bei allen drei bisher beschriebenen Griffarten ist von der Seite aus gesehen zwischen dem Unterarm und dem Schlägerhals auf der Speichenseite ein Winkel um die 120° (etwas unterschiedlich je nach der Griffart) vorhanden.

# Der Westerngriff

Vor einigen Jahrzehnten oft in der Fachliteratur vorhanden, später verbannt, steht diese Griffart in der letzten Zeit wiederum im Vordergrund. Sie hat nichts mit den berühmten Pistolenhelden des Wilden Westens, vielmehr mit der enormen Entwicklung des Topspins zu tun. Borg, Vilas, Solomon, Dibbs, Ramirez, Noah, Lendl und viele andere Spitzenstars halten den Schläger mit diesem »Bratpfannengriff« und peitschen ihre Vorhandtopspins den Gegnern um die Ohren. Dieser Griff entstand in Kalifornien, wo ihm R. Jonston vor einigen Jahrzehnten zur Weltpopularität verholfen hat.

Für die Rückhand völlig ungeeignet – man müßte mit der gleichen Schlägerseite beide Schläge spielen –, für Flugball und Aufschlag gesundheitsgefährdend und für einen Vorhandslice kaum praktikabel, ist diese Schlägerhaltung praktisch nur für den enormen Vorhandtopspin geeignet.

Falls Sie doch den Vorhandtopspin wie die erwähnten Stars ballern wollen, bitte, hier ist die Beschreibung. Halten Sie die Handfläche waagerecht in den Raum und legen Sie den senkrecht gestellten Schläger mit der unteren Breitseite des Griffes in die Hand, umfassen Sie den Griff mit den Fingern, und Ihr Westerngriff ist perfekt. Charakteristisch für diese Griffart sind folgende Gesichtspunkte: In der Aushol- und Schlagphase, fast bis zum Treffpunkt, ist die Schlägerfläche aus anatomischen Gründen waagerecht oder stark nach unten gekippt, der Treffpunkt ist weit vor dem Körper. Dadurch entsteht ein größerer Raum für den Ausholbogen unter den Ball, der Körper steht im Treffpunkt fast frontal zum Netz – vorzeitige Rotation des Körpers –, der Schlagarm ist auch im Treffpunkt nicht durchgestreckt, sondern angewinkelt, im Ausschwung kehrt die Schlägerfläche wiederum aus ana-

Der typische Westerngriff à la Borg oder Vilas. Er eignet sich nur für die Vorhand und das vor allem nur für den Topspin.

tomischen und aus biomechanischen Gründen schnell in die waagerechte Position zurück, was man Schließen oder Kippen des Schlägerkopfes nennt. Der Ausschwung geht selten zu der linken Schulter zurück, vielmehr zu der linken Hüfte.

Bei dieser Griffart »hängt« der Schläger in der Hand, das heißt, daß der stumpfe Winkel zwischen dem Unterarm und dem Schläger auf der Ellen-Seite des Unterarmes liegt.

Bei allen Griffarten soll der Schläger im Treffpunkt fest, aber nicht verkrampft gehalten werden. Nach amerikanischen Forschungen entsteht der optimale Druck der Hand auf den Griff ca. 0,2 sec. vor dem Zusammenprall des Schlägers mit dem Ball. Nach dem Schlag und sogar noch während der Ausholbewegung soll der Druck gelockert werden, denn die Unterarmmuskulatur darf nicht verkrampfen und überanstrengt werden.

Es empfiehlt sich daher, den Schläger nach dem beendeten Schlag mit der linken Hand am Schlägerhals zu fassen, um der rechten Hand eine Ausruhmöglichkeit zu geben. Auch wenn Sie in eine noch so ausweglose Situation geraten sollten, sich dabei am Schlägergriff festzuhalten, nützt auch nichts mehr. Der Spruch mit dem Ertrinkenden und dem Strohhalm gilt auch hier.

Ich betone noch einmal, daß Ihnen nur ein individuell richtiger Griff ermöglicht, mit dem Schläger im richtigen Treffpunkt den Ball zu treffen und in die gewünschte Richtung zu schwingen, vorausgesetzt, Sie beherrschen Ihr Handgelenk.

Hiermit bin ich bei einem sehr wichtigen und oft noch umstrittenen Punkt angelangt, den ich bisher mit Absicht verschoben habe, nämlich bei der **Stabilität des Handgelenks,** die gerade im Zusammenhang mit der Schlägerhaltung am besten zu behandeln ist.

Unser Handgelenk ist anatomisch gesehen ein **Eigelenk,** das in zwei Achsen vier Bewegungen er-

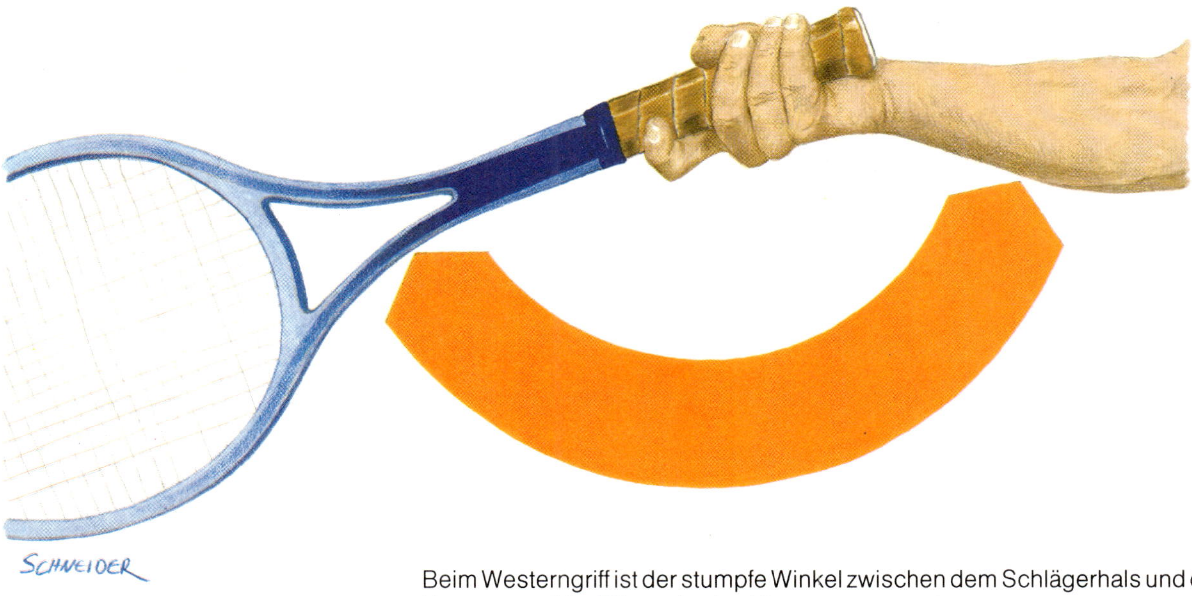


Beim Westerngriff ist der stumpfe Winkel zwischen dem Schlägerhals und dem Unterarm auf der Ellenseite des Unterarmes zu sehen.

möglicht. Dadurch ist eine relativ hohe Bewegungsfreiheit geboten, die neben etlichen Vorteilen für das Tennisspiel auch gewisse Nachteile mit sich bringt.

Wie Sie schon längst wissen, ist der Ball im Schläger einen so kurzen Zeitabschnitt, den wir gar nicht registrieren können. Dadurch ist eine Beeinflussung des Balles **nach** dem Aufprall ausgeschlossen. Mit anderen Worten, die Richtung, die Höhe sowie die Härte des geschlagenen Balles hängt von der Schlägerstellung im Treffpunkt ab. Darüber hinaus ist die Aufprallkraft des Balles auf das Handgelenk enorm – bei Grundschlägen bis zu 25,4 kg! Daraus ergibt sich die logische Schlußfolgerung, daß Sie die Schlägerfläche im Treffpunkt so stabil wie nur möglich fixieren müssen. Jede Bewegung aus dem Handgelenk im Treffmoment verursacht automatisch eine Labilität der Schlägerfläche dem aufprallenden Ball gegenüber sowie eine Veränderung und Abweichung der Stellung der Schlägerfläche und somit eine negative Beeinflussung des getroffenen Balles.

Aus diesen Tatsachen ist ersichtlich, daß Sie bei **jedem** Schlag im Treffpunkt das Handgelenk **fest fixieren** müssen. Fest fixiert heißt aber nicht verkrampft! Im großen Tennis gibt es bis auf den Aufschlag und Schmetterball keinen guten Schlag aus oder mit einem wackeligen Handgelenk.

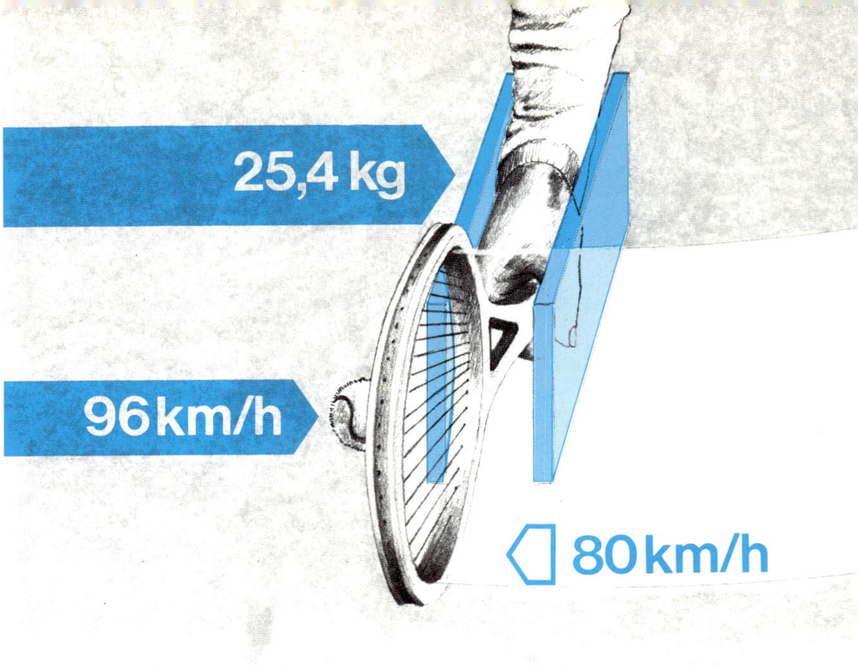


Präzise Messungen zeigen, daß das Handgelenk einer enormen Belastung ausgesetzt ist, so daß ein lockeres Handgelenk im Treffpunkt nicht empfehlenswert ist.

Für einen guten Schlag müssen Sie unbedingt drei Bedingungen erfüllen:

**1. die richtige Schwungbahn in der Schlagbewegung für den jeweilig beabsichtigten Schlag,**

**2. eine in die beabsichtigte Richtung des Schlages einwandfrei ausgerichtete Stellung der Schlägerfläche im Treffpunkt (immer senkrecht zur Schlagrichtung) und**

**3. eine optimale Stabilität des Schlägers gegenüber dem aufprallenden Ball.**

Diese drei Bedingungen können Sie nur bei richtiger Schlägerhaltung und fest fixiertem Handgelenk im Treffpunkt gewährleisten.

Sie können aber das Handgelenk im Treffpunkt nicht fest fixieren, wenn Sie eine für den jeweiligen Schlag falsche oder ungünstige Schlägerhaltung benutzen. Ein überfordertes Handgelenk versucht automatisch die fehlende Stabilität zu kompensieren, das heißt, den Schläger im letzten Moment vor dem Treffpunkt gegen den Ball zu schleudern, um die Kraft des Balles abzufangen. Mit dieser Technik gewinnen Sie aber nicht einmal einen Blumentopf, geschweige gegen Herrn Piepenbreier, und schon gar kein Turnier in Hintertupfingen.

Nun werden mir aber manche Experten entgegenhalten, daß die Weltklasse nachweisbar (siehe Fotos, Filme usw.), z. B. bei der Vorhand, das Handgelenk in der Ausholbewegung bewußt öffnet (streckt) und in der Schlagphase schließt (beugt), das heißt, durch die Bewegung der Hand aus dem Handgelenk den Schläger zusätzlich beschleunigt. Trotz, oder besser gesagt, gerade durch diese Bilder kann ich aber beweisen, daß dies nicht stimmt. Das Öffnen des Handgelenks bei einem guten Spieler erfolgt in der letzten Phase der Ausholbewegung, und zwar vor allem durch die Zentrifugalkraft, denn in dem Augenblick, in dem der Schläger sich noch rückwärts bewegt, setzt der Arm den Schlagschwung in die entgegengesetzte Richtung an, und das Gewicht des nach rückwärts geneigten Schlägers zieht das Handgelenk mit. Dieses »Öffnen« des Handgelenks löst sich aber sofort wieder auf, nachdem der Schlägerkopf in die Vorwärtsbewegung miteinbezogen wird. Im weiteren Verlauf der Schlagbewegung **bleibt das Handgelenk fest fixiert!**

Auf keinen Fall soll dieser »Schlenker« in dieser Phase mit Absicht entstehen, und schon gar nicht bei einem Anfänger.

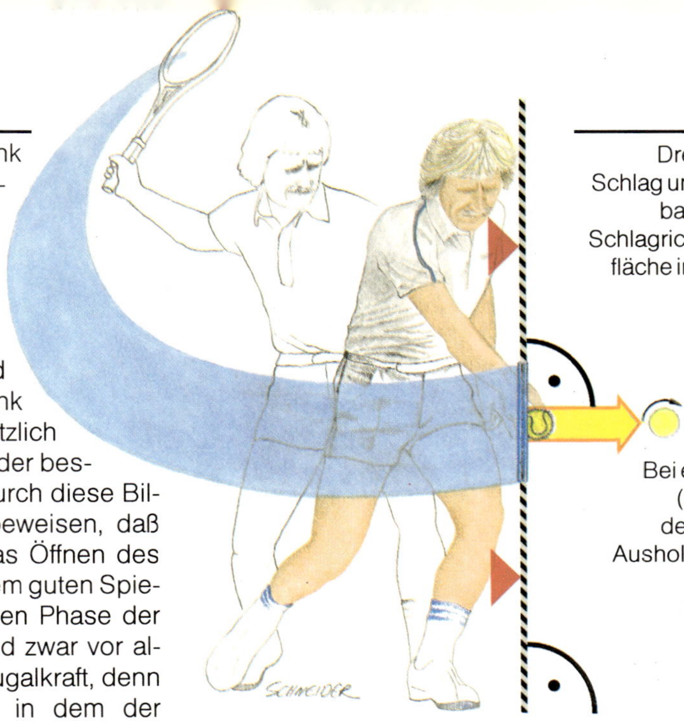

Drei Bedingungen sind für einen guten Schlag unumgänglich: die richtige Schwungbahn in der Schlagbewegung, eine zur Schlagrichtung senkrecht gestellte Schlägerfläche im Treffpunkt, eine optimale Stabilität des Schlägers gegenüber dem aufprallenden Ball.

Bei einem guten Spieler ist das »Öffnen« (strecken) und »Schließen« (beugen) des Handgelenks in der Endphase der Ausholbewegung durch die Zentrifugalkraft verursacht und nicht als Folge eines beabsichtigten Schlenkers aus dem Handgelenk.

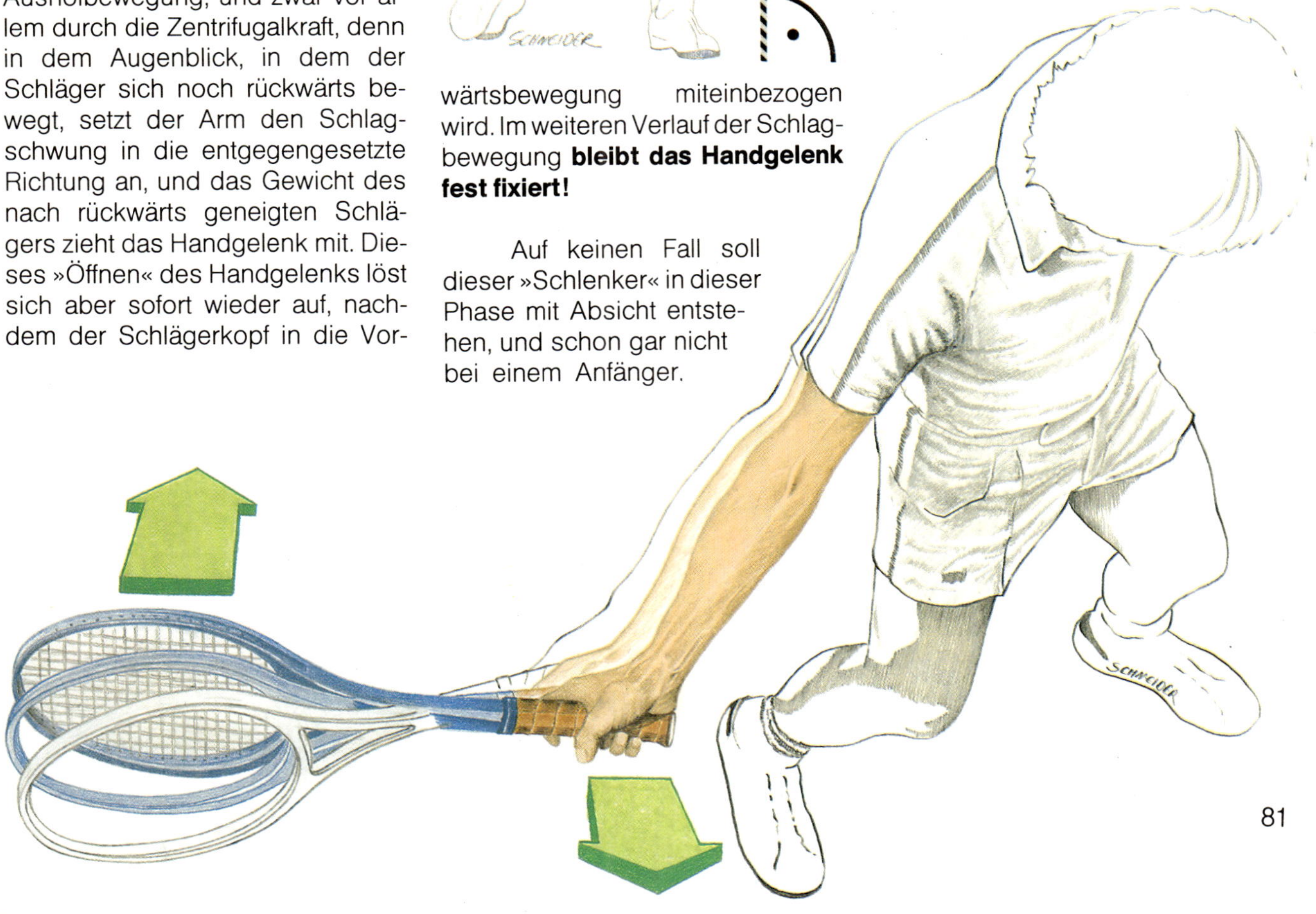

Ein noch schlimmeres Vergehen ist, das Handgelenk während des Ballkontaktes zu schließen, das sog. »Zuschnappen«. Wenn Sie das beabsichtigen sollten, dann hilft Ihnen kein Heiliger mehr. Ich würde Ihnen lieber zum Wellenreiten raten, denn dabei brauchen Sie sich mit dem Handgelenk und der Griffhaltung nicht beschäftigen.

Sie können bei solchen Späßchen aus dem Handgelenk den Ball kaum mit der Mitte des Schlägerkopfes treffen. Neben der daraus resultierenden Unsicherheit büßt der Ball, wenn Sie ihn auch nur 2,5 cm von der Mitte entfernt treffen, 15%, und bei 5 cm von der Mitte schon 40% an Geschwindigkeit ein.

Selbstverständlich muß jeder Spieler auf eine Improvisation im Schlag vorbereitet sein, sei es durch versprungene Bälle oder durch verspätete Reaktion. Sie müssen so weit mobil sein, um den Ball durch einen eventuellen zusätzlichen Einsatz oder Neigung des Schlägerkopfes zu retten. In diesem Fall sollten Sie aber die nötige Improvisation aus dem Ellbogen und nicht aus dem Handgelenk zu steuern versuchen. Dabei soll es aber auch bleiben. Notlösungen sind keine Regel.

Im Zusammenhang mit der Schlägerhaltung und dem Handgelenk möchte ich noch einen wichtigen Punkt anschneiden. Sogar bei namhaften Autoren können Sie nachschlagen, daß der Schlägerkopf im Treffpunkt immer, und diese Autoren betonen das Wort **immer,** über dem Handgelenk liegen muß. Ich möchte um Gottes willen niemandem zu nahetreten, aber dieses Kunststück soll mir jemand einmal vorführen. Im extremen Fall, nämlich bei einem Ball, der unmittelbar über der Platzoberfläche getroffen wird, müßte der Spieler erst einmal ein Loch auf dem Platz ausgraben, in das er sein Handgelenk stecken kann, um den Schlag womöglich noch in der Bauchlage durchzuführen. Auf einem Betonplatz müßte er sogar mit der Bohrmaschine ans Werk gehen.

Es gibt eine unsinnige »Weisheit«, daß der Schlägerkopf im Treffpunkt grundsätzlich über dem Handgelenk sein muß. Sie können den Ball ruhig mit einem Schlägerkopf und Treffpunkt schlagen, der sich unterhalb des Handgelenks befindet. Wichtig ist dabei, daß der Winkel zwischen dem Unterarm und dem Schlägerhals immer konstant bleibt, wodurch das Handgelenk gefestigt wird.

Nein, bitte, so kompliziert ist Tennis nun wirklich nicht. Man kann doch nicht etwas predigen, was in der Praxis undurchführbar ist, und was **kein Spitzenspieler,** und das sind schließlich die Darsteller der idealen Technik, macht.

**Entscheidend für die Fixierung des Handgelenks in der Vertikalen ist das Beibehalten des Winkels zwischen dem Unterarm und dem Schlägerhals!** Sie dürfen nicht versuchen, die unterhalb der Hüften zu schlagenden Bälle durch »hängendes« und dadurch gelockertes Handgelenk zu erreichen, sondern müssen versuchen, neben einer noch größeren Kniebeuge durch Beibehalten des erwähnten Winkels und Senken des Schlägerkopfes in die nötige Höhe, diese Bälle zu erreichen.

Weil 70% der Schläge unterhalb der Hüfte geschlagen werden, werden Sie, wie es auch die Spitzenspieler zu tun pflegen, in 70% der Fälle den Ball so treffen, daß der Schlägerkopf tiefer als das Handgelenk liegt. Trotzdem wird das Handgelenk fest und Ihr Schlag richtig sein.

Zum Abschluß dieses Themas möchte ich Ihnen eine Orientierungshilfe anbieten, nach der Sie leicht und locker die einzelnen Schlägerhaltungen ausfindig machen können. Stellen Sie sich, auch wenn Sie kein Wanderer oder Seefahrer sind, am Ende eines Griffes einen Kompaß vor. Nun legen Sie Ihre Handfläche nach den im Text beschriebenen Ratschlägen so auf den Griff, daß der Handballen in etwa an der oberen Schmalseite (Contigriff), an der hinteren Breitseite (Easterngriff), an der rechten Schrägen (Semicontigriff) oder an der unteren Schrägen (Westerngriff) liegt.

Die Begrenzung und die Möglichkeiten Ihrer individuellen Gestaltung der einzelnen Griffarten können Sie aus der Zeichnung ablesen. Ohne Rücksicht auf die Kanten und »V«-Richtungen können Sie nun kontrollieren, ob Sie sich noch innerhalb der Toleranzgrenze bewegen.

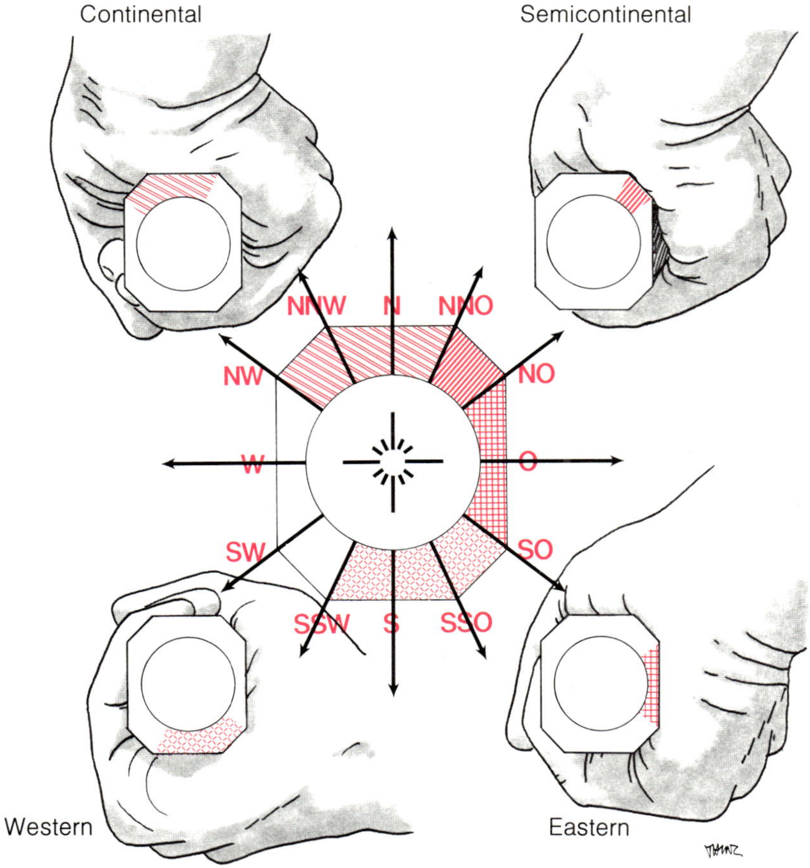


Ich hoffe, daß Ihnen mein »Griffkompaß« Ihre Schlägerhaltungskontrolle erleichtert und vor allem die Toleranzmöglichkeit bei allen Griffarten verdeutlicht.

# Die Ballrotation und die Schlägerstellung im Treffpunkt

Es tut mit ja schrecklich leid, aber ich bin doch gezwungen, Sie mit einem Schuß grauer Theorie zu belästigen, denn wie soll ich Sie später von den Vor- und Nachteilen einzelner Schlagarten überzeugen, wenn Sie deren Auswirkung nicht begreifen? Ich werde mich aber bemühen, kurz und deutlich zu sein.

Es wurden schon Ausdrücke wie Topspin, Slice und Drive benutzt. Diese Fachausdrücke sind vor allem im Zusammenhang mit der Ballrotation zu verstehen.

Wir unterscheiden prinzipiell zwischen Vorwärtsdrall, Rückwärtsdrall und Seitendrall sowie unter Kombinationen zwischen einigen dieser Ballumdrehungen, die wir aber vorläufig außer acht lassen können.

Schläge mit Vorwärtsdrall nennt man heutzutage generell **Topspin,** obwohl es dabei etliche Nuancen der Drallmenge gibt. Schläge mit Rückwärtsdrall, die aber häufig auch einen leichten Seitendrall haben, nennt man im europäischen Raum **Slice.** In den USA wird dieser Schlag meistens Underspin genannt. Ein reiner Seitendrall kommt bei Grundlinienschlägen gar nicht vor, nur, in abgeschwächter Form, bei einem Slice-Aufschlag.

Warum ist die Rotation des Balles eigentlich so wichtig? Ein Anfänger ist ja schließlich dankbar, wenn sein Ball nicht gerade die Tomatenfelder aufsucht, wobei ihn die Rotation erst einmal gar nicht kratzt. Nun, auch Sie werden aber einmal aus den kurzen Anfängerhosen herauswachsen, die langen Fortgeschrittenenjeans anziehen und werden versuchen, mit Topspin oder Slice den Gegner das Fürchten zu lehren. Deswegen müssen Sie sich etwas an Ihre Schulzeit erinnern, im Gedächtnis graben und mit mir einen kurzen Ausflug in die Physik unternehmen. Keine Angst, es wird nicht weh tun, und mit ziemlicher Sicherheit werden Sie es überleben.

Ich wünsche Ihnen sehr, daß gerade Sie auch einmal in dem »Mekka« des Tennissports auf dem heiligen Rasen von Wimbledon, der ausnahmsweise nicht für die Kühe gedacht ist, spielen werden.

# Schlag ohne Drall – gerader Schlag

Wenn Sie den Schläger mit senkrecht gestellter Schlägerfläche flach vorwärts aufwärts gegen den Ball schwingen und den Ausschwung in der gleichen Richtung fortsetzen, werden Sie dem Ball keine **beabsichtigte** Rotation erteilen, obwohl er sich fast immer ein wenig drehen wird.

Die Luft umströmt den Ball symmetrisch. Die Luftgeschwindigkeit und der Luftdruck sind dadurch symmetrisch auf die obere und untere Hälfte des Balles verteilt, was zur Folge hat, daß der Ball nur durch die Gravitation (Erdanziehungskraft) und den durch den Luftwiderstand verursachten Geschwindigkeitsverlust in einer ballistischen Kurve zum Boden fliegt.

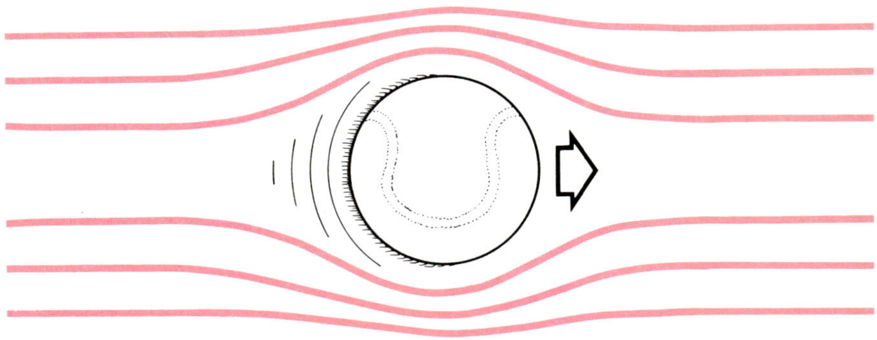

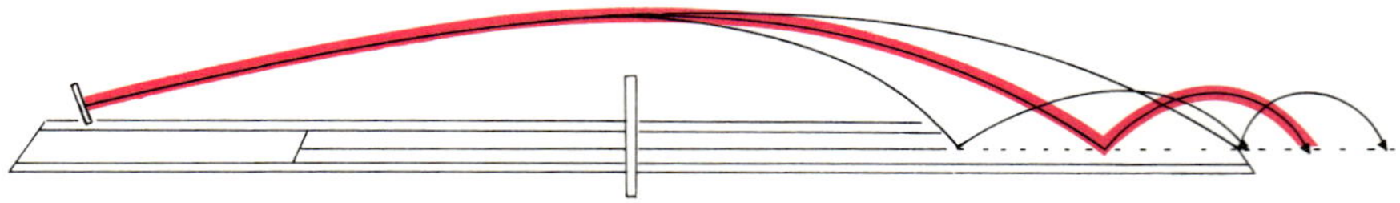

# Schlag mit Vorwärtsdrall – Topspin

Ganz anders verhält sich der Ball bei dieser Schlagart. Durch starke Zuggeschwindigkeit des senkrecht gestellten Schlägers vorwärts aufwärts in einem Winkel von etwa 45–55°, die die Flugbahn des Balles kreuzt, bekommt der Ball eine Vorwärtsrotation. Eine genauere Beschreibung dazu erfolgt später beim Topspin.

Das Strömungsbild der Luft erhält einen ganz anderen Charakter. Was passiert nun? An der oberen Hälfte des Balles ist die Luftgeschwindigkeit durch die durch Vorwärtsrotation des Balles gebremsten Luftteilchen kleiner als auf der

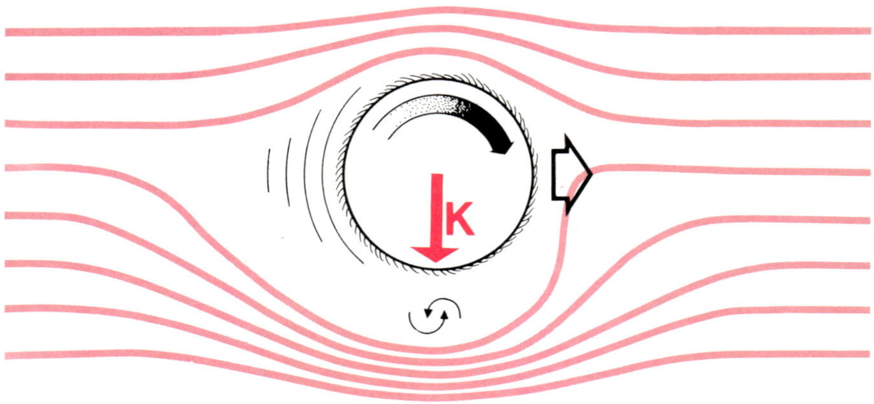


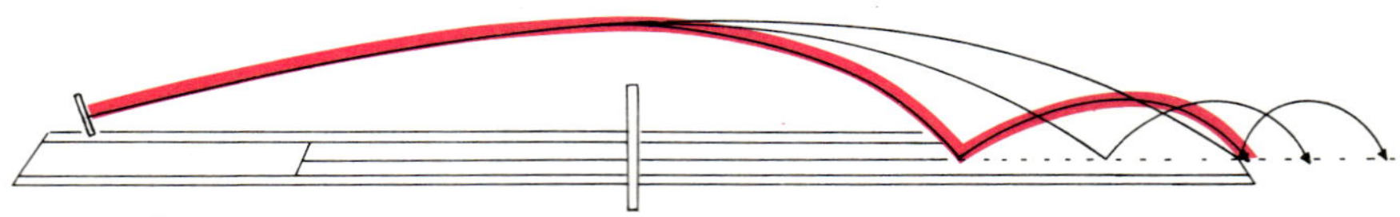

unteren Hälfte, wo im Gegenteil die Strömungsgeschwindigkeit erhöht wird.

Schon vor langer, langer Zeit hat ein gewisser Herr Bernoulli, ohne dabei an Tennis zu denken, was wir ihm allerdings verzeihen mögen, festgestellt, daß der Druck in einem Gas dort größer ist, wo die Geschwindigkeit kleiner ist. Weil die Geschwindigkeit der Luftströmung in unserem Fall auf der oberen Hälfte des Balles kleiner ist, muß notgedrungen der Druck auf dieser Hälfte größer sein. Daraus ergibt sich eine zusätzliche Kraft (K) nach unten, die man auch Magnus-Effekt nennt, und die den Ball herunterdrückt und seine Flugkurve wesentlich stärker krümmt.

Diese zusätzliche Kraft nimmt mit größerer Rotation zu. Das heißt: Je mehr Vorwärtsdrall Sie dem Ball erteilen, desto stärker wird er heruntergedrückt. Die Flugkurve wird bei gleichem »Abschußwinkel« kürzer, und der Aufprall- sowie der Absprungwinkel werden steiler. Die Umdrehungszahl des Balles bei einem Topspin liegt bei 150 Umdrehungen pro Sekunde.

Gerade dieser Effekt ist heutzutage das Geheimnis von Borg, Vilas, Solomon, Dibbs, McEnroe, Lendl und vieler anderer Spitzenspieler, die »spinnen«, bis sie spinnen. Diese Spieler können jeden Schlag mit voller Wucht schlagen, ohne dabei das Risiko eines zu langen Balles einzugehen, denn die Kontrolle des Balles ist durch den Vorwärtsdrall sehr groß. Sie können darüber hinaus durch Variieren von Höhe, Drall und Geschwindigkeit eine große Skala von Topspins hinüberdonnern und den Gegner unter Druck setzen oder aus dem Rhythmus bringen.

# Schlag mit Rückwärtsdrall – Slice

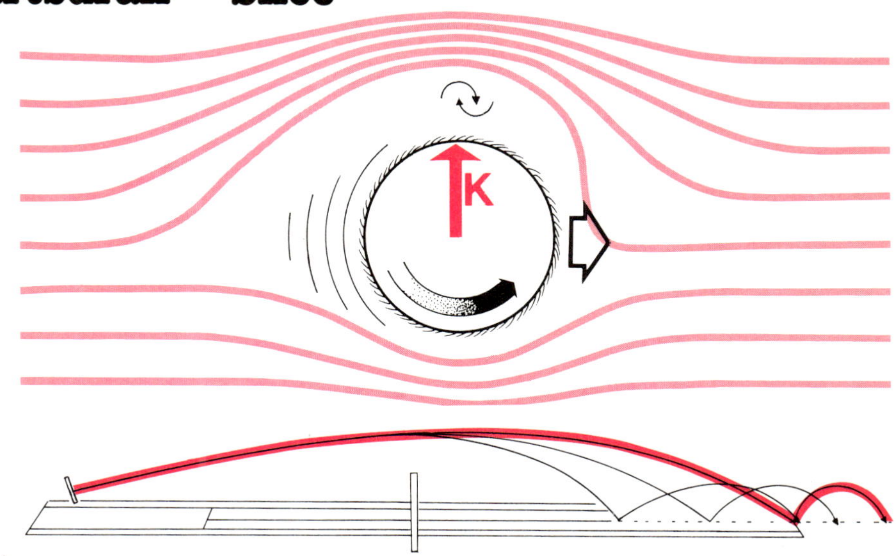


Wie schon das Bild zeigt, erzielen Sie bei diesem Schlag jetzt das Gegenteil. Die zusätzliche Kraft (K) wirkt diesmal nach oben, entgegen der Gravitation, der Ball hat die Tendenz zu steigen, wodurch die Flugkurve länger wird. Wenn es keine Gravitation gäbe, würden alle Sliceschläge im Weltraum enden. Das wäre ein Gedränge da oben ...

Schon diese Tatsache beweist, daß Sie einen Slice nie so aggressiv spielen können wie einen Topspin. Hier müssen Sie wesentlich weniger Schwung und Kraft anwenden, um eventuellen Fehlern vorzubeugen. Bis auf Ausnahmen, über die ich Ihnen später erzähle, sind deswegen Sliceschläge vor allem Verteidigungsschläge oder aber Positionsschläge.

# Schlag mit Seitendrall

Wie ich schon bemerkt habe, wird ein Schlag mit reinem Seitendrall kaum gespielt. Meistens ist es eine Kombination mit Rückwärtsdrall, bei der der Rückwärtsdrall allerdings stark überwiegt. Der Seitendrall bewirkt eine waagerechte Krümmung der Flugbahn, wie es z. B. bei einem Slice-Aufschlag der Fall ist. Für alle Arten von Drall gilt, daß mit steigender Umdrehungszahl des Balles (größere Reibung) bei gleicher Schlägergeschwindigkeit im Treffpunkt die Geschwindigkeit des Balles abnimmt.

# Absprung des Balles

Nun muß ich Ihnen noch etwas zum Absprung des Balles sagen. Grundsätzlich gilt, daß jeder Ball, gleichgültig mit welchem Drall er geschlagen wurde, nach dem Absprung einen Vorwärtsdrall bekommt. Nur ein Ball mit Seitendrall behält unter Umständen einen unwesentlichen Teil von diesem Seitendrall. Ein senkrecht aufprallender Ball behält die Rückwärtsrotation. Das sind die berühmten Stopbälle, die zurück über das Netz springen, wobei sich der Gegner zum Entzükken des Publikums am Netz aufhängt.

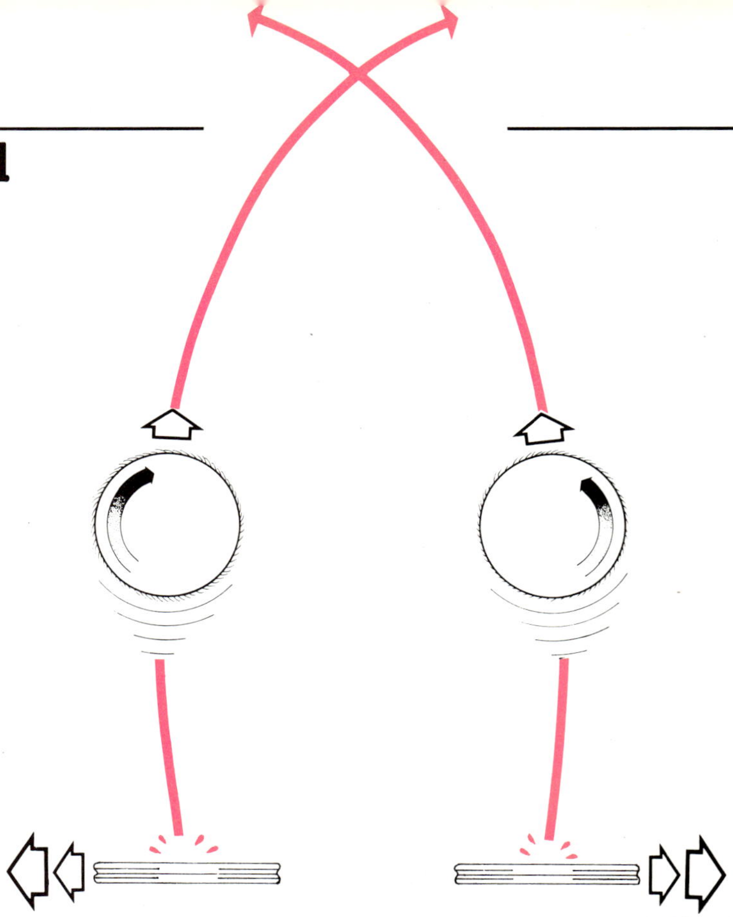

Der Topspin springt in der Regel höher ab als ein Slice. Das ist aber die Folge des wesentlich steileren Aufsprungwinkels, wie das Bild verdeutlicht. Dabei bleibt aber trotzdem der Absprungwinkel beim Topspin kleiner als der Aufsprungwinkel. Beim Slice ist es gerade umgekehrt.

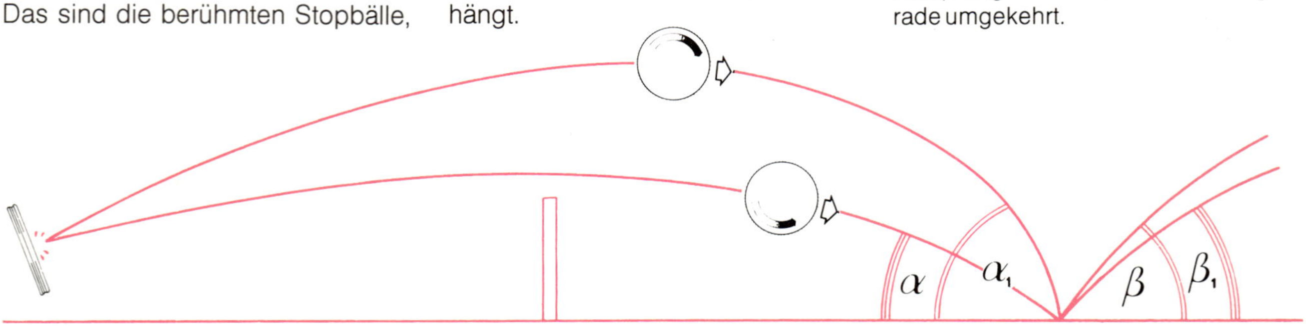

Die Absprunggeschwindigkeit des Balles ist, abgesehen vom Einfluß der Platzoberfläche, bei einem Topspinschlag schneller als bei einem geraden Schlag. Bei einem Slice ist sie am langsamsten.

Der Absprungwinkel gleicht bei einem geraden Schlag dem Aufsprungwinkel. Bei einem Topspin ist er kleiner als der Aufsprungwinkel, und bei einem Slice ist er größer, was die Folge aus der Reibungskraft des Bodens ist. Jetzt werden Sie vielleicht denken, daß dies den Tatsachen widerspricht, weil in der Praxis ja die Topspinschläge so hoch abspringen. Vergessen Sie aber bitte nicht, daß der Topspin im Vergleich mit einem Slice meistens viel, viel steiler aufspringt, weil die letzte Phase der Flugkurve durch die Kraft (K) oft fast senkrecht ist! Ja, so kann man sich täuschen.

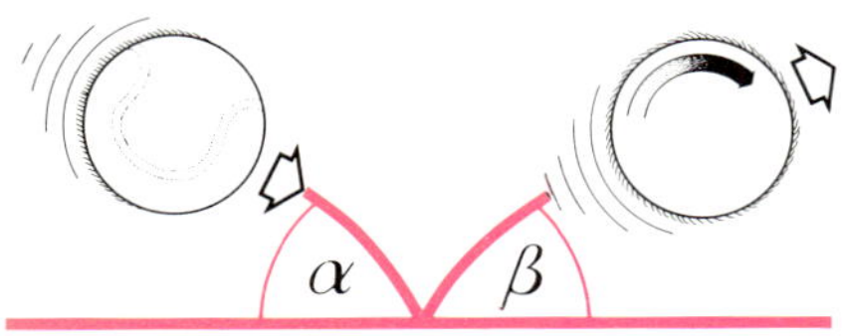


$\alpha = \beta$

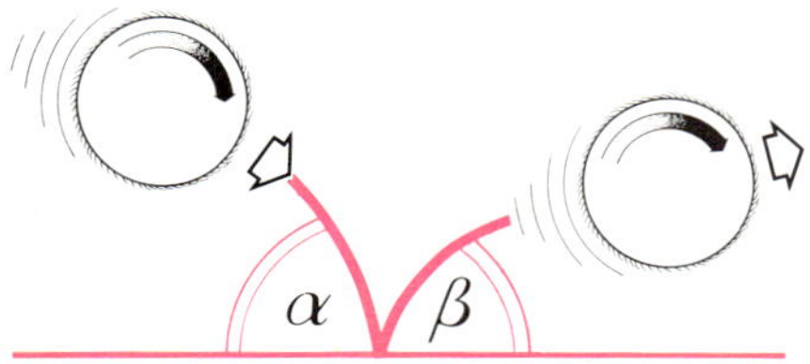


$\alpha > \beta$

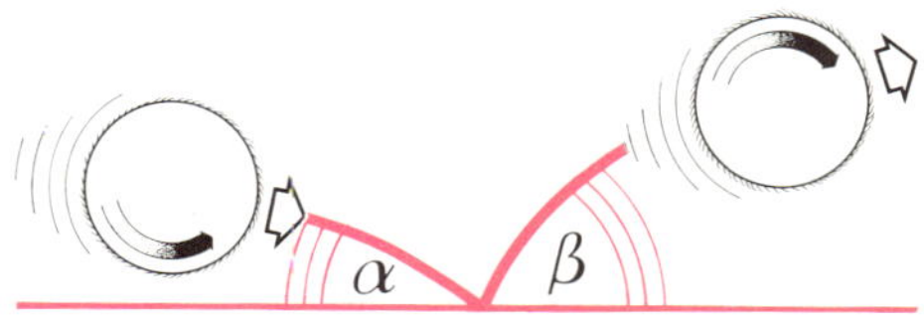


$\alpha < \beta$

Bei einem geraden Schlag gleicht der Absprungwinkel etwa dem Aufsprungwinkel, bei einem Slice ist der Absprungwinkel größer, bei einem Topspin kleiner als der Aufsprungwinkel.

# Die Schlägerstellung im Treffpunkt

Mit der Stellung der Schlägerfläche im Treffpunkt zerbrechen sich viele Spieler unnütz den Kopf. Auf der anderen Seite verlieren etliche ihre Spiele, weil sie nie kapieren werden, daß es ein Unterschied ist, ob ein Ball in der Hüfthöhe auf der Grundlinie oder in der Fußgelenkhöhe zwei Meter vom Netz geschlagen wird. Für diese Spieler bleibt das Tennisspiel lebenslang ein Rätsel.

Generell kann man sagen, daß bei der überwiegenden Zahl der Grundlinienschläge im Treffpunkt der Schlägerkopf **senkrecht** ist, von minimalen Abweichungen abgesehen. Auf keinen Fall haben diejenigen recht, und es sind leider immer noch zu viele, die behaupten, daß bei einem geraden Schlag der Schläger im Treffpunkt senkrecht, bei einem Topspin geschlossen und bei einem Slice geöffnet sein **muß.** Für diese Theorie gibt es keinen Grund. Im Gegenteil, sie ist ein Mythos!

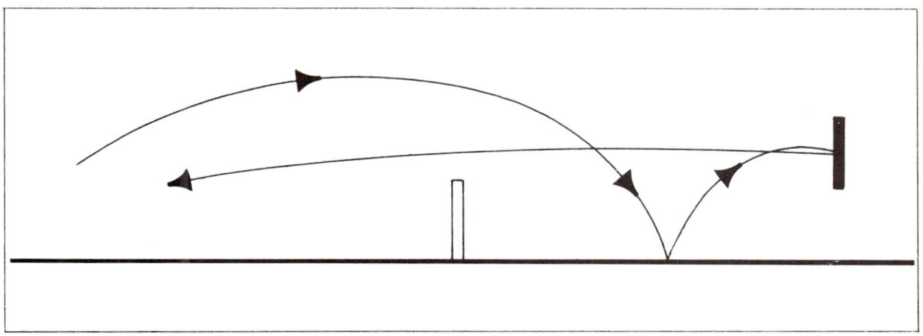

Bei der überwiegenden Zahl der Schläge in der Grundliniennähe ist der Schlägerkopf im Treffpunkt senkrecht gestellt.

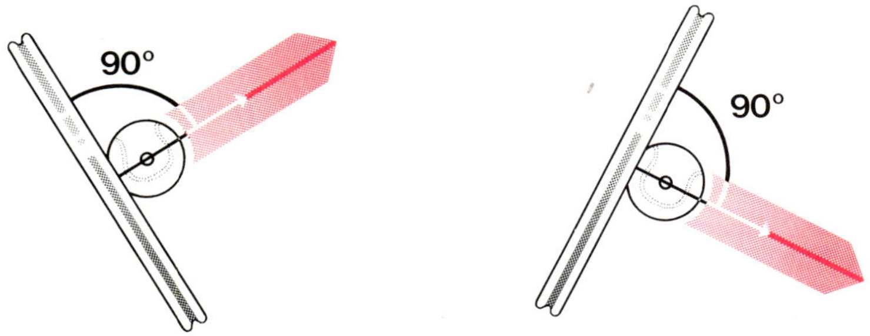


Der Vektor des Schlagimpulses muß vertikal durch das Zentrum des Ballschwerpunktes verlaufen.

Grundsätzlich gilt, daß der Ball genau auf dem Pol der zur Schlagrichtung gegenüberliegenden Halbkugel getroffen werden muß. **Das heißt, daß der Vektor des Schlagimpulses vertikal durch das Zentrum des Ballschwerpunktes verlaufen muß.** Nun beeinflußt diesen Treffpunkt bzw. den Absprung des Balles auch noch der Winkel, unter dem der Ball auf den Schlägerkopf prallt. Weil aber die überwiegende Zahl der normalen Grundschläge im oder vielmehr noch hinter dem Kulminationspunkt des Absprungbogens getroffen werden, prallt der Ball fast immer senkrecht oder fast senkrecht auf die vertikal gestellte Schlägerfläche. Der Unterschied zwischen dem Aufprall- und Absprungwinkel ist dadurch minimal, vorausgesetzt, Sie treffen den Ball in der Mitte des Schlägers (siehe Kapitel Ausrüstung).

Hinzu kommt, daß es bei kräftigen Schlägen mit hoher Schlägergeschwindigkeit, wie zum Beispiel beim Topspin oder Drive, zu einer starken Deformation des Balles und der Schlägerbespannung kommt, was wiederum zu einer starken Beeinflussung des Ballabsprungs aus dem Schläger führt. Das heißt, daß je größer die Geschwindigkeit des Schlägers zu der des ankommenden Balles ist, um so kleiner ist der Einfluß des Aufprallwinkels auf den Absprungwinkel.

Es gibt Situationen, bei denen der Schlägerkopf bei allen Schlägen mehr oder weniger geöffnet sein muß, z. B. wenn der Ball tief unterhalb der Netzhöhe und in deren Nähe geschlagen werden muß, oder aber bei einem Lob. Es kann aber auch Situationen geben, in denen der Schläger bei allen Schlagarten geschlossen ist. Beispiel: wiederum in der Netznähe bei Schlägen mit hochgelegenem Treffpunkt. Dem Gesetz, daß der Auffallwinkel dem Absprungwinkel gleicht, muß auch im Tennis Rechenschaft erbracht werden, obwohl, wie ich schon erwähnte, gewisse Verzerrungen oder Beeinflussungen dieses Gesetzes möglich sind und tatsächlich auch vorkommen.

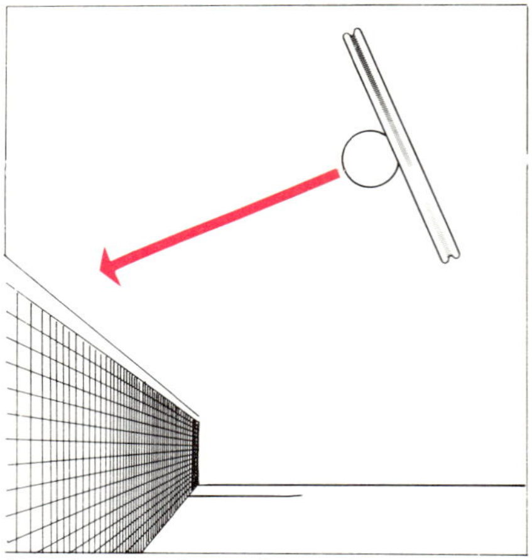

Bei einem tief getroffenen Ball in der Netznähe muß der Schlägerkopf »geöffnet« werden.

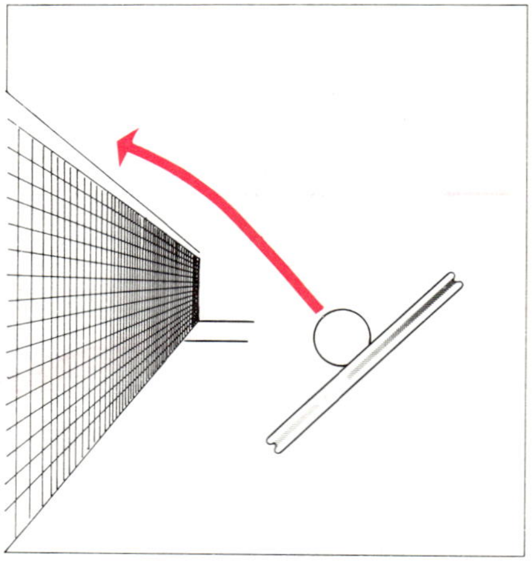

Bei einem hoch getroffenen Ball in der Netznähe wird der Schläger »geschlossen« sein.

Auf keinen Fall geht diese Beeinflussung aber so weit, daß aus einem geschlossenen Schlägerkopf der Ball steigen kann oder aus einem geöffneten er sofort herunterfällt. Schon deswegen ist die Behauptung, daß ein Topspin unbe-

Am Verlauf des Topspinschlages ist zu ersehen, daß der Schlägerkopf in der Schlagbewegung geschlossen, im Treffpunkt senkrecht und im Ausschwung wieder geschlossen ist.

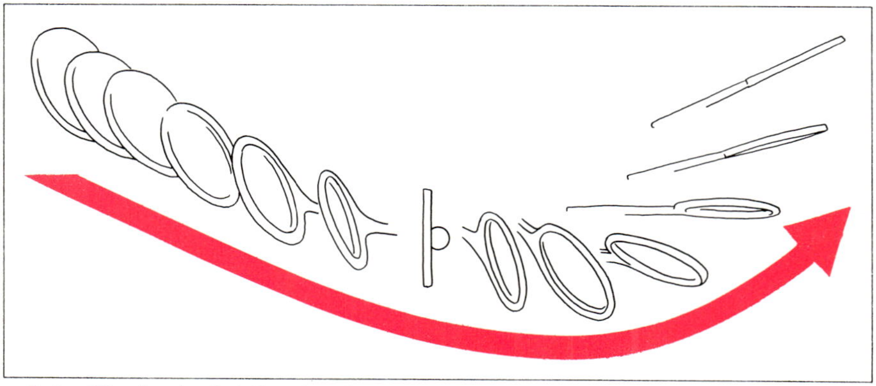

Beim Slice ist der Schlägerkopf in der Schlagphase geöffnet, im Treffpunkt senkrecht gestellt und im Ausschwung wieder geöffnet.

dingt mit geschlossenem Schlägerkopf geschlagen werden muß, barer **Unsinn.** Im Gegenteil, alle Film- und Fotoaufnahmen mit »Schnellfeuerkameras« beweisen, daß der normale Topspinschlag in der Grundliniennähe mit senkrechtem Schlägerkopf geschlagen wird, auch wenn der Schläger, z. B. durch den Westerngriff, vorher parallel mit dem Boden zum Treffpunkt geschwungen wurde und nach dem Treffpunkt im Ausschwung wiederum in die Waagerechte kippt.

Das Kippen des Schlägers vor dem Treffpunkt und nach dem Treffpunkt ist in diesem Fall nichts anderes als eine Folge der Griffhaltung in Zusammenhang mit den anatomischen und biomechanischen Gegebenheiten, die die Schwungführung einschränken.

Genauso verhält es sich bei einem Slice. In der Aushol- wie auch in der Ausschwungphase ist der Schläger bei vielen Spielern bis zur Waagerechten geöffnet, im Treffpunkt aber bei **allen** in der Senkrechten und erst im Ausschwung wieder in der Waagerechten! Wer glaubt, daß er in der Hüfthöhe auf der Grundlinie einen Ball im Treffpunkt mit **stark** geöffnetem Schläger auf eine ganz flache Parabelbahn oder aber mit geschlossenem Schläger auf einen aufsteigenden Ast über 20–24 m schicken kann, der soll dieses Kunststück für viel Geld versuchen zu verkaufen, denn das wäre eine Rarität, mit der er Millionen verdienen könnte. Leider nur könnte, denn von einem geschlossenen Schlägerkopf wird jeder Ball herunterfallen und niemals aufwärts steigen. Oder kennen Sie ein Wundermittel, wie ein Ball durch ein festes Dach hochsteigen kann?

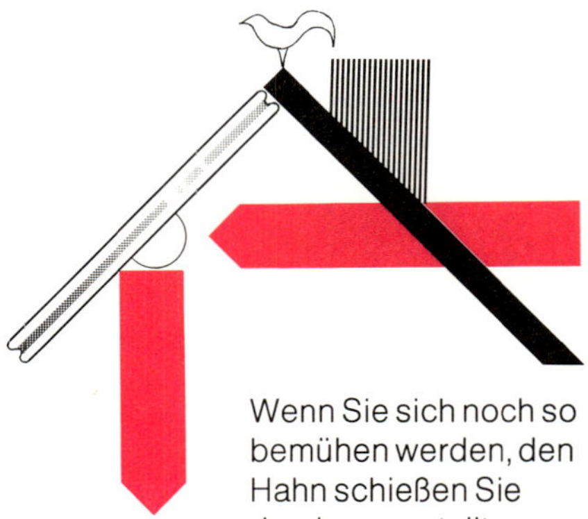

Wenn Sie sich noch so bemühen werden, den Hahn schießen Sie durch so gestellte Schlägerfläche nicht vom Dach. Der Ball prallt immer nach unten ab.

# Einzelne Schlagarten

Über den Schlag haben wir uns schon so viel erzählt, daß für die einzelnen Schlagarten nicht mehr viel übrig bleiben sollte. Trotzdem müssen wir uns vor allem mit den Unterschieden beschäftigen, denn schließlich ist z. B. ein Topspin in seiner Durchführung mit dem Slice nicht identisch, auch wenn beide Schläge viele Gemeinsamkeiten haben.

Bis auf den Aufschlag können und müssen Sie alle Schläge erst einmal auf beiden Körperseiten spielen. Damit sind wir schon bei dem ersten Problem angelangt. Vielen von Ihnen, die schon mehr oder weniger versuchten, den Schläger mit dem Ball in Berührung zu bringen, bevor Sie mit diesem Buch Bekanntschaft gemacht haben, ist bestimmt schon aufgefallen, daß einer der Schläge, meistens ist es komischerweise die Rückhand, viel schwieriger zu bewältigen ist. Man stellt sich bei solch einem Schlag oft so tölpelhaft an, daß man am liebsten den Schläger zu Brennholz zerhacken und das Weite suchen möchte. Aber stop. Bevor Sie diesen unvernünftigen Schritt tun und sich ins Unglück stürzen, überlegen Sie bitte mit mir zusammen, warum dies so ist, und ob es überhaupt so sein muß. Denn für Brennholz sind, wenigstens vorläufig noch, die Wälder da.

Es ist nachgewiesen, daß der anfängliche Unterschied zwischen der Qualität der Vorhand und der Rückhand sehr oft auf einer falschen Lehrmethode basiert. Wir haben schon über die Ganzheitsmethode gesprochen. Selbstverständlich wird Ihre Rückhand miserabel sein, wenn Sie diese das erste Jahrzehnt Ihres Tennisdaseins vernachlässigen und nur mit der Vorhand auf Punktejagd gehen. Ich lege Ihnen deswegen noch einmal einen guten Rat ans Herz: Fangen Sie mit **beiden** Schlägen **gleichzeitig** an. Es ist wirklich egal, ob Sie am Anfang Ihrer ruhmreichen Karriere links und rechts nichts treffen. Es ist aber nicht egal, wenn Sie später einmal mit der Vorhand den Gegner in die Knie zwingen können und Ihre Rückhand zwar ein großer Punktesammler ist, dies aber nur für Ihren Opponenten. Nur Schwachsinnige, und diese gibt es unter den Tennisspielern kaum (siehe Intelligenzquotient), wird Ihnen in solch einem Fall die Freude machen und Ihre Vorhand anspielen.

Zweitens ist dem Menschen auf Anhieb die Bewegung des Armes an der dazugehörigen Körperseite näher. Wer greift schon z. B. für ein Buch, das hinter seiner linken Schulter liegt, mit dem rechten Arm um den Körper herum? Entweder drehen Sie sich dann mit dem ganzen Körper um und greifen das Buch vor dem Körper, oder Sie nehmen es einfach mit der linken Hand.

Und schließlich geht in jedem Tennisklub seit einem Jahrhundert das Gerücht um, daß die Rückhand ein ganz schwieriger Schlag sei. Das arme Häuflein Mensch, dem als unbedarfter Anfänger dieser Unsinn gleich schon beim ersten Betreten des Parkplatzes vor dem Clubhaus eingehämmert wird, gerät in Panikstimmung, wenn der erste Ball auf seine linke Seite zukommt. Vor lauter Schreck verkrampft er, stolpert über die eigenen Füße und haut prompt daneben, womit sich die oben angeführte unsinnige »Weisheit« zu bewahrheiten scheint. Und schon ist wieder ein neuer Rückhandkomplexgeschädigter geboren worden.

Gehen Sie bitte beide Schläge mit gleicher Entschlossenheit und Mut an. Suchen Sie bei der Rückhand keine Geheimnisse, die es gar nicht gibt. Verzweifeln Sie vor allem nicht, und lassen Sie die Rückhandstümper und Warner im eigenen Saft braten.

Die Rückhand ist im Gegensatz zu der allgemeinen Meinung ein natürlicherer Schlag als die Vorhand. Die Bewegungsfreiheit des Schlagarmes ist größer, der Körper steht nicht im Wege, das Aufziehen



ohn McEnroe

der Feder ist idealer, wodurch der Schwungeinsatz des Armes optimaler ist. Damit ist die ganze Durchführung einfacher, womit logischerweise die Gefahr, etwas falsch zu machen, kleiner sein muß.

Es wird weiter behauptet, daß die Vorhand der dominierende Schlag sein muß. Komisch, aber es gibt in der Weltklasse mehr gute Rückhand- als gute Vorhandspieler. Damit will ich nicht behaupten, daß eine gute Vorhand nicht notwendig ist. Nein, im Gegenteil. Ich selbst hatte früher eine Kanonenvorhand, wie meine etlichen Zeitgenossen bestätigen werden, aber dennoch kann man Wimbledon gewinnen, auch wenn die Rückhand besser ist.

Die Rückhand ist im Gegensatz zu einer weit verbreiteten Meinung ein natürlicherer Schlag als die Vorhand.

Jedem Menschen ist die kürzeste und einfachste Bewegung eigen. Liegt oder steht etwas links von ihm, so wird er wohl mit der Hand greifen, die der linken Körperseite am nächsten ist. Wer greift schon, wie in diesem Fall ich es dummerweise versuche, nach einem Buch, das auf seiner linken Körperseite liegt, mit dem rechten Arm um den Körper herum?

Dies ist wahrscheinlich der Grund, warum ich nie Wimbledon gewonnen habe, denn einen anderen kann ich mir gar nicht vorstellen ... Aber Spaß bei Seite. Wo auch immer Ihre Stärken in der Zukunft sein werden, **versuchen Sie zu verhindern, daß Sie Schwächen haben, denn jeder Spieler ist nur so stark wie sein schwächster Schlag!**

Die Stärke ist ein relativer Begriff. Sie können die Stärke in Ihrer Vorhand sehen, weil Sie mit dieser hin und wieder einen Ball über das Netz schupfen können, wobei Sie die Rückhand gar nicht treffen. Andererseits können Sie Ihre Stärke, z.B. die Vorhand, so stark haben, daß die Gegner eine Gänsehaut bekommen, weil es lebensgefährlich ist, Ihnen überhaupt auf die Vorhand zu spielen. Die Rückhand kann aber dabei so sicher wie ein Konto auf einer Schweizer Bank sein.

Bei allen Schlagarten gibt es bei der Vorhand wie auch bei der Rückhand, bis auf Ausnahmen oder Kleinigkeiten, die gleichen Gesetze und Regeln. Über die meisten Unterschiede haben wir uns schon in diesem Buch, besonders im Kapitel »Der Schlag«, unterhalten. Auf die restlichen werde ich Sie noch aufmerksam machen.

## Der gerade Schlag

Das ist ein Schlag, den es im Tennis gar nicht gibt. – Ich sehe jetzt Ihre verwirrten oder zweifelnden Augen, aber ich habe trotz der langen Schreiberei den Verstand wirklich noch nicht verloren, wenigstens nicht ganz. Selbstverständlich ist der gerade Schlag der Basisschlag schlechthin, den jeder gute Tennistrainer seinem Schüler als Allererstes beizubringen versucht. Aber bei dem Basisschlag bleibt es auch.

Wenn Sie gut Tennis spielen wollen, und daran zweifeln Sie hoffentlich nicht, werden Sie versuchen, den Ball in den Griff zu bekommen, ihn zu bearbeiten. Das ist aber nur durch Anwendung der verschiedenen Dralls möglich, denn einen Ball im Schläger auffangen, führen und irgendwo herauslassen können Sie nicht, wie Sie schon längst wissen. Nicht nur der Drall bzw. sein Einfluß auf die Flugbahn des Balles, sondern der Schwung als solcher sowie die Schwungrichtung des Schlägers spielen hier eine entscheidende Rolle.

Ein frontaler Zusammenprall, und gerade der kommt bei einem geraden Schlag vor, verlangt ein fast überirdisches Gefühl, wenn man damit die Länge, Höhe oder Schnelligkeit steuern will. Wer von uns hat dieses Gefühl aber?

Versuchen Sie einmal, mit einem geraden Schlag einen Schläger mit 70 km/h zu schwingen, um einen Ball mit einer Geschwindigkeit von 200 km/h in die Ecke von Frau Knobelspieß zu donnern. Falls Sie den Ball überhaupt jemals finden wollen, müssen Sie schon zu diesem Zweck einen Mittelstreckenlauf über die umliegenden Felder absolvieren.

Oder aber versuchen Sie, einen Stopball nur mit einem kurzen Antippen des Balles hinter das Netz zu setzen. Von hundert Versuchen gelingt Ihnen vielleicht einer. Das ist noch kein Können, sondern Zufall, auf den Sie am besten einen trinken sollten. Das ist der Grund, warum praktisch kein guter Spieler, von zufälligen Einzelschlägen abgesehen, einen geraden Schlag anwendet. Also, den geraden Schlag gibt es im praktischen Tennis wirklich nicht.

Sie als Anfänger sind trotzdem gezwungen, sich erst einmal mit diesem Schlag auseinanderzusetzen, denn zum Erlernen der Grundtechnik des Balltreffens – denken Sie an die erste Stufe der Skala, die Grobform – können Sie

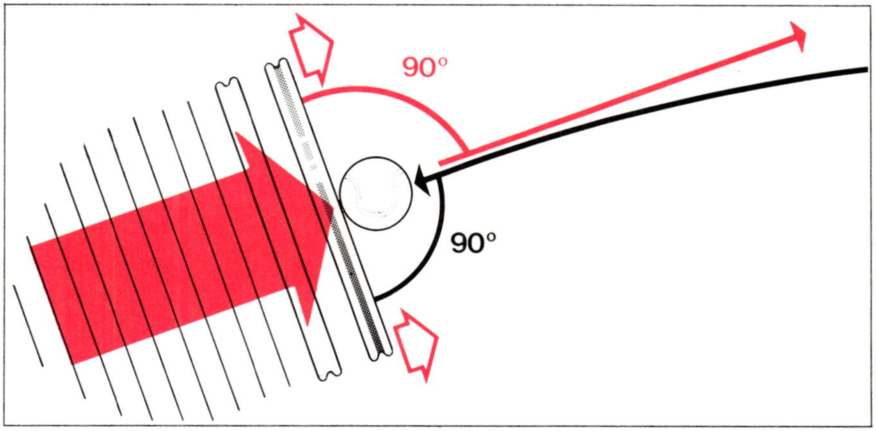


Bei einem geraden Schlag kommt es zu einem frontalen, wenig beeinflußbaren Zusammenprall zwischen Schläger und Ball.

kaum versuchen, einen Topspinschwung anzuwenden, mit dem Sie in dieser Phase weder den Ball treffen noch die drohende Gefahr einer Kopfverletzung verhindern können. Vergessen Sie das deutsche Sprichwort nicht – step by step!

Zuerst müssen wir etwas über die Ausgangsstellung und die Beinarbeit erzählen, denn bis jetzt bin ich nicht dazu gekommen, Ihnen zu erklären, wie Sie einen Ball annehmen sollen.

In der frontalen Stellung zum Netz, mit bequem gegrätschten Beinen, etwa in der Schulterbreite, mit leicht gebeugten Knien, etwas nach vorne geneigtem Oberkörper und dem Gewicht möglichst auf den Fußballen sind Sie am besten zu einem schnellen Start in alle Himmelsrichtungen vorbereitet. Den Schläger halten Sie mit den Fingern der linken Hand am Schlägerhals, um die rechte Hand, die am Griff am besten mit dem Continentalgriff ruht, zu entlasten. Mit dem Continentalgriff deswegen, weil Sie mit diesem Griff viel mehr Schlagarten spielen sollen als mit dem Easterngriff, notfalls sogar die Vorhand, auch wenn es nur ein Schubser ist, niemals aber umgekehrt. Der Ellenbogen ist in Körpernähe, um den Radius der Ausholbewegung zu reduzieren.

Leider gibt es immer wieder Spieler, die, z. B. mit überkreuzten Beinen, sich sogar am Schläger stützen, mit der linken Hand die Haare zurechtrücken oder sich sonstwo bohren und dabei, steif wie Turnvater Jahn vor einem Pferdesprung, den Aufschlagspieler beobachten, um auf einmal in verrückte, überhastete Aktivitäten auszubrechen und den Körper gerade in dem Augenblick in Schlagposition zu bringen, in dem der Ball den Zaun hinter ihnen erreicht hat. – Eine etwas verspätete Reaktion.

In der Ausgangsstellung sollen Sie bequem und entspannt mit gegrätschten Beinen und leicht vorgebeugtem Oberkörper den Ball und die weiteren Geschehnisse erwarten. Sie können dabei allerdings ein freundlicheres Gesicht machen, als ich es in diesem Fall zu tun pflege.

Abgesehen von der Ausgangsstellung in der Lernphase, die meistens der Lehrer bestimmt, sollen Sie im Normalfall etwa 1–1,5 m hinter der Grundlinie den Ball erwarten, denn Sie sollen später den Ball so früh wie möglich, am besten im Kulminationspunkt oder kurz dahinter, schlagen. Auch wenn Sie durch einen langen, hohen Ball weit hinter die Grundlinie gedrückt werden, müssen Sie nach dem Schlag sofort wieder zu der Grundlinie zurückkehren und dürfen nicht am Zaunpfosten einschlafen.

Es wurden übrigens schon komplette Bücher nur über die Beinarbeit geschrieben. Man hat genau untersucht und ausgerechnet, welchen Ball man in der oder jener Position mit zwei, drei, vier oder sechs Schritten erreichen muß, wie lang oder wie kurz ein bestimmter Schritt bei gewisser Aktion sein muß usw., usw.

Wenn Sie durch einen langen und hohen Ball weit hinter die Grundlinie gedrängt worden sind, müssen Sie nach dem Schlag sofort wieder die Grundliniennähe suchen.

Alles gut und schön. Ich will gar nicht behaupten, daß man alle möglichen Situationen nicht aufzeichnen und ausrechen kann. Wem nutzt das aber? Oder glauben Sie, daß Sie bei einem mit 100 km/h anbrausenden Ball erst einmal überlegen können, wie lang oder kurz der erste Schritt sein muß, und ob Sie dann mit dem vierten oder aber sechsten Schritt in die richtige Schlagposition für einen Crossball gelangen?

Bevor Sie das ausgerechnet haben, ist der Ball längst an Ihnen vorbeigesaust, und Herr Schlotterhose steht schon zu einem weiteren Aufschlag bereit. Nein, so geht das wirklich nicht. Wir werden uns später aus bestimmten Gründen mit exakter Fußarbeit beim Flugball aber noch beschäftigen müssen.

Erstens einmal ist die Fußarbeit ein Geschicklichkeitsfaktor.

Wenn Sie von Geburt an etwas tolpatschig sein sollten und sich wie ein Elefant im Porzellanladen zu bewegen pflegen, was in Ihrem speziellen Fall bestimmt nicht zutrifft, werden Sie auch nach dem Studium von zehn solcher Bücher nicht besser laufen können. Nur durch enormes **Üben** können Sie die Fußarbeit wenigstens so gut verbessern, daß Sie im Normalfall zum Ball richtig stehen. Nur in außergewöhnlichen Situationen könnten Sie u. U. gewisse Probleme haben. Wenn Sie aber geschickt sind und sich von Natur aus leicht bewegen, werden Sie die Fußarbeit auf dem Tennisplatz ohne jegliches Buchblättern automatisch lösen können. Also: **Bewegungstalent ist für eine einwandfreie Fußarbeit Voraussetzung und Fleiß eine Notwendigkeit.**

Zweitens ist die Reaktionsgeschwindigkeit und Antizipation unerläßlich. In den meisten verzwickten Situationen ist nicht die Grundschnelligkeit, wie viele irrtümlich meinen, sondern die Reaktionsschnelligkeit entscheidend. Es kommt weniger darauf an, in welcher Zeit Sie die 3–10 Meter sprinten können, sondern wie schnell und zeitig Sie starten, denn auf dieser kurzen Entfernung können die Zeitunterschiede gar nicht so gravierend sein. Wer zum Start einen Wekker braucht oder einen Eimer kalten Wassers, wird es kaum weit bringen.

Drittens ist eine gute Fußarbeit ein Erfahrungsfaktor. Mit zunehmender Zeit und technischer Entwicklung werden Sie sich automatisch ökonomischer, leichter und anpassungsfähiger bewegen. Und schließlich ist eine gute Fußarbeit von Ihrer allgemeinen Kondition, vor allem von Kraftausdauer abhängig. Müde Beine laufen bekanntlich schwer.

Kreuzschritte sind eine Möglichkeit, kurze Entfernungen zu überwinden.

Grundsätzlich gilt, daß Sie sich über den Platz leichtfüßig, mit kurzen und schnellen Schritten bewegen und die Füße während des ganzen Ballwechsels in Bewegung bleiben sollen (Hopsen nennt man das so schön im Deutschen). Kurze Entfernungen müssen Sie durch Seit- oder Kreuzschritte bewältigen, aus der Ausgangsstellung möglichst immer mit dem zum Ball **näher** stehenden Fuß starten. Eine Ausnahme gibt es nur beim Flugball. Ihre Schritte müssen Sie instinktiv so wählen, daß Sie den letzten Schritt während der Ausholbewegung wieder mit dem zum Ball näher stehenden Fuß machen – für die Vorhand mit dem rechten, für die Rückhand mit dem linken –, um erst am Ende der Aushol- oder am Anfang der Schlagbewegung den vorderen Fuß in die richtige Position für die Gewichtsverlagerung bringen zu können. Vor dem Schlag müssen Sie in der Regel tief in die Knie gehen und diese während des Schlages strekken. Schließlich sollen Sie trotz all dieser Anforderungen auch noch ökonomisch laufen. Sie sollen über den Platz schweben und nicht wie ein Bulldozer versuchen, diesen umzugraben.

Zu einem dieser Punkte möchte ich aber doch noch einmal zurückkehren. Etliche Autoren rich-

Der letzte Schritt vor der Schlagbewegung soll bei der Vorhand mit dem linken, bei der Rückhand mit dem rechten Fuß erfolgen.

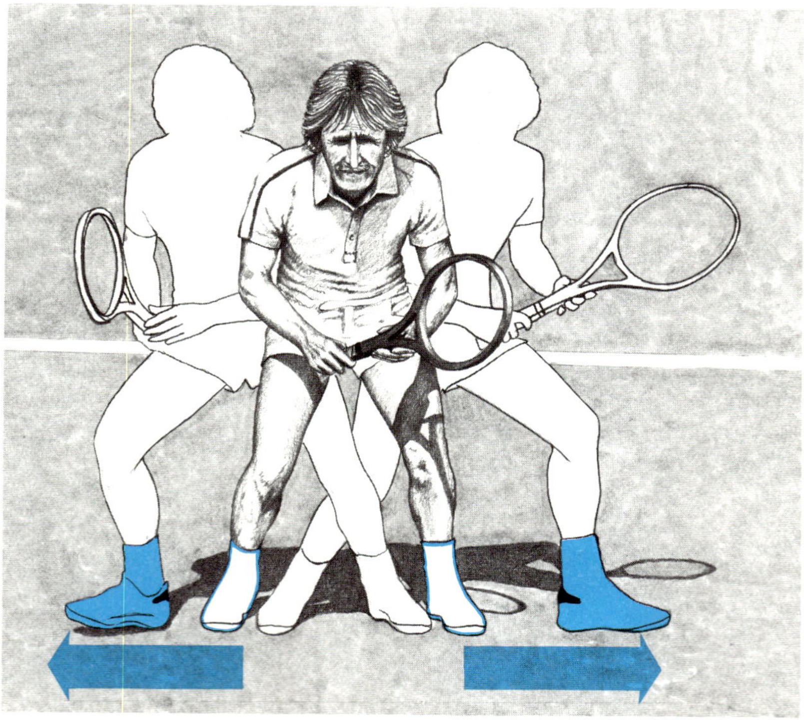

Aus der Ausgangsstellung erfolgt der erste Schritt nach rechts mit dem rechten, nach links mit dem linken Fuß.

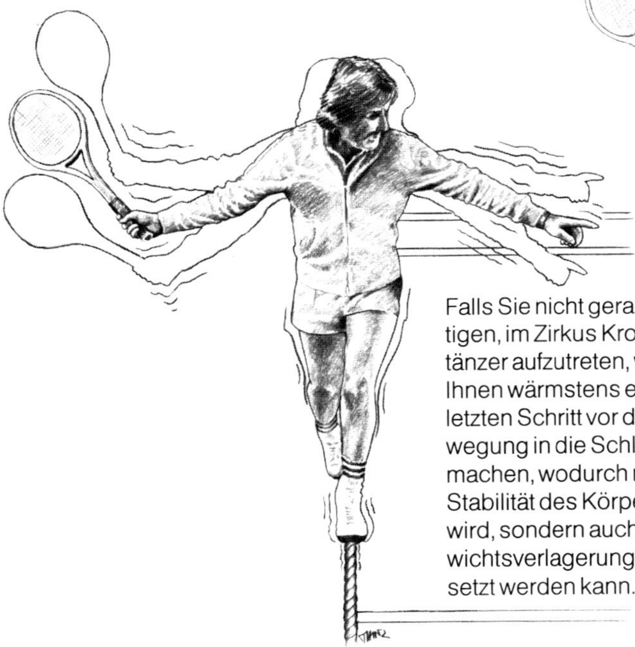

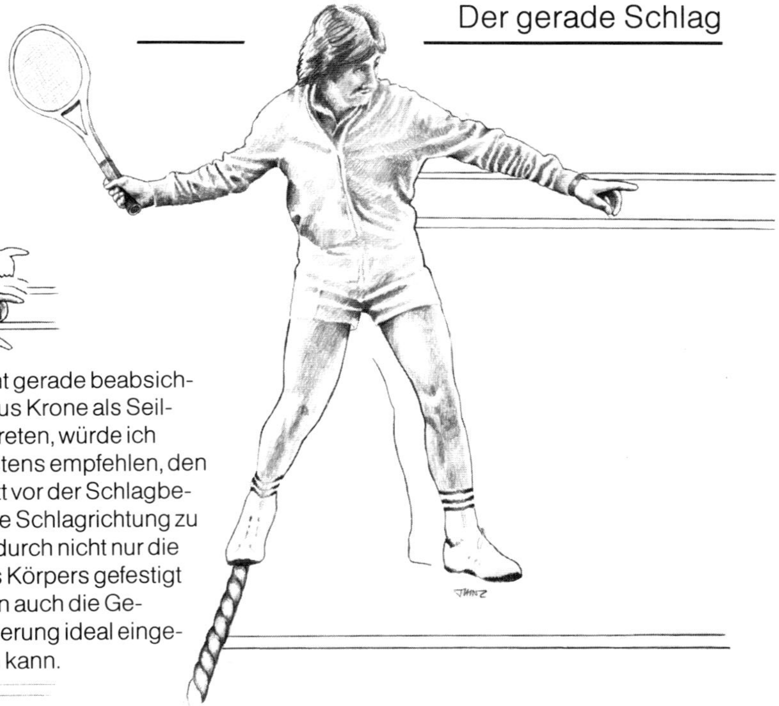

Falls Sie nicht gerade beabsichtigen, im Zirkus Krone als Seiltänzer aufzutreten, würde ich Ihnen wärmstens empfehlen, den letzten Schritt vor der Schlagbewegung in die Schlagrichtung zu machen, wodurch nicht nur die Stabilität des Körpers gefestigt wird, sondern auch die Gewichtsverlagerung ideal eingesetzt werden kann.

ten sich noch immer nach dem Lehrbuch von W. T. Tilden, dessen Ansichten sie automatisch übernehmen und die gerade bei der Beinarbeit längst überholt sind. Tilden schrieb und lehrte, daß der erste Schritt aus der Ausgangsstellung sowie der letzte Schritt vor der Schlagbewegung (oft sind diese Schritte identisch) mit dem zum Ball weiter entfernten Fuß sowie in Richtung Seitenlinie erfolgen soll.

Das ist aber ein kapitaler Fehler! Wenn Sie einen Schritt einmal ausgeführt haben, vollzogen Sie damit zwangsweise auch die Gewichtsverlagerung auf den vorderen Fuß. Das ist ziemlich logisch. Nach dem Tildenmuster bedeutet das, daß die Gewichtsverlagerung noch vor dem Ansetzen der Schlagbewegung beendet ist! Diese Gewichtsverlagerung muß aber erst während der Schlagbewegung durchgeführt werden. Aber das wissen Sie auch schon längst. Daraus ergibt sich, daß der vordere Fuß erst kurz nach dem Ansatz zur Schlagbewegung auftreten soll, um die Gewichtsverlagerung während dieser Zeit zu vollziehen. Das ist das Gegenteil von der erwähnten Lehre. Darüber hinaus soll der Schritt möglichst **nie** zur Seitenlinie, sondern dem Ball **entgegen** erfolgen. **Auf einen Ball wartet man nicht, man geht ihm entgegen.** Nach einem vollendeten Schritt zur Seitenlinie stehen Sie da wie ein Seiltänzer, der mit dem eigenen Gleichgewicht mehr zu kämpfen hat als mit dem Ball oder dem Gegner.

Sie sehen, daß die Beinarbeit es in sich hat. Um so dringender muß ich Ihnen immer wieder empfehlen, daß Sie Ihre ersten Schläge schon aus der Bewegung lernen. Lassen Sie sich nicht den Ball millimetergenau in eine stehende Position zuspielen, sondern laufen und laufen Sie die ganze Stunde. Nicht nur Ihrer Linie, Ihrer Kondition, sondern auch Ihrer Laufarbeit wird es guttun. Wie können Sie die richtige Beinarbeit, die Harmonie zwischen Lauf und Schlag, zwischen den Beinen, dem Körper und den Armen erlernen, wenn Sie stundenlang die Schläge aus dem Stand spielen?

Ich habe auf der ganzen Welt noch keine erfolgreiche Methode kennengelernt, bei der die Schlagtechnik und die dazugehörige Beinarbeit gesondert gelehrt werden.

Oft können Sie auf unseren Tennisanlagen beobachten, daß der Tennislehrer herumläuft wie ein Rennpferd, der Schüler aber gemütlich die Bälle von der T-Linie durch die Gegend streut, ohne eine Schweißperle zu verlieren. Dabei wird der Fleiß des Lehrers noch hervorgehoben, und er wird als ein vorbildlicher Pädagoge gerühmt.

Ja, wer soll eigentlich das Tennisspielen und die dazugehörige Laufarbeit erlernen, der Lehrer oder der Schüler? Meiner Meinung nach muß man die Qualität des Trainers nicht nach seinem eigenen, sondern nach dem Schweiß der Schüler beurteilen. Ein Fußballtrainer stürmt doch auch nicht das ganze Training auf Linksaußen, und ein Boxtrainer läßt sich nicht jeden Tag von der ganzen Staffel die Nase einschlagen. Wenn Sie sich beim Tennis so leicht bewegen wie beim Tanzen, werden Sie sich eine gute Beinarbeit aneignen. Stehen Sie aber wie die Wache der britischen Königin vor dem Buckingham-Palast, werden Sie mit ziemlicher Sicherheit Krampfadern bekommen, das Tennisspiel bleibt für Sie aber ein Trauerspiel.

Doch zurück zum geraden Schlag. Nach all den schon erwähnten Vor- und Geschicklichkeitsübungen mit dem Schläger und dem Ball werden Sie eines Tages auf dem ersehnten Tennisplatz stehen und Ihre ersten Schlagversuche unternehmen. Wie diese aussehen sollen, wissen Sie inzwischen; wie Sie in natura aussehen werden, erfahren Sie in dem Augenblick des ersten Schlages. Auf jeden Fall wird erst einmal von einer Ähnlichkeit kaum die Rede sein.

Eines möchte ich noch einmal betonen. Drücken oder schieben Sie den Schläger nicht durch die Luft, sondern **schwingen** Sie ihn weit in die Schlagrichtung ohne Rücksicht auf Verluste. Versuchen Sie, den Ball am Anfang nicht unter allen Umständen über das Netz zu schlagen, konzentrieren Sie sich dagegen besser nur auf die Durchführung des Schlages. Wenn diese stimmt, wird dem Ball nichts anderes übrigbleiben, als die richtigen und von Ihnen beabsichtigten Bahnen zu ziehen.

# Der Drive

Dieser Schlag, den wir auch Treibschlag nennen, nicht um die Kühe von der Alm, sondern Herrn Piepenbreier über den Platz zu treiben, ist praktisch der härteste, aber auch der unsicherste Geselle unter all den Tennisschlägen, vom Aufschlag einmal abgesehen.

Die Durchführung ähnelt der des geraden Schlages. Im Unterschied zu diesem aber wird dem Ball eine gewisse Portion an Vor- oder Rückwärtsdrall erteilt, um den Schlag doch noch einigermaßen unter Kontrolle zu haben. Dieser Schlag kann nur in bestimmten Situationen und vor allem von guten Spielern erfolgreich geschlagen werden, denn der große Risikofaktor verlangt schon eine ausgeprägte Technik.

Der Schläger wird aus dem Wendebogen mit hoher Geschwindigkeit fast waagerecht gegen den Ball geschwungen. Nach dem Treffpunkt wird wieder weit in die Schlagrichtung geschwungen, und zwar mit nur minimaler vertikaler Abweichung von der Flugbahn des geschlagenen Balles. Im Zeitalter des Prozenttennis wird dieser Schlag in reiner Durchführung selten angewandt. Meistens wird auch ein Punktball mit mehr Vorwärtsdrall gespielt. Präzision und Sicherheit gehen vor Kraft und Schnelligkeit.

# Der Topspin

Als ich im Jahre 1969 in Deutschland als Bundestrainer meine Tätigkeit aufnahm und bemerkt hatte, daß hierzulande überwiegend Slice und Drive gelehrt werden, der Topspin aber noch nicht einmal in den vorhandenen Lehrbüchern erwähnt war, faßte ich Mut und fing im Bundesleistungszentrum des Deutschen Tennis-Bundes in Hannover resolut auch mit dem Unterricht dieses Schlages an und beschrieb ihn 1970 im Lehrbuch »Modernes Tennis«. Ich unbedarfter Optimist ahnte gar nicht, was für eine Lawine von Protesten ich damit auslöste. Namhafte Trainer nannten mich Spinner,

Der Drive ist der unsicherste Geselle unter den Tennisschlägen. Nur ein ausgezeichneter Spieler, wie z. B. Connors, kann diesen Schlag auf die Dauer mit Erfolg praktizieren.

Dilettant, viele »nette« Ausdrücke plazierten mich in die reichhaltige Tierwelt.

Zur Erinnerung: In dieser Zeit war von Borg, Vilas, Solomon, Dibbs, Ramirez und vielen anderen Topspin-Künstlern der achtziger Jahre noch weit und breit nichts zu sehen. Dabei hatte mich schon mein alter Trainer, Herr Burianek, einer der besten Trainer, die ich je getroffen habe (übrigens in der Vorkriegszeit lange Jahre persönlicher Trainer des großen W. T. Tilden), 1949 den Topspin gelehrt!

Ich will damit gar nicht behaupten, daß ich in der Vorahnung des explosiven Ausbreitens dieses Schlages als Prophet aufgetreten bin, denn zu dieser Zeit hatte schon längst z. B. Rod Laver einen perfekten beidseitigen Topspin gespielt. Dieser Topspin war auch der Hauptgrund, warum sich dieser famose Spieler von den anderen so abgesetzt hatte. Bei seinem ersten Wimbledonsieg 1961 hatte ich aufgezeichnet, daß er über 74% aller Aufschlagreturns den überraschten Gegnern mit Topspin um die Ohren schlug. Dies zu einer Zeit, in der andere Weltstars vor allem den Rückhandreturn ausschließlich mit Slice spielten. Das Beispiel Lavers hatte mich schon in den sechziger Jahren überzeugt, daß dieser Schlag in das Repertoire jedes jungen Spielers gehört, denn er ist die effektivste und wirkungsvollste Art, einem rasanten Schlag einen hohen Prozentsatz an Sicherheit zu geben und darüber hinaus mit ein und demselben Schlag eine breite Skala an Variationsmöglichkeiten zu erreichen.

Mit Topspin können Sie harte lange sowie auch kurze Bälle, hohe weiche oder mittelschnelle Positionsbälle, Lobs, Angriffsbälle sowie Passierschläge long-line und kurz cross spielen. Er war schon damals für mich der Schlag der Zukunft. Ich lehrte ihn z. B. den späteren Davis-Cup-Spielern Strobl, Pala und anderen. Inzwischen spielt die gesamte Weltklasse vornehmlich Topspin, und manchen Spielern wie Borg, Vilas, McEnroe, Lendl und vielen anderen brachte dieser Schlag ein Millionenvermögen ein. Zehnjährige

Beim Topspin kommt es vor allem auf die optimale Beschleunigung der Schlägerspitze in der vertikalen Ebene an. Bezeichnend ist die tiefe Kniestellung am Anfang und die Streckung der Knie während der Schlagbewegung.

Stepkes beherrschen diesen Schlag schon einwandfrei, was nur beweist, daß es gar nicht so schwer sein kann, diesen Schlag zu erlernen. Im Jahr 1980 hamsterten die jungen Schweden in allen Altersklassen in Europa fast sämtliche Europameistertitel sowie alle Mannschaftspokale. Alle spielen den beidseitigen Topspin fast genau so perfekt wie ihr Idol Björn Borg.

Trotzdem gibt es bei uns unbegreiflicherweise immer noch Gegner dieses Schlages, die nur den Slice und den »schönen« geraden Schlag befürworten. Sie behaupten, daß das Topspintennis gar kein Tennis ist. Sogar ein ganz bekannter Kollege hat 1971 vor einer mit Fachleuten besetzten Versammlung gesagt, daß er seinen Hut verspeise, wenn Uli Pinner mit seinem Topspinspiel jemals ein einziges großes Match gewänne, wobei er zum Ausdruck bringen wollte, daß ich diesen Spieler schon in jungen Jahren durch Topspin verdorben habe. Wie viele Hüte mußte dieser arme Herr schon schlucken! Hoffentlich sind sie ihm gut bekommen, denn es gibt nicht viele Spieler auf der Welt, die Uli Pinner nicht geschlagen hat. Nichts ist erfolgreicher als der Erfolg!

Eines steht aber fest: Der Topspin ist aus dem Schlagrepertoire der heutigen Weltstars nicht mehr wegzudenken. Wer das nicht glaubt, der soll erst einmal das Gegenteil beweisen.

Was sind nun die charakteristischen Merkmale eines Topspins? Da ist erst einmal die Schlägerführung. Die Ausholbewegung muß so weit und so tief durchgeführt werden, daß Sie mit dem Schlägerkopf garantiert unter den vermuteten Treffpunkt geraten. Die Schlägerführung in der Schlagbewegung bis zum Treffpunkt erfolgt in der vertikalen Ebene sehr schnell und sehr steil (45–55°) aufwärts. Der Ball wird mit **senkrechter Schlägerfläche** von unten nach oben »gebürstet«. Manche sagen »gestreichelt«, aber das ist mir zu sanft und paßt eher zum Slice. Es ist hier von großer Wichtigkeit, daß die **Schlägerspitze** eine maximale Beschleunigung im Schlagschwung über den Treffpunkt hinaus bis hin zum Ausschwung bekommt. Die Armbewegung ähnelt stark der Armbewegung beim Antreiben eines Rades oder Reifens.

Im Gegensatz zu einer viel verbreiteten Meinung soll das Handgelenk beim Topspin im Treffpunkt **fest fixiert** sein, auch wenn manche Spitzenspieler in Ausnahmefällen aus dem Handgelenk etwas nachhelfen. Was ein Borg ab und zu als Ausnahmeathlet macht, muß nicht unbedingt jedermanns Sache sein. Ich bleibe dabei, daß ein lockeres Handgelenk im Treffpunkt immer Unsicherheit mit sich bringt. Auch bei einem Topspin, oder besser gesagt, gerade bei einem Topspin ist dies der Fall, denn der Schlagschwung ist maximal schnell, und jede Millimeterabweichung der Schlägerfläche im Treffpunkt kann verheerende Folgen haben.

Der Ausschwung bei einem Topspin ist vor allem durch anatomische Gründe geprägt. Bei einem tief geschlagenen Ball (Kniehöhe und tiefer) erfolgt der Ausschwung bei beiden Schlägen über die rechte Schulter. Es ist die ökonomischste Art, den extrem hohen Schwung abzufangen. Bei einem hoch geschlagenen Ball (Oberschenkelhöhe und höher) wird der Schläger im Ausschwung bei der Vorhand zu der linken Schulter oder sogar, vor allem beim Westerngriff, zur linken Hüfte geführt (gekippt). Bei der Rückhand wird er weit von der rechten Schulter nach rechts weggeschwungen.

Weiter ist die Geschwindigkeit der Schlägerbewegung entscheidend. Je mehr Drall Sie dem Ball verleihen wollen, um so schneller müssen Sie den Schläger schwingen. Die Kombinationen von Schlägergeschwindigkeit und Schlägerführung sind fast unerschöpflich, wodurch Sie mit dem Topspin praktisch jeden Punkt des gegnerischen Feldes treffen können, wenn Sie es kennen.

Weil die Ausholbewegung sowie die Schlagbewegung sehr schnell durchgeführt werden, muß der Anfang der Ausholbewegung im Vergleich zu anderen Schlägen, wie z. B. beim Slice, etwas verspätet sein, um die Harmonie, das Timing

Aus anatomischen und biomechanischen Gründen erfolgt beim Vorhandtopspin der Ausschwung bei einem tief getroffenen Ball über die rechte Schulter.

Aus den gleichen Gründen wird der Ausschwung bei einem höher geschlagenen Topspin zur linken Hüfte erfolgen.

Beim Rückhandtopspin wird bei einem tief geschlagenen Ball ebenfalls über die rechte Schulter ausgeschwungen.

des Schlages, nicht zu zerstören. Denken Sie an den schon erwähnten Schlag aus einem Guß!

Drittens ist die Körperarbeit, vor allem in der Senkrechten, wichtig. Sie müssen ganz tief in die Knie gehen, um durch die Streckbewegung derselben während des Schlagschwungs die Aufwärtsbewegung des Schlägers zu unterstützen. Bei den meisten Spitzenspielern ist die Aufwärtsbewegung aus den Knien so stark, daß sie beim Schlagen sogar springen oder mindestens mit den Füßen vom Boden abheben. Aber nicht nur in der Senkrechten, sondern auch in der Waagerechten ist das »step-in« bei diesem Schlag von großer Wichtigkeit. Durch die steile Schlägerführung ist die Treffstrecke in der Waagerechten verkürzt. Durch die Körperbewegung vorwärts kann dieses Manko wieder ausgeglichen werden.

Nun wissen Sie über den Topspin schon fast so viel wie ich selbst. Auf in den Kampf – Üben, Üben, Üben heißt die Parole. Hoffentlich werden Sie die krummen Gurken genau so gut beherrschen wie mancher Profi. In dem Fall sind Ihre zukünftigen Gegner schon heute zu bedauern.

Bei einem hoch getroffenen Rückhandtopspin wird der Schläger weit von der Schulter weg geschwungen.

# Der Slice

Der Slice ist bestimmt so alt wie das Tennisspielen selbst. In der Mittelklasse ist er der dominierende Schlag, und es gab in der Vergangenheit viel mehr Stars, die diesen Schlag zur Perfektion brachten, als diejenigen, die wahre Topspinkünstler sind. Viele Spieler, auch die der höchsten Klassen, spielen eine Kombination von Vorhandtopspin und Rückhandslice. Der Spanier Manuel Orantes ist so ein typisches Beispiel.

Guillermo Vilas demonstriert seinen typischen Rückhandtopspin. Achten Sie auf die senkrecht gestellte Schlägerfläche im Treffpunkt.

All das ist der Beweis dafür, daß dieser Schlag einfacher zu erlernen ist als der Topspin. Dies gilt schon deswegen, weil Sie erst einmal den Schläger nur zu heben brauchen, um ihn mit eigenem Gewicht gegen den Ball sinken zu lassen, ohne sich viel um irgendwelche exakten Schlägerführungen zu kümmern – der Ball fliegt. Vorläufig fliegt er wahrscheinlich in die Binsen, aber er fliegt. Selbstverständlich ist diese »Technik« falsch.

Leider ist das Einfachere nicht immer das Erfolgreichere. Wenn Sie darauf aus sind, einen direkten Punkt zu machen, werden Sie sich mit einem Slice viel schwieriger tun als mit einem Drive oder Topspin. Wenn Sie aber Ihr Match jeweils als ein Fünfstunden-Happening planen, wird der Slice Ihr Dauerbegleiter sein müssen. Es sei denn, Sie beherrschen den Topspin wie Borg, was aber wenigstens vorläufig kaum der Fall sein wird.

In unserem Topspinzeitalter wird sehr selten über einen guten Slicespieler gesprochen oder geschrieben. Mit Unrecht. Das letzte Slicegenie war Ken Rosewall mit seiner gefürchteten Slicerückhand. Seit seinem Abtritt werden Sliceschläge zwar registriert, aber hierbei bleibt es leider auch. Dabei können Sie mit einem Slice wahre strategische Orgien veranstalten, vorausgesetzt, der Gegner fegt Sie nicht vom Platz, bevor Sie überhaupt zu irgendwelchen Strategien kommen.

Der Slice ist vor allem ein Defensivschlag. Wenn Ihnen ein Aufschlag mit 170 Sachen entgegenrauscht, werden Sie diesem am einfachsten, wenn überhaupt, mit einem Slicereturn begegnen müssen. Wenn Ihr Gegner Sie bis in die hinterste Ecke ausplaziert hat, so daß sie gerade noch den Ball erwischen können, werden Sie versuchen, diesen mit Slice zu retten. Wenn Sie Vilas gegenüberstehen, der Ihnen die Topspins so hoch dreht, daß Sie beinahe eine Leiter brauchen, um die Dinger herunterzuholen, werden Sie diese mit Slice herunterziehen. Wenn Sie mit letztem Atemzug gerade noch einen Stoppball erlaufen haben, müssen Sie versuchen, diesen ebenfalls mit einem Slice zu-

rückzubringen. Schließlich werden irgendwann auch Ihre Nerven im dritten Satz beim Stande von 7 : 7 im Tie-Break im Eimer und Sie weit entfernt von gut und böse sein. Sie werden es dann nur noch wagen, den Ball irgendwie mit Gottes Hilfe auf die T-Linie des Herrn Schlotterhose zu schupfen. Sie werden den Schläger heben und versuchen, mit einer zittrigen Abwärtsbewegung einen Slice nach dem anderen zu produzieren, denn in solch einem Augenblick sind Sie kaum fähig, eine schnelle Augenbrauenbewegung, noch weniger einen schnellen Topspin oder sogar Drive auszuführen.

Aber nicht nur für diese kritischen Situationen ist der Slice geeignet. Ein echtes Positionsspiel,

Ein Slice ist vor allem ein Gefühlsschlag. Der Ball wird von oben nach unten »gestreichelt«. Nach dem Treffpunkt schwingt der Schläger zuerst weiter vorwärts abwärts, um anschließend aufwärts weit in die Schlagrichtung geführt zu werden.

ein gewisses Schachspiel am Platz, ist mit Sliceschlägen sehr gut durchzuführen. Besonders dann, wenn Sie diese mit Topspinschlägen kombinieren. Der Rhythmus des Gegners geht dabei baden. Und last, but not least ist der Slice sogar ein hervorragender Angriffsschlag, vor allem aus dem Mittelfeld als Rückhand-Cross gespielt. Sie können ihn durch die dem Topspin gegenüber viel langsamere Schlagbewegung viel präziser kontrollieren und dadurch auch bis in die Ecke plazieren. Durch seinen relativ langsamen Flug erreichen Sie das Netz, noch bevor der Gegner Ihren Angriffsball geschlagen hat. Damit steigen Ihre Chancen zum Abfangen und Töten des gegnerischen Passierschlages.

Wie Sie sehen, bin ich gar kein Gegner dieses Schlages, wie mir manche bösen Zungen immer wieder nachsagen wollen. Im Gegenteil. Es steht aber fest, daß, wenn Sie ausschließlich nur den Slice beherrschen, Sie zwar König sein können, aber nur als Einäugiger unter Blinden. Wenn Sie nur Topspin beherrschen, können Sie u. U. sogar die Nr. 1 in der Welt werden. Und das ist der kleine Unterschied!

Vergessen Sie bitte nicht, daß Sie mit einem Slice nie hart schlagen können, oder besser gesagt, nicht hart genug. Dadurch sind Sie, obwohl dies ein Defensivschlag ist, in der Defensive gegen einen angreifenden Gegner meistens machtlos, denn auch ein perfekt plazierter Passierball ist mit einem Slice in der Regel viel zu langsam und ein wahres Festessen für den Angreifer. Es kann natürlich sein, daß er dumm angreift und Ihnen am Netz einen Raum so breit wie ein Garagentor öffnet. Nun kommen Sie mir aber ja nicht wieder mit dem Mister Rosewall, der auch mit dem Slicepassierball wahre Wunder schuf. Er war eine Ausnahme, und die bestätigte die Regel. Wie immer Sie auch heißen mögen, Rosewall kaum. Und auch ein eventueller Rosewall II wird nur ein Abklatsch des echten Rosewall sein. Das war bei Napoleon das gleiche. Aber darüber haben wir uns schon früher ausführlich unterhalten. Nicht über Napoleon, aber über das Kopieren.

Wenn Sie bei einem Vorwärtsdrall den Ball mit dem Schläger von unten nach oben »bürsten« müssen, werden Sie für den Rückwärtsdrall die Gegenrichtung zu wählen haben. Da aber der Slice ein viel gefühlvollerer Schlag als ein Topspin ist – denken Sie nur an die Tendenz zu steigen –, müssen Sie den Ball dementsprechend behandeln. Ein robustes »Bürsten« bekommt ihm nicht. Sie müssen viel romantischer sein und ihn eher »streicheln«.

Die Ausholbewegung kann unter Umständen die gleiche sein, falls Sie zum hohen Ausholen allgemein tendieren. Sie muß aber höher geführt werden, wenn Sie bei anderen Schlägen relativ flach ausholen sollten, um über den vermeintlichen Treffpunkt zu kommen.

Vergessen Sie bei der Rückhand nicht, wie bei allen anderen Rückhandarten auch, die linke Hand am Schlägerhals bis zum Einschwenken in den Wendebogen zu belassen. Es erleichtert die Drehung des Oberkörpers sowie die in der Körpernähe auszuführende Ausholbewegung.

Auch bei einem Slice auf der Grundlinie ist der Schlägerkopf im Treffpunkt senkrecht gestellt.

Der Wendebogen ist recht flach, denn die Schlagbewegung erfolgt von hinten oben nach vorne abwärts. Dieser, wiederum in der vertikalen Ebene geführte Schlagschwung, flacht vor dem Treffpunkt etwas ab. Im Normalfall ist der Schläger im Treffpunkt senkrecht gestellt. Ich betone noch einmal, daß der Rückwärtsdrall dem Ball keine geöffnete Schlägerfläche erteilt, sondern die Schlägerführung von oben nach unten!

Im Ausschwung, der nach dem Treffpunkt erst einmal weiter nach unten vorwärts, dann aber aus anatomischen und biomechanischen Gründen zum harmonischen und natürlichen Abfang des Schwungs weit aufwärts in die Schlagrichtung geführt wird, öffnet sich wiederum die Schlägerfläche bis eventuell sogar in die Waagerechte.

Das Handgelenk ist wieder fest fixiert. Der ganze Bewegungsablauf ist wesentlich ruhiger, kraftloser und langsamer als bei einem Topspin. Deswegen müssen Sie mit der Ausholbewegung rechtzeitig anfangen, um das Timing und die fast sanfte Beschleunigung rucklos und ohne Hast durchführen zu können.

Bei einem Slice brauchen Sie nicht so tief in die Knie zu gehen, vorausgesetzt, der Treffpunkt ist nicht zu tief. Die schnelle Streckung der Knie während des Schlages entfällt, die Knie strecken sich praktisch erst während des Ausschwungs. Wenn der Körper eine Aufwärts- und der Schläger eine Abwärtsbewegung zur gleichen Zeit täten, wären es zwei entgegengesetzte und sich dadurch gegenseitig auflösende Kräfte. Und das ist wohl kaum Sinn der Sache. Einen meist durch äußere Umstände verkürzten Slice nennen wir **Chop.**

Der Chop ist praktisch ein Slice in einer Notsituation. Früher habe ich diesen Schlag noch gesondert aufgeführt und beschrieben; aber ich glaube, daß dieser Schlag inzwischen so selten geworden ist, daß er eine so große Aufmerksamkeit kaum verdient. Wenn Ihnen ein Profi mit 240 km/h einen Aufschlag präsentiert, haben Sie gerade etwa 0,35 sec. Zeit auszuholen und zuzuschlagen. Diese Zeit reicht gerade dazu, den Schläger zu heben und kurz vorwärts abwärts gegen den Ball zu drücken. Von Schwung kann man in diesem Fall wohl kaum sprechen.

Dadurch, daß es hier keine Schwungbewegung gibt, ist auch der Ausschwung kurz und schnell beendet. Da dieser Schlag eine Notlösung ist, lohnt es sich nicht, weiter über ihn zu diskutieren. Vorläufig ist nicht anzunehmen, daß Herr Tanner als Ihr Gegner auftaucht, und Frau Knobelspieß wird ihren Aufschlag um ca. 200 km/h langsamer schlagen, wodurch Ihnen genug Zeit übrig bleibt, einen richtigen Slice zu spielen. Wenn Sie genug Zeit haben und einen Ball mit Rückwärtsdrall spielen wollen, wählen Sie immer den Slice und nicht einen Chop.

# Die beidhändige Rückhand

Noch vor einem Jahrzehnt hat die beidhändige Rückhand bei fast allen Trainern ein Mauerblümchendasein geführt oder diese guten Männer zu Wutausbrüchen veranlaßt. Man versuchte, die Bihänder auf die »normale« einhändige Rückhand umzufunktionieren. Ich muß zugeben, auch ich war früher kein großer Freund dieses Schlages.

Inzwischen haben wir aber ein Dutzend Weltklassespieler und Wimbledonsieger, die mit diesem Schlag die höchsten Sprossen erklettert haben und eine Folgschaft von tausenden und abertausenden Kindern und Jugendlichen, die mit diesem Schlag versuchen, in die Spuren der Weltklasse zu treten. Vor allem in den USA und Schweden ist die Bihandwelle so groß, daß man langsam die »normalen« mit der Lupe suchen muß. Leider, denn auch das ist wiederum unnormal.

Dieser seinerzeit so verpönte Schlag ist einfach »in«. Nicht wegen der Schönheit, denn ästhetisch ist er bestimmt nicht, sondern wegen seiner Wirksamkeit, Beständigkeit und der Möglichkeit, schon den ganz kleinen Kindern, die noch zu wenig Kraft haben, die Angst vor der Rückhand zu nehmen. Immer häufiger sehen wir kleine Dreikäsehochs, die die beidhändige Rückhand fast fehlerlos peitschen, so daß es den Erwachsenen die Sprache verschlägt.

Dadurch, daß der Schläger mit beiden Händen gehalten wird, ist die Bewegungsfreiheit der Arme, vor allem des rechten Armes, eingeschränkt. Sie können demzufolge weniger falsch machen. Das Ergebnis ist, daß die beidhändige Rückhand in der gesamten Durchführung exakter, die mögliche Fehlerquote, die auf Variationsmöglichkeit verschiedener überflüssiger oder falscher Bewegungen basiert, recht klein ist.

Darüber hinaus ist diese Rückhand vom Gegner schlecht zu berechnen. Sie können den Ball viel verdeckter schlagen als mit einer Hand, was zur Folge hat, daß Sie bedeutend mehr Überraschungsmomente in Ihr Spiel einflechten können. Aber nicht nur Kinder, auch erwachsene Anfänger tun sich u. U. mit der beidhändigen Rückhand leichter.

Im Prinzip ist die beidhändige gar keine Rückhand, sondern eine Vorhand mit der linken Hand, die durch die rechte Hand unterstützt wird. Der Hauptschwung erfolgt bei den meisten Bihändern aus dem linken Arm, wobei die rechte Hand mehr zum Stabilisieren des Schlages dient. Leicht können Sie diese Tatsache erkennen, wenn ein Bihänder gezwungen ist, in einer Notsituation eine einhändige Rückhand zu spielen. Falls er diese nicht systematisch für solche Zwecke trainiert, wie es z. B. Björn Borg oder Tracy Austin versuchen, hat er weder Rhythmus noch Kraft, und der Schlag endet kläglich. Oder aber Sie versuchen als normaler Spieler eine beidhändige Rückhand zu schlagen. Sie werden merken, wie

Aus diesem Bild ist die begrenzte Reichweite bei der beidhändigen Rückhand klar ersichtlich. Hinzu kommt noch die beschränkte Manövrierfähigkeit in solch extremer Lage.

problematisch das ist, den Ball wenigstens bis zum Netz zu befördern.

Es gibt aber nicht nur Vorteile bei diesem Schlag. Bevor Sie in Euphorie geraten und sich entschließen, von nun an den Schläger beidhändig anzufassen, müssen Sie sich im klaren sein, daß Sie zur erfolgreichen beidhändigen Rückhand sehr, sehr schnelle Beine oder aber eine ausgezeichnete Reaktion, Antizipation und eine allgemeine Beweglichkeit brauchen. Ein Bihänder muß immer weiter laufen als ein Einhändiger, denn die Reichweite ist beschränkt. Das ist ziemlich einleuchtend. Sie können nämlich die Drehung des Oberkörpers sowie die Streckung aus der Schulter nicht anwenden, weil Sie ja beide Hände am Griff haben und dadurch Ihre Schultern immer nur parallel und gleichzeitig drehen können. Einen halben bis einen Meter müssen Sie deswegen schon weiter laufen.

Der zweite Nachteil ist der, daß Sie viel an Variationsmöglichkeit einbüßen müssen, denn vor allem in schwierigen und unüblichen Situationen ist der Körper sowie die Experimentierfähigkeit des Armes begrenzt. Hinzu kommt, daß Sie mit der beidhändigen Rückhand fast ausschließlich Schläge mit Vorwärtsdrall schlagen können. Der Slice ist zwar möglich, aber viel schwieriger zu bewältigen. Dadurch ist Ihr Schlagrepertoire eingeschränkt. Dazu möchte ich bemerken, daß ich gerne ein eingeschränktes Schlagrepertoire gehabt hätte, wenn ich damit fünfmal Wimbledon gewonnen hätte.

Drittens ist für die meisten Bihänder der Rückhandflugball, besonders in schwierigen Lagen, ein Horror. Und so hat eben jede Schlagart ihre Vor- und Nachteile, und kein Trainer der Welt wird für Sie persönlich ein Patentrezept finden können. Nur Sie allein, Ihr Gefühl und Ihre Fähigkeiten sind ausschlaggebend! Ein guter Trainer sollte diese allerdings entdecken und Ihnen Ihre Entscheidungen erleichtern. Sie aber gegen Ihr angeborenes Gefühl zu zwingen, wird er sich hüten. Nur ein schlechter Lehrer wird immer wieder versuchen, aus Ihnen einen dressierten Affen nach seinen Vorstellungen zu machen und Ihnen Techniken aufzwingen, die Ihnen gar nicht liegen. Selbst Björn Borg hat mir einmal gesagt, daß der größte Verdienst seines Jugendtrainers war, ihn Tennis so spielen zu lassen, wie ihm sein Gefühl diktierte. Es wurden nur dort Korrekturen unternommen, wo eindeutig alle möglichen Gesetze und Regeln mißachtet wurden und dadurch ein Vorwärtskommen verhindert worden wäre.

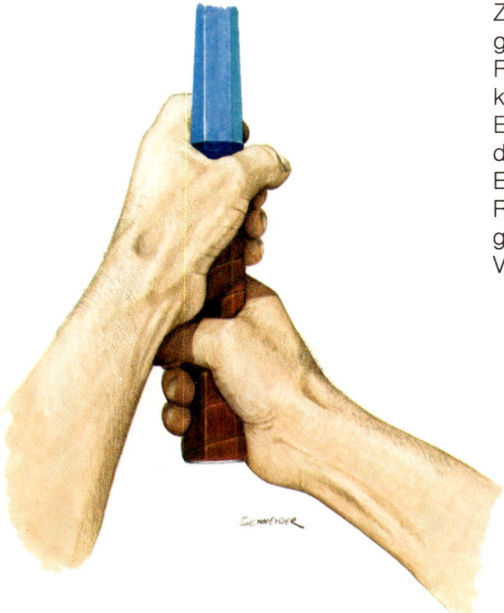

Zwei am häufigsten praktizierte Schlägerhaltungen bei der beidhändigen Rückhand. In der Abbildung links packen beide Hände den Schläger mit Eastern-Vorhandgriff an, in der Abbildung rechts hält die linke Hand mit Eastern-Vorhandgriff und die rechte mit Rückhand-Continentalgriff den Schläger fest. Ich persönlich würde die zweite Variante empfehlen.

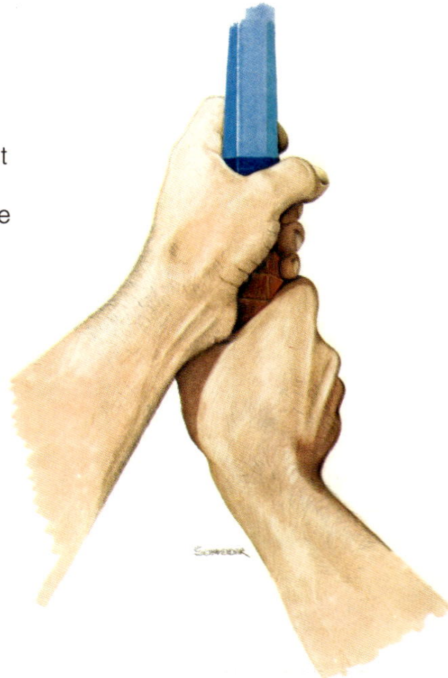

Die Schlägerhaltung bei einer beidhändigen Rückhand ist immer noch ein heiteres Diskussionsthema. Es gibt Spieler, die den Schläger mit zwei Eastern-Vorhandgriffen halten, so z. B. Jimmy Connors, oder mit Westerngriff wie Harold Solomon. Andere bevorzugen eine typische Golfschlägerhaltung, wie etwa Eddie Dibbs. Beide Hände greifen dabei umeinander. Die Mehrzahl aber wendet den Eastern-Vorhandgriff für die linke und den Continental-Rückhandgriff für die rechte Hand an. So praktizieren es u. a. Borg, Evert und Austin.

Meiner Meinung nach ist die letztere Schlägerhaltung die geeignetste. Denn wir haben schon gesagt, daß Sie dabei praktisch mit der rechten Hand eine Rückhand und mit der linken Hand eine Vorhand spielen. Die Ausholbewegung ist bei der beidhändigen Rückhand etwas einfacher. Dadurch, daß beide Arme schon in der Ausholbewegung natürlich durchgestreckt sind, ist die gesamte Schlinge reduziert. Sie ist etwas flacher.

Bei dieser Gelegenheit möchte ich noch einmal den Begriff »Schlinge« verdeutlichen. Oft wird der Fehler gemacht, daß nur der hintere Wendebogen als Schlinge bezeichnet wird. Ich habe noch nie gesehen, daß eine Schlinge aus einem einfachen Bogen besteht. Deswegen verstehen die Experten unter einer Schlinge die ganze Ausholbewegung, den hinteren Wendebogen sowie die Schlagbewegung bis zum Treffpunkt. Ich glaube, daß wir uns jetzt besser verstehen werden. Der Oberkörper dreht sich während der Ausholbewegung mindestens mit dem halben Rücken zum Netz.

Im Gegensatz zur einhändigen Rückhand rotiert der Oberkörper in der Schlagbewegung ähnlich wie bei der Vorhand, manchmal sogar noch mehr. Die Rotation geht über den Treffpunkt hinaus bis in die frontale Stellung. Auch bei diesem Schlag wird der Ausschwung erst einmal weit in die Schlagrichtung dirigiert. Erst in der letzten Phase kehrt der Schläger eventuell zu der rechten Schulter zurück. Bei Björn Borg löst sich nach dem Treffpunkt die linke Hand sehr oft vom Schläger, und die rechte schwingt aus. Das ist aber eine Ausnahme.

Apropos Borg. Ganz Schweden versucht, ihn zu kopieren, bis den schwedischen Trainern die Haare hochstehen. Und das ist die negative Seite eines Idols. Borg ist zu seiner Rückhand über Eishokkey, das er als Junge sehr gut spielte, gekommen. Es war für ihn eben der natürlichste Schlag. Durch sein Ausnahmetalent hat er diesen Schlag trotz oben angeführter Nachteile zur Perfektion gebracht. Dieser Schlag entspricht auch voll seinem Charakter und seiner Spielweise. Die Nachahmer besitzen aber andere Charaktereigenschaften und andere konditionelle Voraussetzungen. Obwohl deren Rückhand auch sehr gut funktioniert, paßt sie nicht in ihr Spiel. Sie ist damit nur die Hälfte wert.

Es gibt noch viele Gegner der beidhändigen Rückhand, aber ich bin der Meinung, daß nur der Erfolg zählt. Es ist falsch, diese pauschal abzulehnen. Es ist genauso falsch, diese als eine neue Wunderwaffe zu betrachten. Sie ist ganz einfach eine Schlagart wie jede andere, die eben dem einen liegt, dem anderen weniger. Und jeder muß das Recht haben, über sein Tennis selber zu bestimmen, wenn er der Überzeugung ist, daß irgendeine Technik für ihn völlig ungeeignet ist, und wenn er sich über längere Zeit hinweg mit ihr nicht wohlfühlt.

In dieser Bildfolge versuche ich die beidhändige Rückhand à la Chris Evert-Lloyd zu demonstrieren. Leider sehe ich bei weitem nicht so gut aus wie sie.

Björn Borg bei seiner weltweit gefürchteten beidhändigen Rückhand. Er läßt meistens den Schläger in der letzten Ausschwungphase mit der linken Hand los.

Wenn Sie das Glück haben und einen guten Trainer finden, der schonungsvoll und unauffällig versucht, Ihnen den für Sie richtigen Schlag beizubringen, um so besser. Wenn Sie aber an jemanden geraten sollten, für den nur starre Vorschriften, Kästchen, Regeln und Schablonen existieren, versuchen Sie, sich so schnell wie möglich zu verdrücken. Kein Düsen-Jet kann dafür schnell genug sein. Eines muß immer als Evangelium gelten: **Ihr Tennisspiel soll vor allem Ihnen Spaß machen!**

# Der Lob

Ich habe in meiner Jugendzeit Spieler gekannt, die mit lobartigen Schlägen ganze Turniere gewonnen haben. Zur Weißglut gebrachte Gegner haben sogar behauptet, daß bei ihren Spielen der Flugverkehr in der Gegend eingestellt wurde. Diese Zeiten sind zwar vorbei, aber der Lob ist und bleibt eine ganz gemeine Waffe. Anscheinend ist unsere Jugend gar nicht so gemein, wie behauptet wird, denn der Lob ist leider in deren Repertoire kaum vorhanden. Oder ist es unter ihrer Würde, so etwas Hohes zu schubsen, wenn ein Gewaltschuß aus einer noch so aussichtslosen Position an dem Netzspieler vorbei viel effektvoller ist? Daß solche Raketen nicht daran denken, innerhalb des Platzes zu landen und eher den hinteren Zaun demolieren, ist erst einmal Nebensache, des Spielers Meinung nach aber hauptsächlich Pech. Nach dem verlorenen Match kommt manchmal die Reue. Aber beim nächsten Match ist alles wieder vergessen, und es wird fröhlich weiter geballert.

**Es gibt Tennisspieler, die tausend neue Erfahrungen machen. Es gibt auch solche, die tausendmal dieselbe Erfahrung machen.** Der Unterschied zwischen diesen zwei Gattungen des Homo sapiens ist der, daß die erste Sorte

die große Chance hat, in die absolute Weltspitze zu kommen, die zweite sich aber höchstens bei den umliegenden Dorfturnieren betätigen muß.

Wenn Sie im Match erfolgreich sein wollen, müssen Sie den Lob in Ihr Repertoire integrieren. Sie werden sich wundern, was für Unheil Sie mit dieser komischen Kugel anrichten können.

Erst einmal ist es die beste Waffe, einen Netzspieler, der für seine Flugbälle bis dicht ans Netz springt, wieder retour zu jagen. Sie müssen diesen Lob flach setzen, gerade so, daß er vom Gegner nicht zu schmettern ist. Es gibt nichts Deprimierenderes, als stolz und furchterregend nach vorne zu stürzen, die Nase über das Netz zu stekken, dann wieder zurücksausen zu müssen, um irgendwo am Zaun, mit dem Kopf zwischen den Beinen, bei einem doppelten Rittberger gerade noch den Lob des Gegners – nicht zu erreichen. Solch einen Lob nennt man Angriffslob. Sie **müssen** ihm selber ans Netz folgen, um einen eventuell doch erreichten Ball des Gegners endgültig wegzuschmettern. Das ist dann allerdings der letzte Nagel am Sarg. Ich gehe mit Ihnen jede Wette ein, daß Ihr Gegner, falls er nicht gerade zu der zweiten oben genannten Sorte gehört, diesen Fehler nur noch einmal macht, dann aber brav auf der T-Linie auf Ihre Antwort warten wird. In einem solchen Fall ist Ihr Augenblick zu einem erfolgreichen Passierball gekommen.

Ferner ist der Lob dort angebracht, wo Sie selbst in eine unerfreuliche Lage geraten und nichts anderes sehnlichst brauchen, als Zeit zu gewinnen. Dann schlagen Sie ohne Rücksicht auf den schon erwähnten Flugverkehr einen ganz hohen Lob, auch Kerze genannt, der Ihnen Luft verschafft, indem er langsam bis zur Grundlinie segelt und Ihnen Gelegenheit gibt, die normale Position am Platz einzunehmen. Dieser Lob ist ein Verteidigungslob.

Drittens ist ein Lob ein hervorragendes Mittel, einen Bum-Bum-Spieler, der draufdrischt wie ein Holzfäller, zur Verzweiflung zu bringen. Durchspicken Sie Ihr Grundlinienspiel mit Lobs, wechseln Sie dadurch den Rhythmus und nagen Sie so langsam an der Sicherheit Ihres Gegners. Nach dem vierten verschossenen Drive geht er um 100 km/h im Tempo zurück, und Sie haben Ihr Ziel erreicht.

Meisterhaft beherrscht dieses Spiel der kleine Amerikaner Harold Solomon. Er selbst nennt diese Schläge Mondbälle. Er setzt seine Lobs so präzise, daß er praktisch das Spiel jedes Gegners zerstören kann. Seine Opfer drehen durch, und er lacht sich kaputt. Seine Matches zählt man nicht in Sätzen, sondern in Stunden. Er ist mit seinem Spiel zwar ein Trauma für jeden Gegner und Turnierdirektor, aber sein Vermögen, das er sich erlaufen und erlobt hat, spricht für ihn.

Diese drei Bildfolgen zeigen Ihnen alle drei im Text beschriebenen Lobarten, den geradegeschlagenen Lob, den Slicelob und den Topspinlob.

Nun, wie spielt man eigentlich so einen Lob? Sie können ihn als Slice-Lob, als geraden Lob oder als Topspin-Lob schlagen. Die dritte Version ist die effektvollste, aber die schwerste. Für einen Topspin-Lob müssen Sie nicht nur einen perfekten normalen Topspin beherrschen, sondern viel Ballgefühl mitbringen, denn kein anderer Schlag hat einen größeren Fehlerquotienten als gerade dieser.

Die Durchführung gleicht der des normalen Topspins. Nur die Schlägerführung ist noch steiler, und der Schlägerkopf muß im Treffpunkt, je nach der Schlagposition am Platz, etwas mehr oder weniger geöffnet werden. Auch wenn der Ball vom Gegner vor dem Aufsprung erreicht wird (falls Ihr Lob nicht zu kurz ist), ist er wegen seiner steilen und schnellen Abstiegskurve sehr schwer zu schmettern.

Um einiges leichter ist da schon der Slice-Lob. Diesen Schlag können Sie bis zur Perfektion beherrschen lernen. Sie können ihn durch das »Streicheln« nicht nur in der Höhe, sondern auch in der Richtung und Länge gut dirigieren. Der Bewegungsablauf ist der gleiche wie bei einem Slice, nur die Schlägerfläche müssen Sie im Treffpunkt öffnen, um den Ball steigen lassen zu können. Nach dem Treffpunkt folgt im Ausschwung der Schläger **lange** dem Ball nach oben. Das Körpergewicht muß nach vorne verlagert werden, denn in der Rücklage können Sie keinen guten Lob anbringen.

Der geradegeschlagene Lob soll nur für die »Rettungskerzen« angewendet werden, bei denen es vor allem um die Höhe und Länge geht, mit dem Sie aber keinen direkten Punkt oder das Ausspielen des Gegners beabsichtigen. Sie tupfen den Ball ohne eine zu große Ausholbewegung einfach von unten mit geöffneter Schlägerfläche an, ziehen den Schläger wiederum weit in die Schlagrichtung nach oben durch – und dann bleibt Ihnen nur noch das Beten übrig! Mehr kann man zu der Technik dieses Lobs kaum sagen. Spielen Sie den Lob verdeckt. Signalisieren Sie dem Gegner nicht schon Tage vorher, daß ein Lob kommt, denn ein guter Lob ist vor allem ein Überraschungsschlag, und schlagen Sie ihn möglichst über die linke Schulter Ihres Gegners. Der Grund: einen Rückhandschmetterball beherrschen die wenigsten Spieler.

# Der Stop

Viele Spieler, die zum Punktgewinn einen Stop versuchen, erreichen meistens das Gegenteil, nämlich, daß der Gegner ihnen diesen Ball um die Ohren haut. Ein Stoppball muß ganz überraschend und präzise gespielt werden, um Aussicht auf Erfolg zu haben.

Die Flugbahn des Balles muß flach sein, um den Absprung so tief wie nur möglich zu halten. Ein Stop-Lob wird Ihnen kaum einen Punkt bringen, auch wenn er 1 cm hinter dem Netz herunterfällt. Deswegen ist es am besten, den Stop etwa in Hüfthöhe zu schlagen. Er muß dicht hinter dem Netz herunterfallen. Ein Gradmesser für einen guten Stop ist es, wenn der Ball im Aufschlagfeld des Gegners dreimal aufspringt. Sie können einen erfolgversprechenden Stop praktisch nur aus dem Mittelfeld spielen, denn die Flugdauer des geschlagenen Balles ist bei einem Stop entscheidend. Ein Stop von oder sogar hinter der Grundlinie fliegt eine Ewigkeit. Solch einen Ball erreicht auch Ihre Oma. Es gibt selbstverständlich Ausnahmesituationen, in denen z. B. Ihr Gegner, aus welchen Gründen auch immer, sich in der Ecke am Zaun befindet. Aber auch in diesem Fall ist ein normaler Schlag in die andere Ecke sicherer als ein hinter der Grundlinie gespielter Stop. Ich rate meinen Schülern immer, folgendes zu tun: **Spiele einen Stop nur dann, wenn die Flugbahn des Balles kurz und die Laufstrecke des Gegners lang ist.**

Ein guter Stopball sollte im Aufschlagfeld des Gegners mindestens dreimal aufspringen können. Dann ist er auch kurz genug.

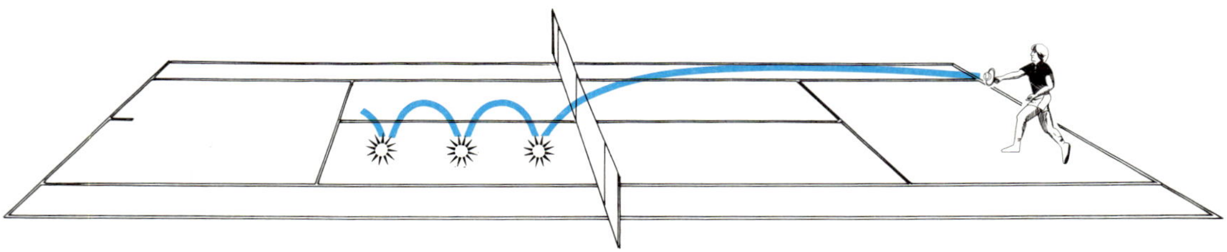

Die Schlagdurchführung eines Stops ähnelt stark der eines Slice. Der Ausschwung ist allerdings etwas kürzer.

Sie müssen erst einmal in der Lage sein, den Stop, der ein sehr sensibler Schlag ist, überhaupt durchführen zu können. Deswegen wird ein Stop aus einem Drive oder einem ersten Aufschlag des Gegners kaum zum Erfolg führen. Warten Sie erst ab, bis Sie am Drücker sind und der Ball langsam ist, denn dann können Sie Ihren Gegner dabei auch noch täuschen. Ich empfehle Ihnen: Spielen Sie aus dem Halfcourt einige Male einen durchgelaufenen Angriffslice und greifen Sie zum Netz an. Dann überraschen Sie Ihren Gegner, tun das Gleiche, nur statt einen Angriffslice spielen Sie einen Stop. Ich garantiere Ihnen, daß Ihr übertrumpfter Gegner, auf den Fersen stehend, keine einzige Bewegung macht. Höchstens die mit den Lippen, um das berühmte Götz-Zitat auszustoßen.

Unter den Spitzenprofis wird der Stop kaum gespielt, denn diese Spieler stehen auf oder unmittelbar hinter der Grundlinie und haben dadurch zum Erreichen des Stops nur 5,5–6 m zu laufen. Darüber hinaus lauern sie auf die Gelegenheit vorzurücken, wodurch sie innerlich auf ein Vorwärtslaufen eingestellt sind. Hinzu kommt noch, daß die meisten Spitzenspieler sehr schnell zu Fuß sind und eine ausgezeichnete Reaktion und Antizipation haben. Sonst wären sie auch nicht Spitzenspieler.

Etwas anders verhält es sich in den tieferen Leistungsregionen, im Damentennis und vor allem bei der früher geborenen Generation. Bei den letzteren ist ein Stop allerdings fast eine Beleidigung des Gegners und gilt als unfair, denn im fortgeschrittenen Alter ist es unverschämt, die eventuelle körperliche Gebrechlichkeit des Kontrahenten auszunutzen. Ich bin da zwar anderer Meinung, nach dem Motto: Wer freiwillig in den Krieg zieht, muß auch kämpfen. Aber was soll's.

Jedenfalls kann man mit guten Stopbällen den Gegner mindestens ermüden, zu Fehlern zwingen oder aber durch gutes Plazieren zur Seitenlinie die Vorbereitung für einen Passierschlag in den geöffneten Raum schaffen. Ein Stop ist vor allem ein Gefühls- und Geschicklichkeitsschlag. Wer eher eine Holzfällernatur ist, sollte andere Wege zum Erfolg suchen.

Die Ausholbewegung gleicht der eines Slice nicht nur aus technischen, sondern auch aus taktischen Gründen. Die Schlagbewegung ist etwas langsamer, die Schlägerfläche »umkreist« den Ball vor, im (wobei sie wiederum senkrecht ist) und nach dem Treffpunkt. Der Ausschwung ist kurz und steil aufwärts. Man spricht sogar von einem Einwickeln des Balles, was selbstverständlich bildlich gemeint ist. Das Körpergewicht muß auch bei diesem gefühlvollen Schlag nach vorne verlagert werden. Aus der Rücklage, zu der viele neigen, wird der Stop garantiert zu kurz geraten.

Viel mehr gibt es zu diesem Ball nicht zu sagen, denn die Technik ist simpel. Sie basiert auf einem guten Slice. Zum Erlernen ist sie allerdings nicht so einfach. Das Gefühl ist dabei dominierend.

# Der Halbflugball

Es wäre interessant zu wissen, warum dieser Schlag so heißt. Ein Flugball ist es nicht, technisch hat er mit ihm nichts zu tun, denn als Flugball bezeichnet man ausschließlich die Schläge, bei denen der Ball vor dem Aufsprung getroffen wird. Und bei einem Halbflugball wird er nach dem Absprung geschlagen. Übrigens, wenn es einen Halbflugball gibt, müßte auch ein Viertel- oder Achtelflugball existieren, oder? In der Musik gibt es auch nur Dur oder Moll, von einem Halbmoll habe ich noch nichts gehört.

Leider muß ich gestehen, daß auch mir bis jetzt kein anderer Ausdruck oder Name eingefallen ist, den die Fachwelt akzeptieren würde. Mangels eines anderen Ausdrucks müssen wir bei dieser Bezeichnung bleiben.

Einen Halbflugball müssen Sie mit vollem Körpereinsatz schlagen; die Knie sind stark gebeugt.

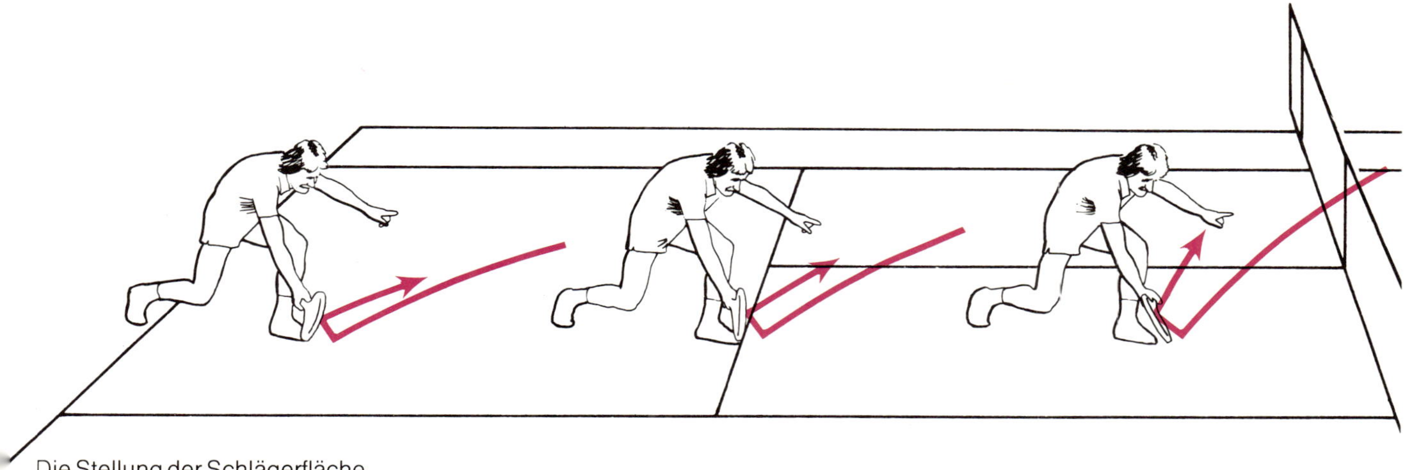

Die Stellung der Schlägerfläche im Treffpunkt ist bei dem Halbflugball sehr wichtig. Je näher zum Netz, desto mehr geöffnet, je näher zur Grundlinie, desto mehr geschlossen muß sie sein.

Ein Halbflugball ist ein Schlag, bei dem der Ball unmittelbar nach seinem Absprung getroffen wird. Er ist ein riskanter Schlag, den nur gute Spieler erfolgreich zu spielen vermögen und auch oft spielen müssen. Im Prinzip ist er ein Notschlag. Wer einen Halbflugball spielt, kam entweder, aus welchen Gründen auch immer, zu spät zum Flugball oder wurde überrascht und konnte sich zu einem normalen Schlag nicht mehr vorbereiten. Mit Absicht oder aus Lust und Tollerei spielt ihn nur eine Handvoll Spieler. Alle anderen werden meistens durch flache, mit Absicht auf die Füße gezielte Returns zu Halbflugballschlägen gezwungen. Im Profitennis wird häufig der erste Ball nach einem Angriff als Halbflugball genommen.

Sie müssen dabei ganz tief in die Knie gehen, das hintere Knie berührt fast den Boden, die Beine sollen dabei eine breite Ausfallstellung einnehmen, um die Stabilität zu sichern und die notwendige Gewichtsverlagerung nach vorne zu ermöglichen. Die Ausholbewegung ist kurz, die Schlagbewegung flach, der Treffpunkt möglichst weit vor dem Körper, der Ausschwung ist auch kurz. Sie spielen beim Halbflugball mit der Kraft des abgesprungenen Balles. Außerdem wäre das in diesem Schlag so schwierige Timing durch eine lange Ausholbewegung gestört.

Beim Halbflugballspiel muß das Handgelenk fest fixiert sein. Denken Sie daran, daß der Ball unmittelbar hinter dem Absprung getroffen wird. Dort hat der Ball wieder neuen Kraftauftrieb gewonnen, seine Geschwindigkeit ist groß. Bei diesem Schlag ist vor allem die Stellung der Schlägerfläche zu beachten, denn das Winkelspiel dominiert. Je weiter Sie vom Netz entfernt sind, desto mehr neigt der Schlägerkopf dazu, sich zu schließen. Vergessen Sie nicht, daß Sie den Ball in einem stark aufsteigenden Ast schlagen und ihn flach spielen wollen. Zum Netz hin wird der Schlägerkopf mehr in die Senkrechte gestellt.

Sie können den Halbflugball auch als Topspin spielen. Ich möchte Ihnen aber dann raten, erst einmal zu warten, bis Sie den ersten Landestitel errungen haben. Etwas anderes ist es bei talentierten Kindern, da diese diesen Schlag im Handumdrehen lernen.

Damit ist über diesen Schlag praktisch alles Wissenswerte gesagt. Leider kann man ihn nicht vermeiden, denn auch Sie geraten in Situationen, in denen Ihnen nichts anderes übrig bleibt. Dies ist aber immer noch besser, als ein verlegenes Lächeln des Gentlemans aufzusetzen oder einen so typischen Damenschrei, der auch von den Skipisten kurz vor einem Sturz bekannt ist. Es ist daher notwendig, diesen Schlag zu üben. Vielleicht wird es einmal der wichtigste Matchball Ihres Lebens sein. Wer weiß . . .

# Der Flugball

Viele Tennisspieler betrachten diesen Schlag mit Mißtrauen. Viele kommen während des Matches nur zweimal in Netznähe – das erste Mal beim Losen und das zweite Mal am Ende des Matches, um dem Gegner die Hand zu reichen. Daß es sogar solche Typen gibt, die mit dieser Taktik Wimbledon gewonnen haben, wird vielleicht manchen von Ihnen überraschen, aber es gibt tatsächlich sogar Weltklassespieler, die das Netz meiden, solange es nur geht. Besonders unter den Topspinspielern wie Borg, Vilas, Solomon, Dibbs u. a. und den Damen wie Evert, Austin, Jaeger, Madruga u. a. wird das Grundlinienspiel bevorzugt, obwohl auch diese Spieler den Flugball beherrschen, wie sie besonders im Doppel immer wieder beweisen.

Dabei ist der Flugball einer der wichtigsten Schläge im modernen Tennis und in der technischen Durchführung einer der leichtesten. Schwer machen es sich die Spieler ganz allein. Es gibt dafür viele Gründe, die alle aufzuzählen aber mühsam wäre. Einige wichtige Gründe möchte ich mit Ihnen jedoch betrachten. Der erste und frappierendste Grund ist die **Angst.** Am Anfang steht die Angst, getroffen zu werden, später die Angst vor der Verantwortung, den Punkt zu machen. Es ist also schlicht die Angst vor einem Risiko.

Manche Spieler kann man nicht einmal in einer Zwangsjacke zum Netz bewegen. Ich habe noch keine Anzeige gelesen, die lautete – »durch Passierball getötet« oder »am Netz verschieden«. Trotzdem haben die Menschen am Netz Angst. Und nicht nur die Anfänger, bei denen man es noch verstehen könnte. Wie oft können Sie gute Spieler beobachten, die sich z. B. bei schnellem Flugballduell im Doppel oder aber bei einem Schmetterball des Gegners aus dem Staub machen, sich mit dem Rücken zum Netz drehen, den Kopf einziehen usw. Wenn ein Eishockeytorwart ähnlich handeln würde, hätte er bald den Kasten voll und wäre ein Torwart gewesen.

Ich bin fest davon überzeugt, daß ein Spieler, wenn er voll konzentriert ist, den ganzen Ballwechsel innerlich durchlebt und mitverfolgt, die Fähigkeit besitzen muß, zu antizipieren und zu reagieren, und den Ball, auch wenn dieser direkt auf ihn zukommt, abzuwehren. Wer es schafft, sich umzudrehen oder vom Platz zu flüchten, der schafft es auch, in viel kürzerer Zeit den Schläger hinzuhalten. Warum macht er das aber nicht? – Er hat Angst. Es ist eine gewisse Straußpolitik. Nicht die des Franz Josef aus Bayern, sondern die des Vogels in Afrika.

Bei Spielern im Lernstadium und besonders bei den Damen – sie mögen mir verzeihen – kann man am Netz oft die tollsten Abwehrfiguren und Grimassen erleben. Es würde sich lohnen, daraus einmal ein Fotoalbum zu machen.

In Ihrem späteren Tennisspielerleben kommt die Angst vor der Verantwortung hinzu. Der Flugball ist meistens Ihr letzter Ball. Entweder Sie töten ihn, oder Sie werden passiert, es sei denn, Sie oder Ihr Gegner machen einen direkten Fehler. Zum Töten gehört Entschlossenheit, Mut und Risikobereitschaft. Viele Spieler möchten aber auch am Netz vor allem keinen Fehler machen. Nur, dort gibt es keine endlosen Ballwechsel mehr. Wenn der Gegner Ihnen einen zweiten oder sogar dritten Flugball in Reihenfolge erlaubt, ist er leicht schwachsinnig.

Der zweite Grund ist die fehlende Spielpraxis. Seien wir ehrlich, wer trainiert schon regelmäßig Flugbälle und das durchgehend eine halbe Stunde oder mehr? Ich schätze, daß bei normalem »konservativem« Training auf unseren Klubanlagen das Verhältnis Grundlinienschläge zu Flugbällen 30 : 1 ist. Dabei sollte es mindestens 2 : 1 sein. Die meisten Spieler fühlen dann zwi-

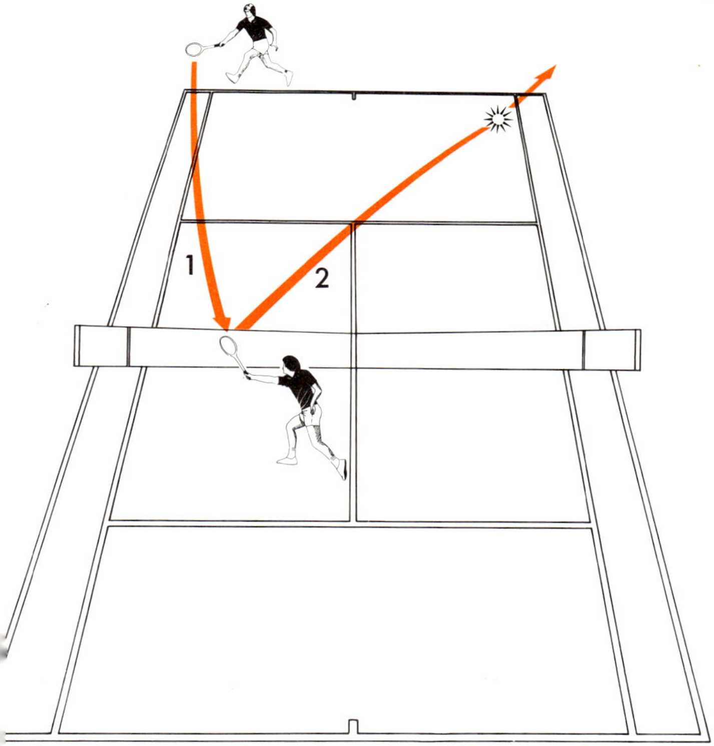


Einen Flugball sollen Sie immer dorthin spielen, wo sich Ihr werter Gegner gerade nicht befindet. Dementsprechend sollen Sie auch trainieren.

Ein Training gegen zwei Partner, bei dem Sie den Ball abwechselnd in die Ecken spielen müssen, ist ideal.

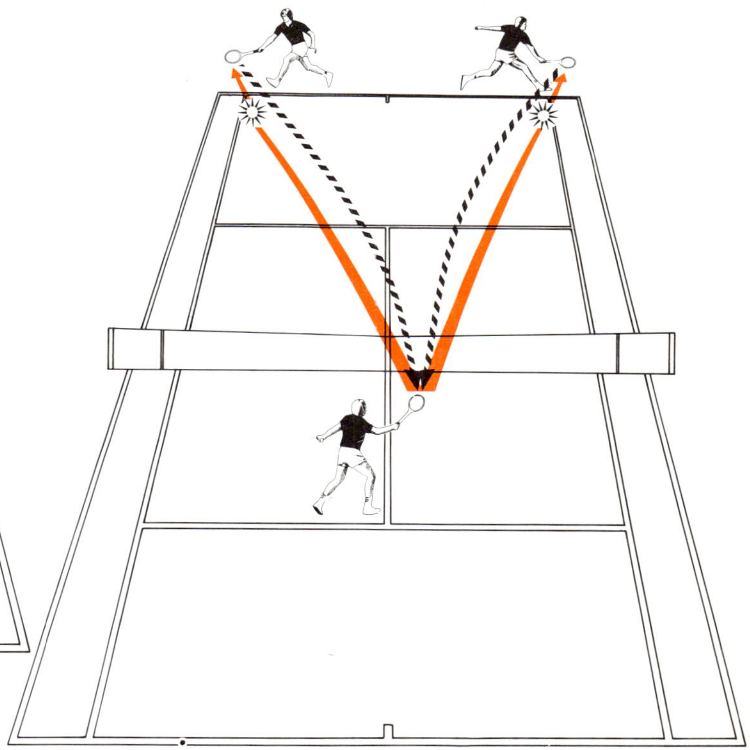

schen der T-Linie und dem Netz ein gewisses Unbehagen. Es ist so, als ob sie in einem fremden Hotelzimmer erwischt worden sind.

Hinzu kommt noch, daß das an sich schon ungenügende Training auch noch falsch ist. Herr Piepenbreier steht in der Mitte der Grundlinie und Herr Schlotterhose am Netz und auch in der Mitte. Nun spielen sich die beiden honorigen Herren schön geradlinig die Bälle zu, wobei Herr Schlotterhose der falschen Überzeugung ist, daß er Flugbälle trainiert. Denkste. Im Match ist es nämlich nicht unbedingt empfehlenswert, Herrn Piepenbreier in der Mitte der Grundlinie anzuspielen, sondern zum Zwecke eines Punktgewinnes den Flugball cross oder in die Ecke zu steuern.

Wie aber soll hier ein möglichst sicherer Punktgewinn erfolgen, wenn dies nicht geübt wurde? Ich empfehle deswegen immer wieder eine simple Übung, die leider in unserem Lande immer noch bei vielen unpopulär ist. Das Warum wissen nur die Götter. Das Geheimnis der perfekten Flugbälle einer ganzen Generation Australier war gerade diese Übung. Zwei Grundlinienspieler sind auf den Seitenlinien postiert und spielen gegen einen Netzspieler, der demzufolge seine Flugbälle in die Ecken oder kurz cross plazieren muß. Wirklichkeitsgetreues Training nennt man das.

Der dritte Grund ist die falsche, falls überhaupt vorhandene Taktik. Vor allem das Stellungsspiel sowie das Plazieren des Balles. Darauf kommen wir aber später noch zu sprechen.

Nun zur Technik. Die Schlägerhaltung soll die gleiche wie bei Ihren Grundschlägen sein, wobei der eventuelle Westerngriff für den Vorhand-Flugball sehr wenig geeignet ist. Diejenigen unter Ihnen, die diesen Griff bei der Vorhand anwenden, sollten am Netz den Vorhand-Easterngriff probieren. Später mal, wenn Sie schon als ein Ballvirtuose gelten, können Sie beide Flugbälle mit dem Semicontinentalgriff zu spielen versuchen. Dazu brauchen Sie aber nicht nur eine starke und durchtrainierte Unterarmmuskulatur, sondern auch noch eine gute Basistechnik.

Ich wiederhole. Lassen Sie sich nicht mit dem Unsinn berieseln, daß Sie am Netz keine Zeit zum Griffwechsel haben. Am Anfang spielen Sie langsam und suchen sich solche Partner, die ähnlich spielen. Sie haben demzufolge Zeit genug. Später ist der Griffwechsel schon so eine Selbstverständlichkeit geworden, daß Sie diesen gar nicht merken. Sie führen ihn dann instinktiv aus. Und wenn es doch passieren sollte, daß Sie es einmal nicht schaffen, den Ball verpassen oder verschlagen, wird das Verhältnis von guten Flugbällen mit richtigem Griff zu Fehlern durch verspätetes Umgreifen 100 : 1 sein. Was wollen Sie mehr?

Ein Passierball Ihres Gegners erreicht Sie am Netz u. U. mit einer Geschwindigkeit bis 112 km/h und mit einer Krafteinwirkung bis zu 25,4 kg!

Das Handgelenk **muß** bei einem Flugball **ganz fest** sein. Jede kleine Bewegung des Schlägers gegen den Ball aus dem Handgelenk ist ein glatter Selbstmord. Bedenken Sie, daß der Gegner Sie später nicht mit weichen Bällen bedienen, sondern mit ganz harten Passierschlägen anschießen wird. Der Ball hat dabei u. U. eine Geschwindigkeit von 112 km/h, und der Druck auf das Handgelenk beträgt dabei bis zu 25,4 kg! Die Parole heißt dann: entweder ich oder du. Dabei stehen Sie dem Gegner sehr nahe, der Passierball erreicht Sie im Durchschnitt nach ca. 12–14 Metern.

Bevor wir zu der eigentlichen technischen Durchführung kommen, muß ich Sie erst einmal aufklären, wo Sie diese überhaupt verwirklichen sollen. Das größte Problem vieler durchschnittlicher Spieler ist, daß sie nicht wissen, wohin und wie sie sich am Netz postieren sollen. Bedenken Sie, daß zwischen der T-Linie und dem Netz eine Entfernung von 6,40 m ist. Diese kann, wenn Sie nicht zufällig den Weltrekord im Weitsprung besitzen, von Ihnen kaum mit einem Sprung aus dem Stand bewältigt werden.

Sie müssen deswegen versuchen, nach Ihrem Angriffsschlag mindestens 1–1,5 m vor die T-Linie zu kommen. Diese Stelle soll die Ausgangsbasis für den ersten Flugball sein. In dieser Höhe erreicht Sie der Passierschlag am häufigsten. Wenn Sie merken, daß dem Gegner

Die Drehscheibenposition am Netz – die idealste Stelle für den Start zum Flugball – befindet sich ca. 1–1,5 m vor der T-Linie.

der Passierball verunglückt, können Sie aus dieser Stelle, die wir in der Fachsprache **Drehscheibenposition** nennen, weiter vorrücken und sofort mit dem ersten Flugball versuchen, den Ball so nahe am Netz wie möglich zu töten.

Das ist aber meistens nicht möglich. Sie müssen mit dem ersten Flugball einen an der Seitenlinie entlang gespielten Passierball abfangen oder aber einen auf Ihre Füße gezielten Ball mit einem tiefen Flugball nehmen. In beiden Fällen müssen Sie auch versuchen, den ersten Flugball lang in die entfernteste Ekke vom Gegner zu plazieren. Dieser erste Flugball ist der wichtigste. Sie müssen ihn deswegen gut vorbereiten.

Aus der Drehscheibenposition, in der Sie, in der Vorlage des Oberkörpers mit gebeugten Knien und gegrätschten Beinen mit dem Gewicht auf dem Fußballen verlagert, den Ball erwarten, müssen Sie immer versuchen, dem ankommenden Ball entgegenzuspringen, gleichgültig in welchem Winkel oder wie schnell er vom Gegner gespielt wurde. Im Notfall sollten Sie im rechten Winkel zu der Flugbahn des cross gespielten und im scharfen Winkel zu der des long-line gespielten Balles springen. Niemals parallel zur T-Linie! Was immer Sie am Netz verpatzen, leisten Sie sich niemals den Luxus, auf einen Ball **zu warten.** Gehen Sie ihm **immer entgegen!** Ihr ganzes Ziel muß es sein, die Entfernung Ihres schönen Körpers zum Netz abzukürzen.

Im Normalfall erreichen Sie aus der Drehscheibenposition die Mehrzahl der Passierbälle mit einem Sprung. Zu mehr haben Sie auch meistens keine Zeit. Beginnen Sie diesen Sprung mit einem kurzen Anschritt.

Sie übertragen dabei in der Grundstellung in der Drehscheibenposition kurz das Gewicht auf den vom Ball weiter entfernten Fuß, stoßen sich von diesem ab und machen einen kurzen Schritt mit dem zum Ball näher stehenden Fuß, quer vorwärts, dem ankommenden Ball entgegen. U. U. ist dieser Schritt nur eine Andeutung oder er entfällt ganz. Dann setzen Sie von diesem Fuß zum Sprung oder zu einem langen Ausfallschritt an und bewegen den vom Ball weiter entfernt stehenden Fuß vorwärts in den Schlag.

Eines aber müssen Sie zu vermeiden versuchen: Machen Sie nie mit dem zum Ball näher stehenden Fuß einen langen Ausfallschritt, und schon gar nicht seitlich. Erstens stehen Sie sehr labil da, schon ein Niesen des Gegners stößt Sie garantiert um; zweitens stehen Sie frontal, drittens ist Ihre Reichweite stark reduziert, und viertens können Sie aus dieser Stellung keinen weiteren Schritt machen. Das sind die berühmten Stellungen, in denen einem der Ball an der Nase vorbeirauscht und man nicht fähig ist, diesen abzufangen.

Die höheren Flugbälle sollten Sie im Sprung schlagen, die tiefen in fester Stellung beider Beine in einem langen Ausfallschritt. Warum ich beim Flugball die Beinarbeit so besonders viel betone und präzise sogar die Schrittfolge beschreibe? – Ganz einfach deswegen, weil der Erfolg des Netzspiels praktisch nur auf perfekter Fußarbeit und richtigem Positionsspiel basiert. Die Schlagtechnik ist, wie ich Ihnen gleich erklären werde, simpel. Sie können

Starten Sie zu einem Flugball mit dem zum Ball näher stehenden Fuß, um anschließend den Ausfallschritt in den Schlag mit dem linken Fuß bei der Vorhand und rechten bei der Rückhand vollziehen zu können.

Bei einem langen Ausfallschritt mit dem zum Ball näher stehenden Fuß ist die Reichweite stark beschränkt; darüber hinaus stehen Sie sehr unsicher da.

Einen hoch getroffenen Flugball sollten Sie in der Vorwärtsbewegung des vorderen Fußes schlagen.

Einen tiefen Flugball schlagen Sie aus einer festen Stellung beider Beine, allerdings in der Vorwärtsbewegung des Oberkörpers.

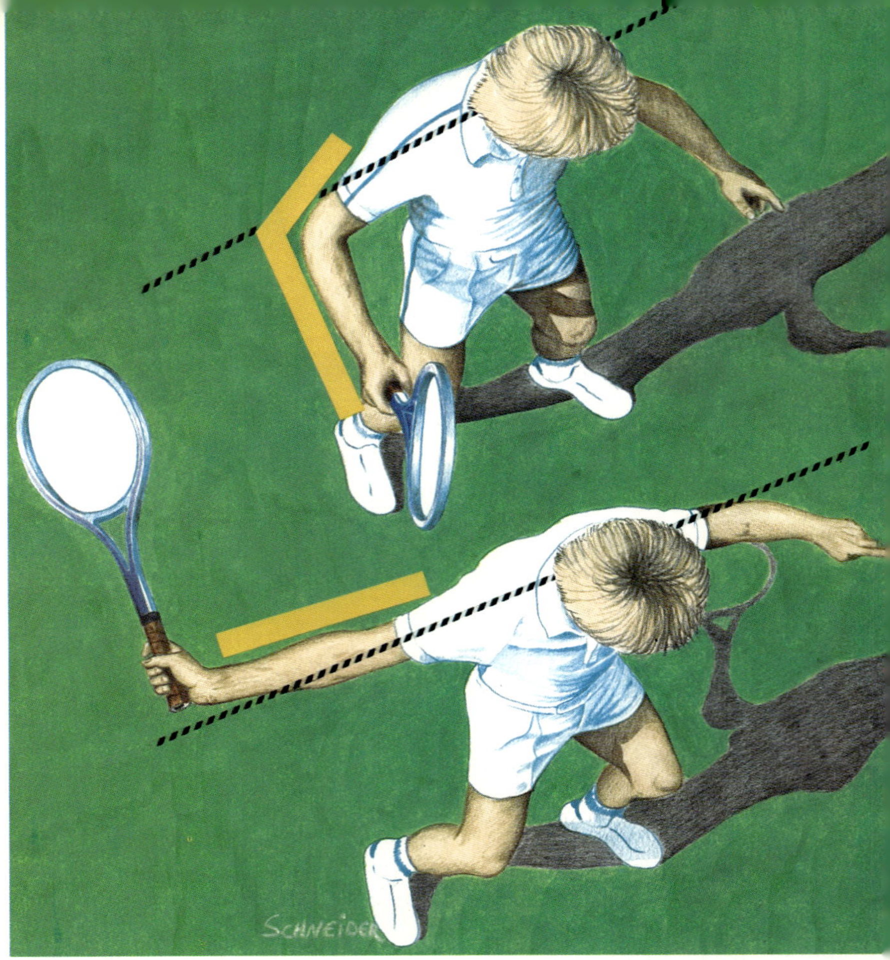


Die Ausholbewegung bei einem Flugball soll wesentlich kürzer sein, als bei einem Grundlinienschlag. Ich empfehle Ihnen deswegen den Ellbogen anzuwinkeln und etwas anzuheben.

mit dem Schläger und Arm zaubern. Wenn Sie sich am Netz wie ein tolpatschiger Teddybär bewegen, werden Sie sich bald in diesen Gegenden unwohl fühlen und diese meiden.

Kommen wir nun zu der Schlagtechnik. Aus dem eben gelesenen Text können Sie schon selbst entnehmen, daß die Schlagtechnik am Netz zu der der Grundlinienschläge differieren muß. Erstens haben Sie relativ wenig Zeit zu einer großen Aushol- oder Schlagbewegung, und zweitens kommt es viel mehr auf die Präzision als auf die Schlagkraft an.

Die Ausholbewegung ist deshalb sehr kurz. Sie drehen sich vor allem im Schultergürtel, wodurch der Schläger wie bei dem Vorhand-, so auch bei dem Rückhandflugball in eine parallele Stellung zum Netz kommt. Später, bei schnellen Passierschlägen des Gegners, reicht schon diese Ausholbewegung völlig aus. Der Schlägerkopf ist in der Ausholphase über dem Handgelenk, ungefähr in Augenhöhe. Das Handgelenk ist fest. Bei langsamen Schlägen Ihres Gegners oder Trainingspartners können Sie die Ausholbewegung um ca. 15–20 cm verlängern, indem Sie bei der Vorhand den angewinkelten Ellbogen – nicht den Schlägerkopf aus dem Handgelenk – etwas zurücknehmen und anheben. Dieses Anheben garantiert Ihnen eine eingeschränkte Ausholbewegung, große Widerstandskraft des Unterarmes und des Handgelenks. Bei der Rückhand helfen Sie sich bei der Ausholbewegung wiederum mit der linken Hand am Schlägerhals und heben den linken Ellbogen etwas an, um einen ähnlichen Effekt wie bei der Vorhand zu erzielen. Man nennt dies beschränkte Ausholläge. Der Schläger soll hierbei nicht hinter die Schulterachse gebracht werden.

Die Schlagbewegung ist praktisch keine Schwung-, sondern eine Stoßbewegung des Unterarmes, die fast ausschließlich aus dem Ellbogen gesteuert wird. Der Ellbogen streckt sich. Sie führen den Schläger, ähnlich einer Slicebewegung, von oben hinten vorwärts herunter gegen den Ball, der damit einen Rückwärtsdrall bekommt. Flugbälle mit Vorwärtsdrall (Top-

Bei einem Schlag auf den Körper müssen Sie mit dem zum Ball näher stehenden Fuß ausweichen, um den Flugball wenigstens mit durchgestrecktem Arm und senkrechtem Oberkörper ausführen zu können.

So eine komische Figur geben Sie immer dann ab, wenn Sie den zum Ball näher stehenden Fuß nicht wegziehen und nur mit dem Oberkörper auszuweichen versuchen.

spinbewegung) sind sehr schwierig und unsicher. Nur gute Spieler können diese in gewissen Situationen riskieren.

Der Treffpunkt soll dann weiter vor dem Körper sein, als es bei normalen Grundlinienschlägen der Fall ist. Auch bei einem Flugball ist die richtige Treffstrecke sehr wichtig. In dieser Phase muß sich der Körper dem Ball entgegenbewegen. Das geschieht entweder mit einem Sprung bei hohen oder einem langen Ausfallschritt bei tiefen Flugbällen. Nach dem Treffpunkt wird der Schläger noch kurz abwärts, aber in weiterer Folge aufwärts geführt. Der ganze Bewegungsablauf des Flugballes ist ist eine stark verkürzte Form eines Sliceschlages von der Grundlinie.

Bei fast allen Flugbällen, außer den ganz hohen, ist die Schlägerfläche im Treffpunkt mehr oder weniger geöffnet – mehr bei den tief unterhalb der Netzkante gespielten Flugbällen. Die Augen müssen den Ball so weit es geht verfolgen. Daß es nicht bis in den Treffpunkt geht, wissen Sie schon.

Unterschätzen Sie am Netz **keinen** Ball. Sie ahnen gar nicht, wie viele sogenannte leichte Flugbälle verschlagen werden.

Nach dem ersten Flugball müssen Sie mindestens einen Meter vorrücken, um Raum zu gewinnen und um dem Gegner den Winkel zu verkürzen.

Versuchen Sie den zweiten Flugball so nahe wie nur möglich am Netz zu erreichen. Warten Sie nie!

Plazieren Sie den Flugball. Vermeiden Sie Gewaltschläge. Der erste Flugball soll, bis auf Ausnahmen, grundsätzlich lang sein.

Bleiben Sie am Netz immer aggressiv. Wer am Netz verteidigen will, der kann sich den Weg zum Netz sparen und gleich hinten bleiben. Dort ist er besser aufgehoben.

Bei niedrigen Flugbällen müssen Sie immer mit weit gegrätschten Beinen ganz tief in die Knie gehen.

Wenn der Ball direkt auf Sie zukommt, müssen Sie mit dem zum Ball näher stehenden Fuß zurücksetzen. Sie dürfen auch nicht mit fest angewurzelten Füßen den Oberkörper zurückbeugen, womit Sie nicht nur eine komische Figur abgeben, sondern auch einen erfolgreichen Schlag verhindern.

**Halten Sie unter allen Umständen Ihr Handgelenk fest wie in einer Eisenmanschette.**

Versuchen Sie, spätestens mit dem zweiten Flugball den Punkt zu erzielen.

# Der Flugball-Stop

Ich habe Ihnen erzählt, daß der Stop von der Grundlinie nicht nur ein schwieriger, sondern bei den Spitzenspielern auch ein seltener Schlag ist. Der eine Grund war die Gefahr eines langen Ballfluges. Nur, diese Gefahr fällt beim Flugballspiel weg, vorausgesetzt, Sie pflegen den Flugball nicht auf der Grundlinie zu schlagen. Die Flugbahn eines erfolgreichen Flugball-Stops ist ca. 1–3 m lang. Wenn zu dieser Flugbahn noch der Überraschungseffekt kommt, ist der Erfolg fast garantiert.

Es gibt zwei Möglichkeiten der technischen Durchführung dieses hinterhältigen Schlages. Die erste ist die des »Einwickelns«. Hierfür müssen Sie allerdings das Gefühl eines Artisten besitzen. Die Ausholbewegung gleicht der des normalen Flugballes, die Schlag- und Ausschwungbewegung ist aber kürzer. Sie ähnelt der eines normalen Stops mit Drehung des Unterarmes, der dem Schlägerkopf eine »umwikkelnde« Bewegung verleiht. Der Ball bekommt eine starke Rückwärtsrotation. Er muß kurz hinter das Netz gespielt werden. Wenn Sie sich um 1–2 m irren, wird Sie der Gegner bestrafen, indem er Ihnen den meistens auf ihn zukommenden Ball in die Ecke donnert.

Die zweite Möglichkeit ist die des einfachen Blockierens. Bei dieser Technik, die wesentlich einfacher und zum Erlernen leichter sowie risikoärmer ist, wird das Gesetz der Gleichheit des Aufsprung- und des Absprungwinkels angewendet.

Mit festem Handgelenk wird der Schläger schräg in die Flugbahn des Balles gestellt, wobei Sie darauf achten müssen, daß Sie, genau wie

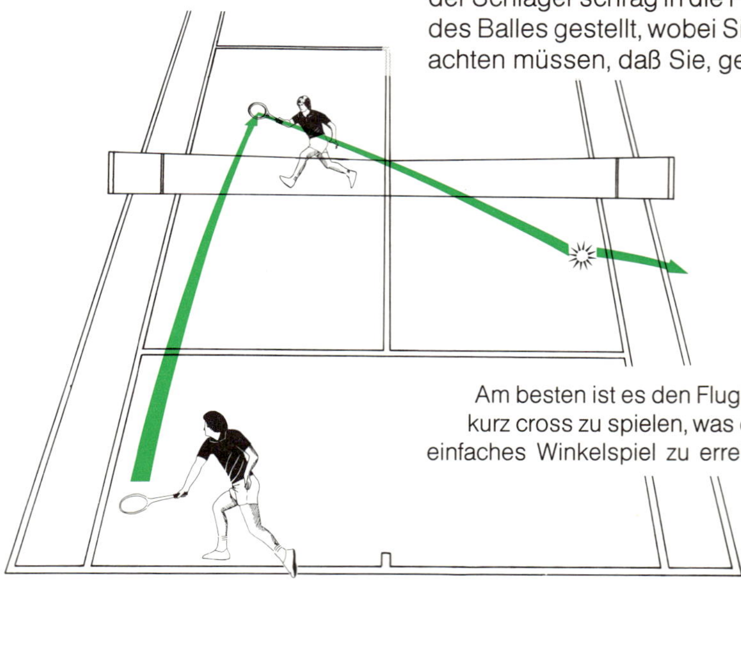

Am besten ist es den Flugball-Stop kurz cross zu spielen, was durch ein einfaches Winkelspiel zu erreichen ist.

Ein Flugball-Stop mit der Methode des »Einwickelns« ist ein risikoreiches Unternehmen. Es verlangt viel Gefühl und eine ausgeprägte Technik.

bei der ersten Art auch, den Ball in der Netznähe treffen. Dieser springt dann in einem scharfen Winkel schräg über das Netz. Hierbei ist die eventuell längere Flugbahn, soweit sie nicht zu lang ist und der Ball nicht im Aus landet, unbedeutend, weil sich der Ball immer vom Gegner weg bewegt.

Dadurch, daß Sie mit festem Handgelenk und Unterarm spielen, ist das Risiko eines Fehlers recht klein. Der Ball »tropft« regelrecht über das Netz und springt wenig ab. Der Überraschungseffekt ist groß, denn die Aushol- und Schlagbewegung, vor allem, was den Unterarm betrifft, gleicht der des normalen Flugballes. Der Gegner kann daraus schwer Ihre listige Absicht erraten. Die Bein- und Körperarbeit bei einem Flugball-Stop gleicht der des normalen Flugballes.

Bei einem blockierten Flugball-Stop bleibt das Handgelenk fest und die Schlägerführung ist ganz kurz. Das Risiko eines Fehlers ist dadurch viel kleiner.

# Der Angriffsschlag

Jetzt beherrschen Sie schon eine ganze Flut von Grundlinienschlägen. Am Netz könnten Sie bald König sein, aber Sie stehen noch vor einem großen Problem. Wie um Himmels willen komme ich eigentlich am besten in diese verflixte Drehscheibenposition oder wie man dieses Ding nennt?

Am besten mit einem Angriffsschlag. Bevor Sie mich nach dieser Antwort steinigen, muß ich schnell hinzufügen, daß der Angriffsschlag etwas Besonderes ist, und daß ich mir es nicht erlauben würde, Sie zu veräppeln. Der Angriffsschlag, ob von der Rückhand- oder der Vorhandseite aus, hat eigene Gesetze und eine etwas abweichende Technik zu einem normalen Grundlinienschlag.

Ich weiß nicht, wie weit Ihre eigene Aggressivität und Angriffslust entwickelt sind, aber falls Sie auch nur einen halbwegs normalen Ehrgeiz besitzen, werden Sie früher oder später dahinterkommen, daß Sie unter gewissen Umständen den Punkt am Netz eher holen können als von hinten. Zu diesem Zwecke müssen Sie erst einmal in Netznähe gelangen. Das wäre gar nicht so problematisch – es sind ja nur ca. 6–7 Meter –, nur unterwegs müssen Sie leider noch so nebenbei einen Ball schlagen, und zwar so, daß Sie am Netz nicht diesen aufzuheben haben, sondern die Chance bekommen, einen Punkt zu machen.

Die Logik erlaubt die Schlußfolgerung, daß Sie den Ball nicht nur innerhalb der Linien und über das Netz, sondern auch möglichst lang spielen müssen, um überhaupt die Chance zu einem Punktgewinn am Netz zu erhalten. **Die Länge** des Angriffsballes ist im Normalfall entscheidend. Die Härte ist nur dann wichtig, wenn Sie schon mit dem Angriffsschlag gegen einen ausgespielten Gegner einen direkten Punkt erzielen wollen. Diese zwei Thesen ergeben schon die Lösung, wann Sie mit welchem Schlag angreifen sollen.

Gegen einen ausgespielten Gegner werden Sie im Normalfall mit einem Drive oder Topspin am ehesten einen direkten Punkt erzielen, wobei die Härte immer Ihren technischen Fähigkeiten sowie der Notwendigkeit angepaßt werden muß. Einen Angriff, mit dem Sie nicht unbedingt einen direkten Punkt erzielen, sondern die Vorbereitung zu einem erfolgreichen Flugballabschluß erreichen wollen, sollten Sie grundsätzlich mit einem Slice starten.

Apropos starten. Sie wissen schon, daß Sie möglichst die Drehscheibenposition ca 1–1,5 m vor der T-Linie erreichen sollen, bevor der Gegner den Passierball trifft. Zu diesem Zweck sollte die Laufstrecke kurz sein. Bei einem Angriff vom hinteren Zaunpfosten werden Sie höchstens die Grundlinie erreichen. Daraus ergibt sich, daß Sie generell – Ausnahmen sind nur in gewissen Situationen möglich – nur dann angreifen sollen, wenn Sie die Chance haben, den Ball zwischen der Aufschlag- und Grundlinie zu schlagen. Meistens springt dabei der letzte Ball des Gegners noch vor der Aufschlaglinie ab. Dabei gilt, daß grundsätzlich die Situation zum Angriffsball dort am günstigsten ist, wo Sie aus der Mitte mindestens geradlinig den Ball durchlaufen können. Dabei ist erst einmal die Stellung des Gegners unberücksichtigt.

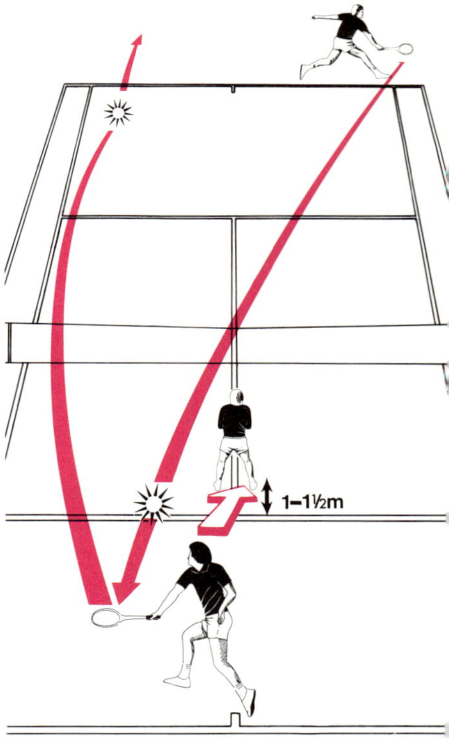


Die beste Angriffsposition ist dann gegeben, wenn Sie den Ball zwischen der Grund- und der T-Linie schlagen und dabei geradlinig vorwärts laufen können.

Wie wir uns schon sagten, sollten Sie den Angriffsschlag möglichst ohne Unterbrechung der Laufbewegung durchlaufen, ohne Stop oder Bremsen. Dazu wendet man üblicherweise zwei Arten der Fußarbeit an. Erst einmal das Durchlaufen in einer üblichen Laufart. Sie laufen, und nebenbei schlagen Sie den Ball. So einfach ist es. Sie müssen allerdings aufpassen, daß die Schrittfolge vor, im und nach dem Treffpunkt stimmt. Es ist praktisch die übliche Fußarbeit mit Gewichtsverlagerung, allerdings mit einem kleinen Unterschied. Der schon vor der Schlagbewegung feststehende Fuß, auf den Sie normalerweise auf der Grundlinie das Gewicht übertragen, der linke bei der Vorhand und der rechte bei der Rückhand, bewegt sich hier noch während der Schlägerführung durch die Treffstrecke vorwärts und setzt erst während des Ausschwungs auf.

Der Lauf wird dadurch nicht gebremst und bleibt ohne Unterbrechung und in völliger Harmonie mit der Schlagbewegung. Diese Harmonie ist bei einem Angriffsball für die Länge des Balles entscheidend. Daraus ergibt sich, daß diese Art des Übergangs zum Netz vor allem bei langsam durchgeführten Schlägen angewendet wird, und das ist nun einmal der Slice.

Bei einem Drive- oder Topspinangriff, bei dem das Risiko größer und das Tempo der Schlagbewegung höher ist, ist eine gewisse Stabilisierung der Körperbewegung im Treffpunkt notwendig. In diesem Fall wird vor allem bei der Rückhand der sogenannte Tangoschritt praktiziert. Es ist die übliche Beinarbeit mit fest aufgesetztem vorderem Fuß. Nur, wie Sie sich denken können, würde der Spieler, der mit vorausgegangenem schnellen Lauf plötzlich aus dieser Position schlagen möchte, große Schwierigkeiten mit dem Gleichgewicht bekommen und höchstwahrscheinlich auf die Nase fallen. Dies abgesehen davon, daß ein gerade im Treffpunkt aus dem Gleichgewicht geratener Körper kaum fähig ist, einen präzisen Ball zu schlagen.

Um dieser Gefahr vorzubeugen, wendet man den Tangoschritt an. Im Augenblick des Treffens wird der hintere Fuß – der linke bei der

Bei einem ausgelaufenen Angriffsschlag bewegt sich das vordere Bein (in diesem Fall das rechte) während des Treffens des Balles vorwärts.

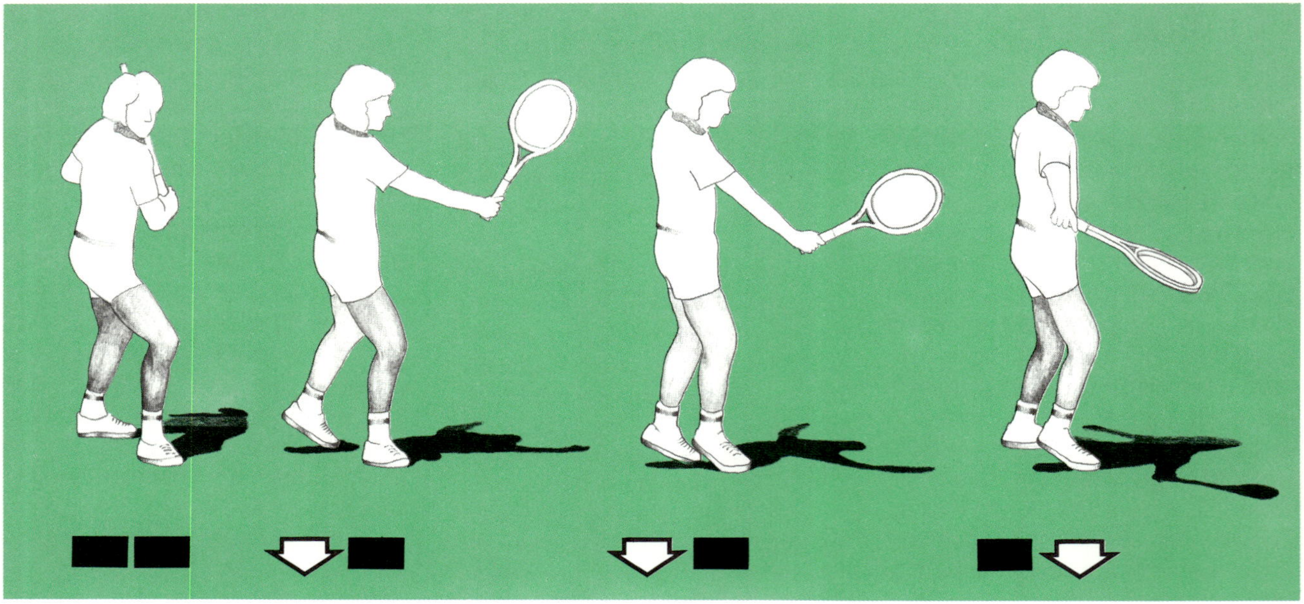

Bei dem sogenannten »Tangoschritt« wird der hintere Fuß hinterrücks an dem vorderen vorbeigeschoben.

Rückhand und der rechte bei der Vorhand – hinterrücks an dem vorderen, fest stehenden Fuß vorbeigesetzt, womit die eventuelle Störung des Gleichgewichts abgefangen wird. Danach laufen Sie mit dem linken Fuß bei der Vorhand und dem rechten Fuß bei der Rückhand normal weiter. Wann und in welchen Situationen die eine oder andere Schrittweise günstiger ist, werden Sie durch Übung selber merken und diese dann später automatisch ausführen.

Der Schlag, ob Drive, Topspin oder Slice, muß unter Berücksichtigung der Entfernung zum Ziel sowie der Stellung des Angreifers und des Verteidigers durchgeführt werden. Vor allem ein Slice wird in einer etwas verkürzten Form der gesamten Armbewegung durchgeführt. Dadurch, daß Sie vorwärts laufen, ist eine Seitstellung der Hüften kaum möglich. Sie müssen deshalb wenigstens eine Drehung des Schultergürtels vornehmen, um den Oberkörper in eine gute Schlagposition zu bringen. Der Treffpunkt soll etwas weiter vorne sein, als bei einem normalen Grundlinienschlag. Das garantiert Ihnen eine ausreichende Vorlage des Oberkörpers, einen flüssigen Durch- und Ausschwung und dadurch eine präzise Bearbeitung des Balles. Vergessen Sie aber nicht, daß sich der Körper in einer schnellen Vorwärtsbewegung befindet.

Auch der Drive oder Topspin wird etwas zurückhaltender gespielt, denn Sie wollen ja einen **langen** Ball schlagen und stehen dabei aber 2–4 m näher zum Netz. Wenn die Flugbahn eines normalen Grundlinienschlages im Durchschnitt 23 m lang ist, ist diese bei einem Angriffsschlag nur etwa 18–20 m lang. Demzufolge müssen Sie auch bei den Schlägen mit Vorwärtsdrall Ihre Kraft bremsen, eben nicht hineinprügeln, und mehr auf Ihr Gefühl setzen. Erinnern Sie sich – Länge und Präzision sind ausschlaggebend!

# Der Aufschlag

In der gesamten Fachliteratur können Sie nachlesen, daß der Aufschlag der wichtigste Schlag im Tennis ist. Statistische Ermittlungen der tschechoslowakischen Fachleute haben aber z. B. ergeben, daß auf Sandplätzen die Rückhand mit 25,9% und die Vorhand mit 21,3% dem Aufschlag mit 17,7% an Häufigkeit der Anwendung überlegen sind. Das heißt, daß der Prozentsatz der Grundlinienschläge mit 47,2% weit mehr als das Doppelte des Aufschlages ergibt. Ein Flugball wirkt auf einem Sandplatz mit 7,7% schon richtig bescheiden, obwohl er als Punktball einer der wichtigsten ist. Auf schnellen Plätzen ist die Situation selbstverständlich etwas anders, dort steigt der Prozentsatz des Aufschlages auf 25,1%, und auch der Flugball mit 18,34 % kann sich sehen lassen.

Heutzutage beherrscht praktisch jeder Klassespieler einen ausgezeichneten Aufschlag, und auch die Normalverbraucher ähneln sich in der Ausbeute der Aufschlagpunkte wie ein Ei dem anderen – bescheiden.

Deswegen kann man die Theorie von der primären Wichtigkeit des Aufschlages, wie ich glaube, in dieser Form nicht aufrechterhalten. Ohne Zweifel ist der Aufschlag im modernen Tennis besonders wichtig. Genauso wichtig scheint mir aber der Return zu sein! Vor allem auf schnellen Plätzen gewinnt meistens derjenige den Satz, der einen Break erzielt hat. Und diesen kann man nur durch ein perfektes Returnspiel erzielen, denn ein Profi wird Ihnen kaum den Gefallen tun und vier Doppelfehler servieren.

Bei einem gut plazierten Aufschlag sind Sie selbstverständlich automatisch am Drücker. So gesehen ist der Aufschlag einer der wichtigsten Schläge. Ob er aber wirklich der wichtigste ist? – Obwohl der Aufschlag der einzige Schlag ist, bei dem Ihr Gegner gar nichts zu melden hat, denn Sie allein sind Herr der Zeit, und Sie allein bestimmen zeitlich wie räumlich den Bewegungsablauf samt Ballwurf, ist dieser Schlag in der technischen Durchführung, trotz z. T. einfacher Einzelbewegungen, vor allem in der Koordination, der schwierigste. Er ist ferner im Zielfeld der am meisten begrenzte oder eingeengte Schlag.

Es gab und gibt Spitzenspieler, die ihre Stellung im Welttennis vor allem dem Aufschlag verdanken. Früher war dies z. B. Pancho Gonzales, heutzutage ist es z. B. Rosco Tanner. Aber diese Aufschlaggenies sind Ausnahmen. Die Mehrzahl der Profis schlägt mehr oder weniger gleich gut auf. Bei diesen kommt es im Zusammenhang mit dem Aufschlag besonders darauf an, wie sie diesen im weiteren Verlauf des Spieles ausnutzen und verwerten können.

In einem Fünfsatzspiel bei knappem Ergebnis der Spiele in jedem Satz schlägt ein Spieler ca. einhundertfünfzig- bis zweihundertmal auf. Die Statistiken zeigen aber, daß auch Aufschlagvirtuosen in einem Match nur um die 15 direkte Aufschlagpunkte erreichen. Das ist eine Ausbeute von 7,5–10%, wobei die zweiten Aufschläge nicht mitgerechnet sind. Selbstverständlich ist ein bedeutend größerer Prozentsatz von Aufschlägen so gut, daß sie zu indirekten Punkten führen, etwa zum verschlagenen oder zugespielten Return. Deswegen nimmt der Aufschlag zweifellos eine äußerst wichtige Stellung ein.

Trotz allem erlaube ich mir aber zu behaupten, daß ein guter Aufschlag zwar eine Voraussetzung für große Leistungen ist, daß man ihn aber schwer als die absolute und souveräne Nr. 1 unter allen Schlägen, wie es bis jetzt immer wieder traditionsgemäß übernommen wurde, bezeichnen kann. Typische Beispiele sind Borg und Chris Evert. Obwohl mit einem ausgezeichneten Aufschlag ausgerüstet, verdanken beide ihre Vormachtstellung vor allem anderen Schlägen. Wenn allerdings jemand nur einen schlechten Aufschlag ausweisen kann, hat er im großen Tennis keine Chance.

Für jeden noch so fachkundigen Autor ist eine einfache, einleuchtende und allgemein verständliche schriftliche Beschreibung eines Aufschlages mit seiner Vielfältigkeit an richtigen Zeit- und Bewe-

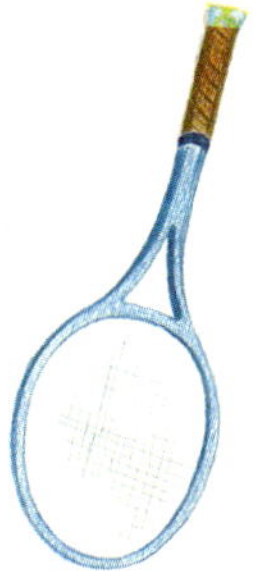

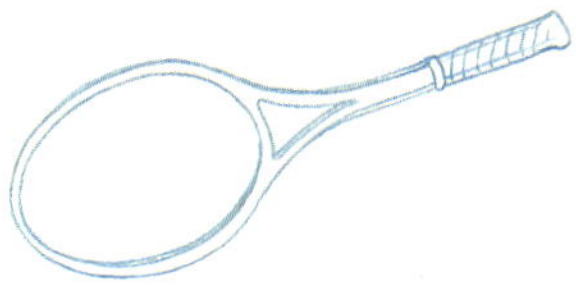

gungsübereinstimmungen ein richtiger Horror. Ich glaube, daß es noch niemandem, mich inbegriffen, gelungen ist, ihn ideal zu beschreiben, auch wenn alle den Bewegungsablauf theoretisch wie praktisch perfekt beherrschen.

Gehen wir es trotzdem mit Gottes Hilfe an. Einfach ausgedrückt, ist eine Aufschlagbewegung eine Wurfbewegung. Sie machen nichts anderes, als den Schläger mit dem Schlägerkopf voraus gegen den Ball zu werfen, ohne ihn allerdings loszulassen. Und obwohl die Wurfbewegung in ihrem ganzen Verlauf ziemlich einfach ist, veranstalten dabei eine Vielzahl von Spielern einen wahren Indianertanz und ein Bewegungsfestival mit unzähligen widersprüchlichen und sich gegenseitig hindernden und auflösenden Einzelbewegungen. Selbst der große Manitou in den ewigen Jagdgründen muß hiervon entzückt sein. Es ist nicht verwunderlich, daß dann nach dieser Bewegungsexplosion und Bewegungsorgie keine Kraft und kein Schwung für die entscheidende Phase, nämlich das eigentliche Balltreffen, übrig bleiben und der Ball aus dem Schläger plumpst, als ob man ihn ohne all diese Verrenkungen ganz einfach von unten geschubst hätte.

Der ganze Aufschlag setzt sich aus drei dominierenden Teilen zusammen, die alle einzeln gar nicht so problematisch aussehen, aber viel Übung verlangen, um sie in ein harmonisches Ganzes zu bekommen.

Der erste Teil ist der Ballwurf. Jetzt werden Sie wahrscheinlich denken, daß dies doch das Einfachste sein muß. Irrtum. Sie müssen hier nämlich mit Ihrer »ungeschickten« linken Hand den Ball **immer** in die **gleiche Höhe** und **gleiche waagerechte Entfernung** zu Ihrem Körper werfen. Das scheint leicht zu sein, aber . . .

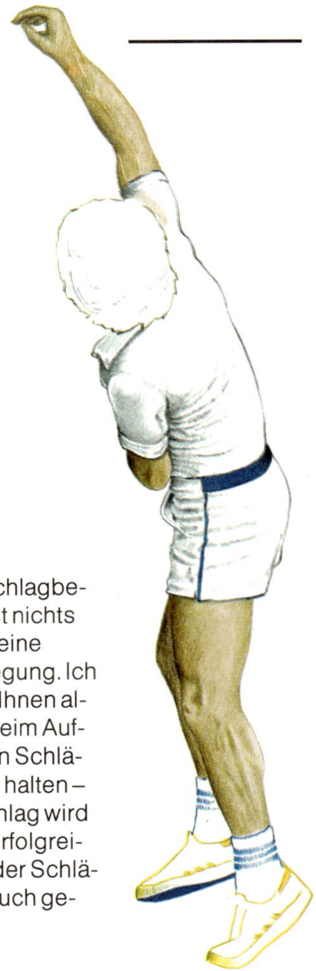

Eine Aufschlagbewegung ist nichts weiter als eine Wurfbewegung. Ich empfehle Ihnen allerdings beim Aufschlag den Schläger fest zu halten – der Aufschlag wird dadurch erfolgreicher und der Schlägerverbrauch geringer.

Erst einmal ist es kein richtiger Wurf, sondern ein Stoß. Sie nehmen den Ball in die Finger der linken Hand, und zwar so, daß der Handrücken nach unten zeigt. Die Hand mit dem Ball beginnt die Wurfbewegung bei fast durchgestrecktem Arm ca. in Hüfthöhe. Von da aus kann der Ball erst einmal kurz herunter und dann hoch oder aber sofort hoch geführt werden (Näheres dazu

Der Wurfarm ist beim Hochführen des Balles durchgestreckt. Der Ball wird etwa in Stirnhöhe losgelassen und der linke Arm folgt ihm fast bis in die Senkrechte.

später). Der Arm ist beim Hochführen durchgestreckt und wird neben Ihrer linken Hüfte hochgeführt. Die Hand läßt den Ball in Stirnhöhe oder etwas darüber los und folgt dem Ball bis in die vertikale Stellung des Armes. Lassen Sie den Ball nie früher aus der Hand, denn dann wird Ihr Wurf immer unsicher bleiben. Und bitte, vergessen Sie nicht, ihn loszulassen.

Das Handgelenk muß dabei unbeweglich bleiben. Nur so erzielen Sie Sicherheit. Bei einem Wurf aus dem Handgelenk werden Sie Ihr ganzes Tennisleben dem Ball hinterherrennen, was allerdings sehr amüsant sein kann. Der Ball sollte etwas höher als eine Schlägerlänge bei durchgestrecktem rechtem Arm und ca. 30 cm vor Ihre linke Körperseite geworfen werden. Viele Spieler werfen den Ball so niedrig, daß sie beim Schlagen fast knien müssen, einige wiederum so hoch, daß sie, bevor er herunterfällt, zwischendurch Kaffee trinken können.

Am besten üben Sie den Wurf in ein Ziel, das z. B. aus einem Metallring, der in der richtigen Höhe befestigt ist, besteht.

Die zweite Phase ist der Armschwung. Sie sollten hier den Continental-Rückhandgriff anwenden. Diese Griffhaltung ist für den Aufschlag die ideale, denn sie ermöglicht Ihnen ein bewegliches Handgelenk für das »Zuschnappen« und einen höchstmöglichen Treffpunkt. Anfänger haben es unter Umständen zuerst mit dem Easterngriff leichter. Dieser führt aber zu etlichen Kompromissen, deren Auswirkungen auf den Schlagablauf später wieder beseitigt werden müssen, was nicht immer problemlos ist.

Der Schläger wird am Anfang wiederum in der Hüft- bis Brusthöhe gehalten, wobei ihn die linke Hand trotz in ihr liegender Bälle unterstützen kann. Von hier aus wird der Schläger in einer Art Pendelbewegung erst einmal in einem unteren Bogen vor dem zur Zielrichtung seitlich stehenden Körper zurück bis zur Schulterhöhe geführt. Diese Schwungphase ist kraftlos und relativ langsam. Wenn der Schlägerkopf, nicht der Oberarm, die Schulterhöhe erreicht hat, beugt sich der bis dahin durchgestreckte Arm im Ellbogen, und der Schläger wird in eine Schleife hinter den Rücken geschwungen. In dieser Phase fängt die Beschleunigung erst an. Diese steigert sich um den tiefsten Punkt der Schlinge herum. Aus dem tiefsten Punkt der Schlinge, in der der Schläger bei leicht geöffnetem Handgelenk fast senkrecht zum Rücken steht, wird der Schläger mit einer maximalen Beschleunigung gegen den Ball in den höchstmöglichen Treffpunkt geschwungen. Es ist wichtig, daß in dieser Phase, trotz hoher Geschwindigkeit des Schlägers, die Muskulatur nicht verkrampft, sondern gelockert bleibt. Jede Verkrampfung verursacht eine Koordinationsstörung, die Sie bei einem Aufschlag gar nicht brauchen können. Durch das Zuschnappen – das ist eine zusätzliche Beschleunigung mit Hilfe des Handgelenks im Treffpunkt – erreichen Sie ein maximales Tempo im Schwung. In der letzten Phase vor dem Treffpunkt ist der Schlägerkopf nämlich bei leicht geöffnetem Handgelenk noch hinter diesem. Im Treffpunkt kommt es zum Ausgleich, der Schläger ist dann eine Verlängerung des Unterarmes. Danach schnappt das Handgelenk zu. Das heißt, daß sich der Unterarm vor allem aus dem Ellbogen heraus nach rechts dreht, was anatomisch bedingt ist, und der Schlägerkopf **immer, bei jeder Aufschlagart,** nach rechts um 180 Grad abkippt. Der Ausschwung erfolgt dann in einem weiten Bogen vor

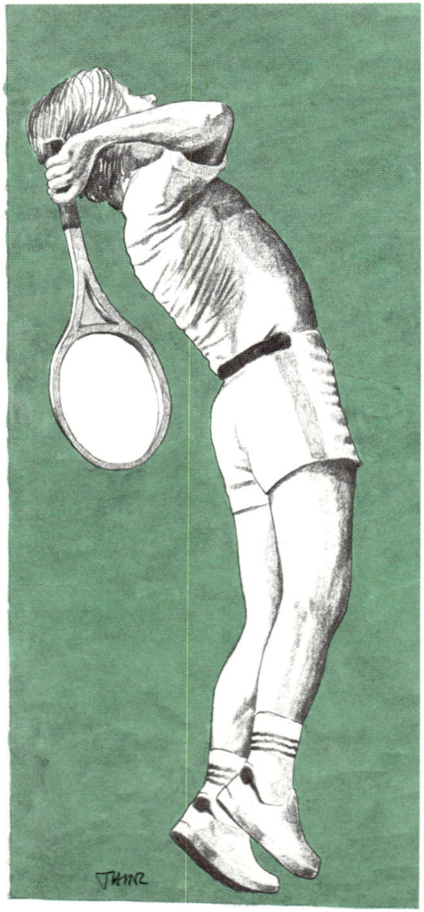

In dem tiefsten Punkt der Schlinge steht der Schläger fast senkrecht zum Rücken.

Bei jeder Aufschlagart kippt der Schläger nach dem Treffpunkt um 180° nach rechts ab, was anatomisch und biomechanisch bedingt ist.

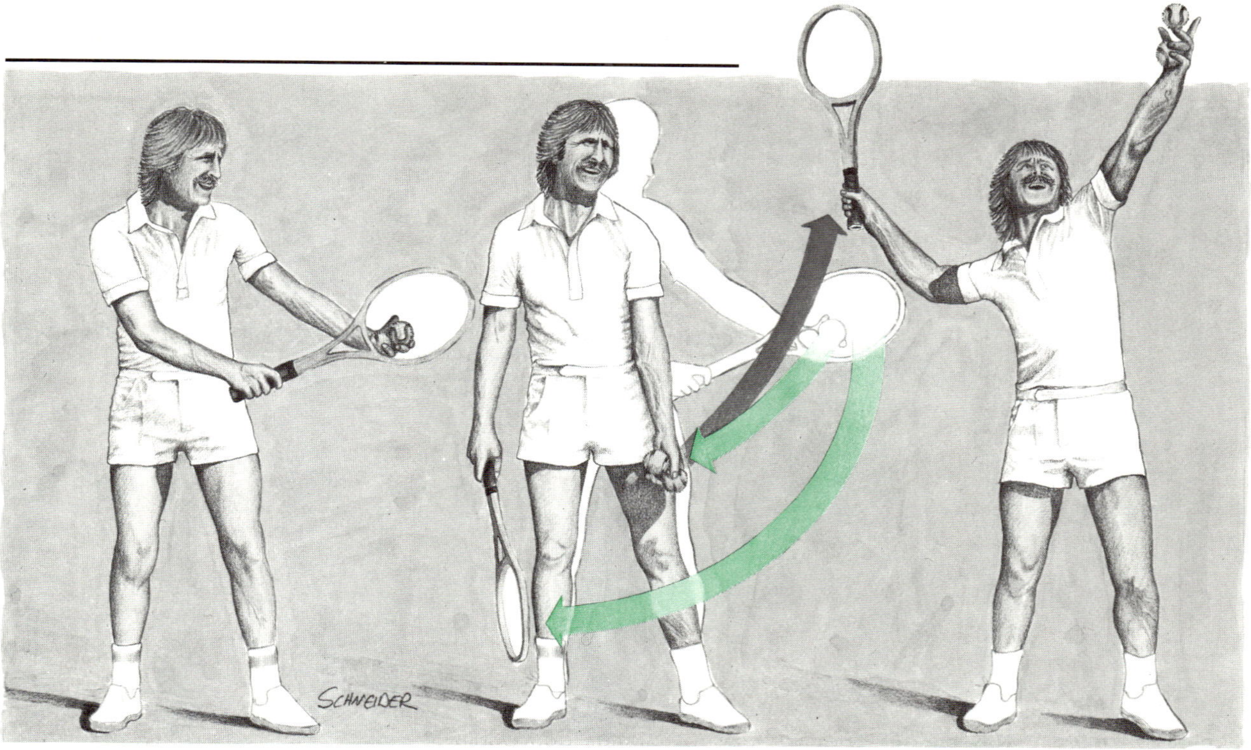


Nach der ersten Theorie werden beide Arme gleichzeitig und im gleichen Tempo heruntergeführt. Meiner Meinung nach kommt dabei der Schläger zu früh in die Schulterhöhe. (Vergleichen Sie diese und weitere Bildfolgen.)

dem Körper nach links ab und endet etwa in Hüfthöhe neben der linken Hüfte.

Von großer Bedeutung ist die richtige Dosierung der Schwunggeschwindigkeit. Der Anfang bis über die Schulterhöhe hinaus ist kraftlos und langsam. In der Schlinge kommt es zu einer starken Beschleunigung. Erst vor und im Treffpunkt soll der Schläger bei **allen** Aufschlagarten dieselbe maximale Geschwindigkeit erreichen. Manche Spieler fangen übrigens gleich furios an und müssen in der Beschleunigungsphase bremsen.

Nun bleibt uns noch der dritte Teil übrig. Das ist die dazugehörige Körperarbeit. Um nicht unnötig Zeit zu verlieren und mich wiederholen zu müssen, beschreibe ich die Körperarbeit im Zusammenhang mit den ersten zwei Phasen. Ich bitte Sie deswegen, jetzt besonders gut aufzupassen und sich zu konzentrieren.

Fangen wir mit der Ausgangsstellung an. Sie stehen hinter der Grundlinie und mit der linken Hüfte seitlich zum Netz gedreht. Die Beine sind leicht, ungefähr in der Schulterbreite, gegrätscht. Der rechte Fuß steht parallel zur Grundlinie, der linke zeigt ungefähr zum rechten Netzpfosten. Alle diese Angaben betrachten Sie bitte als erste Orientierungshilfe. Genauso wie bei allen anderen Schlägen müssen Sie auch in diesem Fall Ihren persönlichen Stil suchen und möglichst auch finden. John McEnroe richtet sich nach den üblichen Vorschriften gar nicht. Er hat trotzdem einen der besten Aufschläge der Weltklasse. Er wurde allerdings ursprünglich zu seiner typischen Stellung durch eine Rükkenverletzung gezwungen.

Die Verbindungslinie beider Fußspitzen zeigt in etwa in die beabsichtigte Schlagrichtung.

Das Gewicht ist erst einmal auf beide Füße gleichmäßig verteilt. Der Oberkörper steht aufrecht, die Muskulatur ist entspannt, der Schlägerkopf befindet sich, wie schon gesagt, in Hüft- oder Brusthöhe und zeigt ungefähr in die Schlagrichtung.

Aus dieser Stellung fängt die Ausholbewegung an, womit wir schon bei dem ersten Streitpunkt der Fachwelt sind. Dies geschieht ungefähr nach der Frage, was war früher auf der Welt, das Ei oder das Huhn? Es gibt Theorien, die behaupten, daß zuerst beide Hände, die Hand mit dem Schläger sowieso, aber auch die mit dem Ball, **gleichzeitig** und im **gleichen** Tempo herunter- und dann hochgeführt werden. Eine zweite Theorie besagt, daß zwar erst einmal beide **gleichzeitig** die Bewegung abwärts anfangen, aber bei der linken nur ein kurzes **schnelles** Ausholen zum Wurf vorhanden ist, und daß die linke Hand vorne **früher** und schneller als die rechte hinten aus dem Pendel hochgeführt wird. Um die Verwirrung zu komplettieren, gibt es noch eine dritte Theorie, die uns lehrt, daß aus der Ausgangsstellung in der Hüft- bis Brusthöhe die Arme **sofort auseinander** gehen – der linke Arm hoch zum Wurf und der rechte Arm mit dem Schläger herunter in den Pendel.

Nach der zweiten Theorie ist das Herunterführen der linken Hand mit dem Ball nur kurz und schnell, wodurch beim Loslassen des Balles der Schläger etwa in der Hüfthöhe ist.

Wegen dieser drei Theorien lagen sich schon unzählige Fachleute in den Haaren. Ich befürchte, daß einer der unaufgeklärten Morde in der Kriminologie seinen Ursprung in diesem Streit hatte.

Die Tatsache ist aber, daß wir Weltstars hatten und haben, die mit allen drei Arten Wimbledon und was weiß ich was alles gewonnen haben. So z. B. serviert Stan Smith nach dem zweiten Muster, Rod Laver nach dem dritten und Pancho Gonzales nach dem ersten Muster. Wer hat nun recht? Alle oder keiner? Ich bitte Sie, sich zu erinnern, was ich Ihnen über den idealen Schlag erzählt habe. Er ist einfach, äußerst rationell und wirkungsvoll. Es ist wirklich schnuppe, wie Sie anfangen, vorausgesetzt, daß Sie den Armschwung ohne Unterbrechung, markanter Verzögerung oder vorzeitiger Beschleunigung durchführen und den Ball im höchstmöglichen Punkt treffen.

Eines steht nämlich fest, daß die wenigsten Spieler die erste Variante anwenden, weil man mit dieser eventuell zu früh mit dem Schläger in die Schulterhöhe gelangt (oder zu spät mit dem Ball), womit der Bewegungsablauf an dieser Stelle abbricht oder verzögert werden muß. Bei flüssiger Beschleunigung würde man dann den Schläger durch den Treffpunkt schwingen, und erst nach dem Ausschwung würde der Ball den beabsichtigten Treffpunkt erreichen. Dies hätte zur Folge, daß Ihnen dieser zur allgemeinen Aufheiterung auf den Kopf fallen würde. Ich will Ihnen jetzt nicht diesen geschädigten Kopf mit einer Aufzählung der Vor- und Nachteile der anderen Varianten verwirren, denn alle finden ihre Befürworter und Gegner.

Variante hin, Variante her. Irgendwie muß man schließlich anfangen. Deswegen rate ich Ihnen, erst einmal den Versuch zu starten. Erst wenn Sie oder Ihr Trainer fest-

Bei der dritten Theorie, nach der die Hände gleich am Anfang auseinandergeführt werden, wird praktisch der gleiche Effekt erreicht, wie im vorherigen Fall – der Schläger befindet sich in der Hüfthöhe, wobei der Ball gerade die linke Hand verlassen hat.

stellen, daß da etwas nicht stimmt, sollten Sie nachprüfen, ob es nicht gerade in dem Anfang liegt. Sie haben dann schließlich noch zwei Varianten zur Auswahl. Wenn es allerdings mit keiner klappt, dann haben Sie wahrscheinlich die falsche Sportart erwischt, was ich wiederum für unwichtig halte, wenn Ihnen Tennis trotz des komischen Aufschlags Spaß macht.

Jetzt haben wir uns lange genug bei diesem umstrittenen Thema aufgehalten. Halten wir fest: Es bewegen sich gleich am Anfang beide Arme. In dieser Phase wird das Körpergewicht kurzfristig auf den hinteren Fuß verlagert, und der Oberkörper dreht sich allmählich mit der linken Rückseite zum Netz. Kurz bevor der Ball Ihre Hand verläßt, verlagert sich das Gewicht auf den vorderen Fuß. Wenn Ihr Timing bis zu diesem Zeitpunkt stimmt und es auch weiterhin klappen soll, ist der Schläger in dem Augenblick, in dem der Ball die Wurfhand verläßt, nach dem unteren Pendelbogen hinten, ungefähr in der Hüfthöhe. Das ist der maßgebliche Orientierungspunkt für das richtige Timing, egal wie leicht oder schwer Sie sich am Anfang mit den zwei Händen getan und welche Variante Sie gewählt haben.

Erst danach, in der Phase, in der der Schläger die Schulterhöhe erreicht hat, und durch das Beugen des Ellbogens der Schläger über die rechte Schulter hinter das linke Schulterblatt geschwungen wird, beugen sich die Knie. Das Becken wird nach vorne geschoben, und der Oberkörper vervollständigt die

Die genaue Beschreibung des gesamten Bewegungsablaufes finden Sie im Text. Vergleichen Sie diese mit den Bildern.

Bogenspannung, indem er in die Rücklage gebracht wird.

Bevor aber der Oberkörper den oberen Teil der Bogenspannung beendet und der Schläger den tiefsten Punkt der Schlinge erreicht hat, strecken sich die Beine schon nach dem Gesetz der Beschleunigung durch nacheinander folgende Streckungen. Dieses Gesetz besagt, daß es zu einer Kettenreaktion kommt, die **immer** mit der Streckung der am tiefsten liegenden Muskelgruppe beginnt, was in unserem Fall die unteren Extremitäten sind. Dies setzt sich dann über die Bauch-, Rücken-, Schulter-, Oberarm-, Unterarm- und Handgelenkmuskulatur fort. Obwohl es eine Kettenreaktion von unten nach oben ist, erfolgt diese Streckung so schnell, und die einzelnen Phasen gehen lückenlos ineinander, daß der Laie annehmen muß, daß alles auf einmal geschieht. Dem ist aber nicht so.

Der Ball wird in voller Durchstreckung des Körpers getroffen. Die rechte Schulter soll im Treffpunkt so hoch wie nur möglich sein. Ich nenne das »Aushängen« der Schulter oder »Aufhängen« am Schläger. Die Schulterpartie ist schon frontal zum Netz gedreht. Der Oberkörper rotiert während der Schlagbewegung um die Längsachse. Während der eben beschriebenen Streckphase hebt der rechte Fuß vom Boden ab, bewegt sich vorwärts und erreicht im Treffpunkt die Ebene des linken Fußes.

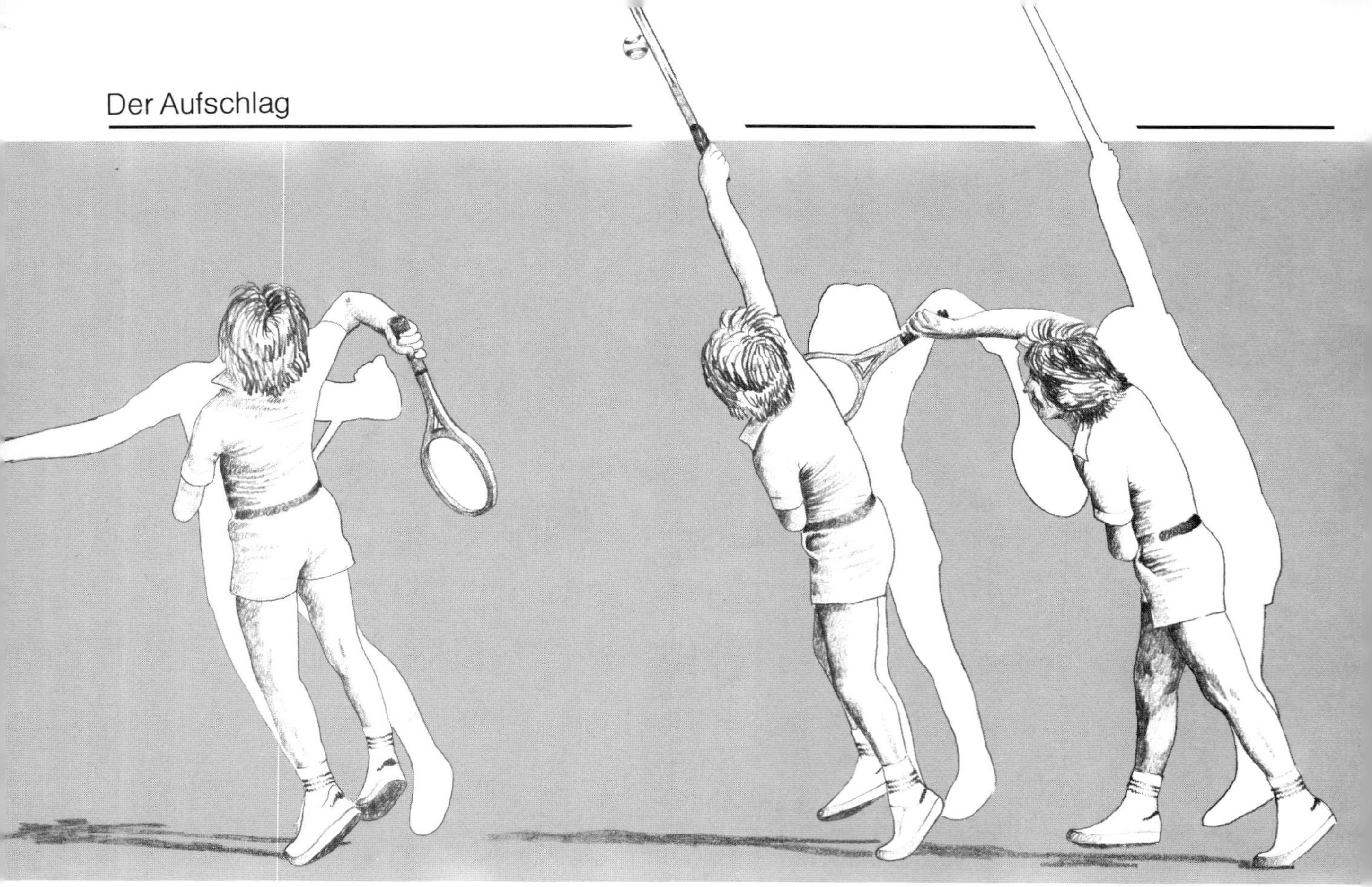

Nach dem Treffpunkt folgt der Oberkörper dem Ball in die Schlagrichtung. Der rechte Fuß fängt schließlich das Körpergewicht durch einen Ausfallschritt nach vorne in die Schlagrichtung ab. Der linke Arm dient während der ganzen Zeit dem Gleichgewichtsausgleich. Nach dem Treffen des Balles und während des Ausschwungs des Schlägers zu der linken Körperseite wird er in Richtung Magen geführt.

So, jetzt habe ich es doch geschafft. Für Sie fängt die Plagerei aber erst richtig an.

Wie Sie aus der Beschreibung entnehmen können, ist der Aufschlag der bewegungsmäßig komplizierteste Schlag. Deswegen ist es praktisch unmöglich, den gesamten Bewegungsablauf auf einmal zu erlernen. **Ich bin aber ein großer Gegner einer Zerstückelung** einzelner geschlossener Bewegungsabläufe, vor allem dort, wo diese zum Erlernen von falschen Abläufen führt.

Auch in diesem Fall halte ich die noch immer so häufig praktizierte Lehrmethode – zuerst den Schläger über die Schulter heben, dann den Ball aufwerfen und schließlich zuschlagen – für völlig falsch. Sie ruiniert gleich von Anfang an den Zeitablauf und erfordert später ein mühsames Umlernen. Zugegeben, Sie werden früher lernen, den Ball über das Netz zu befördern, aber wie und mit welchen Folgen?

Wenn Sie schon nach kurzer Lernzeit das Bedürfnis haben, Sätze zu spielen und aufzuschlagen, machen Sie das ruhig. Schlagen Sie aber lieber noch von unten auf. Der Effekt in diesem Stadium ist garan-

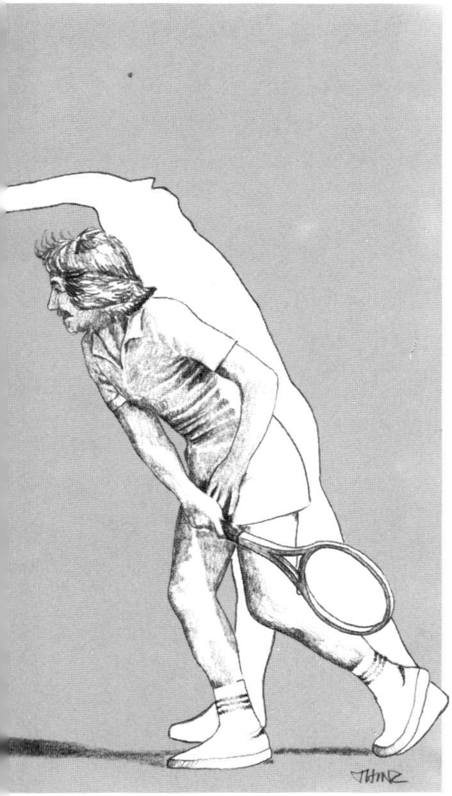

tiert der gleiche oder sogar viel besser. Üben Sie den richtigen Aufschlag weiterhin im normalen Training. Schämen Sie sich dabei nicht. Sie sehen dabei sicherlich besser aus als bei dem besagten Indianertanz. Nach einiger Zeit können Sie den ersten Aufschlag von oben wagen und schließlich, wenn die Sicherheit vorhanden ist, beide Aufschläge von oben dreschen.

Wie gesagt, Sie müssen Geduld haben und den Aufschlag in einzelnen **geschlossenen** Einheiten nach und nach lernen. Diese sollen aber von Anfang an als eine ganze Einheit richtig und nicht zerstükkelt, verstümmelt oder in falscher Reihenfolge erlernt werden. Beginnen Sie mit dem Aufschlag gleich in der zweiten Lernstunde.

Die erste Lernphase ist das Aufwerfen bei gleichzeitiger Pendelbewegung des Schlägers bis zur Schulterhöhe und Verlagerung des Körpergewichtes auf den hinteren Fuß. Danach wird der Ball wieder aufgefangen.

Die zweite Phase ist der **gesamte** Bewegungsablauf des Schlägers, später mit der dazugehörigen Körperarbeit, ohne Ball.

Und erst in der dritten Phase legen Sie die ersten beiden zusammen, und versuchen Sie mit Allahs Hilfe, den Ball, vorerst nicht den Platz, zu treffen. Am besten, Sie servieren in diesem Stadium gegen den Zaun. Das erspart Ihnen, den verstreuten Bällen einige Kilometer nachzulaufen.

Auch wenn Sie am Anfang bei dieser Methode langsamere Erfolgserlebnisse haben, werden Sie nach einer gewissen Zeit um so schneller Fortschritte machen, und dies vor allem ohne umzulernen! Ein guter Aufschlag ist weniger das Ergebnis von Kraft, vielmehr von richtigem Rhythmus. Der Einsatz der Kräfte und der einzelnen Schlagphasen sowie des Schwungs muß in einem einzigen Augenblick zur Explosion führen – und das ist im Treffpunkt. Ohne richtigen Rhythmus erreichen Sie das aber nie! Lernen Sie deswegen von Anfang an **wirklichkeitsgetreu,** auch wenn Sie dabei manchmal verzweifeln sollten und mich zum Teufel wünschten. Einmal werden Sie mir bestimmt Recht geben.

Eines möchte ich noch hinzufügen. Es ist ein großer Irrtum zu glauben, daß Sie beim Aufschlag den Ball schräg von oben nach unten schlagen müssen. Es ist gar nicht so schwer, das zu beweisen und sich selbst davon zu überzeugen.

Wenn Sie absolut geradlinig von oben nach unten in das Aufschlagfeld schlagen und gerade noch die Aufschlaglinie treffen möchten, müßten Sie mindestens 195 cm groß sein, um den notwendigen Treffpunkt in einer Höhe von 3 m mit der Mitte des Schlägers zu erreichen. Wenn Sie aber sichergehen und den Ball einen Meter innerhalb des Aufschlagfeldes schlagen möchten, müßten Sie schon ca. 210 cm groß sein. Dabei haben Sie aber über dem Netz gerade eine Haarbreite Platz.

Wir aber, mit 173 cm Gardemaß, würden bei einem geradlinig geschlagenen Aufschlag den Ball ungefähr 2¾ m in das Aus schlagen. Weil aber die wenigsten von uns Tennisspielern über 2 m groß sind, ist es ziemlich einleuchtend, daß auch der Aufschlag in eine ballistische Kurve geschlagen werden muß. Das beweist, daß der Ball nicht unter einem scharfen Winkel schräg herunter, sondern je nach der Körpergröße fast waagerecht oder sogar nach oben geschlagen werden muß!

Damit sind wir bei einer wichtigen Tatsache angelangt, daß es nämlich einen geraden Aufschlag gar nicht gibt. Sie müssen den Ball bei **jedem** Aufschlag, und je kleiner Sie sind, um so mehr, in eine ballistische Kurve schicken. Wenn Sie dabei trotzdem noch hart und kontrolliert aufschlagen wollen, müssen Sie dem Ball einen Drall geben. Auch hier gilt: Je mehr Drall der Ball hat, desto langsamer fliegt er. Es gibt damit auch keinen geraden Aufschlag im Sinne des Balltreffens.

Auf diesen Tatsachen sind auch die einzelnen Aufschlagvarianten aufgebaut. Wir unterscheiden zwischen dem, wenn Sie so wollen, »Kanonenaufschlag«, dem Sliceaufschlag und dem Twistaufschlag. Der Unterschied zwischen diesen drei Arten liegt nicht in der Gesamtdurchführung oder im Tempo des Schwungs, sondern in der **Art, wie der Ball getroffen wird.**

Erst einmal möchte ich einen weiteren traditionellen Irrtum aus dem Weg räumen, der die Position des Balles zum Körper bei den einzelnen Aufschlagarten betrifft. Es wird oft behauptet, daß für den ersten Aufschlag der Ball etwa über der linken Schulter oder dem linken Fuß, der Slice 20–30 cm weiter nach rechts vom Körper und der Twist weit hinter dem Kopf getroffen wer-

Nach der üblichen Theorie wird der Ball beim ersten Aufschlag über der linken Fußspitze hochgeworfen.

Beim Sliceaufschlag soll der Ball angeblich ca. 30 cm weiter nach rechts geworfen werden.

den muß. Der Unterschied vom Slice- über den »Kanonenaufschlag« bis zum Twistaufschlag wäre damit ca. 60–80 cm. Diese Behauptung wird mit der dem Ball zu erteilenden Rotation begründet. Beim ersten Aufschlag, dem Kanonenaufschlag, soll man angeblich den Ball hinten in der Mitte, bei einem Slice rechts und bei einem Twist links unten treffen.

Wenn Sie es so versuchen sollten, würde nur der erste Ball in etwa die beabsichtigte Richtung einhalten. Der zweite würde links von Ihnen in die Tribüne zwischen die staunenden Zuschauer und der dritte in den Tannenwald hinter dem Platz segeln. Ich habe Ihnen schon erzählt, daß der Ball im Prinzip immer auf dem der Schlagrichtung gegenüberliegenden Pol getroffen werden muß, von minimalen Verzerrungen durch die Elastizität des Schlägers und des Balles abgesehen.

Sie können aber nie einen Ball im Schläger um die Ecke führen. Die Führungsstrecke ist immer geradlinig. Vergessen Sie dabei auch die 0,003–0,005 Sekunden nicht!

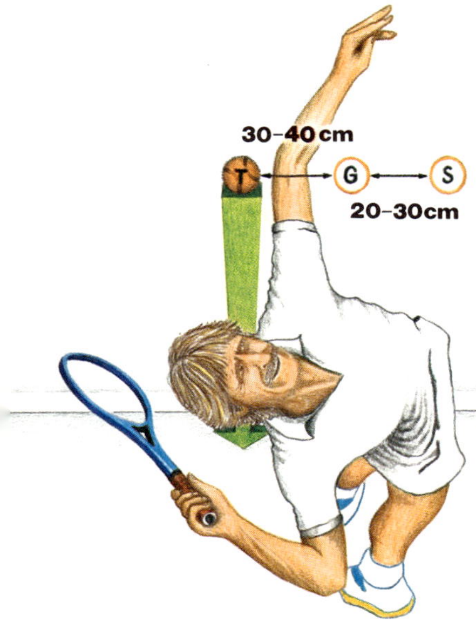


Bei einem Twistaufschlag soll der Ball noch 40 cm – ausgehend vom geraden Aufschlag – nach links geworfen werden.

In Wirklichkeit ist der Unterschied kaum zu bemerken, wie dieses Bild zeigt und es die Weltklassespieler demonstrieren.

Das bedeutet, daß, wenn Sie z. B. die Außenlinie auf der Vorhand Ihres Gegners treffen wollen, der Ball in der Mitte der zur Schlagrichtung entgegengesetzten Ballhälfte getroffen werden muß, genauer gesagt, im Pol der hinteren Halbkugel.

Nun wollen Sie aber, daß, z. B. bei einem Sliceaufschlag, der Ball nicht nur in einem vertikalen, sondern auch im horizontalen Bogen fliegt, also von Ihnen aus gesehen nach links. Sie müssen ihm deswegen einen Rechtsdrall um die vertikale Achse erteilen. Diesen erreichen Sie allerdings nicht dadurch, daß Sie den Ball auf seiner rechten Seite, sondern daß Sie ihn mit einer von links nach rechts verlaufenden Schlägerbewegung treffen. Sie »bürsten« ihn also von links nach rechts.

Der Ball muß aber wiederum auf dem der Schlagrichtung entgegenliegenden Pol getroffen werden! Der Vektor des Schlagimpulses verläuft vertikal durch das **Zentrum** des Ballschwerpunkts. Weil der Ball in diesem Fall, von Ihnen aus gesehen, einen Bogen nach links macht, muß er aus Ihrem Schläger mehr nach rechts fliegen. Dadurch verlagert sich die Treffstelle am Ball ein klein wenig nach links.

Bei einem Twistaufschlag müssen Sie dem Ball einen Vorwärtsdrall geben und somit von unten nach oben bürsten.

**Daraus ergibt sich, daß eine eventuelle Verschiebung der Treffstelle am Ball nicht durch die beabsichtigte Rotation, sondern durch die beabsichtigte Flugbahn des Balles erforderlich ist.** Diese Unterschiede zwischen den einzelnen Schlagarten spiegeln sich im Kontaktpunkt des Schlägers mit dem Ball minimal, aber auf keinen Fall so gravierend, daß eine Verlegung des Treffpunktes um 80 cm nach links oder rechts berechtigt oder erforderlich wäre. Ergebnis des Ganzen: Sie sollen, und das machen praktisch alle Spitzenprofis auch, den Treffpunkt bei allen Aufschlagarten für die gleiche Richtung fast auf die gleiche Stelle situieren. Es ist einfacher und zeigt dem Gegner nicht, was für einen schlauen Zug Sie planen. Nur beim Twistaufschlag kann der Ball etwas mehr nach links geworfen werden, um den Schläger im Treffpunkt sicher von unten nach oben schwingen zu können.

Die beabsichtigte Rotation und damit die Aufschlagart hängt von der Schlägerführung im Treffpunkt ab! Bei einem Sliceaufschlag, der heutzutage nie einen reinen Seitendrall hat, sondern immer in der Kombination mit einem Vorwärtsdrall gespielt wird, müssen Sie den

Schläger so aus der Schlinge führen, daß er den Ball von links nach rechts und von unten nach oben, praktisch diagonal, bürstet. Wenn Sie den Ball in die Vorhand des Gegners dirigieren wollen, müssen Sie ihm mehr Seitendrall, wenn Sie ihn in die Rückhand zielen, mehr Vorwärtsdrall erteilen.

Der reine Twistaufschlag ist praktisch ausgestorben. Er ist sehr anspruchsvoll für den Körper (wegen der großen Bogenspannung) und für den Ellbogen. Zudem ist er langsam und daher vom Gegner leicht zu bewältigen. Ich versichere Ihnen, auch ohne diesen Aufschlag können Sie Weltmeister werden.

Wichtig ist, daß Sie auch bei dem zweiten Aufschlag dem Schlägerkopf eine maximale Beschleunigung erteilen. Je nach dem, wie hart Sie schlagen wollen, müssen Sie den Drall dosieren.

Auch der Kanonenaufschlag ist kein dralloser und hirnloser Schlag, sondern wird mit etwas Drall kontrolliert. Die Schlägerführung aus der Schlinge ist fast frontal in die Schlagrichtung gerichtet, und der Schläger kippt, wie bei anderen Aufschlagarten auch, nach rechts ab. Die Geschwindigkeit des Balles hängt dann von der eingesetzten Kraft und der daraus resultierenden Beschleunigung des Schlägers ab. So können Roscoe Tanner, Vladimir Zednik oder Colin Dibley mit einer Schlägergeschwindigkeit von 152 km/h den Ball mit einer Geschwindigkeit von ca. 250 km/h schlagen

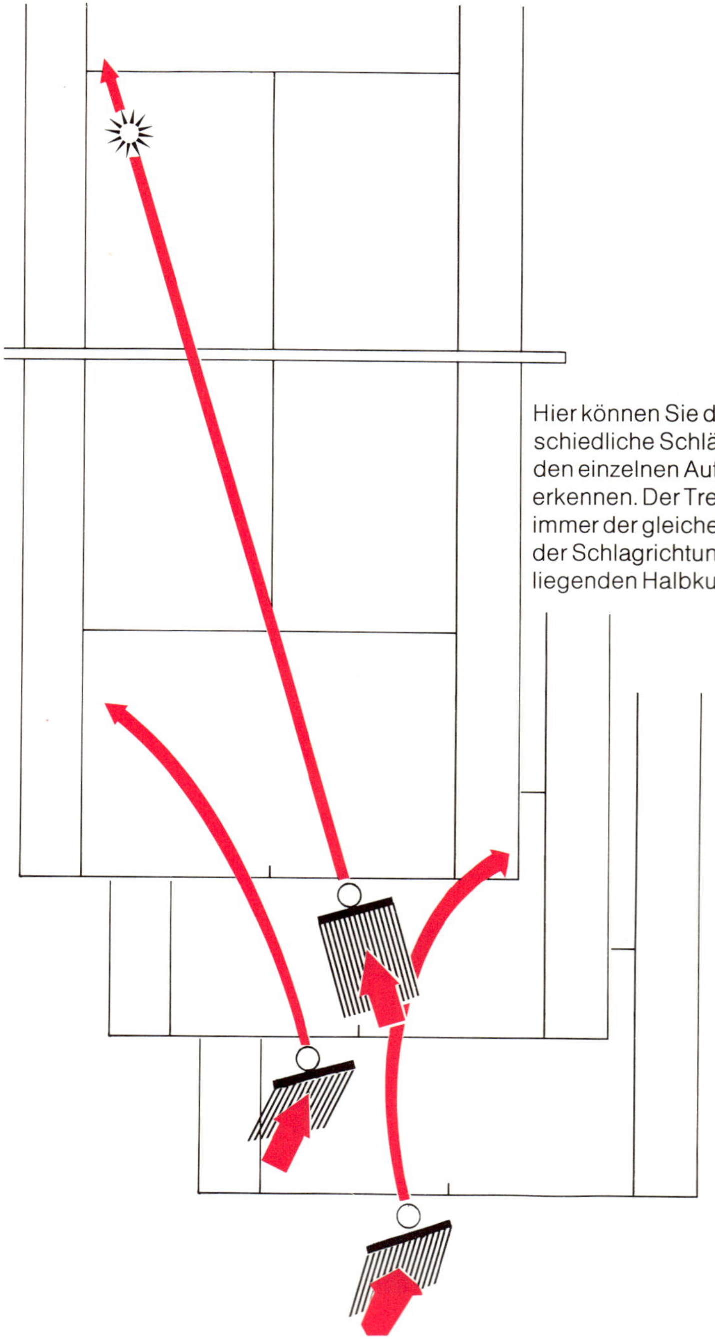

Hier können Sie die unterschiedliche Schlägerführung bei den einzelnen Aufschlagarten erkennen. Der Treffpunkt ist aber immer der gleiche – am Pol der der Schlagrichtung gegenüber liegenden Halbkugel.

und ein Corrado Barazzuti nur mit einer Geschwindigkeit von 170 km/h.

Ein Match wird aber in der Regel nicht durch diesen Kanonenaufschlag entschieden oder wesentlich beeinflußt, sondern durch die Präzision der Aufschläge. Erinnern Sie sich hierbei an die 15 direkten Punkte. Sie können durch einen gut plazierten und relativ schnellen Aufschlag den Gegner über die Doppellinie hinaustreiben, womit der ganze Platz zu Ihrer Verfügung steht. Falls Sie dann allerdings die Einladung nicht annehmen sollten, dürfen Sie sich über die Unhöflichkeit Ihres Opponenten nicht wundern, wenn er selbst aggressiv wird und die Initiative übernimmt.

Der zweite Aufschlag ist taktisch gesehen vor allem ein Sicherheitsaufschlag, der einfach in das richtige Aufschlagfeld hinein muß. Sie können also mit ihm keine besonderen Kunststücke vollbringen. Ich kann Ihnen nur raten, ihn präzise plazieren zu lernen. Aber das Risiko, wie bei dem ersten Aufschlag, dürfen Sie nicht auf sich nehmen, obwohl auch in diesem Fall die Übung den Meister macht.

Wie komisch das auch klingt, aber der zweite Aufschlag beeinflußt stark den ersten. Es gibt ein altes Sprichwort – **der erste Aufschlag ist immer nur so gut, wie der zweite es zuläßt.** Und tatsächlich, je besser Ihr zweiter Aufschlag ist, je mehr Sie sich auf ihn verlassen können und je weniger Sie vor ihm zittern müssen, um so lockerer, unbekümmerter, entkrampfter, mutiger und aggressiver können und werden Sie auch den ersten Aufschlag schlagen, und um so öfter mit ihm erfolgreich sein. Sie sollten dementsprechend im Training den zweiten Aufschlag üben.

Es laufen viele Tennisspieler herum, die den ersten Aufschlag wie wahnsinnig ballern. Einmal in der Woche treffen sie auch tatsächlich das Aufschlagfeld. Der zweite Aufschlag ist dann aber dem Film »Vom Winde verweht« entsprungen, es ist ein richtiger Sommernachtstraum. Es soll sogar Spieler geben, die im Doppel, wo man bekanntlich auch nach dem zweiten Aufschlag zum Netz stürmen soll, den geschlagenen Ball überholen, solch enorme »Geschwindigkeit« haben sie ihm gegeben. Ich bin zwar so einem Künstler noch nie begegnet, aber Augenzeugen für solch einen Überholvorgang soll es geben. Es muß ziemlich komisch sein, wenn einem der eigene Aufschlag in den Nacken schlägt, oder? Jetzt aber genug des Scherzens, gehen wir wieder zu etwas Ernsterem über.

Um der Gefahr eines schwachen zweiten Aufschlages vorzubeugen, müssen Sie sich ein für allemal einprägen, daß in der Geschwindigkeit der Schlägerführung zwischen dem ersten und dem zweiten Aufschlag kaum ein Unterschied ist. Diese Geschwindigkeit soll immer maximal sein. Die Sicherheit bzw. einen langsameren Flug des Balles erreichen Sie mit mehr Drall, die hohe Geschwindigkeit bei erstem Aufschlag mit frontaler Schlägerführung und mit weniger Drall.

Die Technik des ersten und des zweiten Aufschlages ist bis auf die Führung der Schlägerfläche im Treffpunkt die gleiche. Wenn jemand einen miserablen zweiten Aufschlag besitzt, kann auch sein erster nicht viel mehr wert sein. Entweder Sie beherrschen die technische Durchführung oder nicht.

Zum Schluß möchte ich noch einmal kurz zu dem Ballwurf zurückkehren. Vorausgesetzt, Sie machen mit dem Schläger und dem Körper alles richtig, und der Ball landet im Netz oder im Aus, stimmt meistens etwas mit dem Ballwurf nicht. Wenn Sie den Ball zu weit nach vorne werfen, wird er im Netz landen. Wenn Sie ihn zu weit hinten treffen, werden Sie die Grundlinie des Gegners bombardieren. Suchen Sie den Fehler immer zuerst im Wurf. Ein guter Aufschlag kommt nicht von ungefähr. Sie müssen ihn üben. Die Statistik zeigt, daß er, grob geschätzt, fast genau so oft wie eine Vorhand oder Rückhand gespielt wird, alle drei zu je einem Drittel, schnelle Plätze eingeschlossen. Das bedeutet, daß Sie ihm auch mindestens die gleiche Zeit widmen sollen, die Sie Ihrer Rückhand oder Vorhand widmen. Das machen leider die wenigsten und ärgern sich dann kaputt, wenn sie Doppelfehler am laufenden Bande produzieren, oder wenn ihnen der Gegner die Returns reihenweise tötet.

Die erfolgreiche Federation-Cup-Mannschaft 1980, die bei der inoffiziellen Weltmeisterschaft in Berlin den dritten Platz erreicht hat. Von links – Cl. Kohde, die Damenwartin Frau Dohrer, meine Wenigkeit als Coach und Kapitän, I. Riedel, B. Bunge und S. Hanika.

# Der Return

Wie der Name schon sagt, handelt es sich um eine Rückkehr des Balles, in diesem Falle des aufgeschlagenen Balles. Manch einer könnte rebellieren und fragen, warum man sich mit diesem Schlag extra befassen soll, schließlich handelt es sich doch um eine Vor- oder Rückhand. Doch Vorsicht. Der Return wird zwar rechts oder links vom Körper geschlagen, hat aber eigene Gesetze.

Die Ausgangsstellung soll in der Mitte des Winkels sein, dessen Arme gerade noch die wahrscheinliche Schlagrichtung des Aufschlägers anzeigen. Das ist noch einfach, nicht wahr? Wie weit sollen Sie nun aber stehen? – Vor, auf oder hinter der Grundlinie? Erst einmal hängt dies von Ihrer Spielstärke ab. Wenn Sie gerade den Anfängerschuhen entwachsen sind und keine Tennis-Windeln mehr benötigen, werden Sie noch Zeit brauchen und sich eher hinter der Grundlinie postieren.

Wenn Sie schon zu den Fortgeschrittenen zählen, sollten Sie sich näher an die Grundlinie stellen. Wenn Sie sogar schon Turnierspieler sind, sollten Sie den Aufschlag vor der Grundlinie erwarten können. Dies sagen uns die allgemein vorhandenen Regeln. Stimmt das aber wirklich?

Vorerst gilt, daß Sie beim Return des ersten Aufschlages Ihres Gegners weiter hinten stehen sollen als bei dem des zweiten, es sei denn, daß zwischen den zwei Aufschlägen kein Unterschied ist. Das ist noch ziemlich logisch. Wie erkennen Sie aber, wie weit hinten Sie stehen sollen?

Wenn der aufgeschlagene Ball von Frau Knobelspieß auf Ihrer Seite das zweite Mal aufgesprungen ist, bevor Sie ihn erreichen, stehen Sie anscheinend zu weit hinten. Wenn Herr Tanner so ein Ding mit 240 km/h losläßt und Sie gerade noch registriert haben, daß etwas Rundes an Ihnen vorbeiflog, haben Sie sich erst einmal im Turnier geirrt und stehen höchstwahrscheinlich zu nahe.

Damit will ich sagen, daß es kein Patentrezept gibt. Sie sollen immer so weit stehen, um zuverlässig den Ball über das Netz returnieren zu können, denn der beste Return ist immer noch der, der das Netz überquert und nicht in den besagten Radieschen landet. Wenn Sie diesen sogar lang oder dem angreifenden Gegner unter die Füße spielen können, stehen Sie goldrichtig.

Es gibt einen Mythos, daß man den Ball so früh wie nur möglich treffen soll, wenn möglich schon im Aufsteigen. Gut und schön. Im Idealfall mag das stimmen. Aber Borg returniert grundsätzlich zwei bis drei Meter hinter der Grundlinie und hat damit immerhin, allen Tennislehrern zum Trotz, fünfmal Wimbledon gewonnen. Vielleicht eine Ausnahme. Sie müssen jedenfalls dort stehen, wo Sie den Return noch bewältigen können. Das hängt von der Aufschlagstärke Ihres Gegners, von Ihren technischen Voraussetzungen und Ihrer Reaktion ab. Eines ist doch einleuchtend, daß, je näher Sie stehen, um so kürzer Ihre seitliche Entfernung zum Ball ist. Sie verkürzen den Winkel, aber Sie müssen dabei um so schneller und reaktionsfähiger sein.

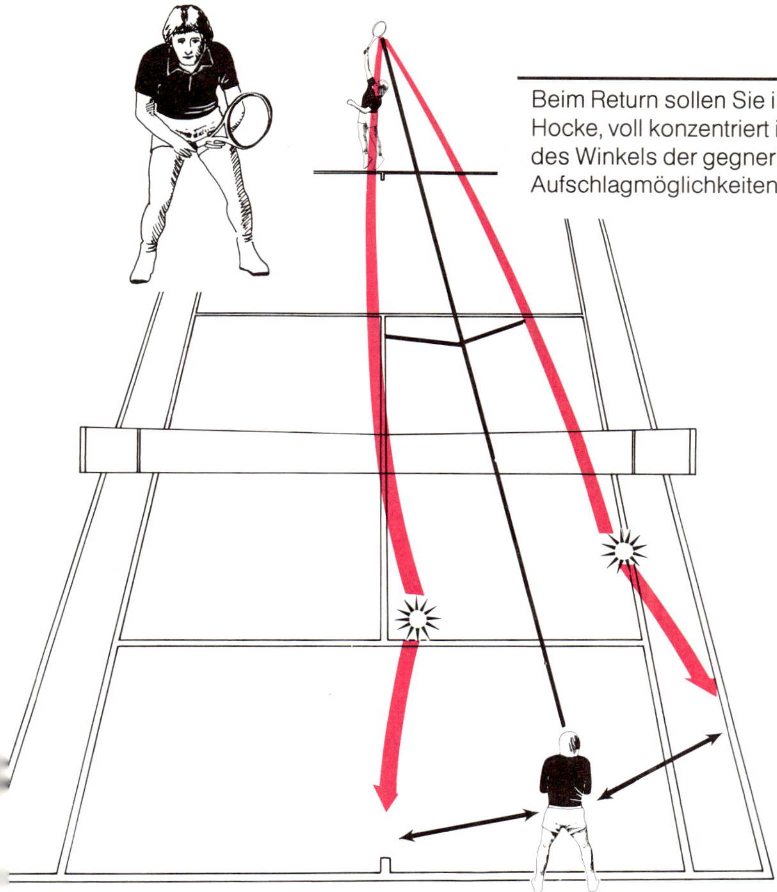

Beim Return sollen Sie in tiefer Hocke, voll konzentriert in der Mitte des Winkels der gegnerischen Aufschlagmöglichkeiten stehen.

Am besten probieren Sie es aus und stellen sich immer dorthin, wo Sie sich am wohlsten fühlen und den Ball mit großer Wahrscheinlichkeit bewältigen. Mit steigender Erfahrung und Können werden Sie nach und nach automatisch weiter vorrücken. Wo immer Sie auch den Aufschlag erwarten, Sie müssen so stehen, daß Sie den Return in einer Vorwärtsbewegung des Körpers und niemals in der Rücklage schlagen, besonders dann, wenn Sie einem angreifenden Gegner den Ball unter die Füße schlagen wollen.

Um dies überhaupt erreichen zu können, müssen Sie in der Ausgangsstellung völlig locker stehen. Beobachten Sie einmal die Profis, sie hopsen, bewegen die Füße vor-, rück- oder seitwärts, um sich zu lockern und nicht im angewurzelten Zustand überrascht zu werden.

Erst wenn der Aufschläger den Ball hochwirft, stellen Sie sich auf beide Fußballen. Mit gebeugten Knien und einer Vorbeuge des Oberkörpers warten Sie wie ein Tiger im Sprung auf die Beute. Beide Beine müssen deswegen gleichmäßig belastet werden, um in alle Richtungen gleich schnell springen zu können. Wenn der Gegner zum Treffen ansetzt, soll sich der Körper aufrichten, denn die meisten Returns werden oberhalb der Gürtellinie geschlagen, oftmals sogar in Schulterhöhe.

Nun zum Schlag. Beim Aufschlag von Frau Knobelspieß werden Sie einen ganz normalen Grundlinienschlag anwenden können, es sei denn, Frau Knobelspieß ist inzwischen Nr. 5 der DTB-Rangliste geworden. Sie haben zu einem Return höchstwahrscheinlich Zeit genug. Bei Herrn Schlotterhose können Sie aber unter Umständen in Zeitnot geraten. Zum großen Ausholen kommen Sie, besonders beim ersten Aufschlag, kaum. Und deswegen empfehle ich Ihnen, eine Art Flugball auf der Grundlinie zu spielen. Damit meine ich nicht, daß Sie den Ball direkt aus der Luft nehmen, sondern die Schlägerbewegung der eines Flugballes anpassen sollen. Die Amerikaner haben dafür einen guten Ausdruck – **Chip.** Es ist eine verkürzte Slicebewegung, von hinten oben flach vorwärts abwärts, und nach dem Treffpunkt wieder nach oben in die Schlagrichtung. Denken Sie dabei an das fest fixierte Handgelenk und an die Körperarbeit – gehen Sie dem Ball entgegen. Den Chip bitte nicht mit Chop verwechseln, der nur ein Notschlag ist, und bei dem der Schläger nach dem Treffpunkt unten bleibt.

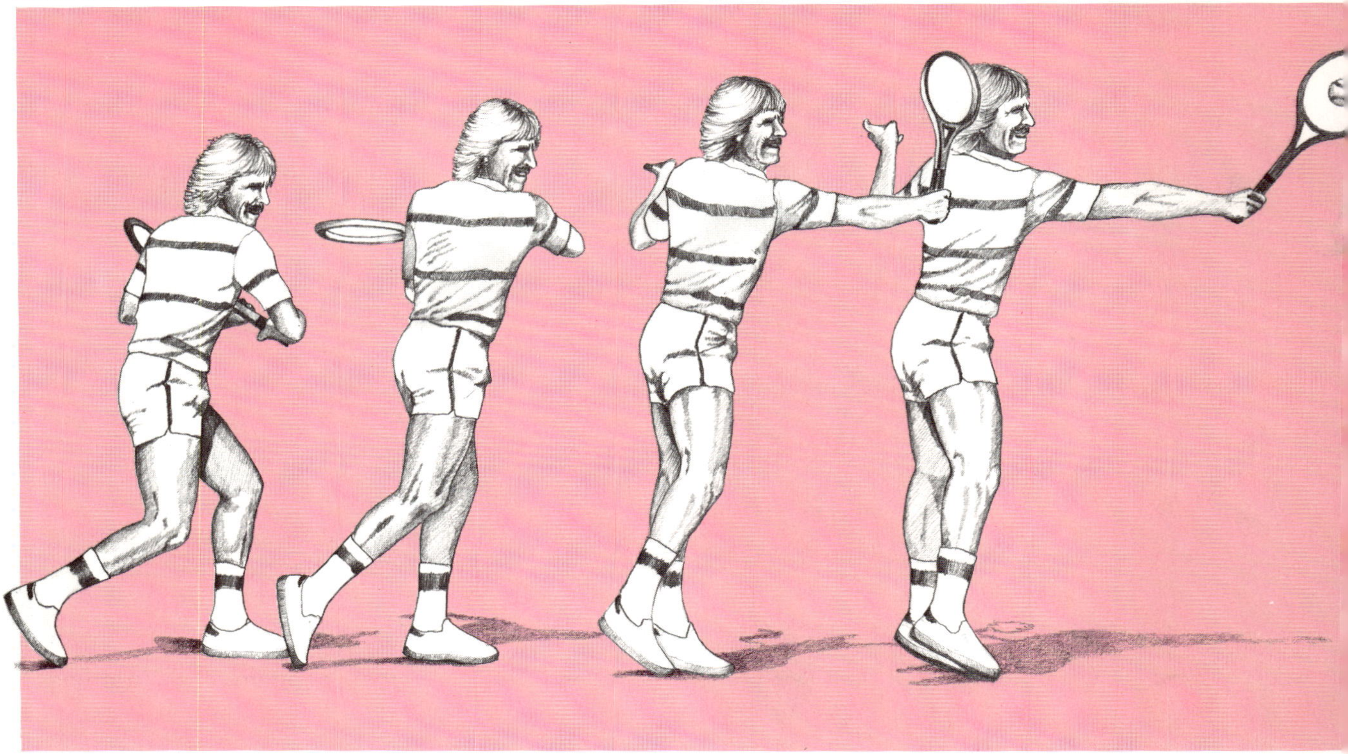

Den Return kann man als verkürzten Slice, einen sogenannten Chip schlagen. Einen Topspin-Return kann sich nur ein guter Spieler erlauben.

Wenn Sie später in die Turnierklasse vorgedrungen sind, versuchen Sie, Aufschläge mit Topspin zu returnieren. Es ist gar nicht so schwer, vorausgesetzt, Sie beherrschen überhaupt einen Topspin. Die guten Spieler schlagen den Return aus Zeitmangel oft mit frontaler Beinstellung, sie drehen sich während der Ausholbewegung nur mit den Schultern in die seitliche Stellung. Damit ist das Ausholen beendet. Es folgt der Chip.

Bevor Sie mit der Hand abwinken und mich zum Teufel schicken in der falschen Annahme, daß es schon irgendwie auch ohne gezieltes Training klappen wird, denn Sie beherrschen ja die Grundschläge schon ausreichend, lassen Sie sich noch eines sagen: Nicht die Aufschläge, sondern die Returns haben die großen Spiele entschieden. So gesehen stufe ich persönlich zur Zeit den Return mindestens so hoch wie den Aufschlag ein und bin mir sogar nicht sicher, ob ich in der Annahme richtig liege, daß er nicht noch vor dem Aufschlag eingestuft werden soll.

Was für ein unangenehmer Spezialschlag der Return ist und welche gesonderte und gezielte Übung er braucht, habe ich richtig lange nach meiner aktiven Zeit erst in meiner Trainerlaufbahn bemerkt. Als Trainer spielt man immer weniger Sätze. Man schlägt zwar unzählige Grundlinienschläge aller Art und Rasse, aber zum Returnieren kommt man kaum. Wenn man sich aber ab und zu nach langer Zeit wieder einmal bestätigen will und es mit einem aktiven Spieler aufnimmt, hat

man kein Problem mit Angriffs- oder Passierbällen, mit Flugbällen und sogar Aufschlägen, versagt aber voll beim Return. Es dauert dann mindestens einen ganzen Satz, bis man den Rhythmus wieder einigermaßen gefunden hat.

Üben Sie den Return fleißig. Wollen Sie sogar nach den Tennissternen greifen, üben Sie ihn stundenlang. Mit einem perfekten Return bringen Sie jeden Aufschläger, auch wenn er Roscoe Tanner heißt, zur Verzweiflung. Er wird noch mehr draufballern, verkrampfen, ermüden. Das Gegenteil seiner Absichten trifft ein. Sein Aufschlag wird immer schwächer und unsicherer, womit Sie am Zug sind.

Bitte merken Sie sich auch, daß der Return erst einmal übers Netz gebracht werden muß. Geben Sie dem Aufschläger die Chance, als erster einen Fehler zu machen. Das Ziel jedes guten Aufschlägers ist, Sie schon mit diesem Schlag in die Knie zu zwingen. Wenn es ihm nicht gelingt, geht er wie ein angestochener Luftballon in sich ein.

## Der Schmetterball

Ein geflügeltes Wort stellt den Schmetterball in ein enges Verwandtschaftsverhältnis mit dem Aufschlag. Wieder einmal ein Mythos. Diese zwei Schläge haben so viel gemeinsam wie der Glockenschlag von Big-Ben mit Musik.

Zugegeben, beide Schläge werden über dem Kopf geschlagen. So gesehen haben sie eine Ähnlichkeit. Das ist aber auch alles.

Den Aufschlag müssen Sie aus einem weiten Feld, von einem Standort hinter der Grundlinie, in ein kurzes Feld schlagen, den Schmetterball aus einem kurzen Feld in ein langes.

Beim Aufschlag sind Sie vom Gegner völlig unabhängig, beim Schmetterball ist der Gegner durch seinen Lob sehr wohl aktiv.

Beim Aufschlag treffen Sie einen fast ruhenden Ball, den Sie sich selber in die richtige Höhe geworfen haben, beim Schmetterball haben Sie es mit schnellen, langsamen, hohen und flachen Slice- oder was noch viel schlimmer ist – mit Topspinlobs zu tun.

Beim Aufschlag befindet sich der Körper immer in gleicher Stellung, beim Schmetterball ist er immer in einer anderen.

Auf Grund dieser Tatsachen ist die Technik dieser zwei Schläge in vielen Bereichen unterschiedlich.

Die Ausholbewegung erfolgt nicht durch ein Pendel am Körper vorbei, sondern aus Zeitgründen durch ein einfaches Hochnehmen des Schlägers vor dem Körper über die rechte Schulter hinter den Rükken zurück. Dabei dreht sich der Körper um seine Längsachse so, daß Sie am Ende der Ausholphase seitlich zur Flugbahn des Lobs stehen.

Das Gewicht wird auf den hinteren Fuß verlagert, die rechte Schulter senkt sich nach hinten. Die Schlinge hinter dem Rücken entfällt fast, auf jeden Fall soll sie recht klein sein. Der linke Arm streckt sich in die Luft. Viele Autoren und Lehrer behaupten, daß der linke Arm hochgestreckt werden soll, um den Ball fixieren oder anvisieren zu können. Das stimmt nicht. Diese Bewegung

des linken Armes ist wiederum anatomisch bedingt. In dem Augenblick, indem Sie die rechte Schulter hinten herunter und den Oberkörper in die Bogenspannung neigen, streckt sich der linke Arm automatisch hoch.

Darüber hinaus müssen Sie gerade in dieser extremen Lage des Körpers, oft sogar im Sprung, mit diesem Arm das Gleichgewicht regulieren.

Genauso wenig wie bei einem Flugball oder einer Vorhand müssen Sie auch in diesem Fall den Ball mit der linken Hand nicht anvisieren, um ihn zu treffen. Falls Sie ihn nicht gut sehen und abschätzen, wäre ein Weg zum Optiker die geeignetere Lösung des Problems.

Wenn der Schläger aus dem tiefsten Punkt hinter dem Rücken in Richtung Treffpunkt hochschnellt, senkt sich wiederum aus anatomischen sowie Gleichgewichtsgründen die linke Hand vorwärts abwärts. Im Treffpunkt ist sie ungefähr vor der Brust situiert. Das alles machen Sie aber automatisch. Es ist hier nur ordnungshalber erwähnt.

Der Ball soll immer im höchstmöglichen Punkt, etwa über der linken Fußspitze, getroffen werden. Auch beim Schmetterball ist das Handgelenk aktiv, und der Schläger dreht nach dem Treffpunkt nach rechts ab, das Handgelenk schnappt zu. Das Gewicht wird während des Schlages auf den vorderen Fuß verlagert. Der Ausschwung endet ungefähr vor dem linken Knie.

Wenn Sie Herr Schlotterhose mit einem Lob außer Gefecht setzen will, dürfen Sie nicht in Panik geraten, sich umdrehen und mit Welt-

Der Schmetterball im Sprung. Während der Schlagdurchführung wechseln die Beine. Das linke wird zurückgesetzt, und das rechte wird nach vorne in die Luft gestreckt (Scherenbewegung).

rekordgeschwindigkeit die Flucht zur Grundlinie ergreifen, sondern zuerst in aller Ruhe die Höhe und die Länge des Lobs abschätzen. Dann sollen Sie den seitlich gedrehten Körper durch Seitsteps oder Kreuzschritte zurück unter den voraussichtlichen Treffpunkt bringen. Dadurch haben Sie schon während des Positionswechsels den Körper in die richtige Ausgangsstellung gebracht.

Wenn der Lob gut plaziert ist, müssen Sie im Sprung schmettern. Sie stoßen sich in der seitlichen Stellung vom hinteren (rechten) Fuß ab. Während der Schlagdurchführung wechseln die Beine, das linke Bein wird zurückgesetzt und das rechte wird nach vorne in die Luft gestreckt. Wir nennen diesen Teil auch Scherenbewegung. Der Körper springt schließlich mit dem linken Fuß auf.

In der Luft ist der Körper elastischer und anpassungsfähiger, und etliche Profis schmettern aus diesen Gründen im Sprung auch dort, wo es nicht unbedingt erforderlich ist.

**Der Rückhandschmetterball** ist einer der schwierigsten Schläge im Tennis überhaupt. Es gibt nur wenige Spieler, die von sich behaupten können, daß sie auf der Rückhandseite schmettern können. Bei den meisten ist es eher ein Overhand, auf gut deutsch ein hoher Flugball. Falls Sie aber genug Bewegungstalent und Fleiß mitbringen, können Sie auch diesen Schlag erlernen.

Während der Ausholbewegung soll sich der Körper fast mit dem ganzen Rücken zum Netz drehen. Der Ellbogen des Schlagarmes wird bis über die Schulterhöhe angehoben. Der Schläger hängt an der linken Körperseite senkrecht herunter. Aus dem tiefsten Punkt wird er dann durch die Streckung des Ellbogens und des Handgelenkes hoch zum Treffpunkt geschwungen. Der Ausschwung erfolgt dann kurz in die Schlagrichtung vorwärts abwärts. Das Körpergewicht verlagert sich während des Schlagschwungs vom hinteren (linken) auf den vorderen Fuß.

Zu diesem Schlag gehört schon ein Schuß Akrobatik, da er vor allem ein Geschicklichkeitsschlag ist. Für diejenigen, die die schon erwähnte Geschicklichkeit des blauen Daumens besitzen, würde ich empfehlen, diesem Schlag aus dem Wege zu gehen und lieber versuchen,

Der Rückhandschmetterball ist einer der schwierigsten Schläge im Tennis. Er verlangt viel Geschicklichkeit und noch mehr Übung.

»normal« zu schmettern. Dazu müssen Sie den Lobs, die über Ihre linke Schulter gerichtet sind, begegnen können. Dies ist zwar nicht einfach, aber erlernbar, wenn Sie sich folgendes merken: Je weiter der Lob über Ihrer Rückhandseite geschlagen ist, desto mehr müssen Sie sich in der Ausholphase mit dem Rücken zum Netz drehen und im Schlag die Peitsche aus dem Handgelenk anwenden.

Auch beim Schmettern gilt die Regel: Präzision vor roher Kraft. Es wirkt zwar beeindruckend, wenn Sie mit voller Wucht einen Schmetterball hinhämmern, bis der Ball über die Tribüne oder mindestens über den Zaun in die Landschaft springt, doch abgesehen von unnötiger Kraftverschwendung gehen Sie dabei das Risiko einer Verkrampfung der Muskulatur und einer Störung des Rhythmus ein. Es gibt im Tennis nichts Deprimierenderes, als einen zugespielten Lob in die weite Ferne und auf Nimmerwiedersehen zu schmettern. Wir nennen das so schön, tennisbezogen, einen Elfmeter ohne Torwart verschießen.

Sehr steil herunterkommende Lobs empfehle ich Ihnen, zuerst abspringen zu lassen, bevor Sie sie »wegmachen«. Lobs, die kürzer geraten sind, als Ihr Gegner beabsichtigte, dürfen Sie nie unterschätzen. Viele solche Lobs werden verschlagen, weil die Spieler den Ball aus Faulheit oder Überheblichkeit weit vor dem Körper einfach herunterdreschen, ohne sich dabei bewußt

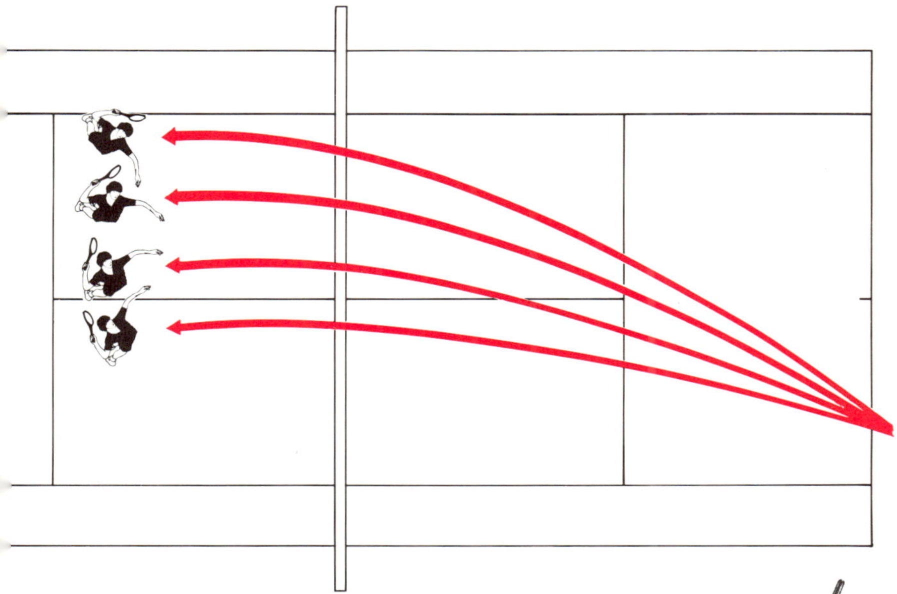

Schlagen Sie immer mit Schwung, nie zu vorsichtig und schon gar nicht ängstlich. Lang plazierte Bälle in die Ecken sind todsichere Punkte, zu kurz geratene Schläge in die Mitte können häufig von einem beweglichen Gegner erreicht werden. Mein alter Trainer hat mir immer wieder ans Herz gelegt: »Schmettern darfst Du nur einmal, entweder ist es ein direkter Punkt oder Zaun. Trainiere deshalb so, daß die erste Möglichkeit eintrifft.«

Je mehr der Lob über Ihre linke Schulter dahinsegelt, desto mehr müssen Sie sich auch in der Ausholbewegung mit dem Rücken zum Netz drehen.

zu werden, daß mit jedem Zentimeter der Schlagbewegung vor dem Körper der Schlägerkopf eine größere Vorwärtsneigung erhält. So kann es Ihnen passieren, daß Sie zwei Meter vom Netz entfernt stehen, Herr Piepenbreier zitternd in der Ecke hockt, Sie den leeren Platz wie auf einem Präsentierteller vor sich haben und den Ball senkrecht herunter ins Netz schmettern. In einem solchen Fall müssen Sie immer vorrücken, damit Sie den Ball wiederum über dem linken Fuß schmettern können.

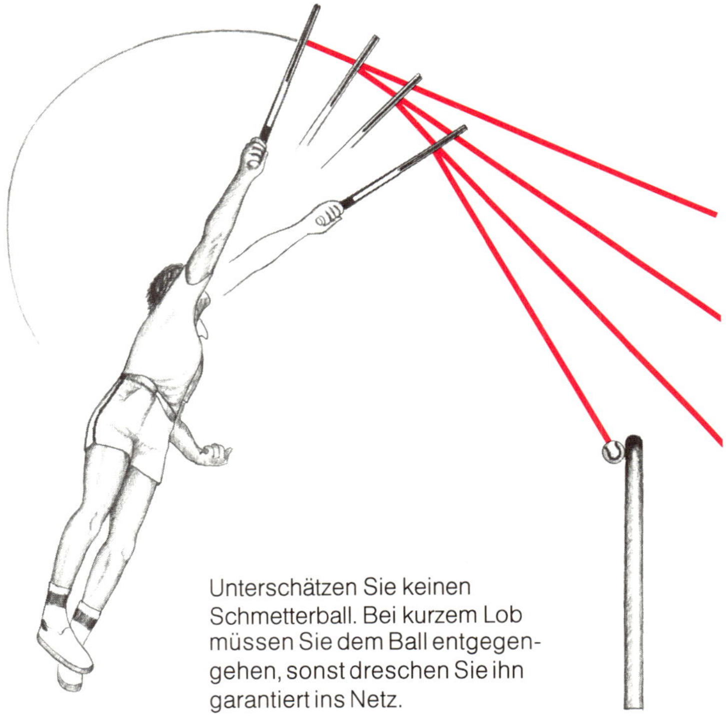

Unterschätzen Sie keinen Schmetterball. Bei kurzem Lob müssen Sie dem Ball entgegengehen, sonst dreschen Sie ihn garantiert ins Netz.

# Zusammenfassung des technischen Teiles

Zum Abschluß des technischen Teiles möchte ich noch einmal einige wichtige Gedanken rekapitulieren.

Der Tennisschlag ist keine Kunst, aber eine motorische Darstellung, die einzig und allein durch Schwung gekennzeichnet ist. Ziel des Schlagablaufs ist es, den Schlägerkopf unter einem Winkel von 90° zu der beabsichtigten Schlagrichtung in den Treffpunkt zu schwingen. Die Schwungbahn und der Schlägerkopf müssen übereinstimmend auf das Ziel weisen. Alles, was Sie vorher und nachher machen, muß diesem Gebot entsprechen. Es kann individuell gefärbt sein, muß nicht voll den Vorstellungen Ihres Tennislehrers oder dieses Buches entsprechen, doch es muß immer eine natürliche Schwungbewegung sein. »Natürliche Bewegungen sind solche, die man ohne Anweisungen, Coaching oder ohne sie zu lernen, einwandfrei durchführt«, sagt der Schweizer Nationaltrainer, mein Kollege Svatopluk Stojan.

Selbstverständlich müssen Sie jeden Tennisschlag lernen. Dazu brauchen Sie auch Anweisungen, aber in diese »Vorschriften« müssen Sie Ihren eigenen natürlichen Schwung einbauen. Damit will ich sagen, daß Sie nie nach einer Schablone, nach einem vorgeschriebenen Muster, Tennis erlernen können; Sie können niemals einen Profi, Ihren Lehrer oder mich kopieren! Sie müssen ein eigenes Original werden.

Lernen Sie deswegen von Anfang an den Schlag als Ganzes und nicht zerlegt in Einzelbewegungen. Viele Lehrer sind der Meinung, daß man den Schlag am besten erlernt, wenn man ihn zerstückelt und alle Teile einzeln prüft, erklärt und lernt. Es werden Fotoreihen von den Besten der Welt zu Hilfe genommen. Dabei versucht man, jedes Bild zu analysieren und zu kopieren. Wieviele Bilder sind aber maßgebend? Zehn oder zehntausend? Die Zahl hängt nämlich von dem Preis der Kamera ab, mit der sie gemacht werden. Der Schlagschwung dauert vom Anfang bis zum Ende ca. 1 Sekunde. Wer von uns kann schon in dieser Zeit zwanzig oder fünfzig Einzelteile kontrollieren?

Sie wollen doch den Ball schlagen. Lernen Sie deshalb den geschlossenen Bewegungsablauf und nicht zig einzelne statische Komponenten. Einzelne Fotos zeigen Ihnen den Wechsel in der Körper- oder Schlägerstellung, aber niemals eine Bewegung. Fotos können vor allem zur Kontrolle und zum Aufdecken von Fehlern dienen.

Sylvia Hanika

Überschätzen Sie nicht den Körpereinsatz. Ich garantiere Ihnen, daß ich, wie ein Storch auf einem Fuß stehend, nur mit der Armbewegung fast die gleiche Ballgeschwindigkeit erreichen kann wie mit idealem Körpereinsatz, womit ich nicht sagen will, daß es so richtig ist. Der Armschwung ist das Primäre im Tennis. **Die Körperarbeit und die Gewichtsverlagerung dienen vor allem der Sicherheit und der Präzision. Ohne diese zwei Komponenten gibt es auch kein Timing.** Sie können aber den Armschwung nicht ersetzen. Sie müssen den Schläger und nicht sich selbst schwingen! Wenn Sie einen richtigen Griff, Stand, Schlagschwung und die richtige Entfernung zum Ball haben, besorgt der Schlägerkopf den Rest praktisch alleine.

Die Beinarbeit ist allerdings von größter Bedeutung, denn nur durch perfekte Beinarbeit kommen Sie in die ideale Stellung zum Ball. Rennen Sie nicht schnaufend wie ein gehetztes Karnickel durch die Gegend. Bewegen Sie sich aber schnell, leichtfüßig und vor allem ökonomisch. Laufen Sie nicht dorthin, wo der Ball aufspringt, denn Sie wollen ihn ja nicht kicken. Bewegen Sie sich vor allem im letzten Streckenabschnitt vor dem Schlag behutsam, und stellen Sie sich so, daß Sie immer die ideale Reichweite – durchgestreckter Schlagarm im Treffpunkt – einhalten und die Gewichtsverlagerung in den Schlag vorwärts durchführen können. Forschen Sie nach Ihrem eigenen idealen Griff, und, wenn Sie ihn gefunden haben, lassen Sie sich ihn um Gottes willen nicht ausreden.

Versuchen Sie den Bewegungsablauf einfach und harmonisch durchzuführen. Jegliches Zukken, Unterbrechen, Verzerren, Verspannen stört den Bewegungsrhythmus, die Koordination Nerv-Muskel. Entspannen Sie sich vor allem psychisch. Sie dürfen keine Angst vor Mißerfolg haben. Jegliche Art von Angst bringt zwangsweise eine muskuläre Verkrampfung mit sich. Mit verkrampften Muskeln können Sie nie locker schwingen. Vergessen Sie auch nicht, daß der Schlägerkopf erst im Treffpunkt die höchste Geschwindigkeit haben muß.

Bleiben Sie konzentriert, aber lernen Sie Spannung und Entspannung auch während des Spiels zu wechseln. Lassen Sie sich nicht ablenken. Denken Sie an die Enge des Bewußtseins.

Schätzen Sie sich richtig ein und beschimpfen Sie sich keinesfalls bei mißlungenen Schlägen. Sie sind deswegen weder schwachsinnig noch tolpatschig, Sie sind eben Sie, so wie Sie der liebe Gott geschaffen hat. Sie können auf dem Platz nur das verwirklichen, wozu Ihre Fähigkeiten reichen und was Sie erlernt haben. Versuchen Sie, Spaß am Spiel zu finden. Lernen Sie über sich selbst zu lachen, und gleich wird es viel leichter gehen. Größenwahn und Minderwertigkeitskomplexe bringen Sie nicht weiter. **Sie müssen versuchen, Ihr Idealbild und Ihr Realbild auf einen Nenner zu bringen.** Wenn zwischen diesen zwei Bildern eine breite und tiefe Kluft ist, werden Sie sich auf dem

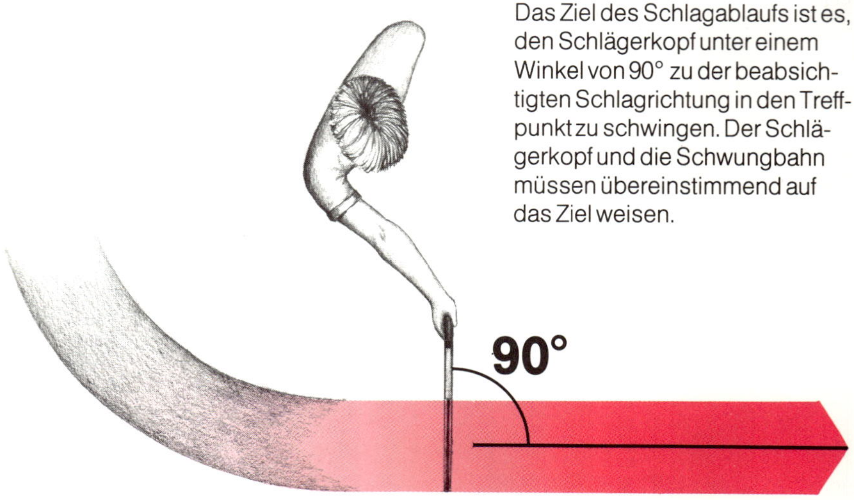


Das Ziel des Schlagablaufs ist es, den Schlägerkopf unter einem Winkel von 90° zu der beabsichtigten Schlagrichtung in den Treffpunkt zu schwingen. Der Schlägerkopf und die Schwungbahn müssen übereinstimmend auf das Ziel weisen.

Platz nie wohlfühlen. Fallen Sie sich selbst nicht auf den Wecker.

Komplizieren Sie auch nicht Ihr Spiel. Spielen Sie im Match vor allem das, was Sie beherrschen. Experimente und Phantasieschläge überlassen Sie wohlwollend Ihrem

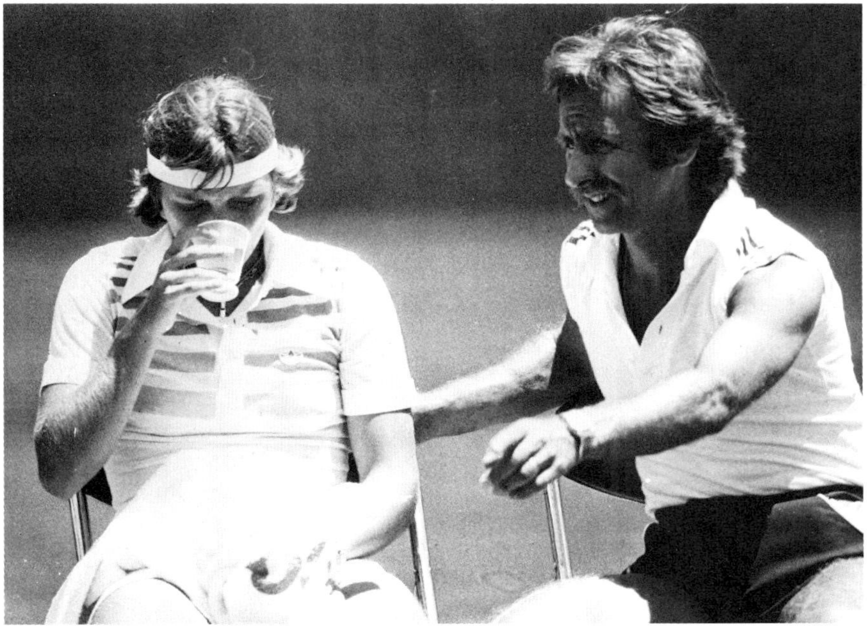

Federation Cup in Australien; ich coache unsere Weltklassespielerin Sylvia Hanika, die bei diesen Weltmeisterschaften als beste Nachwuchsspielerin der Welt geehrt wurde.

Gegner. Den Ballwechsel hat bis jetzt immer noch derjenige gewonnen, der den Ball einmal mehr übers Netz geschlagen, und nicht der, der innerhalb dieses Ballwechsels ein ganzes Feuerwerk an Spezialschlägen vorgeführt hat, wie eindrucksvoll das auch aussehen mag.

Versuchen Sie nie mehr zu erreichen, als zur Zeit in Ihren Fähigkeiten liegt. Erkennen Sie Ihre derzeitige Grenze. Überlassen Sie die Ihnen noch rätselhaften Schläge den Herren McEnroe oder Piepenbreier.

Wenn Sie einmal die Schlagtechnik beherrschen, aber auch erst dann, ist der Flug des Balles ein Gradmesser eines richtig oder falsch durchgeführten Schlages. Im Anfängerstadium müssen Sie sich vor allem auf die Durchführung konzentrieren und den geschlagenen Ball dem Tennislehrer oder dem Balljungen überlassen.

Versuchen Sie im Training, einen Ihrer Schläge zur richtigen Stärke oder sogar zu einem Killerschlag auszubauen, vor dem Ihre Gegner das große Zittern bekommen. Wenn Sie einen Schlag besitzen, den Sie auch um Mitternacht nach einer Flasche Champagner zuverlässig, immer wieder ohne Fehler übers Netz und lang befördern können, haben Sie schon 90 % aller Spieler der Welt im Griff. Wenn Sie dazu noch einen Schlag beherrschen, den Sie mit der Regelmäßigkeit der päpstlichen Messe töten können, schlagen Sie garantiert 98 % der Spieler. Auf die läppischen 2 % können Sie dann großzügig verzichten, es sei denn, Sie haben mehrere Schläge der oben angeführten Qualität. Dann heißen Sie aber nicht Huber oder Hecht, sondern Borg oder McEnroe, Evert oder Navratilova, und müssen dieses Buch nicht lesen. Merken Sie sich aber bitte eines: **Ein Spiel gewinnen Sie nie nur durch direkte Punkte. Sie verlieren es aber immer durch dumme Fehler.**

Bevor Sie aber diese Höhen erreichen, müssen Sie Geduld haben. Tennis können Sie nicht über Nacht lernen. Vom Anfänger bis zum Spitzenstar ist es ein dorniger Weg. Er dauert mindestens 10 Jahre. Darunter hat es noch kaum jemand geschafft. Steigen Sie die Treppe schön brav und sicher hoch und versuchen Sie, keine Stufe zu überspringen. Denken Sie an die Gletscherspalte.

Zum Abschluß dieses Kapitels noch einen Ratschlag aus eigener Erfahrung: **Suchen Sie im Tennis soviel Anstrengung wie nötig und soviel Spaß wie nur möglich.**

# Mythen im Tennis oder populäre Mißverständnisse

Es gibt im Tennis allerhand Behauptungen, die jahrzehntelang immer wieder automatisch übernommen und allgemein ohne Widerspruch akzeptiert werden. Nun, dadurch, daß man eine gewisse Unwahrheit immer wiederholt, wird sie noch lange nicht zur Wahrheit.

Und so möchte ich einige dieser Mißverständnisse ein für allemal klarstellen, auch wenn ich mich der Gefahr aussetze, daß ich als Ketzer auf dem Scheiterhaufen ende. Einige von diesen Mythen wurden schon im vorherigen Text erwähnt.

1. »Gute Spieler wechseln nicht den Griff.« Stimmt nicht. Praktisch alle Spieler wechseln mehr oder weniger.

2. »Halten Sie den Schlägerkopf beim Schlag immer über dem Handgelenk.« Unsinn. Nur bei Schlägen über der Oberschenkelhöhe trifft dies zu. Bei allen tiefen Schlägen ist der Schlägerkopf im Treffpunkt unter dem Handgelenk, wobei allerdings der Winkel zwischen dem Schlägerhals und dem Unterarm nicht verändert werden darf.

3. »Sie sollen grundsätzlich mit der Ausholbewegung dann anfangen, wenn Sie erkannt haben, wohin der Ball fliegt.« Nein. Sie sollen mit der Schulterdrehung zu dem erwähnten Zeitpunkt anfangen. Der Zeitpunkt der eigentlichen Armbewegung wird erst durch die beabsichtigte Schlagart beeinflußt. Der Ball ist bei einem normalen Grundschlag zwischen einer und zwei Sekunden unterwegs, im Durchschnitt 1,5 sec. Die rhythmische Ausholbewegung erfolgt in ca. 0,4–0,6 sec. Hinzu kommt die Schlagbewegung von ca. 0,1–0,3 sec. und eine Reaktionszeit von ca. 0,2 sec., insgesamt 0,7–1,1 sec. Es bleibt somit ca. 0,3–0,9 sec. Zeit! Wenn Sie immer versuchen, nach dem oben angeführten Mythos auszuholen, müssen Sie die Ausholbewegung in vielen Fällen verzögern oder abbrechen, womit das Timing des Schlages im Eimer ist. Grundsätzlich gilt, daß Sie bei einem Slice früher und bei einem Topspin später mit der Ausholbewegung anfangen sollen, um das ideale Timing des Schlages zu erhalten. Ausnahmen sind nur bei den absoluten Anfängern vorhanden, die erst einmal grundsätzlich alles zu spät machen.

4. »Eine horizontale (gerade) Ausholbewegung ist schneller als eine vertikale (Schleife).« Das Gegenteil ist wahr. Durch die Zentrifugalkraft bei einem geradlinigen Ausholen und dem Stopp in der Kehre verlieren Sie mindestens 0,1–0,3 sec. gegenüber der vertikalen Ausholbewegung.

5. »Sie müssen den Ball so lange wie nur möglich im Schläger führen.« Das geht nicht! Der Ball ist grundsätzlich 0,003–0,005 sec. und höchstens 15 cm im Schläger. Je kräftiger Sie zuschlagen, um so »länger« weilt er im Schläger. Sie müssen aber den Schläger so lange wie nur möglich in der Treffstrecke führen, um den Ball nicht negativ zu beeinflussen.

6. »Verlagern Sie bei einem Schlag aus dem Stand Ihr Gewicht vom hinteren auf den vorderen Fuß, während Sie den Ball schlagen.« Das ist zu spät. Das Gewicht wird während des Schlagschwunges verlagert. Im Treffpunkt ist das Gewicht schon voll auf dem vorderen Fuß. Der optimale Schlägerschwung im Treffpunkt wurde schon vorher durch die Harmonie zwischen Armschwung und Körperge-

Roscoe Tanner

wichtsverlagerung ausgelöst. Anders ist es bei einem ausgelaufenen Schlag.

7. »Schlagen Sie den Ball so weit wie nur möglich vor dem Körper.« So nicht. Zu weit vorne ist sogar schlechter als zu spät, denn der Körper rotiert, wodurch der Schläger aus der Treffstrecke geschwungen wird, und der Schlagschwung klingt ab. Es gibt nur einen idealen Treffpunkt im Verhältnis zur individuellen Schlägerhaltung und einige akzeptable Treffpunkte in der verflachten Treffstrecke.

8. »Beobachten Sie den Ball bis in den Treffpunkt.« Das ist nicht möglich. Die Augen können den Ball höchstens 1–1,5 m vor dem Treffpunkt verfolgen. Bei einem ersten Aufschlag des Gegners, der mit 176–248 km/h geschlagen wurde, erreicht der Ball beim Kontakt mit Ihrem Schläger noch immerhin eine Geschwindigkeit von ca. 80 km/h. Bei einem zweiten Aufschlag noch 48 km/h! Das intensive Beobachten des Balles, so weit es geht, fördert aber die Konzentration!

9. »Drehen Sie sich beim Ausholen immer seitlich.« Im Notfall genügt es völlig, wenn Sie die Schulterachse seitlich drehen, besonders bei der Vorhand.

10. »Bewegen Sie sich zum Ball grundsätzlich seitlich.« Nein. Bewegen Sie sich oder laufen Sie immer normal und natürlich. Nur die kurzen Entfernungen der Grundlinie entlang sollen Sie mit Side-Steps oder mit Kreuzschritten überbrükken.

11. »Halten Sie in der Grundstellung den Schlägerkopf immer in Richtung Netz und den Ellbogen weit vom Körper.« Falsch. Die Stellung des Schlägerkopfes ist individuell durch die Schlägerhaltung bestimmt, und der Ellbogen soll immer in der unmittelbaren Körpernähe gehalten werden, um den Radius der Ausholbewegung zu reduzieren, und zwar nach dem biomechanischen Prinzip: Trägheitstriebkraft = Masse × Radius$^2$.

12. »Üben Sie intensiv die Aushol- und Schlagbewegung in Zeitlupe.« Nein! Das widerspricht den Ergebnissen des motorischen Lernens. In der Zeitlupe werden nicht die gleichen Muskeln und Nerv-Muskel-Reaktionen tätig wie bei einem normalen Schwung. Mehr noch, die Zeitlupe zwingt zur Bewältigung von Erdanziehungskraft und nicht zum Gebrauch von Triebkraft.

13. »Schwingen Sie beim Topspin mit geschlossenem Schläger über den Ball.« Völlig falsch. Der Schläger muß im Treffpunkt bis auf Ausnahmen (hoch und nahe am Netz) grundsätzlich senkrecht oder fast senkrecht stehen. Erst im Ausschwung kann er sich vor allem beim Westerngriff schließen.

14. »Mit schwerem Schlägerkopf erreichen Sie höhere Ballgeschwindigkeit.« Stimmt nicht. Höhere Ballgeschwindigkeit erreichen Sie bei größerer Schlägerkopfbeschleunigung, denn dabei steigt die Geschwindigkeit im Quadrat! Bei schwererem Schlägerkopf steigt sie linear! Unter Umständen erreichen Sie mit leichterem Schlägerkopf höhere Ballgeschwindigkeiten, z. B. beim Aufschlag, weil Sie diesen viel mehr beschleunigen können.

15. »Kehren Sie nach dem Schlag immer in die Mitte der Grundlinie zurück.« Nein. Laufen Sie immer in die Mitte des Streuwinkels der gegnerischen Schlagmöglichkeit.

16. »Ein Anfänger kann nicht den Aufschlag mit korrektem Rückhandgriff erlernen.« Was für ein korrekter Rückhandgriff? Unter Umständen ist er von Spieler zu Spieler unterschiedlich. Ein Anfänger sollte schon mit Continentalrückhand aufschlagen lernen, auch wenn der Lernweg etwas länger dauern sollte. Warum später umlernen?

17. »Beim Aufschlag müssen Sie den ganzen Körper auf einmal durchstrecken.« Nein. Eine maximale Schlägerbeschleunigung erreicht man durch nacheinanderfolgende Streckungen mit der am tiefsten liegenden Muskelgruppe der unteren Extremitäten, angefangen über die Bauch-, Rücken-, Schulter-, Oberarm-, Unterarm- und Handgelenksmuskulatur.

18. »Bei einem Aufschlag müssen Sie mit dem Handgelenk nach vorne links zuschnappen.« Niemals. Das Handgelenk rotiert mit dem Unterarm nach dem Treffpunkt und schnappt dadurch immer zuerst nach rechts außen zu, und das bei allen Aufschlagarten, was anatomisch bedingt ist.

19. »Führen Sie den Schläger bei einem Slice-Aufschlag um den Ball nach links herum.« Nicht durchführbar – siehe Punkt 5 und 18.

20. »Zielen Sie mit dem Finger der linken Hand auf den ankommenden Lobball, um besser zu treffen.« Nein. Der linke Arm dient nur zur Erhaltung des Gleichgewichts.

21. »Schlagen Sie den Ball immer im aufsteigenden Ast.« Erstens ist es nicht immer durchführbar, auch wenn Sie es möchten. Zweitens ist es nicht immer ratsam, denn Sicherheit geht vor Risiko. Drittens hängt es von Ihrer Spielstärke und dem technischen Können ab. Kein Spitzenprofi macht dies dauernd. Die meisten schlagen im Idealfall, bis auf Ausnahmefälle in gewissen Situationen im oder kurz hinter dem Kulminationspunkt. Immer wieder wird dieser Mythos von vielen Lehrern wiederholt, aber nur Kamikaze-Spieler befolgen ihn. Diese bleiben in den ersten Runden der Turniere hängen.

Der tschechische Senkrechtstarter Ivan Lendl beim Aufschlag. Achten Sie auf die Stellung des Handgelenkes und der Schlägerfläche nach dem Treffpunkt. Siehe Punkt 18!

# Die Taktik

## Die Einzeltaktik

Über die Taktik im Tennis könnte ich ein eigenes Buch schreiben, das ganz schön dick werden würde. Es gibt sehr viele taktische Züge und Gegenzüge und viele Varianten. Alle zusammengefaßt ergeben eine Lektüre, die ein Fortgeschrittener kaum und ein Anfänger schon gar nicht in seinem Gedächtnis speichern könnte. Der beste Lehrer ist in diesem Fall die eigene Erfahrung.

Aus diesen Gründen habe ich mir über dieses Kapitel lange den Kopf oder das, was davon übrig blieb, zerbrochen. Betrachten Sie die hier angeführten Ratschläge deswegen als Basistaktik. Alles andere hängt von Ihrem technischen Können, Ihrer Mentalität sowie vom Gegner und den äußeren Verhältnissen ab. **Ich gehe bei allen taktischen Überlegungen und Betrachtungen davon aus, daß Tennis ein Spiel der Vernunft und des Instinkts ist.**

Der allerwichtigste taktische Tip war, ist und bleibt, den Ball einmal mehr übers Netz zu bringen als Ihr Gegner. Wer als erster einen Fehler macht, hat den Punkt verloren. Jetzt werden Sie, genauso wie eventuelle Fachleute als Leser dieser Zeilen, sauer sein oder lachen. So was Blödes. Das ist doch jedem klar. Ist es aber wirklich **jedem** klar? Immer wieder beobachte ich sogar gute Spieler, die die unmöglichsten Schläge in den unmöglichsten Situationen versuchen, als ob sie in einem Match hundert Punkte zu verschenken hätten.

Es gibt bestimmt an die tausend kluge Ratschläge und Schachzüge auf dem Tennisplatz, aber wieviele Spieler sind überhaupt fähig, diese zu befolgen?

Damit sind wir beim ersten Problem angelangt. Sie können immer nur die Taktik wählen, die Sie mit Ihren technischen Mitteln auch durchführen können. Es wird für Sie ziemlich schwer sein, gegen jemanden, der einen schwachen Passierball besitzt, ans Netz zu stürmen, wenn Sie selbst einen Flugball gar nicht beherrschen.

Also gilt als **erstes Gebot: Wählen Sie immer nur die taktischen Züge, die Sie technisch durchführen können.** Sie müssen demzufolge versuchen, Ihre technischen Stärken dem Gegner aufzuzwingen, und damit vermeiden, daß dieser Ihre Schwächen ausnutzt. Das können Sie aber nur dann, wenn Ihre Stärken auch sicher genug sind. Eine Kanonenvorhand, die Löcher in den Platz bohrt, die aber immer nur Ostern und Weihnachten kommt, ist zwar eine Stärke, aber kaum aufzwingbar oder beunruhigend.

Deswegen heißt das **zweite Gebot – Sicherheit.** Schämen Sie sich nicht, immer wieder den einfachsten und langweiligsten Schlag zu spielen, den Sie fehlerlos tausendmal übers Netz schupfen können. Borg oder Vilas bekommen dabei auch keinen roten Kopf. Bitte, soll doch der Gegner versuchen, den Punkt zu machen! Meistens macht er dabei den ersten Fehler. Dazu brauchen Sie aber Geduld. Sie dürfen sich nicht zu unüberlegten oder für Sie kaum durchführbaren Handlungen verführen lassen, auch wenn die Situation noch so verlokkend ist.

Womit wir beim **dritten Gebot** angelangt sind, und das ist **Geduld.** Geduldig und sicher können Sie aber nur die Schläge spielen, die Sie einwandfrei beherrschen – siehe das erste Gebot. Das betrifft nicht nur die technische Durchführung



Tracy Austin

bzw. die Schlagart als solche, sondern auch die Situation.Es gibt Situationen am Platz, in denen es nur eine einzige günstige Lösung gibt. Alle anderen sind Hasard. Ein Spitzenprofi spielt nie einen Schlag, bei dem er nicht mindestens 51% Erfolgschancen hat. Mit anderen Worten, er spielt so, daß er vermeidbare Fehler nicht begeht.

Diese Tatsache führt uns zum **vierten Gebot,** zum **Prozenttennis.** Um aber ein richtiges Prozenttennis spielen zu können, müssen Sie nicht nur Ihre Schwächen und Stärken in die Waagschale legen, sondern auch die des Gegners sowie alle äußeren Umstände miteinbeziehen. Das heißt, daß Sie nicht stur wie ein Ochse gegen die Mauer rennen dürfen.

Deswegen heißt das **fünfte Gebot – Anpassungsfähigkeit.** Aber auch unter oder trotz der Berücksichtigung all dieser Umstände dürfen Sie nicht in Euphorie geraten und ein wahres Festival an Cleverneß und Variationen veranstalten, auch wenn Sie diese technisch durchführen könnten. Meistens reicht ein einziger richtiger taktischer Zug, um das Match sicher nach Hause zu schaukeln. Eine einfache Strategie, die an den Nerven des Gegners zehrt und diese systematisch unter Druck setzt, die dem Gegner keine Zeit zum Ausruhen oder eine Möglichkeit zu erfolgreichen Gegenzügen erlaubt, ist die wirkungsvollste.

Daraus ergibt sich das **sechste Gebot,** die **Einfachheit.** Ändern Sie nie die Taktik, mit der Sie siegen. Never change the winning game! Spielen Sie unter Umständen auch den Matchball ruhig von hinten, wenn Sie es mit dieser Taktik bis zu diesem erfreulichen Stand gebracht haben. Hauen Sie diesen aber dem Gegner mit einem Flugball um die Ohren, wenn Sie bis dahin das Match vom Netz aus geführt haben. Wie ein effektvoller, aber hirnloser Schlußpunktversuch, so kann auch ein plötzliches Angstgefühl beim Matchball dem Spiel eine unerwartete Wende geben und Sie in den Abgrund stürzen lassen.

Das Einfache dürfen Sie aber nicht mit Einfallslosigkeit verwechseln. Denn ohne vernünftiges Maß an Risiko und Einfallsreichtum sind Sie früher oder später durchschaubar. Wenn Sie nicht fähig sind, Überraschungen einzubauen, den Gegner in Ungewißheit zu lassen und aggressiv zu spielen, wenn Sie ewig nur passiv auf die Fehler des Gegners warten, kann es Ihnen passieren, daß Sie auf Ihren ersten Sieg lebenslang warten müssen. Sie müssen versuchen, immer so zu spielen, daß Sie durch vernünftige Aggressivität den Gegner zu Fehlern oder unüberlegten Handlungen zwingen.

Das bedeutet vernünftige und kalkulierbare **Risikofreudigkeit und Aggressivität,** was das **siebte Gebot** ist. Diese zwei Eigenschaften können Sie aber nur dann entwickeln, wenn Sie neben dem notwendigen technischen Vermögen auch psychische Voraussetzungen mitbringen. Falls Sie vor Herrn Piepenbreier wie ein Kaninchen vor einer Kobra zittern, werden Sie kaum aggressiv handeln können, denn ich habe noch kein Karnickel gesehen, das eine Kobra totgebissen hat. Es ist ein riesiger Unterschied im ganzen Aufbau des Spieles, in der Taktik und Strategie während des Matches, und vor allem im Verhalten des Spielers in kritischen Situationen zwischen demjenigen, der in das Spiel mit festem Willen, es zu gewinnen, geht, oder demjenigen, der vor allem mit dem Gedanken spielt, es nicht zu verlieren.

Die Motivationsbasis ist in diesen zwei Fällen grundverschieden, wobei wir unter Motivation ein Potential verstehen, das über eine Bedürfnisspannung zu einem Verhalten führt.

Damit haben wir das **achte Gebot** entdeckt. Sie müssen **Hoffnung auf Erfolg,** und nicht Furcht vor Mißerfolg haben. Motiviert durch Hoffnung auf Erfolg, werden Sie immer aktiv, aggressiv und kreativ operieren. Sie werden das Match um jeden Preis gewinnen wollen. Vollgeladen mit Furcht vor Mißerfolg werden Sie passiv, einfallsarm und ängstlich spielen. Sie werden das Match um Gottes willen **nicht verlieren** wollen und werden es gerade deswegen auch prompt verlieren.

Kreativität, die ein Zeichen Ihres IQ, das heißt Ihrer Einfallsfähigkeit, ist, äußert sich in der Fähigkeit,

Überraschungsmomente einzubauen oder auch unproduktive oder erfolglose Taktik durch neue Varianten zu ersetzen, und wenn es sein muß, auch zweckmäßig den Rhythmus zu wechseln. So können wir als das **neunte Gebot** die **Variabilität** nennen.

Tatsache, durch Statistiken bewiesen, ist die, daß die meisten verschlagenen Bälle im Netz landen: Ganze 75%. Nur 25% begeben sich ins Aus. Warum wohl? Das Netz ist ja so lächerlich niedrig im Vergleich zu dem Raum über ihm und zu der Größe der gegnerischen Platzhälfte, denn eine Hälfte des Einzelfeldes hat immerhin fast 98 $m^2$! Der Grund ist vor allem darin zu suchen, daß die meisten Menschen nicht räumlich sehen und denken können oder wollen. Sie orientieren sich nach dem ersten Hindernis, und das ist das Netz. Die Netzkante zieht sie direkt magisch an. Sie versuchen dadurch, den Ball unmittelbar über die Netzkante zu zielen und treffen selbstverständlich gerade das drohende Hindernis – das Netz. Und wenn sie dieses nicht treffen, ist der Ball sowieso zu kurz geraten.

Ich gebe Ihnen deshalb einen guten Rat, vergessen Sie beim langen Grundlinienspiel das Netz völlig und versuchen Sie, das Gebiet vor der Grundlinie zu bombardieren. Sie werden sehen, daß Ihre Bälle plötzlich automatisch 1½ m höher fliegen werden als vorher und das Netz als Fehlerquotient ausgeschaltet ist. Nur bei kurzen Cross-Passierbällen oder bei Stopbällen können Sie die Netzkante als Orientierungshilfe benutzen. Mein alter Trainer, dessen Gedanken ich schon einmal hier an Sie weitergab, hat mir immer gepredigt, **daß ein Ball ins Aus ein Fehler, ein Ball ins Netz ein Verbrechen ist.** Zusammengefaßt ist das **zehnte Gebot – räumliches Denken.**

Nach den allgemeinen wichtigsten Grundregeln gehen wir nun die einzelnen Schläge und die damit verbundenen Situationen von der taktischen Seite aus wenigstens grob durch und setzen dabei voraus, daß Sie diese auch halbwegs technisch durchführen können.

# Der erste Aufschlag

Für den Aufschlag haben Sie immer zwei Versuche, was bei keinem anderen Schlag der Fall ist. Das darf Sie aber nicht zur Verschwendung verführen, denn ein Doppelfehler ist meiner Meinung nach ein Tennisverbrechen, für das es die Höchststrafe geben sollte.

Nehmen wir uns erst einmal den **ersten Aufschlag** vor.

Wenn Sie bedenken, daß auch die Spitzenkönner nur an die fünfzehn direkte Punkte in einem Fünfsatz-Match mit diesem ersten Aufschlag erreichen, werden Sie kaum im Anfall von Überheblichkeit dreißig in drei Sätzen aufbringen wollen, es sei denn, daß Ihnen gegenüber ein Gartenzwerg mit Gipsbeinen steht. Da diese Exemplare auf Tennisplätzen aber kaum vorzufinden sind, dürfen Sie den ersten Aufschlag nicht wie ein Dorfschmied dreschen, sondern versuchen, ihn mit etwas Drall zu kontrollieren. Bis auf Ausnahmen schlägt man heute eine Mischung aus erstem und zweitem Aufschlag, wobei diese näher dem ersten ist. Profis bringen an die 60% ihrer ersten Aufschläge durch.

Die Aufgabe des ersten Aufschlages ist es, vor allem den Gegner unter Druck zu setzen, ihm den Return so gut wie nur möglich zu erschweren und sich selbst eine vorteilhafte Ausgangsposition für den nächsten Schlag zu verschaffen. So gesehen entscheidet nicht die rohe Kraft, sondern eine Kombination von Geschwindigkeit und Genauigkeit. Falls der Gegner auf einer Seite nicht gerade eine ausgesprochene Returnschwäche hat, sollten Sie den ersten Aufschlag vor allem zu den Außenlinien plazieren. Damit zwingen Sie den Gegner, den Return außerhalb des Einzelfeldes zu schlagen, und öffnen somit seine andere Platzhälfte für Ihren Angriff.

Als zweite Eventualität bietet sich an, den ersten Aufschlag dem Gegner direkt auf den Bauch zu zielen, besonders dann, wenn dieser (Bauch) größer ist. Nicht um ihn als günstige Zielscheibe zu benutzen,

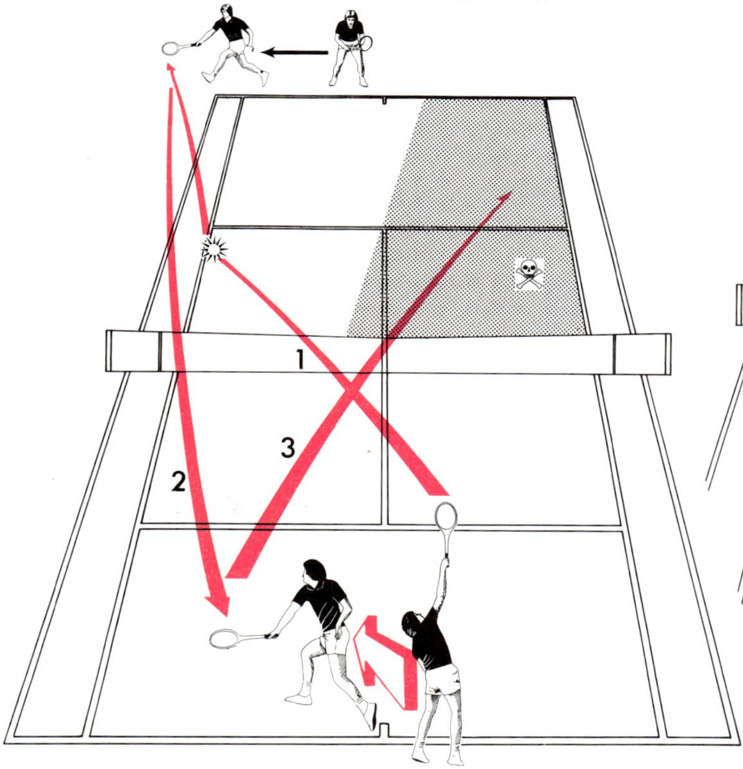


Mit einem Aufschlag zu der Außenlinie (1) öffnen Sie das halbe Feld des Gegners für Ihren tödlichen Angriffsball (3).

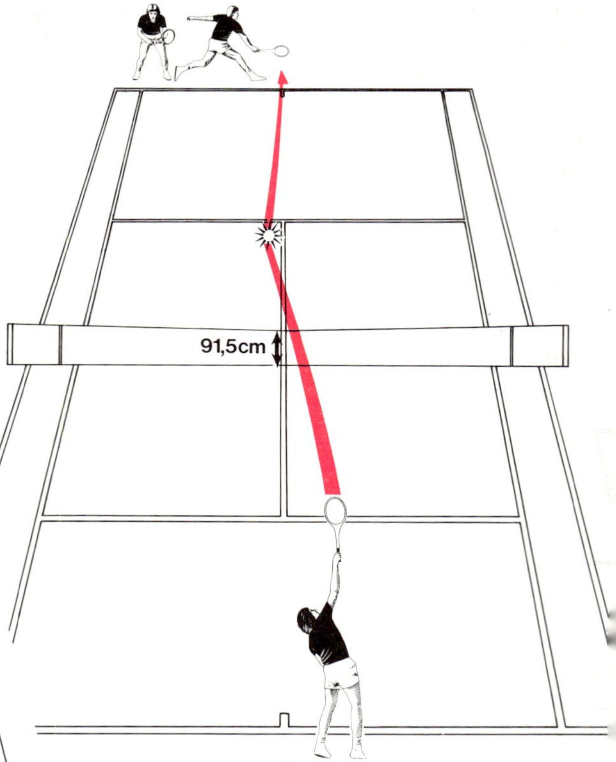


Ein erster Aufschlag in die Mitte ist zwar der sicherste Aufschlag, aber der Gegner ist nach dem Return sofort in einer günstigen Stellung in der Mitte des Platzes.

sondern weil so ein Bauch meistens auch eine gewisse Unbeweglichkeit des Besitzers signalisiert. Sie zwingen den Gegner dadurch, in der frontalen Stellung des Oberkörpers und oft in der Rücklage zu returnieren. Solch ein Return gleicht meistens einem unbeabsichtigten und verpatzten Lob.

Als dritte Eventualität bleibt die Mitte übrig. Diese hat den Vorteil, daß das Netz an dieser Stelle am niedrigsten ist. Aber Sie ermöglichen dem Gegner praktisch schon mit dem Return, die Mitte des Platzes und dadurch die für ihn günstigste Ausgangsposition zur Platzdekkung einzunehmen. Wenn Sie allerdings dem Aufschlag sofort zum Netz folgen, ist dieser insofern von Vorteil, als der Gegner jetzt über ungünstige Winkelverhältnisse für einen direkten Passierballpunkt verfügt. Darüber hinaus ist der Aufschlag zur Mitte dann günstig, wenn der Gegner dort eine Schlagschwäche hat, sowie als Überraschungsmoment und Variationseffekt.

Bei allen Vor- und Nachteilen einzelner Zielfelder vergessen Sie nicht das neunte Gebot. Jede Taktik ist nur dann erfolgreich, wenn sich der Gegner im Laufe des Spieles auf diese nicht einstellt. Deswegen müssen Sie auch dann, wenn Sie eine gewisse Taktik erfolgreich praktizieren, immer wieder Überraschungsmomente einbringen. Der Gegner darf sich über Ihre Absichten nie sicher sein. Gerade beim ersten Aufschlag können Sie durch kluges Variieren sehr viele Erfolge erzielen.

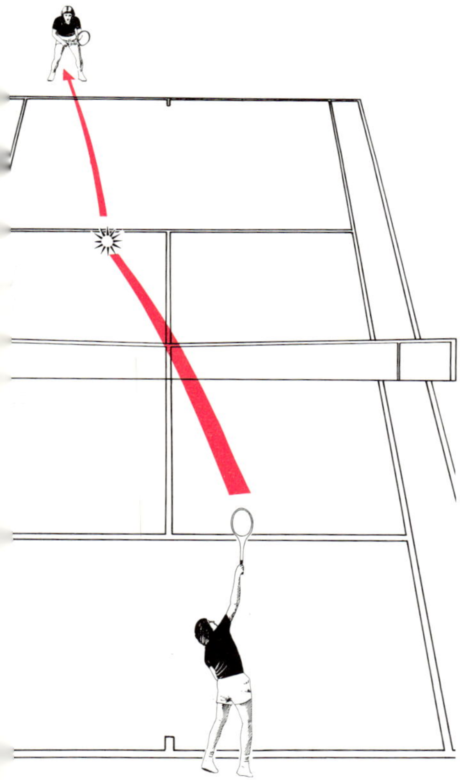

Ein erster schneller Aufschlag auf den Körper des Gegners zwingt diesen zu einem Ausweichmanöver und verursacht meistens einen schwachen Return.

# Der zweite Aufschlag

Wie ich Ihnen schon angedeutet habe, ist ein schwacher zweiter Aufschlag Ihre eigene Einladung zum Selbstmord. Gehen wir deshalb davon aus, daß Sie diesen sehr, sehr fleißig trainiert haben, und daß er nicht zu Ihren Schwächen gehört.

Nur in zwei Ausnahmefällen können Sie mit dem zweiten Aufschlag einen direkten Punkt erzielen – entweder aus Verzweiflung, indem Sie den zweiten in der Art des ersten hindonnern und zufällig treffen, oder aber der Gegner ist gerade eingeschlafen. Da beide Eventualitäten sehr selten vorkommen, müssen Sie sich damit abfinden, daß der zweite Aufschlag vor allem eine Eröffnung des Ballwechsels ist. So gesehen müssen Sie wenigstens versuchen, im Vorteil zu bleiben und deshalb so aufschlagen, daß Sie auch nach dem Return Ihres Opponenten das Spielgeschehen bestimmen und dieser Ihnen nicht den Ball direkt um die Ohren haut.

Aus diesem Grunde dürfen Sie in der Regel nicht auf die starke Seite des Gegners aufschlagen, es sei denn, Sie wollen ihn völlig demoralisieren und über seine Stärke schlagen. Unter Freunden, liebe Leser, soll man aber nicht als Sadist auftreten. Jetzt aber im Ernst. Es ist wirklich demoralisierend, wenn Sie Ihrem Gegner zeigen, daß Sie seine Stärke nicht fürchten müssen. Das gilt allerdings für alle Schläge, nicht nur für den Return. Meistens bricht der Gegner dann psychisch zusammen, denn wenn er nicht mit seinem starken Potential durchkommt, womit dann? Sie müssen sich aber bei einer solchen Taktik sehr stark fühlen.

Aber zurück zum Aufschlag. Falls der Returnierende beide Returns gleich gut oder schlecht schlägt, empfehle ich Ihnen, von der rechten Seite mit einer Slice-Spin-Kombination, die relativ hoch abspringt, aber noch schnell genug ist, überwiegend in die Mitte und von der linken Seite zur Seitenlinie – und damit von beiden Seiten – in die Rückhand zu servieren. Den meisten Spielern verursacht der hohe Rückhandreturn Schwierigkeiten. Diese Spieler schlagen ihn mit Slice und setzen Sie dadurch kaum unter Druck. Auf den Körper zu servieren ist in diesem Fall zwecklos, denn auch Frau Knobelspieß wird noch rechtzeitig ausweichen können.

Nun, Sie können mit beiden Aufschlägen angreifen oder nach beiden hinten bleiben. Grundsätzlich gilt, daß ein guter Spieler auf schnellen Plätzen wie Rasen oder Hallenböden nach beiden Aufschlägen vorgeht, auch wenn es Ausnahmen sogar in der Weltspitze gibt. Auf langsamen Aschenplätzen ist der Angriff mit dem Aufschlag, besonders mit dem zweiten, risikoreich.

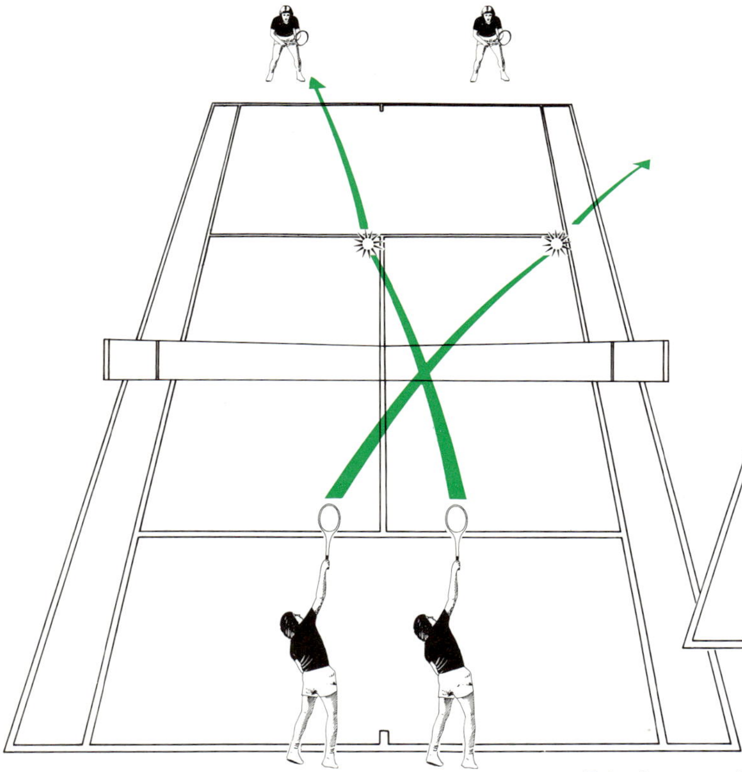

Der zweite Aufschlag wird in der Regel von beiden Seiten in die Rückhand des Gegners gespielt.

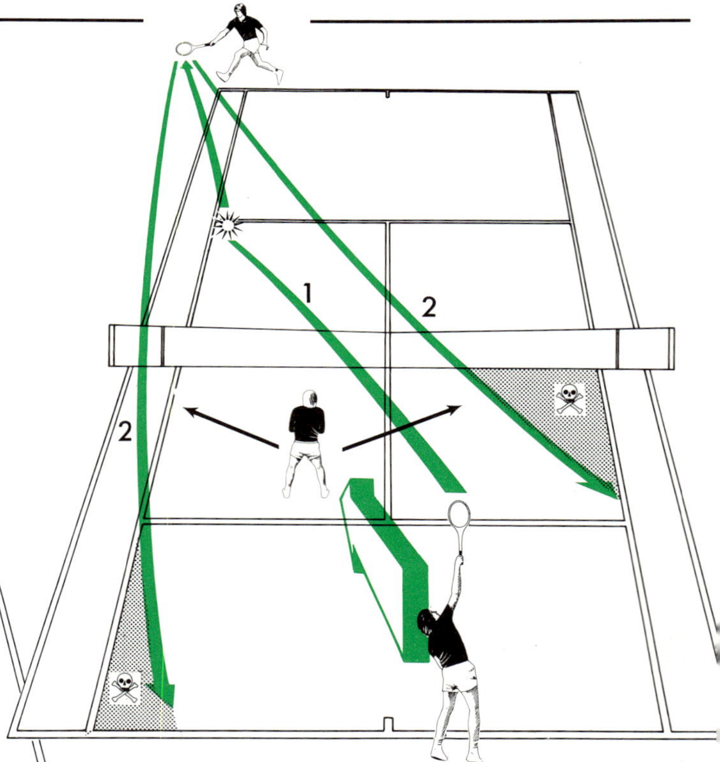


Wenn Sie mit dem Aufschlag angreifen, müssen Sie sich so nach vorne bewegen, daß Sie die Winkelmöglichkeiten des gegnerischen Returns halbieren.

Sie müssen schon einen verflixt guten Aufschlag besitzen, reaktionsschnell sein und einen Flugball wie John McEnroe einsetzen können. Sie können sich allerdings den Ausflug zum Netz sparen, wenn Ihr Gegner ein Stümper ist.

Erlauben es die Situation und die allgemeinen Umstände, doch anzugreifen, dann sollten Sie vor allem auf die Rückhand des Gegners aufschlagen. Die meisten Spieler returnieren mit der Vorhand besser und vor allem härter, da die hohe Vorhand als Drive oder Topspin leichter zu bewältigen ist als die hohe Rückhand, die am häufigsten als Slice zurückgespielt wird. Der Sliceball gerät darüber hinaus meistens sehr hoch. Allerdings auch in diesem Fall: an das Gebot »neun« denken!

Nehmen wir einmal an, daß Sie einen guten Aufschlag und Flugball und die Beweglichkeit eines Wiesels und nicht die eines Nilpferdes besitzen. So gerüstet können Sie sich nach dem Aufschlag ins Feuer stürzen. Wohin aber? Die meisten rennen ans Netz und kommen, wenn überhaupt, in der Mitte von Nirgendwo an. Erst einmal müssen Sie praktisch sofort nach dem Treffen des Balles mit dem rechten Bein losrennen, und das am Anfang so schnell wie nur möglich. Sie sollten immer mindestens bis zur Servicelinie gelangen. Zu Ihrer eigenen, versteht sich. Die letzten Schritte sind dann langsamer, denn Sie sollen auf beiden Füßen in der Drehscheibenposition zum Stehen kommen, und nicht wie ein Karpfen im Netz zappeln.

Je nach dem, wohin Sie aufgeschlagen haben, müssen Sie auch Ihre Laufrichtung steuern. Immer den Winkel der gegnerischen Passiermöglichkeiten halbieren. Alles weitere haben Sie schon im Kapitel »Flugball« gelesen.

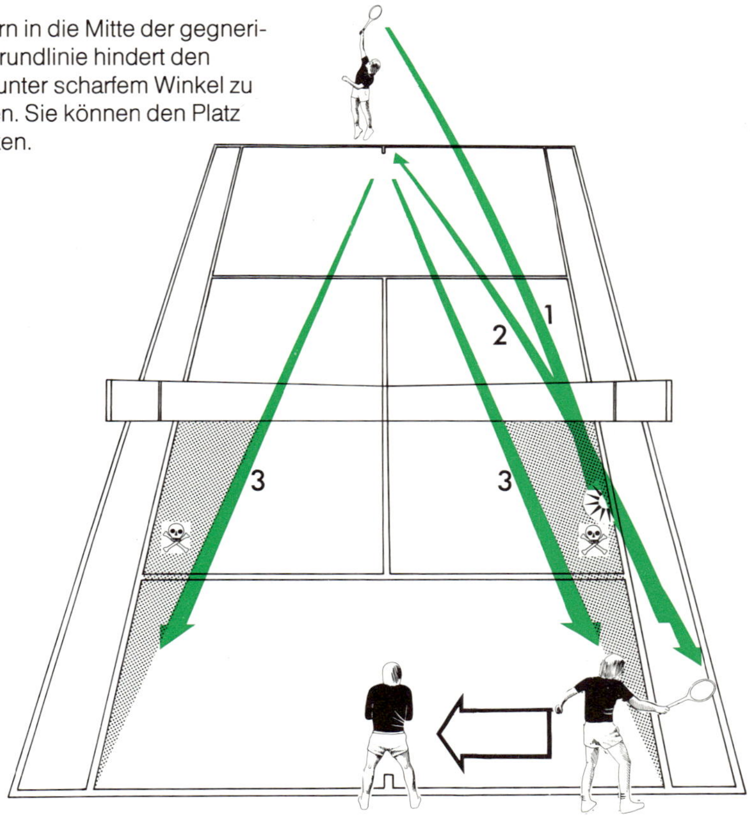

Ein Return in die Mitte der gegnerischen Grundlinie hindert den Gegner unter scharfem Winkel zu antworten. Sie können den Platz gut decken.

# Der Return

Ich habe Ihnen schon gesagt, daß die erste taktische Regel für einen Return lautet, den Ball überhaupt zurückzubringen. Das gilt zwar für alle Schläge, aber bei keinem anderen ist es so schwierig. Sie können ein Kombinationsgenie und Taktiker wie der Schachgroßmeister Kortschnoj sein. Wenn Sie aber den Return nicht übers Netz bringen, werden Sie in Ihrem ganzen Leben kaum ein Match gewinnen. Ich meine ein Tennismatch, denn zum Schach brauchen Sie wenigstens bis jetzt keinen Return.

Wenn Sie in Ihrem technischen Können so weit fortgeschritten sind, daß Sie wenigstens alle zweiten Aufschläge parieren können, dürfen Sie daran denken, daß man auch taktisch returnieren darf.

Nehmen wir erst einmal an, daß Ihr Gegner nach seinem Aufschlag hinten bleibt. Sie haben dann zwei Möglichkeiten. Bei einem guten Aufschlag ist es am besten und sichersten, den Return lang, etwa 2 m vor die Grundlinie, und nicht zu schnell in die Mitte zu schlagen und tief atmend die weitere Entwicklung abzuwarten. In die Mitte deshalb, weil Sie dadurch keinen Fehler eines Seitenouts riskieren, und der Gegner von der Mitte aus die ungünstigsten Winkelmöglichkeiten hat, Sie in Bedrängnis zu bringen. Sie haben dabei Zeit genug, die günstige Ausgangsposition in der Mitte einzunehmen.

Bei einem schwächeren Aufschlag können Sie mit dem Return die Initiative übernehmen. Entweder Sie spielen einen harten Crossball, um den Gegner aus dem Feld zu jagen, oder aber Sie gehen den Ball sehr früh an, returnieren in der Regel longline und greifen an.

Bei einem Angriff des Aufschlägers haben Sie drei Returnmöglichkeiten: 1. einen Return unter die Füße des Angreifers, 2. einen Passierball cross oder longline oder 3. einen Lob.

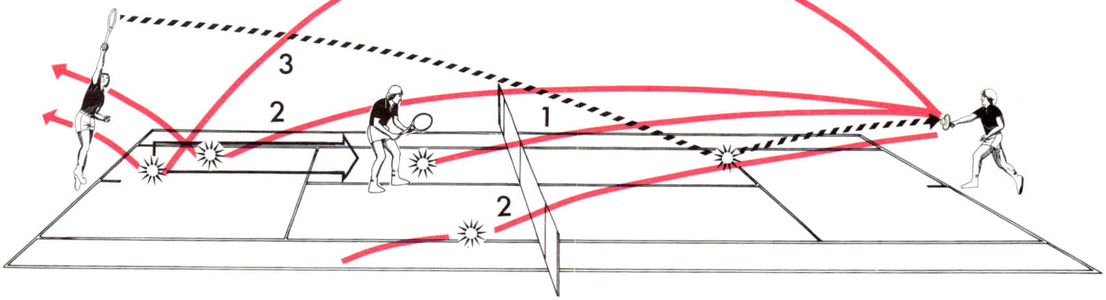


Pardon, Sie haben noch eine dritte Möglichkeit. Wenn der Gegner ein As schlägt, das Sie gerade noch erreichen, versuchen Sie, dieses irgendwie mit Hängen und Würgen übers Netz zu schubsen. Anschließend hilft nur noch Beten.

Die zweite Eventualität ist ein Aufschlagangriff Ihres Gegners. Sie haben dann vier Abwehrmöglichkeiten, nämlich einen flachen kurzen Ball dem Gegner unter die Füße, einen Passierball, einen Lob oder einen Gegenangriff zu spielen. Die erste Variante ist die häufigste, vor allem beim ersten Aufschlag. Meistens wendet man dafür einen Chip an. Der Gegner muß entweder einen Halbflugball oder einen tiefen Flugball spielen, wodurch er Ihnen eventuell die Gelegenheit gibt, mit dem nächsten Schlag das Drama zu beenden.

Der direkte Passierball gelingt praktisch nur bei einem schwachen Aufschlag. Dann müssen Sie allerdings versuchen, den Ball früh zu nehmen und diesen vor allem mit Topspin, am besten longline, zu töten. Kurz cross können Sie es wagen, wenn Sie zufällig Borg oder Lendl heißen, oder aber, wenn Sie besonders risikofreudig oder masochistisch veranlagt sind. Ein Lob wird entweder aus Verzweiflung oder aber in dem Fall gespielt, in dem der Gegner bis nah ans Netz stürmt.

Überraschend und deswegen oft erfolgreich ist ein Gegenangriff. Den können Sie aber nur dann starten, wenn Sie geradlinig vorwärts in den Ball gehen können. Sie müssen dann nach dem Return so weit vorrücken wie nur möglich. Am besten mit der Nase bis zum Netz, um den eventuell vom Gegner von unten nach oben gespielten Ball sofort töten zu können.

Trainieren Sie den Return bis zur »Vergasung«. Je besser Ihr Return ist, je mehr Sie sich darauf verlassen können, daß Ihnen einmal im Satz ein Break gelingt, um so unbekümmerter und besser werden Sie aufschlagen. Sie brauchen den eventuellen Aufschlagverlust nicht zu fürchten, und das entspannt.

# Das Grundlinienspiel

Eines möchte ich gleich am Anfang betonen. Egal, wieviele technische Tricks Sie am Lager haben, der einfachste Weg zum Sieg ist immer noch der beste. **Die Technik darf nie Selbstzweck sein, sondern immer nur Mittel zum Zweck.** Ich habe viele Spieler erlebt, die während eines Ballwechsels das Lehrbuch von vorne nach hinten und umgekehrt durchgeblättert, pardon, durchgespielt haben mit dem Resultat, daß die Zuschauer vor lauter Entzücken, was es so alles auf der Welt gibt, aus dem Häuschen waren. Den Punktgewinn hat aber leider meistens der Gegner verbucht.

Ich wiederhole noch einmal: Schämen Sie sich nicht, immer wieder langweilig zu spielen, wenn Sie damit Erfolg haben. Die reichsten Profis sind auf dem Platz die langweiligsten! Variieren Sie nur dann, wenn Sie mit dem einfachen Spiel keinen Erfolg haben, variieren Sie aber nur so viel wie nötig. Es gibt eine Menge Spieler, die wahre Trickkünstler sind, leider tricksen Sie sich meistens selbst aus.

Die wichtigste Regel des Grundlinienspiels ist **die Länge des geschlagenen Balles,** mit der Sie, ohne hart oder risikoreich spielen zu müssen, den Gegner unter Dauerdruck halten. Viele Autoren beschreiben Zonen vor der Grundlinie, die man getroffen haben muß, um lang genug gespielt zu haben. Von diesen vorgeschriebenen zwei oder einem Meter halte ich aber wenig, wenigstens im Match. Etwas anderes ist es im Training. Dort soll man zu Übungszwecken versuchen, gewisse Zonen zu treffen.

**Der Ball ist dann lang genug, wenn ihn der Gegner hinter der Grundlinie stehend schlagen muß!** Ein Slice muß z. B. aus diesem Grund viel länger sein als ein Topspin. Borg spielt die Bälle zu 85 % ca. zwei bis drei Meter hinter die T-Linie, d. h. zwei bis dreieinhalb Meter vor die Grundlinie, und kein Profi auf der ganzen Welt ist fähig, diese »Eier« **vor** der Grundlinie stehend zurückzuschlagen. Ähnlich ist es bei Vilas und McEnroe.

Das Grundlinienspiel ist ein Spiel der Geduld und der Ausdauer. Warum einen Ball fünf Zentimeter vor die Grundlinie riskieren, der mit Absicht sowieso nur einmal im Jahr kommt, wenn es mit einem zweieinhalb Meter kürzeren auch getan ist!

Deswegen rate ich Ihnen, versuchen Sie im Match keine imaginären Zonen in Liniennähe zu treffen, aber halten Sie den Gegner hinter seiner Grundlinie. Ich möchte noch einmal betonen, daß Sie das Netz vergessen sollen. Richten Sie sich nach dem Feld zwischen der Aufschlag- und der Grundlinie des Gegners und schlagen Sie deswegen die Bälle mindestens eineinhalb Meter über das Netz.

Seien Sie geduldig und warten Sie ab, bis der Gegner den ersten kurzen Ball geschlagen hat, der **vor** Ihrer T-Linie abgesprungen ist. Dann können Sie zur Attacke bla-

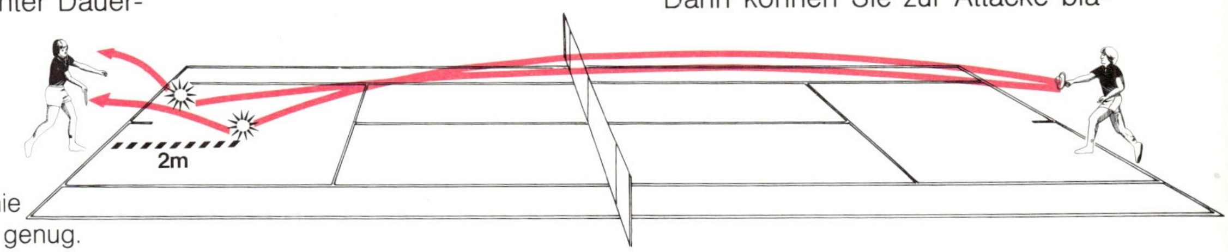


Riskieren Sie im Match nicht zu viel. Ein Ball, der zwei Meter vor die Grundlinie segelt, ist in der Regel lang genug.

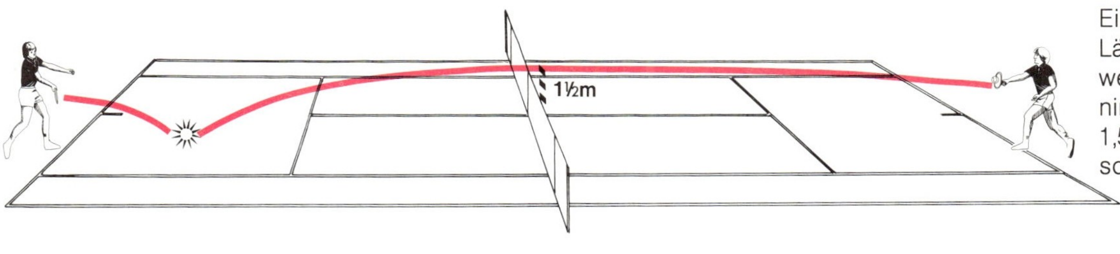


Eine ausreichende Länge erreichen Sie, wenn Sie den Ball minimal in eine Höhe von 1,5 m über das Netz schlagen.

sen. Wenn Sie nicht gerade am Wimbledonturnier teilnehmen, ist es laut Statistik spätestens der zweite Ball, bei dem Sie zum Angriff übergehen können.

Wann sollen Sie eigentlich von der Grundlinie aus einen Longline- und wann einen Cross-Ball spielen? **Die Tatsache ist, daß ein Cross-Ball immer sicherer ist,** weil

a) er über den niedrigsten Punkt des Netzes fliegt,

b) er eine lange Flugbahn hat, Sie dagegen immer Zeit haben, den Platz zu decken,

c) Sie eine ausreichende beidseitige Sicherheitszone haben und

d) Sie dem Gegner den Spielraum für seine Antwort verkürzen.

Ein Cross-Ball ist immer sicherer als ein Longline-Ball.

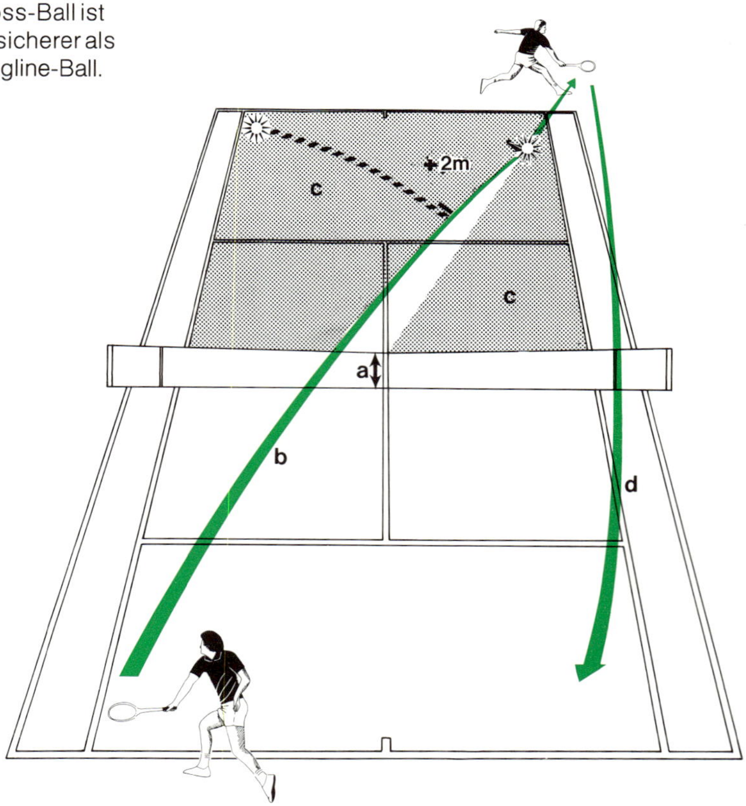


Aus dieser Ausführung ergibt sich die Schlußfolgerung, daß der Crossball nicht nur dazu da ist, den Gegner in Trab zu halten, sondern daß Sie ihn **immer** dann spielen sollen, wenn Sie selber unter Druck sind! Hüten Sie sich, einen Longline-Ball zu schlagen, wenn Sie unter Druck sind, denn

a) hat dieser Ball von einer Seite aus keine Sicherheitszone,

b) spielen Sie ihn über den höchsten Punkt des Netzes,

c) haben Sie an Länge zwei Meter weniger zur Verfügung,

d) spielen Sie ihn nicht vom Gegner weg, sondern dem Gegner zu und

e) öffnen Sie den ganzen Platz für den Crossball des Gegners.

Einen Longline-Ball sollten Sie aus einer schwierigen Lage nur dann wagen, wenn Ihr Gegner weit auf der anderen Seite aus dem Platz herausgetrieben wurde und Sie den Ball ruhig einen bis zwei Meter ins Feld spielen können.

Selbstverständlich können Sie aus einer normalen Lage cross mit longline variieren, um den Gegner in eine Zwangssituation zu manövrieren.

Mit der Taktik der langen Cross- und Longline-Bälle und der Geduld können Sie die überwiegende Zahl Ihrer Matches gewinnen. Das reicht aber nicht aus, denn es gibt Situationen, in denen Sie auch andere Schläge spielen müssen. Zum Beispiel kurz cross.

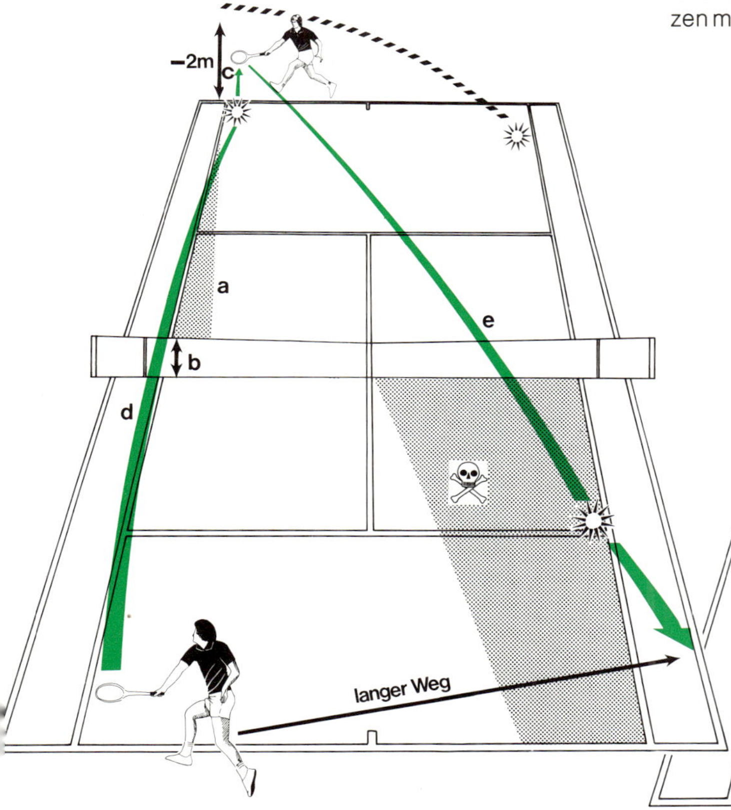


Ein Longline-Ball ist immer risikoreicher. Vergleichen Sie diese Abbildung mit der vorherigen.

Den Longline-Ball aus einer schwierigen Lage würde ich Ihnen nur dann empfehlen, wenn der Gegner ausgespielt ist und Sie den Ball nicht unmittelbar zu der Seitenlinie setzen müssen.

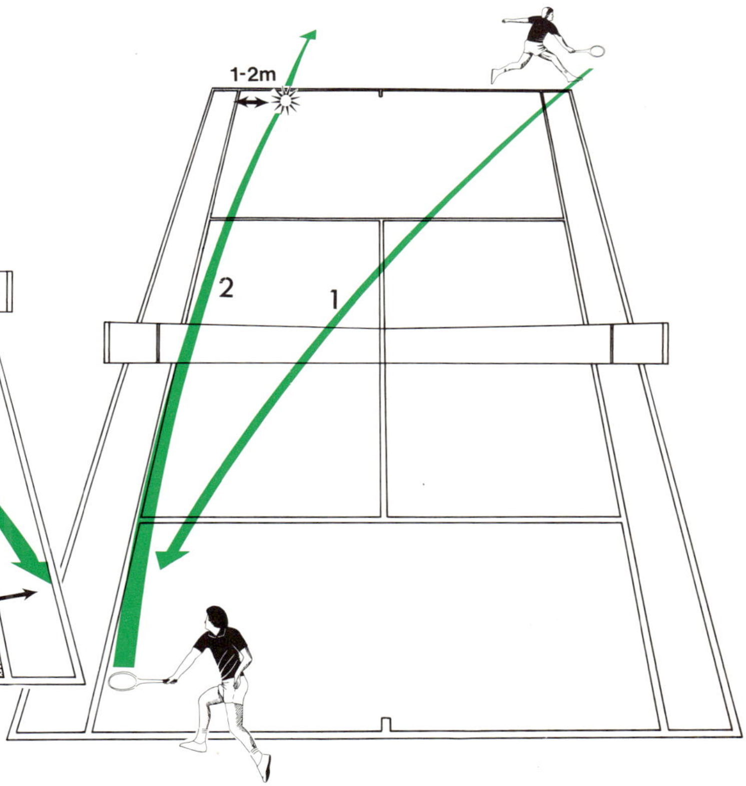


Dieser Ball ist mit Risiko gespickt, denn solch ein Ball muß schon in unmittelbarer Seitenliniennähe abspringen, um eine Chance auf Erfolg zu haben. Sie müssen wissen, wann er erfolgversprechend anzubringen ist und wann sich das Risiko lohnt. Dafür haben wir auch eine goldene Regel: Immer dann, wenn der Gegner zur Absprungstelle einen langen Weg hat. Das ist normalerweise nach einem kürzeren Longline-Ball des Gegners der Fall. Es ist ziemlich sinnlos, einen kurzen Cross zu riskieren, wenn Sie und der Gegner in der Mitte der Grundlinie stehen. Sie haben eine ungünstige Ausgangsposition, denn der Ball kann nicht im scharfen Winkel geschlagen werden, und der Gegner hat einen kurzen Weg zum Ball. Sie fordern ihn praktisch zum Angriff auf. Kurze Cross-Bälle aus der Mitte können Sie nur dann wagen, wenn Sie weit im Platz stehen und einen guten Topspin beherrschen.

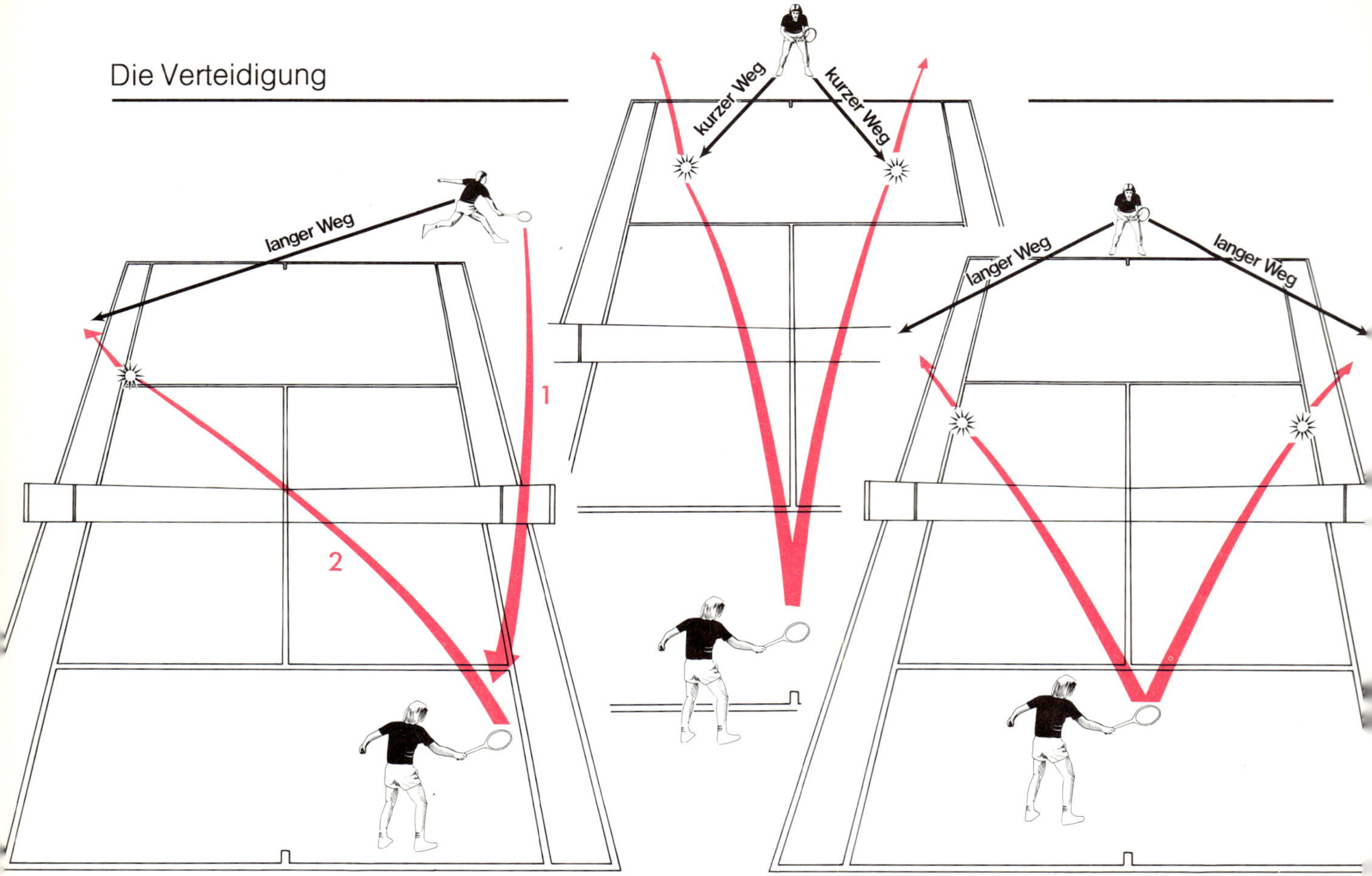


Den Text zu diesen Abbildungen finden Sie auf der Seite 177.

# Die Verteidigung

Bleiben wir noch auf der Grundlinie und schauen uns Ihre Verteidigungsmöglichkeiten bei einem Netzangriff des Gegners an. Die einfachste und risikoärmste Verteidigungsmöglichkeit ist ein Ball, der auf die Füße des Angreifers gezielt ist. Sie erreichen damit selten einen direkten Punkt, zwingen aber den Gegner, den Ball zu heben und langsam zu spielen, womit Ihnen die Möglichkeit gegeben wird, mit dem nächsten Schlag den Gegner endgültig zu passieren.

Die zweite Möglichkeit ist ein Lob. Er kann als flacher Angriffslob vor allem über die Rückhandseite des Gegners gespielt werden mit dem Ziel, einen direkten Punkt zu machen, den Gegner zurückzujagen und selber vorzurücken, oder ihm den Schmetterball zu erschweren und zu Fehler zu zwingen. Dies ist immer dann vorteilhaft, wenn der Gegner wie von einer Tarantel gestochen vorwärtsstürzt oder Sie seinen in Netznähe gespielten Flugball abgefangen haben. Er kann aber

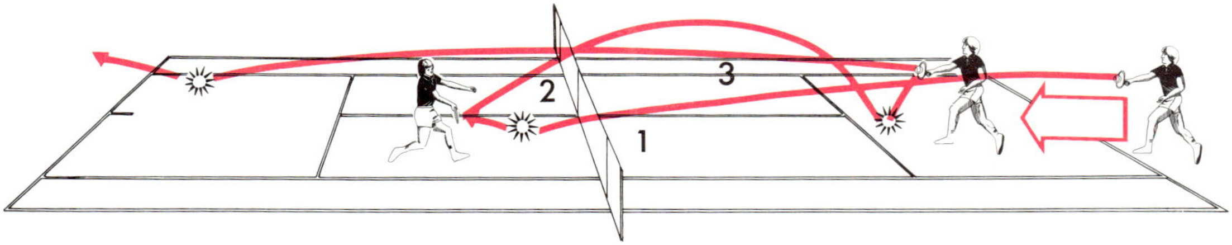


auch als ein Befreiungslob in Form der hohen Kerze geschlagen werden. Dies ist besonders dort wichtig, wo Sie weit aus dem Platz getrieben wurden, um Zeit zu gewinnen.

Die dritte Möglichkeit ist, am Netzspieler vorbeizuschießen. Dies können Sie cross oder longline. Obwohl Sie bei dem Longline-Schlag über das höhere Netz schlagen müssen, ist dieser Passierball vorteilhafter. Sie können ihn in eine Länge von 23 m und sogar ein Meter über dem Netz spielen. Die Flugbahn zum Netz ist aber kurz. Er ist vom Netzspieler schwer zu erreichen. Meistens wird er, falls überhaupt, von ihm in der maximalen Reichweite erreicht, was einen direkten Punktgewinn erschwert und zu Fehlern verleitet. Je weiter Sie aus dem Platz seitlich herausgetrieben worden sind, desto mehr bietet sich ein Longline-Passierball an.

Ein Passierball cross hat eine Länge von nur ca. 18 m und muß haargenau über die Netzkante sausen. Hinzu kommt eine um mindestens eineinhalb Meter längere Flugbahn zum Netz. Dadurch ist die Fehlerquote viel, viel größer. Wenn Sie noch nicht auf der ATP-Computer-Rangliste stehen, würde ich Ihnen von diesem Wagnis erst einmal abraten, es sei denn, Ihr Gegner steht so ungünstig, daß der Crossball gar kein Wagnis mehr ist.

Wenn Sie dem Angreifer den Ball unter die Füße spielen, kann er ihn kaum töten und Sie haben die Möglichkeit mit Ihrem nächsten Schlag einen Passierball anzubringen.

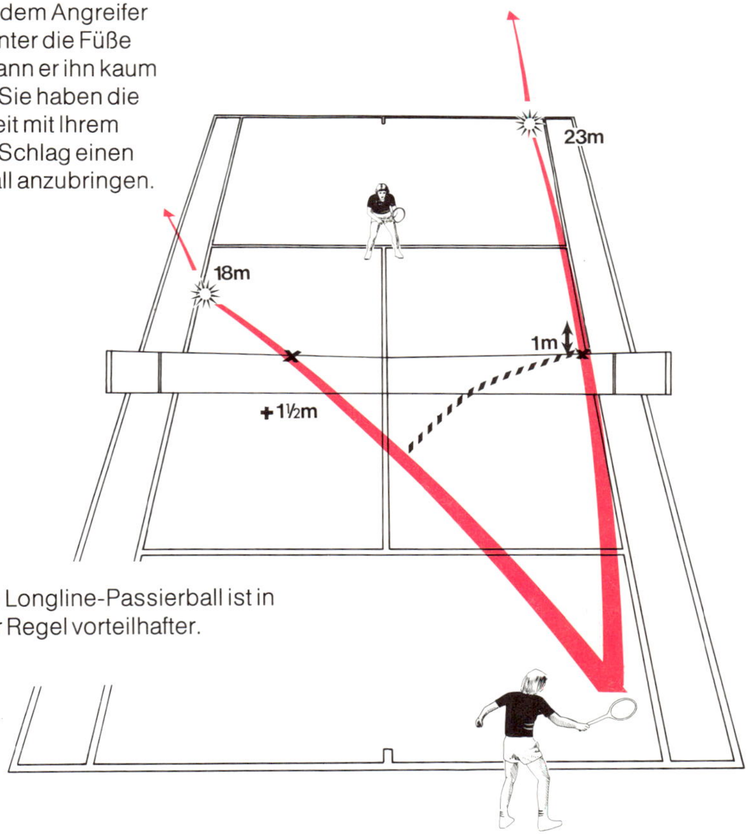


Ein Longline-Passierball ist in der Regel vorteilhafter.

Etwas anders ist es, wenn der Angriffsschlag des Gegners kurz war und Sie dem Ball entgegengehen und aus dem Mittelfeld, besonders über oder außerhalb der Seitenlinie, schlagen können. Dann ist ein Passierball cross angebracht, vorausgesetzt, Sie beherrschen den Topspin. Apropos Topspin. Durch seine stark gekrümmte Bahn und hohe Ballgeschwindigkeit ist das die beste Schlagart für einen Passierball. Sie können ihn relativ sicher und trotzdem flach über das Netz schlagen. Mit einem Slice werden Sie kaum an einem guten Netzspieler vorbeikommen, es sei denn, Sie heißen Ken Rosewall.

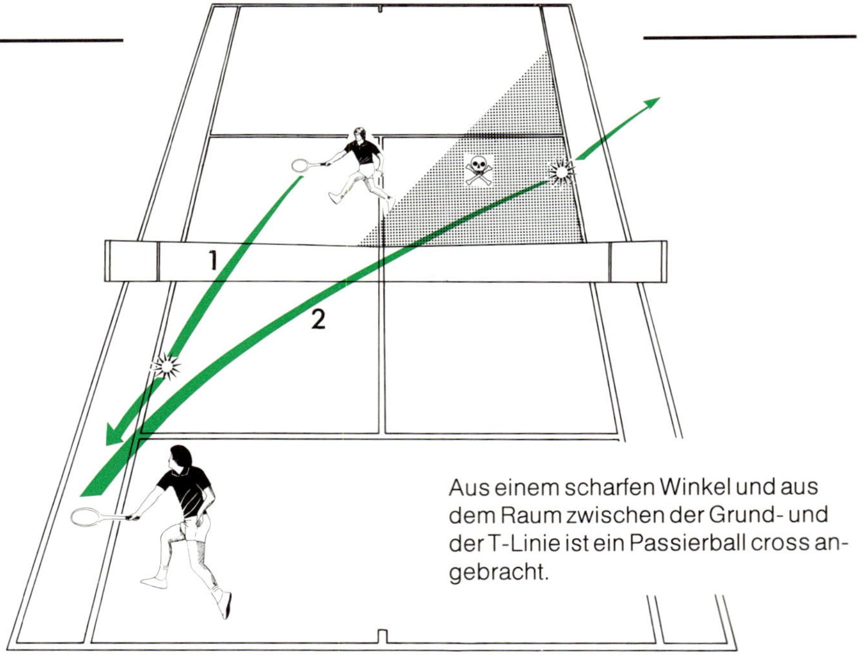


Aus einem scharfen Winkel und aus dem Raum zwischen der Grund- und der T-Linie ist ein Passierball cross angebracht.

Eines müssen Sie sich, außer bei hohen Lobs, einprägen: Die beste Verteidigung ist der Angriff. Sie müssen deswegen die Verteidigungsschläge aggressiv spielen, nicht ängstlich, vorsichtig und zitternd, sondern mutig, entschlossen. Der Passierball ist zu 90 % Ihr letzter Schlag in diesem Ballwechsel. Das heißt, entweder Ihnen oder Herrn Piepenbreier gehört der Punkt.

# Der Angriff

Drei Gründe führen Sie zum Netz, einen Angriff möglichst erfolgreich zu beenden, einen verschlagenen Ball aufzuheben oder dem Gegner die Hand zu reichen.

Die letzten zwei können wir außer acht lassen, denn diese beherrschen Sie von Anfang an fehlerfrei. Es bleibt damit der erste Grund übrig. Man beachte den Ausdruck **›beenden‹!** Damit ist nämlich der Sinn und das Ziel eines Angriffs angesprochen. Setzen Sie nicht am Netz den Ballwechsel frohlockend fort, sondern bringen Sie diesen schnell zu Ende; schnell, weil Sie dazu in der Regel höchstens zwei Schläge haben. Deswegen haben Sie vorne recht wenig Zeit, was aber auch das einzige ist, was Sie dort mit Sicherheit haben. Wenn Sie am Netz bestehen wollen, muß der Angriff sitzen. Er muß nicht nur gut vorbereitet, sondern auch perfekt durchgeführt werden.

Auf der Grundlinie können Sie sich einen Schnitzer erlauben, wenn Sie z. B. aus einem beabsichtigten Cross einen Ball in die Mitte schlagen. Dann passiert kaum etwas. Falls Sie aber einen Angriffsball dem Gegner auf die Pfanne setzen, sind Sie vorne ziemlich überflüssig.

Es gibt zwei Angriffsarten, die durch ihr Ziel geprägt sind. Entweder Sie wollen mit dem Angriffsschlag einen direkten Punkt ma-

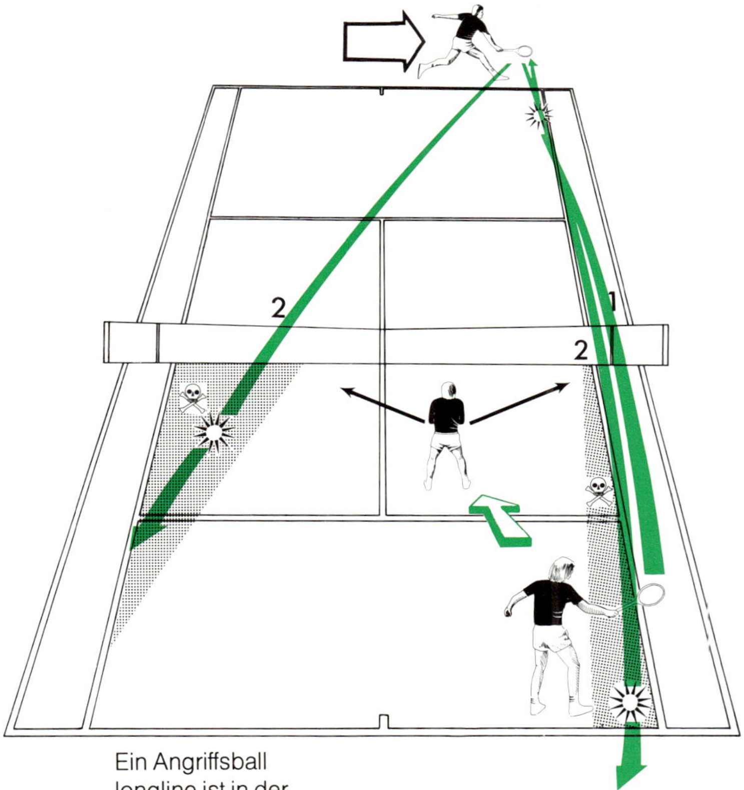


Ein Angriffsball longline ist in der Regel vorteilhafter.

Solch einen Schlag müssen Sie versuchen, sehr konzentriert durchzuführen. Sie müssen ihn lang spielen und so nahe an das Netz wie nur möglich vorrücken, um eine erfolgversprechende Ausgangsposition für einen Flugball zu erreichen.

Üblicherweise sollten Sie in solch einer Situation den Angriffsschlag longline setzen, es sei denn, Ihr Gegner beherrscht von einer bestimmten Seite den Passierball recht miserabel. Der Longline hat folgende Gründe. Ihr Gegner hat außer einem Lob zwei Möglichkeiten. Die bessere, risikoärmere und dadurch erfolgversprechendere ist ein Passierball longline. Den erwarten Sie aber und decken ihn ausreichend, denn Sie kommen ja aus dieser Ecke. Die zweite Möglichkeit, der kurze Passierball cross, beherrschen aber sehr wenige Spieler perfekt.

chen, oder Sie streben nach einem Raumvorteil und einer günstigen Netzposition, um den ersten oder höchstens den zweiten Flugball zu töten.

Diese zwei verschiedenen Zielrichtungen sind auch für die Durchführung des Angriffsschlages ausschlaggebend. Es ist sinnlos, auf einen Angriffsball draufzudreschen, was die Kraft zuläßt, wenn der Gegner in guter Stellung ist. Wenn Sie dabei den Ball nicht in den Zaun setzen, erreicht der Passierball Ihre Höhe, noch bevor Sie die T-Linie erreicht haben. Ihre Chance, ihn abzufangen, ist gleich Null.

Sie sollen allerdings nach einem kurzen Ball des Gegners vorrücken, auch wenn er in der Mitte der Grundlinie steht. Schließlich können Sie nicht nach vorne rennen, an der T-Linie eine Vorhand spielen und wieder zurückgaloppieren, auch wenn ich solche »Künstler« und Angriffshelden zur Genüge kenne.

Versuchen Sie einmal, mit mir zu rechnen. Den Longline-Passierball können Sie, falls Sie wachsam sind und den Platz gut abdecken, zu 80% abfangen. Die Chancen sind damit 4 : 1 für Sie. Ein perfekter Passierball cross gelingt in dieser Situation dem Gegner höchstens in 50% der Fälle, denn er muß die Richtung des Balles ändern, und das ist immer schwierig. Von diesen 50% können Sie eine gute Hälfte erreichen, womit die Chance 3 : 1 für Sie ist. Insgesamt entsteht also ein Vorteil von 7 : 2.

## Der Angriff

Wenn Sie aber cross angreifen, müssen Sie ziemlich diagonal vorwärtslaufen, um die offene Longline-Position abzudecken. Dadurch haben Sie bei einem Passierball cross, der hinter Ihren Rücken gezielt ist, wenig Chancen. Dieser muß vom Gegner auch nicht so perfekt plaziert sein, womit seine Chance ca. 75 : 25 % zu seinen Gunsten liegt. Von diesen 75 % können Sie aber höchstens die Hälfte noch erreichen, womit der Endstand 4 : 2 für den Gegner lautet. Zu dem Passierball longline haben Sie es aber weit. Ihre Chancen, ihn zu erreichen, sind höchstens 1 : 1, womit das Endergebnis bei einem Angriff cross 5 : 3 für Ihren Gegner heißt.

Aus dieser rein theoretischen Rechnerei geht hervor, daß im Normalfall ein Longline-Angriff für den Angreifer erfolgversprechender ist als ein Angriff cross.

Etwas anders sieht die Situation aus, wenn Ihr Gegner ausgespielt ist und sich im Augenblick Ihres Angriffs irgendwo in der Ecke oder sogar darüber hinaus befindet. Im ersten Fall müssen Sie Ihren Angriff wieder unter dem Gesichtspunkt starten, ihn mit einem Flugball zu beenden. Sie müssen deswegen einen sicheren langen Ball in die freie Ecke spielen. Diesmal ist es gleichgültig, ob longline oder cross. Es sei denn, der Gegner ist schon vor Ihrem Schlag schnell in die andere Ecke gestartet. Dann ist nämlich ein Ball, hinter seinen Rücken gespielt, goldwert. Er muß, auf dem falschen Bein erwischt, einen Salchow oder eine Pirouette drehen, bei der sich ein Passierball auch ohne Schlittschuhe normalerweise recht schlecht spielt.

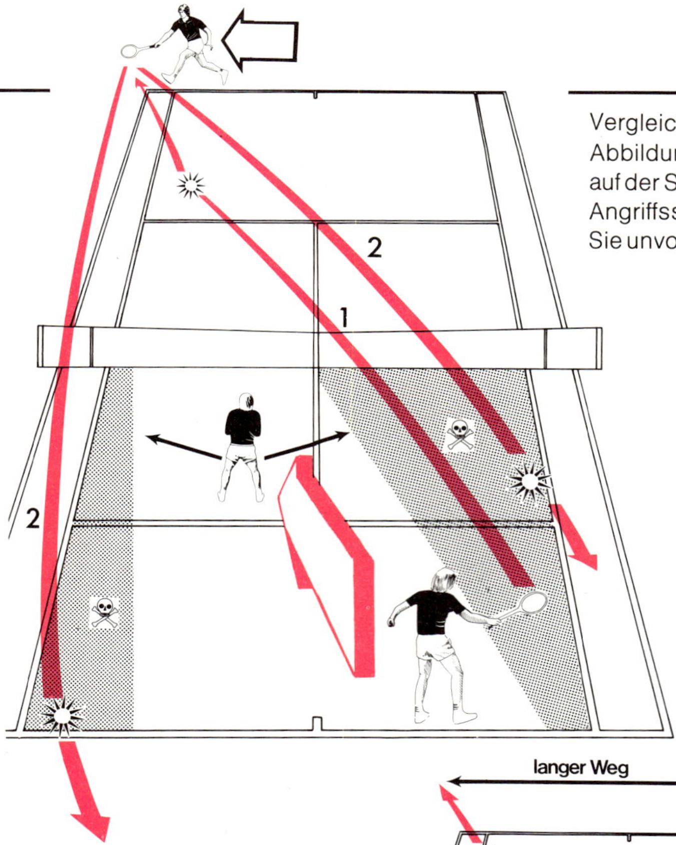


Vergleichen Sie diese Abbildung mit dem Bild auf der Seite 181. Der Angriffsschlag cross ist für Sie unvorteilhafter.

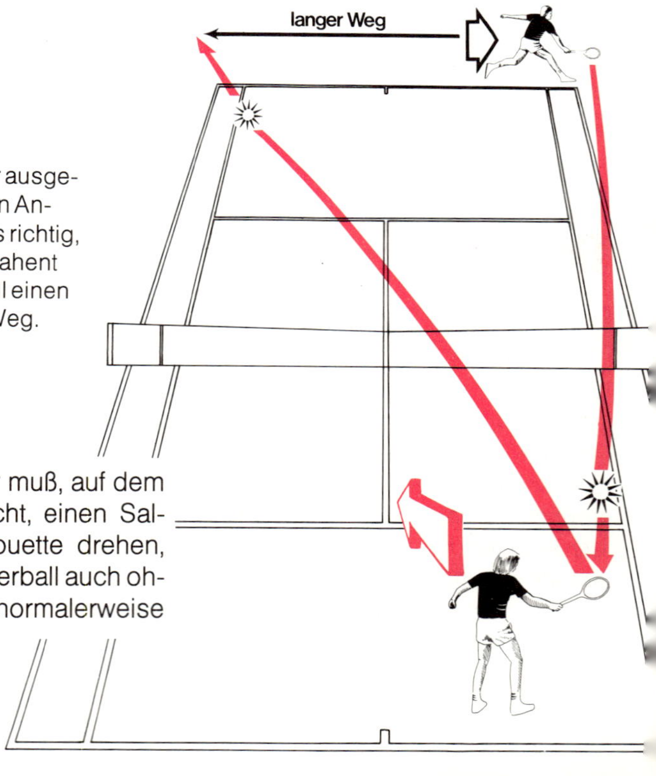


Ist der Gegner ausgespielt, so ist ein Angriffsball cross richtig, denn Ihr Kontrahent hat zu dem Ball einen recht langen Weg.

Wenn aber der Gegner noch mehr ausgespielt ist und Sie eine Chance zum direkten Punkt haben, sollten Sie diese nützen. Auch dann müssen Sie vorrücken, denn vielleicht ist Ihr Gegner so schnell wie Gerulaitis und kann den Ball unter Umständen doch noch erreichen. Ein Punkt ist bekanntlich erst dann beendet, wenn der Ball das zweite Mal aufgesprungen ist.

Als Überraschung können Sie auch nach einem Lob angreifen oder aber den langen Angriffsball vortäuschen und einen Stopball spielen. Der Gegner macht Ihnen in einem solchen Fall garantiert keine Schwierigkeiten. Sie können Ihren Angriffsball auch in die Mitte der Grundlinie richten, womit dem Gegner der Passierballwinkel verkleinert wird. Das alles hängt aber von der Situation ab. Ich kann Ihnen dafür jedoch keine Richtlinien präsentieren. Die Erfahrung ist dabei maßgebend.

Wenn der Gegner schon vor Ihrem Angriffsschlag in die andere Ecke unterwegs ist, ist ein Angriff hinter seinen Rücken gezielt, goldrichtig.

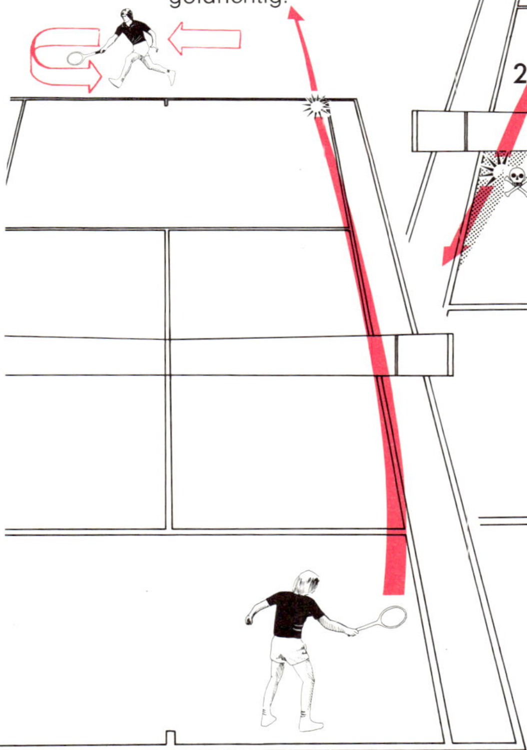

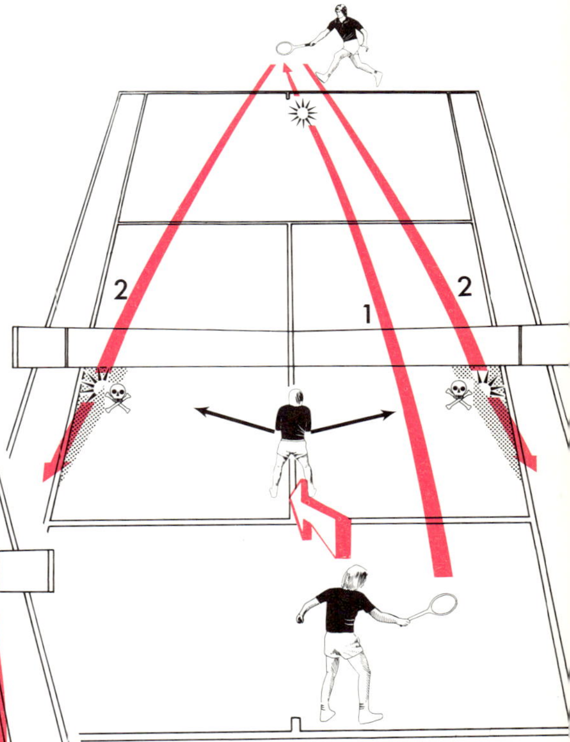


Bei einem Angriff in die Mitte der Grundlinie verkleinern Sie dem Gegner die Winkelmöglichkeiten seiner Passierbälle.

# Das Flugballspiel

Nun haben Sie den Angriffsball nach obigem Muster geschlagen und befinden sich in der Drehscheibenposition vor Ihrer T-Linie. Erst einmal dürfen Sie in diesem Augenblick nicht erstarren oder das große Zittern bekommen. Ein Netzspieler, der in Netznähe wie eine Espe zittert, sollte lieber diese Region weitgehend meiden, sich hinter der Grundlinie eingraben und einen Bunkerkrieg führen. Ein Netzspieler muß **Mut** haben!

Ich habe Sie schon darauf aufmerksam gemacht, daß Sie am Netz kaum Zeit haben. Entweder Sie oder Ihr Gegner und der nächste Schlag entscheidet in 95% der Fälle darüber, wer der Selige ist.

Wenn Ihr Gegner einen verpatzten Passierball losläßt, müssen Sie versuchen, diesen mit dem ersten Flugball direkt zu töten oder ihn so zu plazieren, daß ein nochmaliger Passierball unwahrscheinlich ist. Wohin, hängt ganz von der Situation ab. Sie dürfen auch den leichtesten Flugball nicht nach dem Motto »warum einfach, wenn es auch kompliziert geht« schlagen. Besonders junge Spieler neigen dazu, aus den einfachsten Flugbällen noch Kabarettstücke zu versuchen und ärgern sich dann maßlos, wenn dies mißlingt. Das Gebot Zwei!

Häufig ist der Passierball aber mindestens so gut, daß Sie zuerst einen Vorbereitungsflugball spielen müssen. Über den Halbflugball haben wir uns schon unterhalten, und wenn es geht, sollten Sie ihn meiden.

Den Vorbereitungsflugball, der am häufigsten sehr niedrig gespielt werden muß, müssen Sie in der Regel lang spielen. Entweder auf die bekannte Schwäche des Gegners oder in die entfernteste Ecke, direkt auf den Körper oder auf den Gegenfuß hinter dem Rücken des schon sprintenden Gegners. Wohin und wie, hängt wieder von der Situation ab. Der beste Berater in solchen Fällen ist immer noch die eigene Erfahrung. Ich könnte jetzt ca. dreißig verschiedene Situationen analysieren, aber warum? Merken können Sie sich alle diese Situationen sowieso nicht. Wenn Ihnen dann nur ein Sekundenbruchteil (0,4–0,8 sec.) zum Handeln zur Verfügung steht, können Sie kaum im Buch nachblättern, welche dieser dreißig Eventualitäten gerade die beste ist. Am Anfang dieses Kapitels habe ich gesagt, daß Tennis meiner Meinung nach ein Spiel der Vernunft und des Instinkts ist. Jetzt wissen Sie, was ich damit meinte. Einen kurzen Flugball können Sie in diesen Situationen nur in Ausnahmefällen versuchen, denn wenn ihn der Gegner erreicht, sind Ihre Chancen 1 : 9.

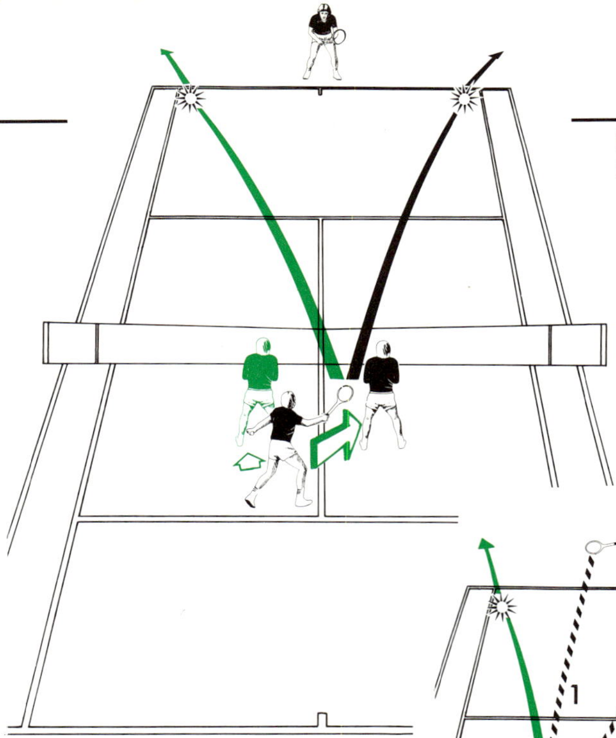

Nach dem ersten Flugball müssen Sie weiter vorrücken und zwar winkeldeckend in die Richtung Ihres ersten Flugballs.

Nach dem Vorbereitungsflugball dürfen Sie aber auch kein Nikkerchen einlegen oder abwarten, was Herr Piepenbreier da eigentlich zu veranstalten versucht, sondern winkeldeckend, je nach der Richtung Ihres Flugballes, weiter vorrükken. Ich sage immer meinen Schülern, daß sie mit jedem Flugball mindestens eineinhalb Meter an Raum gewinnen müssen. Wer das nicht macht, muß als Ersatz dafür zwanzig Känguruh-Sprünge machen. Eine tolle Erfindung, nicht wahr?

Den zweiten Flugball müssen Sie schon versuchen zu töten. Am besten kurz cross oder aber longli-

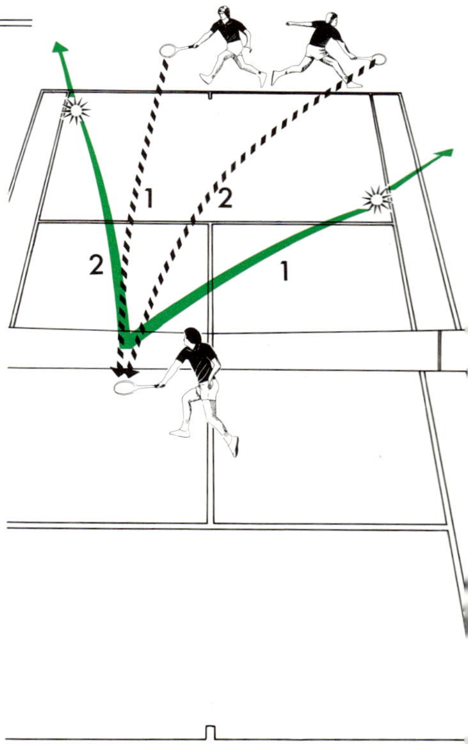


Je nach der Richtung des Passierballs und nach dem Standort des Gegners müssen Sie versuchen, den Flugball dorthin zu schlagen, wo Ihr Gegner gerade nicht steht.

ne, wenn der Gegner außerhalb des Platzes seinen Passierball geschlagen hat. Auch in diesem Fall müssen Sie später nach Ihrer Erfahrung handeln.

Ein hervorragender Ball ist der Flugballstop allerdings nur dann, wenn Sie ihn auch beherrschen. Ein »Flugballob« ist nämlich kaum empfehlenswert. Sie dürfen den Stop nicht zu oft spielen, und immer nur dann, wenn der Gegner hinter der Grundlinie steht. Wenn Ihnen nichts davon gelingt und der Gegner Sie passiert oder durch einen guten Passierball zu einem Fehler zwingt, dürfen Sie nicht verzweifeln oder aufgeben. Im Gegenteil, bei nächstmöglicher Gelegenheit müssen Sie wieder angreifen.

Noch einen praktischen Ratschlag möchte ich Ihnen mit auf den Weg geben. Die größte Chance haben Sie, wenn Sie ohne einen langen vorherigen Ballwechsel angreifen. Nach einem längeren Ballwechsel ist der Gegner eingeschossen, hat seinen Schlagrhythmus gefunden, und der Passierball kommt dadurch meistens sehr präzise. Nutzen Sie die allererste Gelegenheit zum Angriff, entweder sofort nach Ihrem Aufschlag oder mit dem Return, oder aber bei dem ersten kürzeren Ball des Gegners. Zögern Sie nicht! Ein guter Gegner gibt Ihnen während eines Ballwechsels nur einmal eine Chance. Auf die zweite müssen Sie bis zum nächsten Ballwechsel warten.

# Der Schmetterball

Die letzte Möglichkeit, Sie am Netz zu überrumpeln, ist durch einen Lob gegeben. Sie müssen deswegen diese Eventualität immer in Ihre Erwägung miteinbeziehen und dürfen nie kopflos den Kopf bis über das Netz hängen.

Der schwierigste Lob zum Schmettern ist der Topspinlob. Er ist flach, aber sehr schnell, und hat eine stark abfallende Flugkurve. Warten Sie nicht zu lange auf den Ball, gehen Sie ihm nach oben entgegen, holen Sie kürzer aus und riskieren Sie beim Schlagen nicht zu viel. Spielen Sie den Schmetterball erst einmal auf Sicherheit, und warten Sie auf die nächste Chance. Schlagen Sie nur dann voll zu, wenn Sie sich absolut sicher sind.

Alle anderen Lobs, die Sie erreichen, sollten Sie versuchen zu töten, außer denjenigen, die Sie erst nach dem Absprung des Balles in Grundliniennähe schmettern. Diese versuchen Sie vorerst lang und sicher zu spielen.

Wenn Sie in günstiger Position sind, müssen Sie unbedingt, aber nicht zu nahe, an die Seitenlinien schmettern, wobei der Schmetterball in die gegnerische Vorhand lang sein soll; der in die Rückhandseite kann unter schärferem Winkel nach außen gespielt werden.

Wenn der Lob lang ist und Sie dadurch gezwungen sind, im Sprung und mit starker Rücklage zu schmettern, dann versuchen Sie, den Ball in die Mitte zwischen die

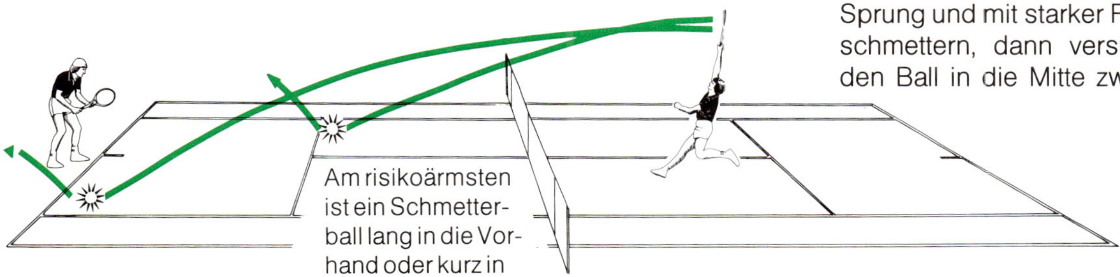

Am risikoärmsten ist ein Schmetterball lang in die Vorhand oder kurz in die Rückhand des Gegners.

Aufschlag- und Grundlinie zu schlagen. Danach rücken Sie sofort wieder an das Netz vor, falls der Gegner Ihren Schmetterball doch noch erreicht hat. Das sollten Sie übrigens immer machen, so lange der Ball noch im Spiel ist.

Wenn Sie überlobt werden, heißt es, Beine auf die Schultern nehmen zum schnelleren Rückzug. Die beste und sicherste Lösung ist ein hoher und langer Gegenlob. Wenn Sie die Grundlinie rechtzeitig erreichen und Zeit haben, können Sie sich umdrehen und einen normalen Passierball versuchen. Schläge zwischen den Beinen, über die Schulter usw. überlassen Sie ruhig den Profis, die es meistens auch nicht können.

Damit haben wir die Einzeltaktik im Groben besprochen. Ich wiederhole noch einmal, daß es in dieser kurzen Form nicht möglich ist, auf alle Taktikvariationen einzugehen, die, voll ausgearbeitet, ein ganzes Buch für sich in Anspruch nehmen würden.

Buch hin, Buch her. Spielen Sie, spielen Sie so oft wie nur möglich und speichern Sie Ihre Erfahrungen. Lassen Sie sich von guten Spielern oder Trainern beraten und kreieren Sie Ihr eigenes Spiel, das Ihrer Mentalität und Ihren körperlichen Voraussetzungen entspricht. Sie sollen an Ihrem Spiel Spaß haben, nicht ich oder sonst jemand. Nur das zählt!

# Die Doppeltaktik

Ein Doppel ist nicht nur für manche Spieler, sondern für viele Zuschauer ein aufregenderes und spannenderes Spiel als ein Einzel. Nicht nur auf Klubniveau, wo es eher eine Ausnahme ist, sondern vor allem im Welttennis gibt es Doppel-Spezialisten, die dieses Spiel zu einer Perfektion gebracht haben.

Ich möchte mich an dieser Stelle nicht mit dem berühmten »Kaffeedoppel« beschäftigen, bei dem vier Spieler, meistens in etwas fraglicher Spielstärke, den Ball abwechselnd hin- und herschupfen, in der falschen Annahme, sie würden ein Doppel spielen. So ein Doppel unterscheidet sich von einem Einzel nur darin, daß die Akteure weniger laufen müssen, daß einer von jedem Paar meistens untätig am Netz stehend seinen Partner beobachtet, wie dieser den Ball brav cross mit dem Gegner wechselt, um dann nach einem Fehler eines dieser beiden Kontrahenten nur die Seite zu wechseln und weiter zu starren.

In dieser Aufstellung stehen sich die Partner wenigstens nicht im Wege, und die jeweiligen Netzspieler brauchen keine Angst zu haben, Fehler zu machen. Wer nichts macht, kann auch nichts falsch machen. Gehen wir aber davon aus, daß Sie technisch und taktisch ein gutes Doppel anpeilen mit all dem Spaß, schnellen Situationswechseln, harten Flugballduellen und richtiger Strategie.

Vorerst möchte ich betonen, daß ein gutes Doppel nicht zwei Einzel nebeneinander sind. Die Strategie ist unterschiedlich und basiert vor allem auf einem **Teamwork** zwei sich gegenseitig unterstützender und ergänzender Partner.

Zum Zweiten unterscheidet sich das Doppel in der Wertigkeit der einzelnen Schlagarten bzw. in der Priorität von unterschiedlichen Schlägen dem Einzel gegenüber.

Drittens ist die Grundtaktik völlig anders. Der bedingungslose Angriff zum Zwecke eines Übergewichts am Netz sowie eine gewisse Fähigkeit zu blitzschachähnlichen Kombinationen dominieren hier. Das alles bedeutet, daß ein guter Doppelspieler u. U. andere technische, taktische und mentale Eigenschaften haben muß als ein eingefleischter Einzelspieler.

Gehen wir nun die einzelnen Punkte detaillierter durch.

**Die Wahl des Doppelpartners** ist der erste wichtige Schritt, wenn nicht der wichtigste. Er muß nicht nur die technischen und taktischen Fähigkeiten eines Doppelspielers besitzen, sondern auch direkt Ihr Antipode sein. D. h., wenn Ihnen z. B. die Rückhandseite liegt, muß er Vorhandspieler sein, oder umgekehrt. Sie müssen sich mit ihm menschlich gut verstehen, beide müssen auf einer Wellenlänge senden, denn gerade im Doppel ist neben dem Gleichschalten der Gedanken und Aktionen viel Toleranz nötig. Gegenseitiges Aufmuntern bei einem Mißlingen und Loben bei erfolgreichen Aktionen müssen eine Selbstverständlichkeit sein.

Kein Spieler kann ein ganzes Match in optimaler Form durchspielen. Es kommt hier, genauso wie im Einzel auch, zu Schwankungen. In solchen Situationen muß der Partner zur Tragsäule werden und versuchen, den verzweifelten Spieler behutsam und nicht mit der Schlaghammermethode aufzubauen, ihm helfen, sein Selbstbewußtsein wiederzufinden.

Taktische Absprachen, Zurufe und Zeichen sind notwendig, und diese funktionieren nur dann, wenn sich die Partner taktisch und technisch kennen und menschlich gut verstehen.

Denken Sie immer daran, daß Sie gegen zwei Gegner zu kämpfen haben, daß Sie aber gleichzeitig für zwei denken müssen, nämlich für sich selbst und für oder mit Ihrem Partner. Sie müssen z. B. versuchen, mit dem Partner gleichzeitig von Verteidigung auf Angriff umzuschalten, noch bevor er den Ball geschlagen hat. Sie müssen daher die Situationen einschätzen und die Absicht Ihres Partners antizipieren können. Sie müssen automatisch dort einspringen, wo dieser ausgespielt ist, und Sie müssen dort die Verantwortung übernehmen, wo Sie besser stehen und größere Aussicht auf Erfolg haben.

Sie müssen die Bälle taktisch so setzen, daß Sie Ihrem Partner je nach seiner Stellung die Situation zum Punktgewinn erleichtern. Sie müssen also immer versuchen, so zu spielen, daß durch Ihr Spiel Ihr Partner nicht in Schwierigkeiten, sondern möglichst zum Punktgewinn kommt. Egoistisches Denken unter dem Motto »ich bin aus der Affäre raus, nun soll er sehen, wie er damit fertig wird« ist im Doppel unmöglich. Gewinnen kann nur das Team, niemals ein Einzelspieler.

Ich werde auf die einzelnen Phasen des Mitdenkens zurückkommen, wenn ich die unterschiedlichen Aufgaben der einzelnen Spieler beschreibe.

Es ist immer gut, wenn sich die Doppelpartner ergänzen, wenn sie nicht dem gleichen Spielertyp angehören, z. B. ein Denker und ein Vollstrecker, ein technischer Spieler und ein Draufgänger, ein ruhiger und ein emotioneller Typ, ein Chef und ein Wasserträger. Was allerdings beide mitbringen müssen, sind gegenseitiges Verständnis, Partnerschaft, Kameradschaft, am besten eine richtige Freundschaft.

Wenn nämlich einer riskiert, patzt und der andere ihm die Hölle heiß macht oder ihm mit bösen Blikken durchbohrt, wird der Unglücksrabe kaum etwas Neues wagen. Er wird von nun an brav seine Seite spielen, und damit ist das Doppel gestorben. Sie werden daher auch kaum mit einem großen Klubrivalen oder sogar mit dem verhaßten Feinde Piepenbreier ein erfolgreiches Gespann abgeben, selbst wenn dieser ein guter Doppelspieler ist.

**Von der technischen Seite** unterscheidet sich das Doppel vom Einzel nicht nur in der häufigen Anwendung von unterschiedlichen Schlägen, sondern auch in der taktischen Zielrichtung. So ist z. B. dem Aufschlag sowie dem Return eine noch wichtigere Rolle zugesprochen. Das bedeutet, daß Ihre taktische Zielsetzung eine Anpassung der Schläge verlangt.

Der Aufschlag wird nicht gehämmert, sondern so gespielt, daß der erste kommen muß. Der Return wird vor allem flach und kurz cross gespielt. Die Flugbälle müssen nicht nur technisch einwandfrei sein, aber sehr oft in den kürzesten Zeitabständen und oft in Zeit- und Raumnot geschlagen werden. Das Überkopfspiel ist wesentlich erschwert, und die Grundlinienschläge geraten in der Häufigkeit und Zielsetzung in den Hintergrund. Sie müssen dabei aber härter, flacher, kürzer und vor allem viel präziser geschlagen werden.

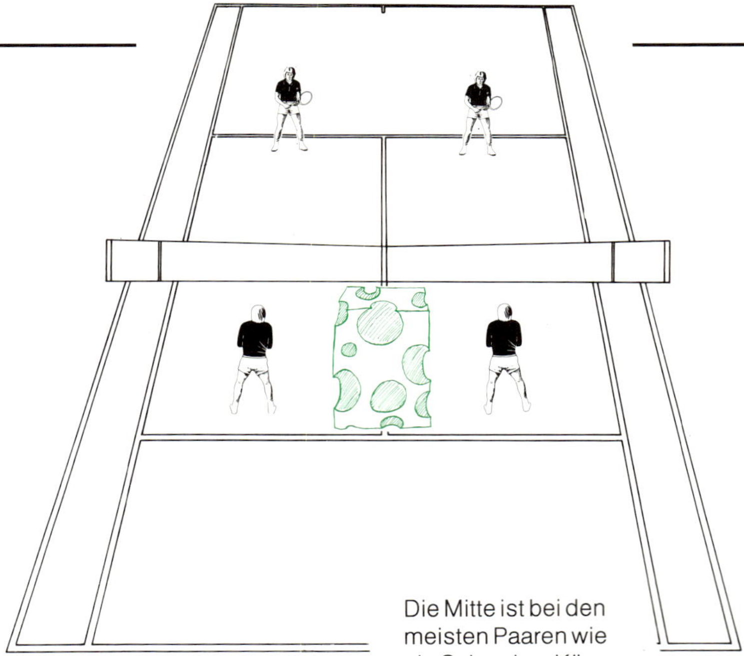

Die Mitte ist bei den meisten Paaren wie ein Schweizer Käse – auch voller Löcher.

**Im strategischen Bereich** hat das Doppel ganz andere Forderungen als ein Einzel. Vor allem die Zielsetzung der Schläge verlagert sich im Gegensatz zum Einzel viel mehr auf die Mitte des Platzes, also zwischen die zwei Gegner, wo immer der schwächste Punkt jedes Doppels zu suchen ist. Die Mitte ist bei der Mehrzahl der Paare wie der Schweizer Käse – auch voller Löcher.

Im Doppel können Sie auch mit einer noch so guten Verteidigung keine großen Erfolge ernten. Sie müssen angreifen, angreifen und noch einmal angreifen. Nur wer die Übermacht am Netz erlangt, wird auf die Dauer siegreich sein, wobei die Härte der Schläge zwar von Vorteil ist, aber die Präzision überwiegen soll, denn der Platz, wenn auch größer, ist immer mit zwei Gegnern gedeckt. Somit bleibt weniger an freiem Raum für direkte Punkte, die nur auf Kraft basieren.

Im Doppel müssen Sie mehr und vor allem viel schneller denken als im Einzel. Dementsprechend sind Reaktion, Antizipation, Schnelligkeit, Beweglichkeit, Sprungkraft und Geschicklichkeit gefragt. Wer diese Eigenschaften nicht vorweisen kann, wird im Doppel kaum Lorbeerkränze sammeln können.

# Die sieben Grundprinzipien

**Das erste Grundprinzip.** Die ganze Doppelstrategie verfolgt praktisch nur ein einziges taktisches Ziel – **früher und näher am Netz zu sein** als der Gegner, um den Ball töten zu können. So gesehen ist die Taktik einfach.

Nur das Paar, das am Netz die Herrschaft übernommen hat, besitzt Siegeschancen. Dort werden die großen Doppel entschieden. Voraussetzung ist selbstverständlich ein guter Flugball. Wenn Sie nämlich so nahe am Netz stehen, daß Ihre Nase über das Netz hinausragt, Sie aber dabei den Flugball nicht beherrschen, werden Sie kaum etwas anderes als einen Volltreffer auf die Stirn einstecken.

Sie müssen versuchen, mit jedem Flugball an Raum zu gewinnen, d. h. einen bis zwei Meter näher ans Netz zu kommen. Warten Sie deswegen niemals darauf, bis Sie der Ball erreicht. Gehen Sie ihm immer entgegen. Wenn Sie zwei oder sogar drei Flugbälle nacheinander aus derselben Stelle schlagen, ist Ihr Spiel mangelhaft.

Um dies zu verhindern, müssen Sie jeden Flugball, soweit es überhaupt geht, mit Körpereinsatz spielen. Sie dürfen nie auf den Fer-

Sie müssen immer früher und näher am Netz sein als Ihre Gegner.

Versuchen Sie das Niemandsland gemeinsam so schnell wie nur möglich zu überwinden.

sen oder sogar in der Rücklage stehen. Springen Sie den Flugbällen entgegen, kürzen Sie den Winkel zwischen der Flugbahn des Balles und Ihrer Körperbewegung ab. Versuchen Sie, das sogenannte Niemandsland so schnell wie nur möglich zu überwinden und immer näher ans Netz zu rücken.

Einen eventuellen Lob des Gegners, den Sie nicht mit einem Schmetterball erreichen können, müssen Sie versuchen, je nach der Situation von der Grundlinie mit einem Kontralob oder einem flachen Return zu beantworten. Falls der Gegner Ihren Lob nicht schmettert oder Ihr Return flach und präzise war, müssen Sie gemeinsam mit Ihrem Partner von neuem zur Attacke blasen und vorwärtsrennen.

Im Doppel gilt noch mehr als im Einzel – die beste Verteidigung ist der Angriff!

**Das zweite Grundprinzip.** Sie müssen vor allem mit **Ihrem Partner immer auf der gleichen Welle schwimmen.** Wenn Sie sich im Tandem bewegen, einer vorne herumhopst und der andere hinten die Feuerwehr spielt, wird es wohl nichts Großartiges, denn es heißt, beide gleich vorne, beide gleich hinten, beide im Angriff oder beide in der Verteidigung. Eine Tandemstellung hat immer große ungedeckte Zwischenräume und damit viele Schwachstellen.

Damit meine ich, wenn Ihr Partner einen Angriffsschlag startet und vorrückt, müssen Sie mit und nicht von hinten aus das Ergebnis mit Interesse verfolgen. Wenn er zum Lob gezwungen ist, müssen Sie zurück, sonst riskieren Sie nicht nur einen Punktverlust, sondern auch Ihre Gesundheit. Ein Schmetterball in den Nacken oder sonst wohin ist nicht gerade angenehm. Ich habe z. B. einmal erlebt, daß einer unserer Gegner mit einem Schmetterball meinem Partner, der sich nach meinem Lob ziellos auf der T-Linie herumtrieb, den Muskel unter der Kniebeuge angerissen hat. Ende des Turniers und Gips waren die Folgen. Hätte er sich allerdings nicht umgedreht, sondern

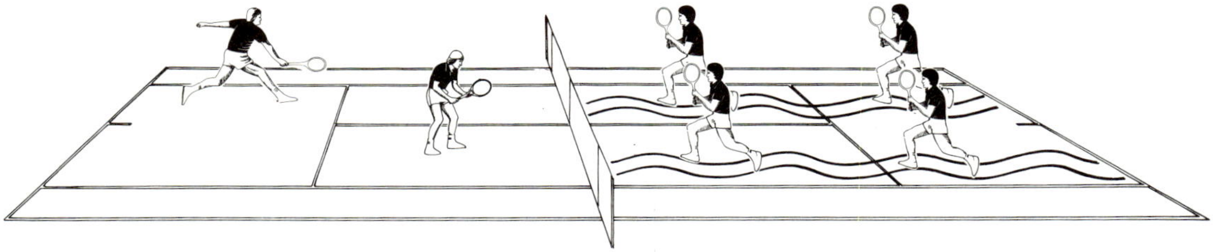

Achten Sie darauf, daß Sie mit Ihrem Partner immer auf der gleichen Welle schwimmen.

dem Schmetterball sich mutig entgegengestellt, hätte er den Ball mit dem Schläger sicherlich abwehren können.

Wenn Ihr Partner am Netz einen Passierball longline abfangen muß, müssen Sie sofort in der Mitte seinen Raum mitdecken. Wenn er überlobt wird, müssen Sie mit ihm zurückschweben usw. usw. Mit anderen Worten, Sie müssen immer für zwei Personen denken und mit Ihrem Partner im Geiste mitspielen. Nur so sind Sie vor Überraschungen sicher und können sich plötzlich anbietende Chancen erfolgreich wahrnehmen.

**Das dritte Grundprinzip** sind **flache und möglichst von oben nach unten gespielte Bälle.** Bis auf

In einer Tandemstellung öffnen Sie Ihr Feld wie zu einem Tag der offenen Tür.

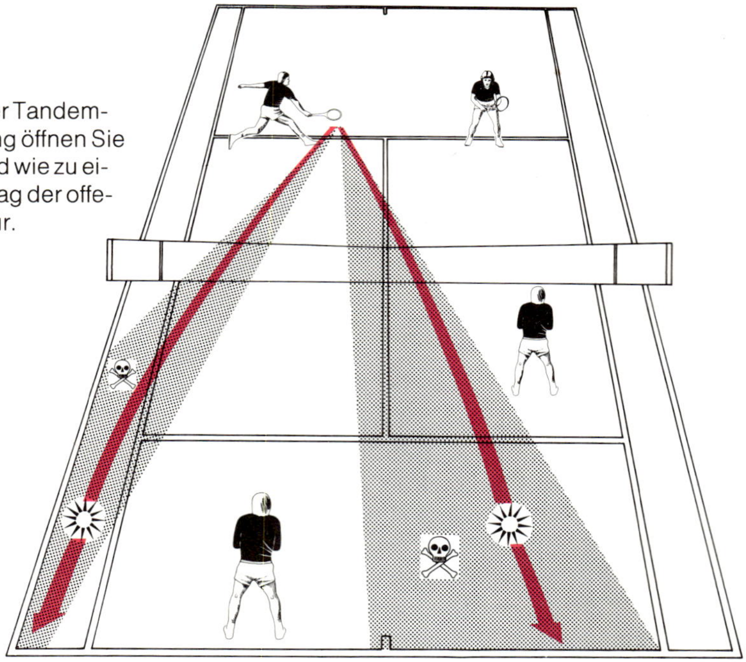

Am besten ist es, wenn Sie dem Gegner mit Ihrem Flugball das Hühnerauge am großen Zeh bombardieren.

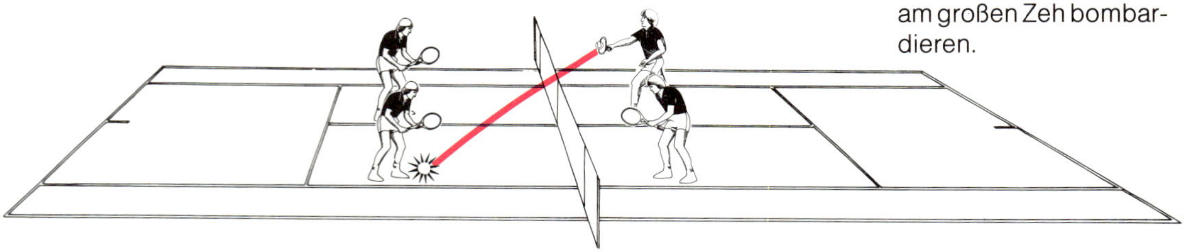

Ausnahmen hat im Doppel nicht die Länge Ihres Balles, sondern die Höhe oder Tiefe des gegnerischen Rückschlages Vorrang. Damit ist schon gesagt, daß Sie die Bälle früh und so hoch wie nur möglich treffen und dem Gegner so oft es geht den großen Zeh bombardieren sollen. Der Gegner ist dadurch seinerseits gezwungen, die Bälle zu heben, womit Sie anschließend zuschlagen können.

**Das vierte Grundprinzip** ist **die Theorie der Mitte.** Das gilt nicht nur für des Gegners Seite, sondern auch auf Ihrer eigenen.

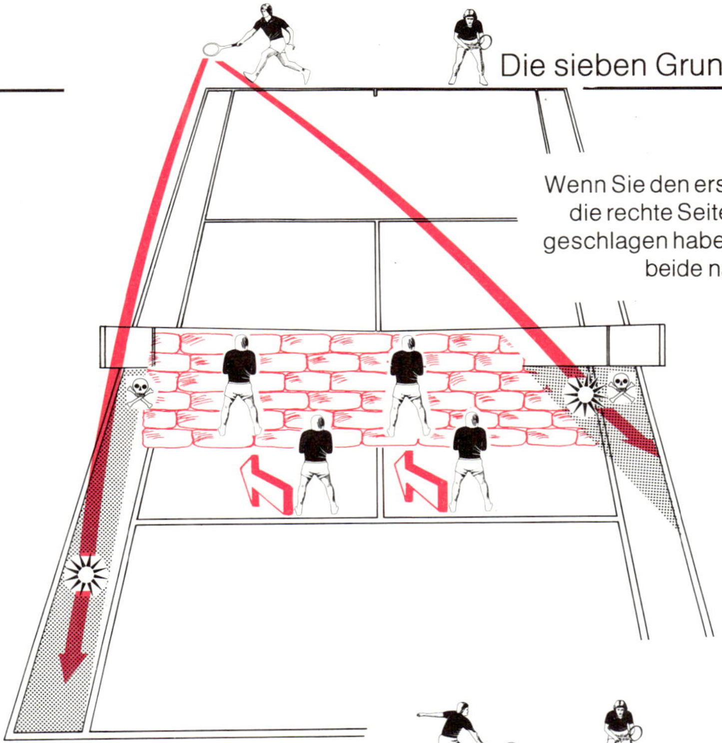

Wenn Sie den ersten Flugball in die rechte Seite des Gegners geschlagen haben, müssen Sie beide nach vorne links vorrücken.

Zuerst schauen wir uns das gegnerische Feld an. Der Gegner hat, abgesehen vom Lob, drei Möglichkeiten, den Ball von der Grundlinie zu schlagen. Nur in der ersten und in der dritten Variante hat er die Möglichkeit, Sie longline zu passieren. Das bedeutet, daß Sie sich in diesen beiden Fällen gemeinsam mit Ihrem Partner etwas nach rechts oder nach links verschieben müssen, um die Schwachstelle zu schließen. Damit öffnen Sie aber den Platz für einen eventuellen Passierball cross, der allerdings schon sehr präzise gespielt werden muß, um Ihnen ernsthaft Angst einzujagen. Trotzdem kann er unangenehm werden, weil der Platz im Doppel auf jeder Seite um 137 cm breiter ist.

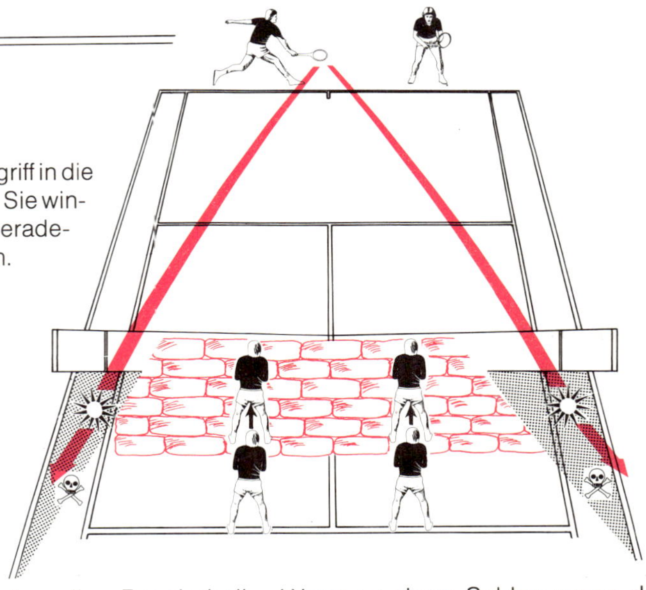

Bei einem Angriff in die Mitte müssen Sie winkeldeckend geradeaus vorrücken.

Dieser Gefahr entgehen Sie, wenn Sie den Ball in der Mitte der Grundlinie schlagen. Dadurch eliminieren Sie den Longline-Passierball praktisch völlig und erschweren den Cross enorm. Der Gegner muß nun über Ihre Mitte zurückschlagen. Wenn er einen Schlag cross doch noch riskiert, wird er höchstwahrscheinlich Fehler machen. Sie selbst gehen beim Anspielen der

Mitte kein Risiko eines seitlichen Aus ein. Sie müssen nicht mit den Seitenlinien »flirten«.

Auch wenn das gegnerische Paar am Netz ist, ist die Mitte für den Gegner der schwächste und für Sie der ungefährlichste Platz. Ein tief geschlagener Flugball cross aus der Mitte heraus ist für jeden Spieler schwer zu schlagen. Der Winkel, unter dem der Gegner so einen Ball schlagen muß, ist recht ungünstig, und Sie selber können die Mitte mit recht scharfen Bällen bombardieren, ohne dabei das Risiko eines Seitenaus einzugehen.

Nur wenn Sie sich in unmittelbarer Netznähe befinden und den Ball oberhalb der Netzkante schlagen können, dürfen Sie versuchen, diesen Cross zu töten. Wehe aber, wenn der Gegner ihn erreicht. Hinzu kommt noch die Tatsache, daß das gegnerische Paar immer eher dazu neigt, seine Außenlinien zu bewachen, wodurch die Mitte ungedeckt bleibt. Gegenseitige Vorwürfe sind dann oft das Resultat.

Damit kommen wir nun auf Ihre Netzseite hinüber. Sie selbst dürfen nicht den gleichen Fehler machen, den wir eben bei Ihren Gegnern entdeckt haben.

Immer wieder wird jungen Doppelaspiranten ans Herz gelegt, daß sie ihre Seitenlinien bewachen müssen. Vor lauter Wacheschieben auf den Linien, wohin der Ball immer nur am Sonntag und Feiertag kommt, vernachlässigen beide Part-

Bei einem Angriff in die linke Seite des Gegners müssen Sie jetzt nach vorne rechts vorrücken.

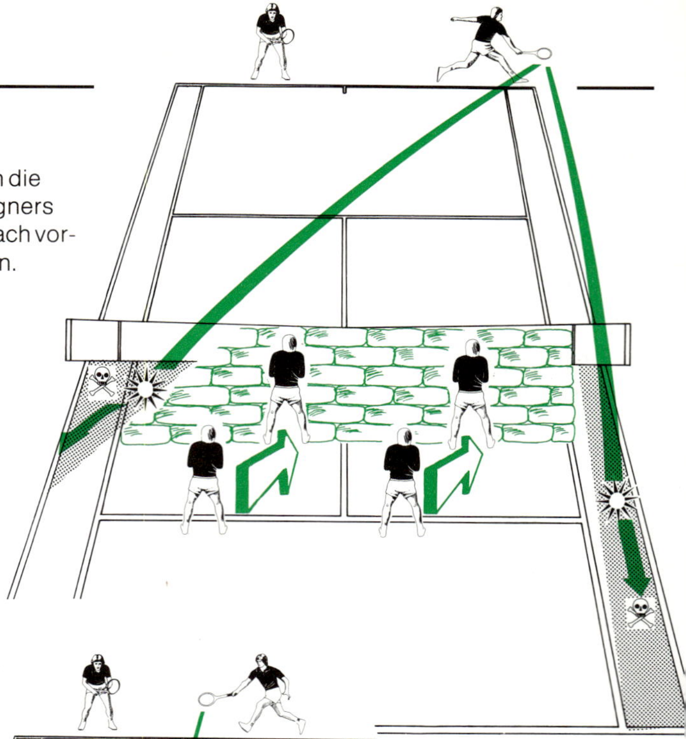

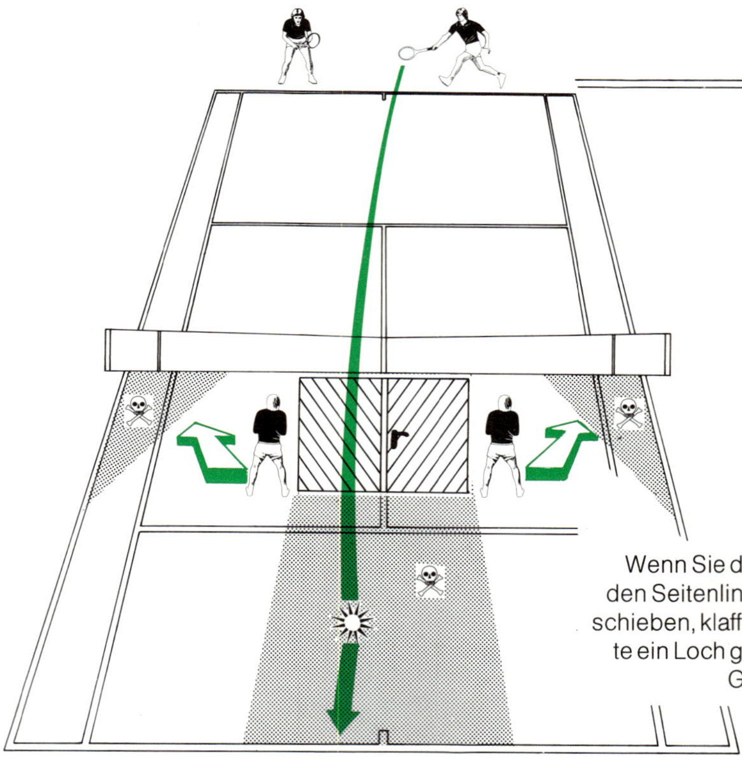

Wenn Sie dauernd auf den Seitenlinien Wache schieben, klafft in der Mitte ein Loch groß wie ein Garagentor.

Werden Sie zu Zentrummaniaks. Überlassen Sie die Busdurchfahrt durch die Mitte großzügig Ihren Gegnern.

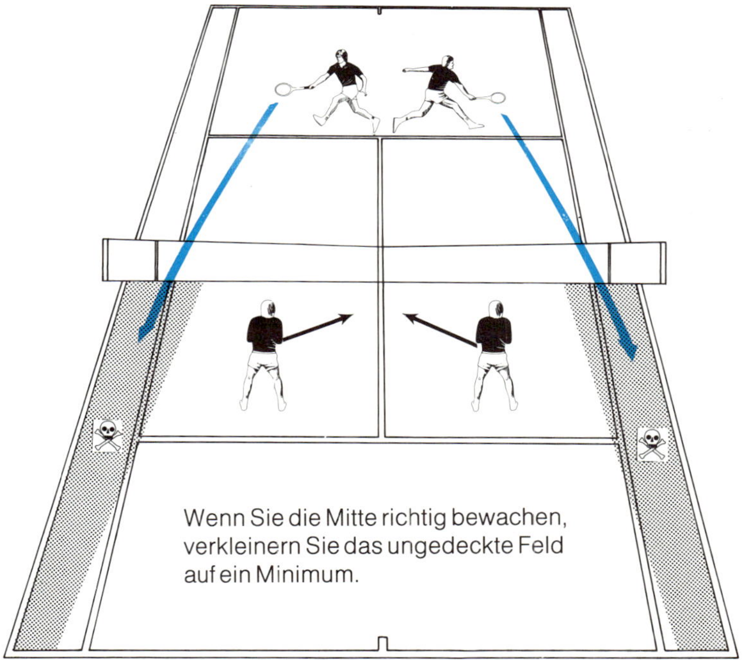

Wenn Sie die Mitte richtig bewachen, verkleinern Sie das ungedeckte Feld auf ein Minimum.

ner die Mitte, von wo aus man die größte Chance hat, durch »Wildern« den Return oder Flugball des Gegners abzufangen und zu töten. Außerdem passiert Ihnen in so einem Fall das gleiche, was wir eben bei Ihren Gegnern vermutet haben – in der Mitte klafft ein Loch, breit wie ein Garagentor, in dem nicht nur ein Ball, sondern ein ganzer Bus Platz hat.

Deswegen rate ich Ihnen, die Mitte zu bewachen. Spielen Sie in der Mitte. Tendieren Sie zur Mitte und lassen Sie dem Gegner ruhig die Freude über einen eventuell gelungenen Passierball longline. Der amerikanische Spitzentrainer Jack Barnaby beschwört seine Schüler – werdet zu »Zentrummaniaks«.

**Das fünfte Grundprinzip** besagt, **daß Sie durch bewegliches Wechselspiel am Netz den Gegner in permanenter Unsicherheit lassen müssen.** Wenn Sie und Ihr Partner, jeder für sich allein, schön brav nur seine eigene Hälfte spielen, braucht Ihr Gegner nicht gerade die Intelligenz von Einstein zu besitzen, um diese superschlaue Taktik zu durchschauen. Er wird Ihnen in aller Ruhe die Kugeln präzise dorthin setzen, wo sich gerade eine Schwachstelle geöffnet hat. Er hat nämlich eine Menge Zeit zum Überlegen und zum Schlagen.

Durch Rochaden, Wildern und Täuschungsmanöver am Netz wird Ihr Gegner aber verunsichert. Er wird mehr Sie oder Ihren Partner als den ankommenden Ball beobachten. Dadurch wird er entweder direkte Fehler machen oder aber schwache Bälle schlagen. Er wird nervös, verunsichert, ängstlich und passiv reagieren.

Wann sollen Sie versuchen, am Netz den gegnerischen Ball abzufangen, oder wann sollen Sie versuchen zu wildern? Vor allem dann, wenn Ihr Partner einen gut plazierten ersten Aufschlag oder Return oder aber während des Ballwechsels einen scharfen flachen Ball dem Gegner vor die Füße geschlagen hat. Sie müssen in solch einem Fall antizipieren, d. h. schon mit dem Ball Ihres Partners versuchen, gedanklich ins Spiel einzugreifen. Der Gegner wird in einer solchen Situation in der Regel nur einen langsamen Ball von unten nach oben in Ihre Mitte und auf Sicherheit spielen, den Sie bei rechtzeitigem Starten abfangen und direkt töten können.

Rechtzeitig ist aber nicht frühzeitig. Sie müssen den Gegner genau beobachten, und erst dann, wenn er zur Schlagbewegung angesetzt hat – erinnern Sie sich, diese dauert ca. 0,3 sec. und ist nicht korrigierbar –, sollten Sie starten. Wenn Sie früher lossausen, wird der Gegner, falls er nicht völlig blind ist, den Ball hinter Ihren Rücken schlagen, was nicht gerade aufmunternd wirkt.

Beim Aufschlag können Sie nach vorheriger Absprache, etwa durch Zeichen mit der geöffneten Hand oder geballten Faust hinter dem Rücken oder wörtlicher Absprache, mit Ihrem aufschlagenden Partner den Platz wechseln, wodurch das Entstehen einer eventuell freien und ungedeckten Platzhälfte verhindert wird. Das heißt, daß Sie am Netz nach dem Aufschlag Ihres Partners, und kurz bevor der Gegner den Return schlägt, nach rechts oder links wechseln und Ihr aufrückender Partner Ihre ursprüngliche Hälfte einnimmt.

Durch Absprache mit Ihrem Partner können Sie bei eigenem Aufschlag die Positionen wechseln, wodurch Sie nicht nur Ihren Gegner verunsichern, sondern auch relativ leicht zum Punktgewinn gelangen können.

**Das sechste Grundprinzip** lehrt uns, **daß jeder Spieler im Normalfall für seine Hälfte die volle Verantwortung trägt.** Mit Ausnahme des Wilderns und des abgesprochenen Platzwechsels sowie in dem Fall, indem einer der Spieler ausgespielt ist, muß jeder Spieler seine Platzhälfte im Griff haben. Er muß die über ihn dahinsegelnden Lobs schmettern oder erlaufen, er muß alle in seiner Reichweite fliegenden Bälle zurückspielen und darüber hinaus immer bereit sein, für seinen eventuell ausgespielten Partner auf dessen Hälfte einzuspringen. Nur wenn Sie sich darauf verlassen können, daß Ihr Partner mit allen Eventualitäten rechnet und mit allen Situationen auf seinem Hoheitsgebiet fertig wird, können Sie sich voll Ihren Aufgaben widmen und diese auch resolut meistern.

Unter eigener Hälfte verstehe ich aber nicht nur den Platz, wo der Ball getroffen wird, sondern auch den, wo er sich vorher schon bewegt hat. So ist zum Beispiel ein Crossball des Ihnen gegenüberstehenden Gegners, der Ihnen am Netz an der Nase vorbeifliegt und erst in dem letzten Teil seiner Flugbahn das Gebiet Ihres Partners erreicht, **Ihr** Ball!

Das bedeutet, daß Sie über die Verpflichtung hinaus, die eigene Platzhälfte zu bewachen, noch weitere Pflichten übernehmen müssen.

Wenn Sie z. B., aus welchen Gründen auch immer, näher als Ihr

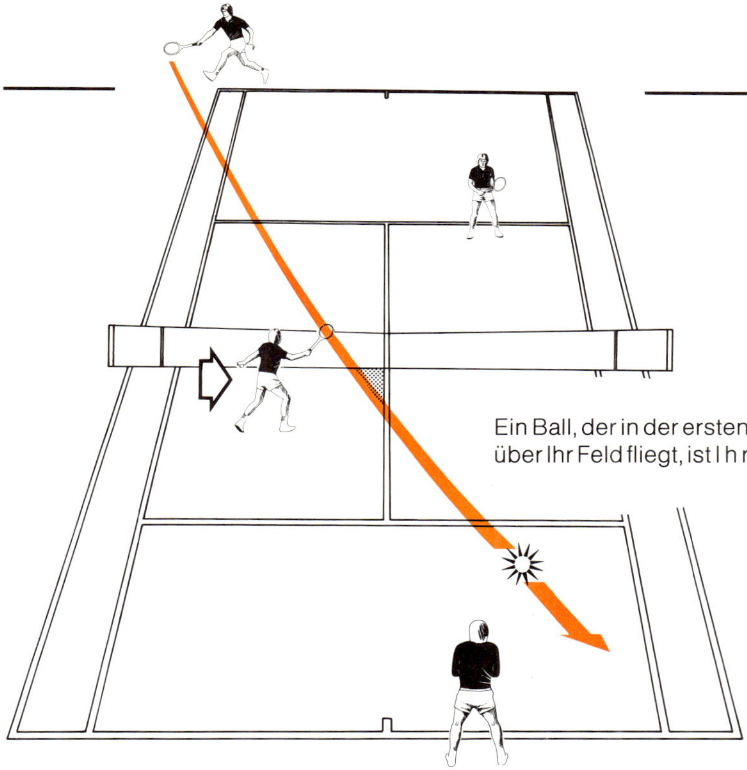

Ein Ball, der in der ersten Phase über Ihr Feld fliegt, ist I h r Ball!

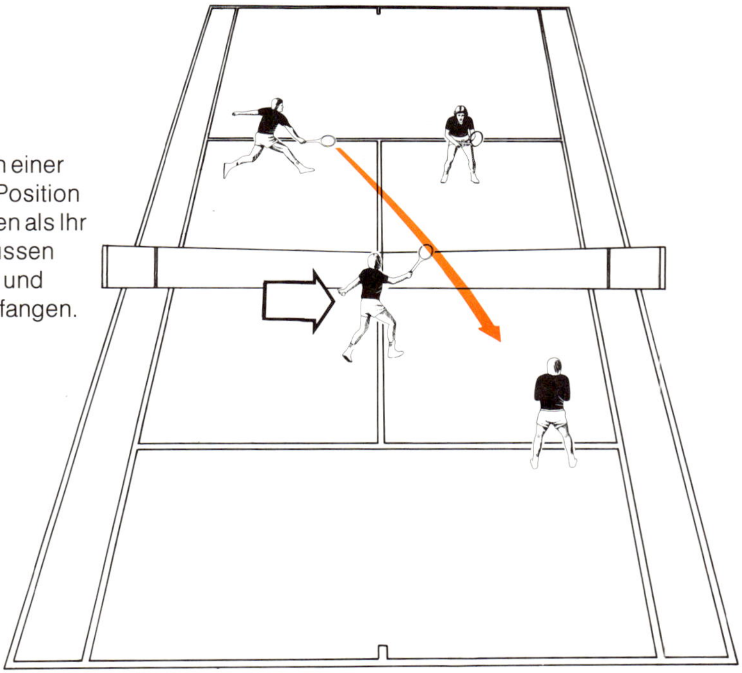

Wenn Sie in einer günstigen Position näher stehen als Ihr Partner, müssen Sie wildern und den Ball abfangen.

Partner am Netz stehen, sind Sie verpflichtet, Bälle, die in Ihrer reellen Reichweite sind, die aber u. U. über die Netzhälfte Ihres Partners kommen, abzufangen, weil Sie in diesem Fall wesentlich günstiger stehen. Wenn Sie auf gleicher Höhe mit Ihrem Partner stehen und der Ball genau über die Mitte kommt, übernimmt derjenige diesen Ball, der dem Ball näher und günstiger steht. Falls beide die gleiche Entfernung zum Ball und die gleiche Chance haben, muß den Ball derjenige spielen, der in diesem Augenblick in der Mitte den stärkeren Flugball hat.

In einem Doppel ist es gleichgültig, wer den Punkt macht, Hauptsache dieser wird gemacht. Sie müssen deswegen Ihre Platzhälfte beherrschen. Sie müssen gleichzeitig Ihrem Partner die Freiheit einräumen, auf dieser Hälfte zu operieren, wenn er besser steht oder wenn er die Chance hat, den Punkt zu machen. Das gleiche gilt umgekehrt.

**Das siebte Grundprinzip** betrifft **die Rollenverteilung der Partner bei der Grundstellung.** Wer soll auf der Vorhand- und wer auf der Rückhandseite spielen?

Viele Paare richten sich nach der Stärke oder Schwäche des Returns. Dies gilt vor allem in den schwächeren Kategorien. Jemand, der die Rückhand kaum beherrscht, wird sich auf der Vorhandseite postieren müssen. In dieser Kategorie ist üblicherweise auch der Aufschlä-

Der Linkshänder sollte im Gegensatz zu der oft verbreiteten Meinung rechts stehen.

ger schwächer und kann nicht immer die Aufschläge, vor allem die zweiten, präzise plazieren.

Aber auch bei guten Spielern kann man sich danach orientieren, falls einer der Spieler einen außerordentlich guten Return von einer bestimmten Seite hat. So hatte z. B. der deutsche Davis-Cup-Spieler Jürgen Faßbender eine Bombenvorhand, darüber hinaus aber auch einen ausgezeichneten Rückhandslice-Return von der rechten Seite nach links cross, womit er für die Vorhandseite prädestiniert war.

Wenn aber beide Spieler beide Returns verhältnismäßig gleich gut beherrschen, soll die Grundaufstellung so sein, daß Sie **in der Mitte Ihre Stärken,** vor allem beim Flugball, haben. So gesehen sollte der Linkshänder rechts und nicht links stehen, denn dann haben beide Spieler in der Mitte die Vorhand, die in der Regel bei den meisten Spielern der stärkere und verläßlichere Schlag ist! Ich betone noch einmal, nur die schwachen Spieler haben einen Korridortick und dreschen die Bälle mit der Regelmäßigkeit einer Schweizer Uhr ins Seitenaus und bewachen dauernd die Seitenlinien, wohin kaum ein Ball geschlagen wird. Gute Spieler bombardieren und bewachen die Mitte!

Nun können wir die Aufgabengebiete der einzelnen Positionen am Platz analysieren.

# Die Rolle des Aufschlägers

Versuchen Sie sich erst einmal in die Rolle des Aufschlägers zu versetzen. Als solcher sind Sie der Mittelpunkt, die Ausgangsbasis und die Ursache des Erfolges oder Mißerfolges des kommenden Ballwechsels.

Wenn Sie als Aufschläger versagen, kann am Netz selbst Frew McMillan, ein ehemaliger Weltmeister im Doppel, stehen. Er wird höchstens zu einer Schießbudenfigur degradiert.

Die Aufschlagstrategie im Doppel unterscheidet sich von der des Einzels radikal. Wenn Sie im Einzel an die 60% Ihrer ersten Aufschläge durchbringen, sind Sie schon ein sehr guter Spieler. Wenn Sie aber im Doppel »nur« 80% durchbringen, ist Ihr Aufschlagsspiel lausig. Der erste Aufschlag muß rein, nur dann erschweren Sie dem Gegner den Return und geben Ihrem Netzpartner die Chance zum Eingreifen.

Beim zweiten Aufschlag rückt der Returnierende einen bis zwei Meter vor und haut das Ding mit voller Wucht von oben herunter. Ihr Partner am Netz kann höchstens um sein Leben beten, und Sie werden im ungünstigsten Augenblick noch hinter Ihrer Aufschlaglinie erwischt, von wo Sie den Ball mit einem Halbflugball nur noch heben können. Aus diesem Grund dürfen Sie den ersten Aufschlag nicht mit voller Kraft dreschen, sondern eine Mixtur

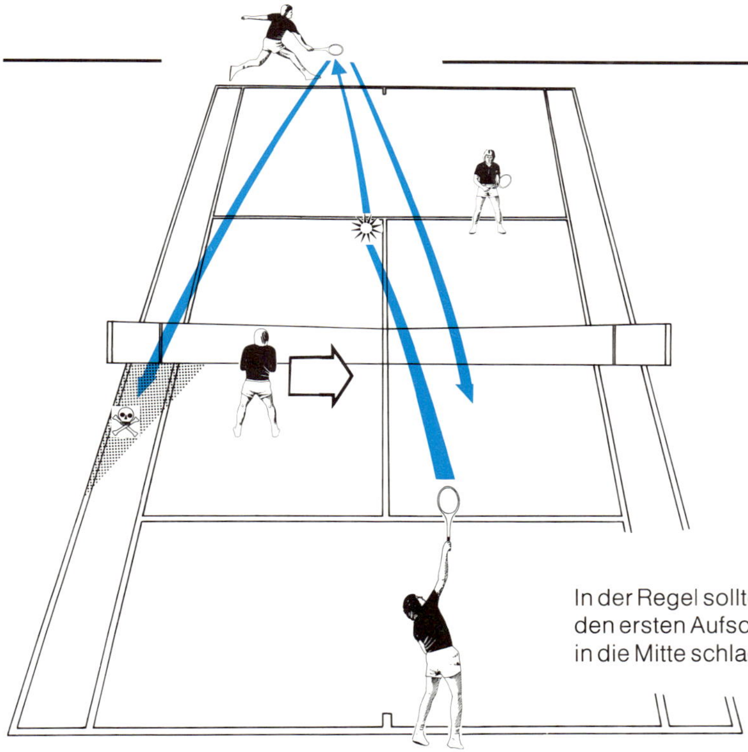

In der Regel sollten Sie den ersten Aufschlag in die Mitte schlagen.

Auf die Vorhand, vor allem von rechts aus oder über die starke Returnseite des Gegners, dürfen Sie nur dann aufschlagen, wenn Sie im Spiel hoch führen (40 : 0, 40 : 15) oder knapp hinten liegen (15 : 30, 30 : 40) oder aber zufällig ein Aufschlaggenie sind und regelmäßig die Seitenlinien treffen. Sie müssen aber dennoch schon aus Überraschungsgründen ab und zu die Stärke des Gegners anspielen, sonst erwartet er den Aufschlag und kann sich darauf besser einstellen.

Leider ist mit dem Aufschlag Ihre Aufgabe in dem folgenden Ballwechsel nicht beendet. Sie fängt erst richtig an. Wenn Ihr Partner am Netz geträumt hat oder der Return des Gegners sehr gut war, müssen Sie auch weiterhin die Sache in Ihrer Hand halten.

aus erstem und zweitem Aufschlag – eher noch zum zweiten hin – produzieren, diesen aber gut plazieren. Wohin aber?

Im Gegensatz zum Einzel soll er in der Regel in die Mitte, womit wir wieder bei der Mittetheorie angelangt sind, es sei denn, Ihre Gegner beherrschen von einer gewissen Seite den Return mehr schlecht als recht oder aber wiederum ausgezeichnet.

Wenn Sie in die Mitte aufschlagen – Rückhandecke des Gegners auf der Vorhand- und Vorhandecke auf der Rückhandseite – kann Ihr Partner den eventuellen Longline-Return fast vergessen, sich auf den Return über die Mitte konzentrieren, weiter zu dieser nachrücken, den Return des Gegners dadurch erschweren oder sogar abfangen und töten. Nur wenn der Rückhandspieler des gegnerischen Paares einen sehr harten Vorhandreturn besitzt, sollten Sie nach außen über seine Rückhand aufschlagen.

Die zweite Variante ist ein Aufschlag direkt auf den Körper. Hierfür müssen Sie aber schon recht gut aufschlagen können, denn dieser Aufschlag muß viel Slice-Effekt haben und dabei recht schnell sein.

Nach dem Aufschlag müssen Sie grundsätzlich vorrücken. Hinten dürfen nur Gehbehinderte und Siebzigjährige bleiben. Wie schon im Einzel, so auch im Doppel müssen Sie möglichst bis vor Ihre Aufschlaglinie kommen. Nun haben Sie vier Möglichkeiten zur Auswahl, falls Ihnen der Gegner eine Auswahl überhaupt erlaubt: Flugball cross, über die Mitte auf den Returnspieler, dem Netzpartner des Returnierenden den Bauchnabel anpeilen oder an ihm longline vorbei.

Bei einem tief gespielten Flugball ist der Ball über die Mitte auf die Rückhand oder den Körper des Returnierenden die allerbeste Lösung.

## Die Rolle des Aufschlägers

Alles andere ist ein ziemlicher Hasard. Sie müssen anschließend weiter vorrücken und versuchen, den zweiten Flugball zu killen.

Bei einem hoch gespielten Return können Sie je nachdem, wo Sie diesen erwischen und wie Ihre Gegner postiert sind, cross in den Netzspieler oder an ihm longline vorbei schlagen. Sie können, wenn der Returnierende ans Netz stürzt, den Ball auch in die Mitte donnern, nicht aber, wenn er hinten geblieben ist.

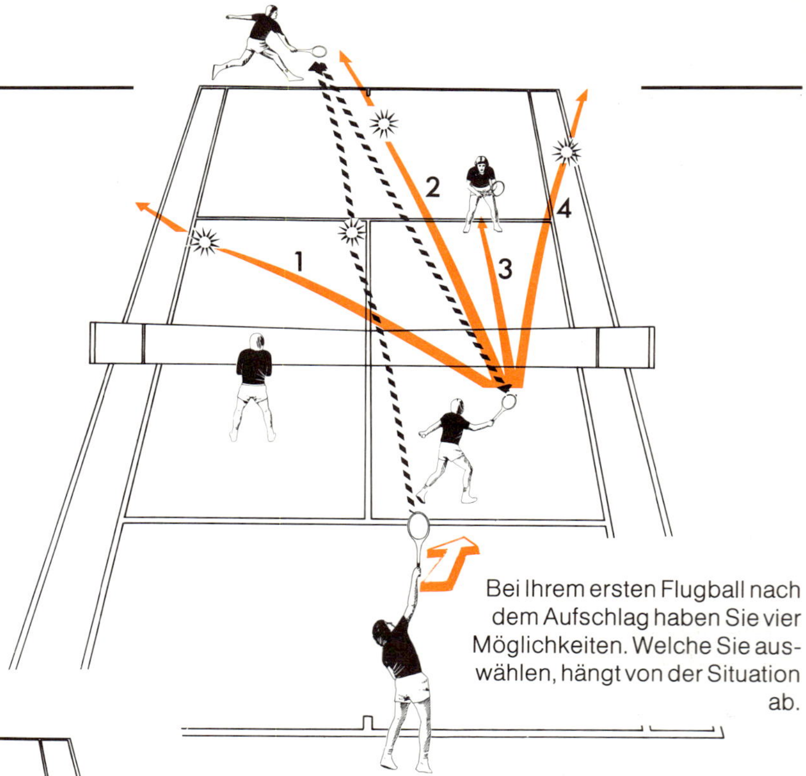


Bei Ihrem ersten Flugball nach dem Aufschlag haben Sie vier Möglichkeiten. Welche Sie auswählen, hängt von der Situation ab.

Um einen eventuellen Return cross besser abdecken zu können, sollten Sie im Doppel nicht direkt vom Mittelpunkt der Grundlinie aufschlagen, sondern sich mehr zur Mitte der linken und rechten Hälfte postieren.

Ich betone noch einmal, daß Sie als Aufschläger das ganze Spiel führen. Von Ihrem Aufschlag und ersten Flugball hängt der Erfolg ab. Ihr Partner am Netz kann nur auf Grund Ihrer guten Schläge erfolgreich eingreifen oder aber für Ihre Fehler büßen. Bei Ihrem Aufschlag sind Sie die Hauptfigur des Geschehens am Platz. Die Verantwortung für das verlorene Aufschlagspiel können Sie nie Ihrem Partner ankreiden.

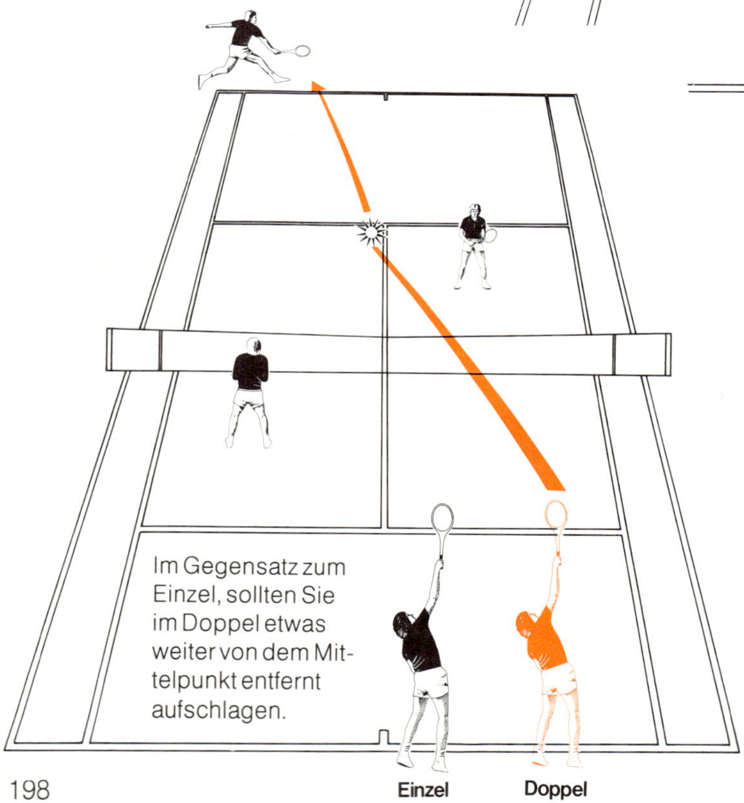


Im Gegensatz zum Einzel, sollten Sie im Doppel etwas weiter von dem Mittelpunkt entfernt aufschlagen.

# Die Rolle des Partners des Aufschlägers

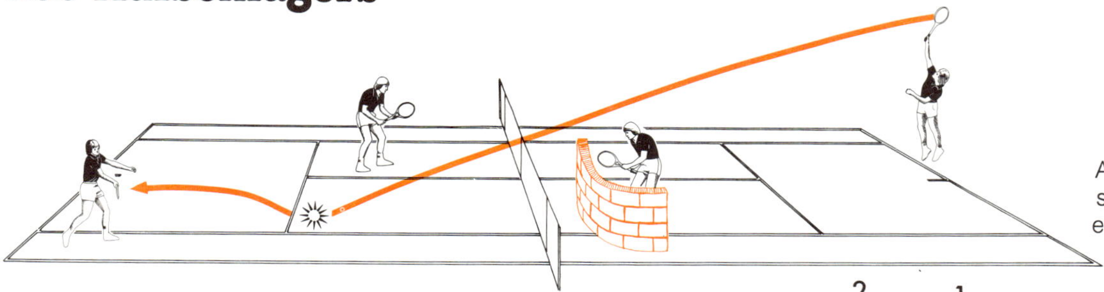

Als Partner des Aufschlägers müssen Sie erst einmal eine undurchdringliche Festung am Netz bilden.

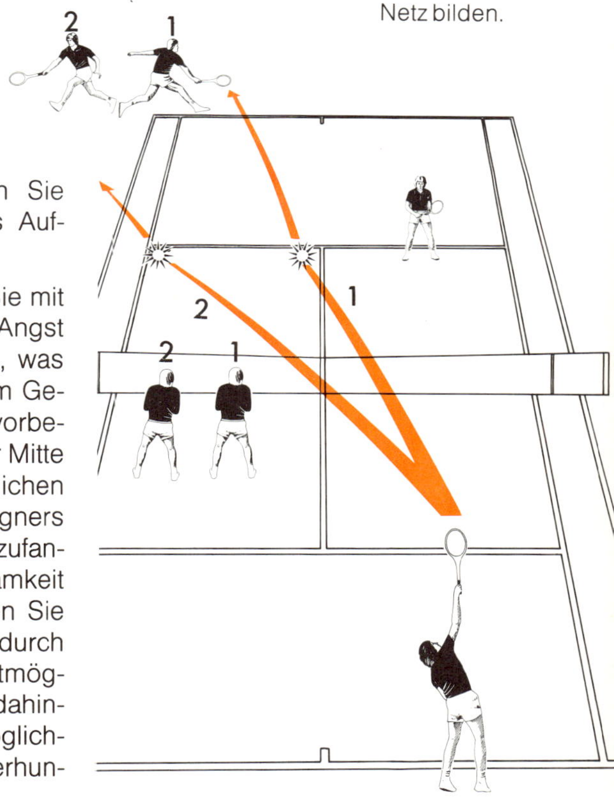


Entsprechend der Richtung des Aufschlages Ihres Partners müssen Sie am Netz entweder nach links oder rechts rücken.

Aus den eben angeführten Ratschlägen dürfen Sie nicht die falsche Schlußfolgerung ziehen, daß Sie am Netz nur als Staffage dienen und Ihre Aufgabe darin besteht, je nach Richtung des Aufschlages Ihres Partners von rechts nach links oder umgekehrt zu wechseln, wobei der aufschlagende Partner das Spiel gefälligst alleine zu gewinnen hat.

Sie müseen zuerst eine undurchdringliche und unüberspielbare Festung auf Ihrer Seitenhälfte darstellen. Zu diesem Zweck müssen Sie sich so postieren, daß Sie nicht nur den Lob, sondern auch den eventuellen Return longline sowie den Ball, der in der Reichweite Ihrer Vorhand ankommt, erreichen können. Wenn Ihr Partner einen starken und präzisen Aufschlag besitzt, können Sie sich viel näher und mehr zur Mitte stellen. Beim zweiten Aufschlag ist eine etwas größere Entfernung vom Returnierenden empfehlenswert. Außerdem müssen Sie sich nach der Richtung des Aufschlages richten.

Auf keinen Fall dürfen Sie mit dem Return des Gegners aus Angst einen Schritt zurück machen, was leider so häufig getan wird. Im Gegenteil, Sie müssen dauernd vorbereitet sein, nach vorne und zur Mitte zu springen, um den möglichen schwächeren Return des Gegners in unmittelbarer Netznähe abzufangen. Ihre ganze Aufmerksamkeit **muß der Mitte** gelten! Stellen Sie sich vor, daß mit jedem Return durch die Mitte Ihre letzte Mahlzeitmöglichkeit in Form eines Huhnes dahinschwebt. Wenn Sie diese Möglichkeit verpassen, müssen Sie verhungern.

Ein Longline-Return kommt meistens nur nach einem schwachen Aufschlag auf die Vorhand,

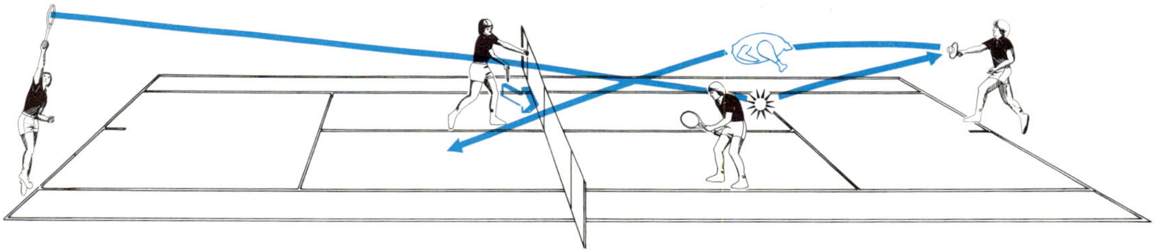

oder aber, wenn Sie vorzeitig in die Mitte gehechtet sind. Ein Returnlob kommt sehr selten. Dann soll es aber Ihre Aufgabe sein, diesen zu schmettern oder zu erlaufen, denn zur gleichen Zeit stürzt ja Ihr Partner zum Netz. Es dürfte für ihn schwierig sein, in zwei Richtungen gleichzeitig zu laufen.

Bis auf die letztere Eventualität ist Ihre Rolle am Netz offensiv. Sie müssen durch Wildern und Täuschen den Returnierenden in ewiger Ungewißheit über Ihre Absichten belassen. Nur dann werden seine Returns schwächer und ungenauer. Auch wenn der Gegner Ihre Absicht einmal rechtzeitig erraten sollte und Sie passiert, dürfen Sie trotzdem nicht am Netzpfosten einfrieren. Denken Sie an das Huhn und den eventuellen Hungertod!

Beobachten Sie am Netz scharf Ihren returnierenden Gegner, und schauen Sie sich nicht zu Ihrem servierenden Partner um. Er sieht immer gleich aus, und den Aufschlag hat er auch nicht verlernt. Wenn Ihr Gegner zum Schlagschwung angesetzt hat, ist Ihre Zeit

Bewachen Sie die Mitte! Denken Sie an das letzte Brathendl und an den eventuellen Hungertod.

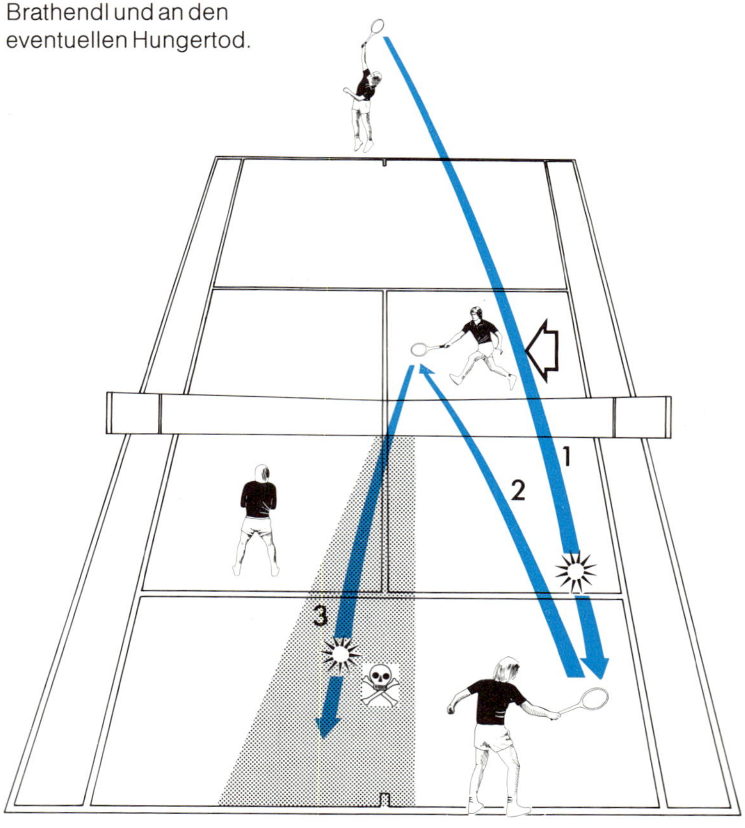


Bleiben Sie am Netz offensiv, wildern Sie und täuschen Sie das returnierende Paar, schlafen Sie nicht ein.

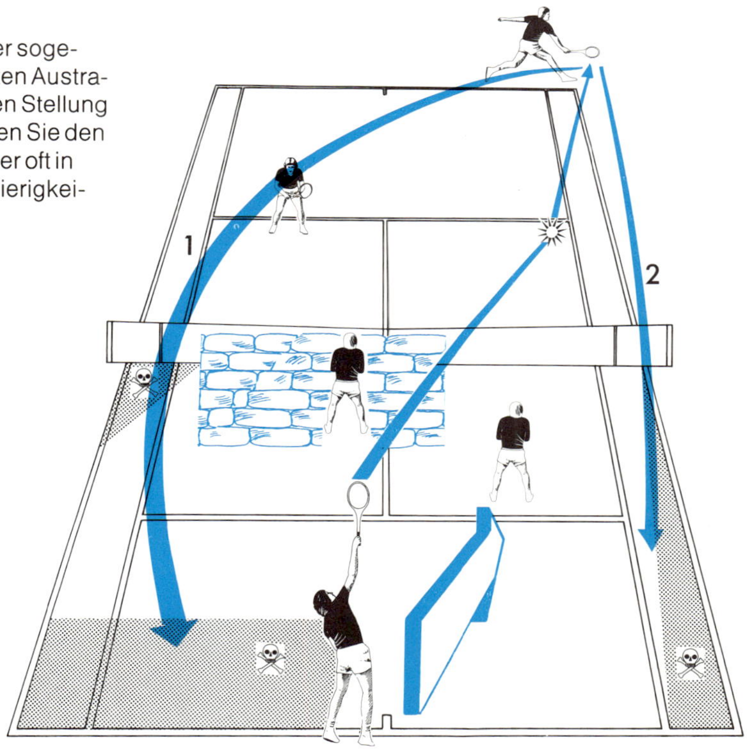


Mit der sogenannten Australischen Stellung bringen Sie den Gegner oft in Schwierigkeiten.

gekommen. Springen Sie los und spielen Sie, falls Sie den Return erwischt haben, Ihren Flugball zwischen das gegnerische Paar oder direkt in den auf der Aufschlaglinie stehenden Gegner. Dieser ist meistens überrascht und dadurch unbeweglich. Und danach auch noch sauer.

Auf keinen Fall dürfen Sie mit dem Hechten warten, bis der Gegner den Ball geschlagen hat, denn dann kommen Sie garantiert zu spät, erschweren Ihrem Partner den Flugball, indem Sie ihm im Wege stehen, und öffnen Ihre Platzhälfte so weit, daß diese auch ein Blinder treffen muß. Ihre ursprüngliche Platzhälfte ist nicht zu decken, indem sie sich beide in solch einer Situation auf drei Quadratmetern tummeln.

Ansonsten gleicht Ihre Aufgabe während eines andauernden Ballwechsels der des Aufschlägers – vor allem dem Angriff!

Eine interessante Variante ist die sogenannte Australische oder Tandemstellung beim Aufschlag. Sie stehen auf der gleichen Seite der Mittellinie wie Ihr aufschlagender Partner. Ihr Partner schlägt direkt vom Mittelpunkt auf. Nach dem Aufschlag rennt er dann schräg vorwärts in den freien Raum in Richtung Seitenlinie los.

Diese Variante spielt man häufig dann, wenn z. B. einer der Gegner gar nicht oder schlecht longline returnieren kann, oder aber im Gegenteil, wenn sein Return cross so perfekt ist, daß er kaum zu erwischen ist. Außerdem wendet man diese Stellung zur Rhythmusstörung des Gegners an.

Ein Return cross ist praktisch ausgeschlossen, denn dort stehen Sie, und einen Return über die Mitte machen Sie locker weg. Der Gegner muß demzufolge versuchen, entweder über Sie einen Lob oder aber einen sehr genauen Longline-Return zu schlagen, der, besonders von der Rückhand aus, allerdings nicht so leicht zu schlagen ist.

# Die Rolle des returnierenden Spielers

Als returnierender Spieler haben Sie die undankbarste Aufgabe. Dem Aufschläger ausgeliefert, einen Netzhecht in Sprungstellung vor sich stehend, müssen Sie versuchen, den Ball in einen sehr beschränkten Korridor ins Spiel zu bringen. Das möglichst so, daß mindestens Ihr Partner am Netz danach noch am Leben bleibt.

Trotzdem haben Sie dabei eine große Verantwortung zu übernehmen. Nur durch perfekte Returns können Sie gemeinsam mit Ihrem Partner den gegnerischen Aufschlag durchbrechen und die Chance zum Satzgewinn bewahren. In einem guten Doppel, und das wollen Sie ja spielen, entscheidet über den Satzgewinn meistens ein einziges durchbrochenes Aufschlagspiel des Gegners, ein sogenannter Break. Um so größer ist die Wichtigkeit, die dem Return zuzumessen ist. Der Return ist im Doppel fast wichtiger als im Einzel.

Im Augenblick des Returns spielen Sie ganz alleine gegen zwei Gegner, dem aufschlagenden und dem am Netz lauernden. Ihr Partner kann Ihnen überhaupt nicht helfen, weder aktiv noch passiv. Nur das Daumendrücken bleibt ihm übrig. Wenigstens etwas.

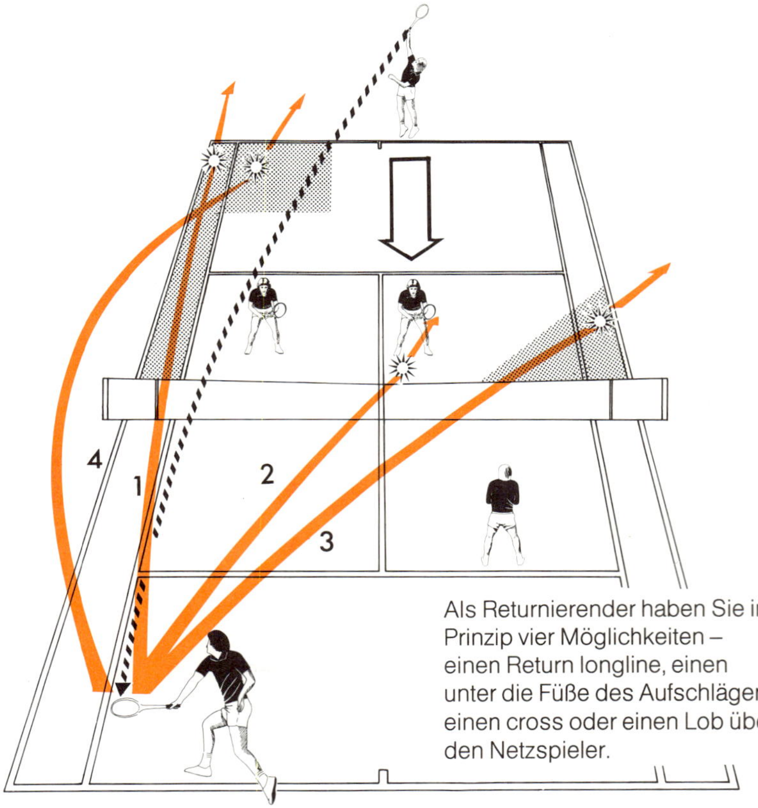


Als Returnierender haben Sie im Prinzip vier Möglichkeiten – einen Return longline, einen unter die Füße des Aufschlägers, einen cross oder einen Lob über den Netzspieler.

Zuerst müssen Sie versuchen, die Absichten des Aufschlägers zu antizipieren. Wohin kommt der Aufschlag? Das reicht aber noch nicht, denn am Netz steht auch noch einer, der sich einmischen will, und dessen Absichten bestimmt nicht nett sind. Sie müssen deshalb die Gegner dauernd studieren. Nach solch einer Analyse müssen Sie sich im Geiste zu einem bestimmten Return entscheiden. Diesen müssen Sie aber dann auch versuchen zu verwirklichen, koste es was es wolle. Lassen Sie sich durch den Netzspieler nicht verrückt machen. Er soll ruhig versuchen zu täuschen, es sei denn, er ist wirklich zu früh gestartet, und Sie haben genug Zeit, Ihren Plan zu ändern.

Nur ein voll konzentrierter und entschlossener Spieler wird gut returnieren können. Einer, der mehr die Gegner als den Ball beobachtet und vor jeder Bewegung des Netzspielers vor Schreck in die Knie geht, wird den Return kaum richtig treffen.

Wenn Ihr Return flach und präzise ist, kann sich der gegnerische Netzspieler strecken, wie er will. Er wird den Ball höchstens heben können und Ihrem wartenden Partner zuspielen. Auch der Aufschläger wird nur einen Verteidigungsflugball spielen können, den Sie oder Ihr Partner dementsprechend beantworten können.

Auch Sie als Returnierende müssen die andere Seite im Unklaren halten. Deswegen sollten Sie ab und zu einen Returnlob und einen Longline-Return probieren, damit der Netzspieler nicht zu frech wird und die Mitte als sein Jagdrevier betrachtet. Es ist empfehlenswert, eine solche Absicht Ihrem Partner vorher mitzuteilen, damit der arme Kerl dann nicht mehr überrascht ist als der Gegner, besonders dann, wenn Ihr Return nicht sofort zum direkten Punkt führt.

Versuchen Sie, sich immer so zu stellen, daß Sie eine ca. 75%ige Chance haben, Ihren starken Returnschlag anzuwenden, was in den meisten Fällen die Vorhand ist. Im Doppel ist die Gefahr des Öffnens des Platzes durch ein Umlaufen eines Schlages bei weitem nicht so groß wie im Einzel. Ihr Partner deckt, wenn er richtig postiert ist und nicht schläft, fast fünf Achtel des Platzes. Wenn der Return wirklich sitzt, haben Sie ihm den halben Punkt schon vorbereitet.

Sie sollten immer versuchen, mit dem Return vorzurücken. Erstens wird ein Return mit Körpereinsatz sicherer und genauer, zweitens gehen Sie der Gefahr einer Rücklage und dadurch eines zu hohen Returns aus dem Wege und drittens sollen Sie ja in die gleiche Höhe wie Ihr Partner gelangen. Denken Sie an die gleiche Welle. Die Stellung ein Spieler hinten und einer vorne sollten Sie meiden wie die Pest.

Versuchen Sie, wenn es der Aufschlag des Gegners zuläßt, auch als Returnierender in der Offensive zu bleiben. Zu diesem Zweck ist der empfehlenswerteste Return, besonders von der Rückhandseite, ein Chip. Bei diesem Schlag können Sie den Körper optimal einsetzen, den Ball oben und dadurch früh treffen und gleichzeitig mit der Schlagbewegung vorrücken. Außerdem können Sie ihn gefühlvoll dem angreifenden Aufschläger vor die Füße setzen. Mit einem Topspinreturn ist das gleichzeitige Vorrücken technisch schwieriger, obwohl seine Wirkung durch die stark absteigende Kurve und hohe Geschwindigkeit verheerend sein kann.

Selbstverständlich müssen Sie versuchen, wenn Sie über einen harten Drivereturn verfügen, diesen vor allem beim zweiten Aufschlag einzusetzen. Sie können damit nicht nur direkte Punkte erzielen, sondern dem Gegner auch eine gehörige Portion Respekt einjagen. Je mehr er Ihren Return fürchten muß, desto unsicherer wird er aufschlagen.

Übernehmen Sie Ihre schwierigste Aufgabe im Doppel mit Würde und Mut. Ohne kalkulierbares Risiko können Sie keinen Break erzielen, und ohne Break gewinnen Sie kein Doppel, und Tennis ohne Doppel ist wie Wiener Würstchen ohne Senf, eben fad.

## Die Rolle des Partners des Returnierenden

Auf diesem Posten sind Sie vorerst die unwichtigste und untätigste Person des Quartetts. Ihnen bleibt nichts anderes übrig als zu warten und noch einmal zu warten. Warten auf den Aufschlag des Gegners, warten auf den Return Ihres Partners und den Flugball des Gegners. Aber auch dann werden Sie meistens weiter warten müssen, denn der erste Flugball der Gegenseite geht entweder zu Ihrem Partner oder wird an Ihnen vorbeigeschossen, womit Sie mit Wut im Bauch Ihre Aufgabe als Returnspieler übernehmen können, um den durch Ihren Partner eventuell verpatzten Punkt wieder gutzumachen.

Dadurch, daß die ersten drei bis vier Ballwechsel meistens an Ihnen vorbeigehen, wird Ihre Konzentrationsfähigkeit und Antizipation besonders stark strapaziert, denn ein plötzlich zu Ihnen gesteuerter Ball muß von Ihnen erfolgreich pariert werden. Dies ist dadurch recht schwer, daß Sie vorerst durch Ihr Zuschauen nicht im Spielrhythmus sind.

Erst einmal sollten Sie sich kurz vor die T-Linie eher zur Mitte stellen, um mit einem guten Return Ihres Partners eventuell in Richtung Mitte vorzurücken oder auch einem möglichen Lob nachzujagen.

Auf wen oder was sollen Sie sich konzentrieren? Vor allem aber

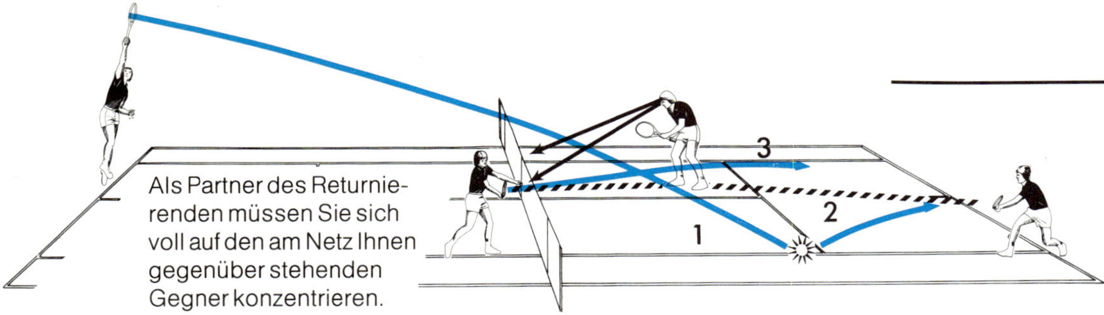


Als Partner des Returnierenden müssen Sie sich voll auf den am Netz Ihnen gegenüber stehenden Gegner konzentrieren.

auf den Netzspieler des gegnerischen Paares, denn der kann Ihnen am gefährlichsten werden. Beobachten Sie ihn wie ein Falke seine Beute. Sie brauchen sich im Gegensatz zu Ihrem returnierenden Partner nicht auf den aufgeschlagenen Ball zu konzentrieren. Beobachten Sie jede Bewegung des Netzspielers, um auf sein mögliches Eingreifen in den Return vorbereitet zu sein. Falls er den Return erwischt, spielt er den Ball zu 95 % auf Sie zu oder an Ihnen vorbei.

Wenn der Netzspieler nicht eingreift und der Return Ihres Partners flach und gut plaziert ist, müssen Sie mit diesem Return etwas zur Mitte vorrücken, um möglichst den angehobenen Halbflugball oder tiefen Flugball des Gegners zu erwischen und zu töten. Erst in dieser Phase beginnt Ihr eigentliches Dasein, und Sie können anfangen, Ihre Aktivitäten zu entwickeln.

Wenn Sie angespielt werden oder in den Flugball hineinspringen, haben Sie meistens zwei Möglichkeiten, den Ball zu plazieren. Die erste Möglichkeit ist die, zwischen die Gegner über die Mitte durch zu spielen, denn dort ist meistens ein Loch. Wenn Sie sich nahe genug am Netz und in dessen Mitte befinden und der Aufschläger noch nicht weit genug nach vorne vorgerückt ist, können Sie einen kurzen Flugball cross schlagen.

Wenn der Gegner einen sehr starken ersten Aufschlag besitzt oder der Return Ihres Partners zu wünschen übrig läßt, können Sie sich beim ersten Aufschlag auf der Grundlinie postieren und von da aus gemeinsam mit Ihrem Partner versuchen, die kommenden Aktionen Seite an Seite zu starten. Sie gehen dadurch der Gefahr aus dem Wege, daß der gegnerische Netzpieler den abgefangenen Return an Ihnen vorbeischießt. Diese Taktik haben mit großem Erfolg die Australier John Alexander/Phil Dent praktiziert.

Viel mehr ist zu Ihrer Aufgabe auf diesem Posten nicht zu sagen, außer, daß Sie auf dieser Position die undankbarste Aufgabe zu bewältigen haben, nämlich zu warten, um dann meistens angeschossen zu werden. So ist das Leben.

Ein Doppel ist ein aufregendes Spiel. Es macht viel Spaß und hilft Ihnen, Ihre Einzelfähigkeiten zu verbessern. Es gibt viele, die behaupten, daß häufiges Doppelspielen ihr Niveau im Einzel sinken läßt. Warum um Gottes willen? Das Gegenteil ist wahr. Im Doppel schulen Sie Antizipation, Reaktion, Schnelligkeit, Beweglichkeit, Geschicklichkeit sowie den Return für schnelle

Bei einem starken ersten Aufschlag eines der Gegner können Sie sich neben Ihren returnierenden Partner auf der Grundlinie postieren.

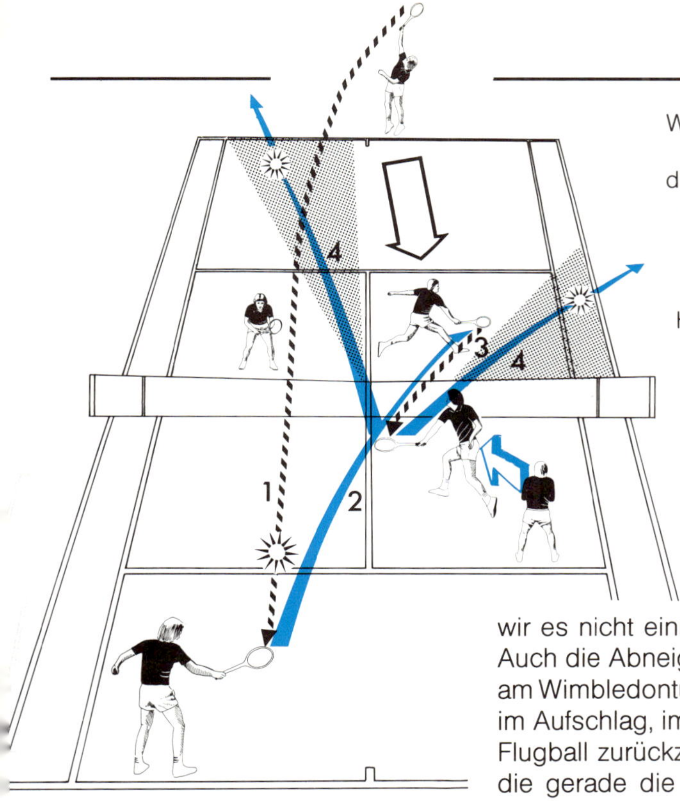


Wenn Ihr Partner einen flachen Return unter die Füße des Aufschlägers geschlagen hat, starten Sie vorwärts und versuchen den meist schwachen Halbflugball des Gegners zu töten.

Plätze, auf denen der Gegner auch im Einzel nach seinem Aufschlag zum Netz geht. Ferner schulen Sie den ersten Flugball auch wieder für schnelle Plätze, dann die Wichtigkeit des ersten Aufschlages zu schätzen, und vieles, vieles mehr.

Ich kann Ihnen nur empfehlen, spielen Sie regelmäßig Doppel, so oft es geht. Die derzeitige deutsche Doppelmisere ist nur darauf zurückzuführen, daß unsere Spitzenspieler eine Abneigung gegen das Doppel haben, so daß Sie im Laufe des Jahres kaum freiwillig Doppel spielen. Wenn wir dann im Davis-Cup, Kings-Cup oder Federation-Cup ein gutes Doppel brauchen, finden wir es nicht einmal mit einer Lupe. Auch die Abneigung zur Teilnahme am Wimbledonturnier ist auf Mängel im Aufschlag, im Return und ersten Flugball zurückzuführen – Schläge, die gerade die Basis eines guten Doppelspielers sind!

Das Doppelspiel muß man lieben, leidenschaftlich dabei sein, sonst lernt man es nie. Es ist wie in einer Ehe. Dort, wo die Leidenschaft fehlt, fehlen auch das Verständnis, die Einsicht und die Fähigkeit, gemeinsame Schwierigkeiten zu überwinden und den Partner mit all seinen Mängeln zu akzeptieren und zu respektieren.

Damit wäre der taktische Teil abgeschlossen. Ich betone noch einmal, daß ich nur die Hauptregeln und wichtigsten Tips geben konnte, daß es über diese hinaus eine Menge an Variationen und Kombinationen gibt, mit denen ich ein weiteres Buch füllen könnte. Wahrscheinlich werde ich es auch einmal tun. Erst einmal muß ich mich aber von diesem Buch erholen . . .

Sie selbst müssen aber über das Spiel nachdenken, Ihre neuen taktischen Erkenntnisse im Gehirn speichern und immer wieder dort einsetzen, wo eine dementsprechende Situation auftaucht. Kein Buch kann Ihre eigenen Erfahrungen ersetzen.

Hinzu kommt noch, daß sich bei jedem Menschen nicht nur die Technik, sondern auch die Taktik nach seiner Mentalität, seinem Intellekt und seinem Charakter in rein persönlichen Bahnen entwickelt, daß Sie sich auf dem Tennisplatz vor allem selbst darstellen werden!

Ihre Taktik wird Ihrer Technik angepaßt und umgekehrt, Sie müssen für neue taktische Varianten neue technische Mittel einsetzen. Wenn Sie diese nicht beherrschen, müssen Sie sie dazulernen. Es kommt zu einer nie aufhörenden Wechselwirkung, die den Fortschritt Ihres Spiels garantiert.

Nur Björn Borg und ein ganz hoffnungsloser Fall können sich es erlauben, mit der gleichen Taktik und Technik lebenslang auszukommen. Da Sie aber beides nicht sind, würde ich Ihnen wärmstens empfehlen, an Ihrer Taktik und Technik weiter zu basteln unter dem Motto: »Der Piepenbreier (oder McEnroe) kann sich auf etwas gefaßt machen!«

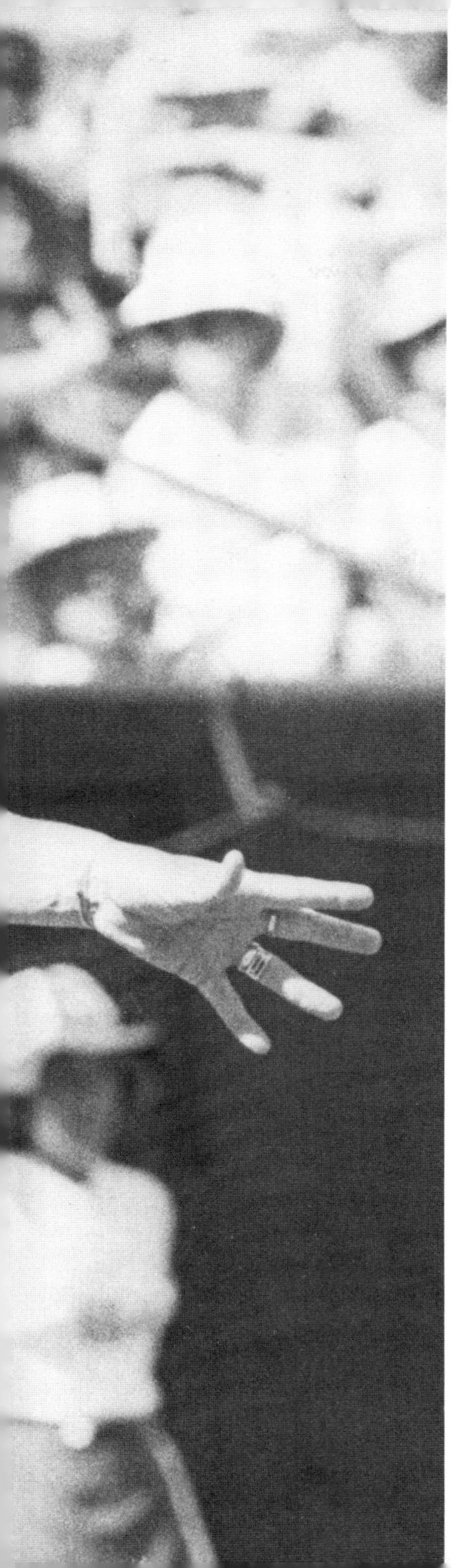

# Körperliche Fitness

Ich gehe davon aus, daß Sie Tennis als Sport betrachten. Lachen Sie nicht, denn ich kenne allerhand »Tennisspieler«, die diese Selbstverständlichkeit nicht teilen. Diese Exemplare beneiden aber die echten Tennisspieler ohne Anführungsstriche und können es nicht begreifen, daß es solche Verrückte gibt, die sich dabei noch anstrengen wollen, ja sogar solche, die in der Schinderei Spaß finden. Aber Neid ist bekanntlich der Ehrgeiz der Kraftlosen, was schon Albert Schweizer gesagt hat. Und obwohl er bei dieser Lebensweisheit kaum an Sport und noch weniger an Tennis dachte, hat er den Nagel auf den Kopf getroffen. Kraftlose Menschen werden in diesem schönen Sport niemals große Erfolge ernten können und die Erfolgreichen um so mehr beneiden. Etwas anderes bleibt ihnen auch nicht übrig.

Obwohl man den Begriff **Kraft** sehr oft zu verallgemeinern versucht oder aber fälschlicherweise als einzigen Begriff für die allgemeine körperliche Fitness apostrophiert, ist Kraft in verschiedenen Formen tatsächlich die Basis der überwiegenden Mehrzahl der physischen Leistungsfaktoren.

Welche physische Leistungsfaktoren spielen bei einem Tennisspieler eine entscheidende Rolle? Ich habe vor einigen Jahren versucht, das Tennisspiel gründlich zu analysieren, und bin im Bereich der konditionellen Voraussetzungen zu folgenden leistungsbestimmenden Faktoren gekommen:

## Konditionelle leistungsbestimmende Faktoren

**A. Motorische Kraft**

**aa. Schnellkraft**
– Beschleunigung des Balles (Armschwung)
Beschleunigung des eigenen Körpers (Antrittsvermögen, Absprunggeschwindigkeit)

**ab. Kraftdauer**
– in der Arm-, Schulter-, Brust-, Rükken-, Rumpf- und Beinmuskulatur

**B. Motorische Schnelligkeit**

**ba. Reaktionsschnelligkeit**
– die motorische Reaktion

**bb. Kraftschnelligkeit**
– jegliche Ortsveränderung am Platz
**bc. Actions- bzw. Koordinationsschnelligkeit**
– jegliche Bewegung mit dem Schläger

**C. Motorische Ausdauer**

**ca. Langzeitdauer**
– das ist die azyklische Spielausdauer über das ganze Match hinweg
**cb. Kraftausdauer**
– lokale Muskelausdauer aerob und anaerob
**cc. Schnelligkeitsausdauer**
– azyklisches Stehvermögen

**D. Motorische Beweglichkeit**
(Schwingungsweite der Gelenke)

**da. Gelenkigkeit**
– dynamisch in Schultergürtel, Hüfte, Wirbelsäule
**db. Dehnfähigkeit**
– in der Muskulatur, den Bändern, Sehnen

**E. Koordinationsfähigkeit,**

**Gewandtheit** (Motorische Eigenschaften und kognitiv-intellektuelle Fähigkeiten)

**ea. Anpassungs-, Orientierungs-, Kombinations-, Gleichgewichts-, Steuerungs- und Reaktionsvermögen, Geschicklichkeit, Wendigkeit.**

Nun verzweifeln Sie bitte nicht. Bevor Sie den Schläger im weiten Bogen wegwerfen oder im Kamin verbrennen, weil Sie ja eigentlich »nur« ein wenig Tennis spielen wollten und nicht gleich an den Sieg im WCT-Masters-Turnier dachten, möchte ich Sie über diese fürchterlichen Begriffe aufklären, Ihnen diese, soweit es geht, verdeutlichen; denn Wissen ist – wie Sie wissen – Macht.

Manchmal allerdings Ohnmacht, wie ich leider selbst in den letzten Jahren feststellen mußte.

Auch wenn Sie wirklich nur der Bewegung und des Spaßes wegen Tennis spielen und nicht durch diesen Sport zum Dollarmillionär avancieren wollen, ist es für Sie bestimmt interessant zu wissen, was ein guter Tennisspieler im konditionellen Bereich so alles benötigt. Übrigens habe ich noch keinen Hobbyspieler gesehen, dem Konditionstraining geschadet hätte. Und wenn Sie ein Star werden wollen, müssen Sie sich mit diesen Zeilen beschäftigen und auseinandersetzen, ob Sie wollen oder nicht!

# Motorische Kraft

**Motorische Kraft** ist die Fähigkeit, irgendwelchen äußeren Widerstand zu überwinden oder diesem entgegenzuwirken auf Grund von Innovations- (Eigenreflex eines Muskels) und Stoffwechselprozessen in der Muskulatur.

Sie brauchen also zu jeglicher Bewegung Kraft, auch wenn es nur das Augenzwinkern ist.

Nun teilen wir die Kraft aber in eine **statische und eine dynamische.** Wir Tennisspieler brauchen vor allem die dynamische Kraft, das heißt die Kraft, die wir nach unserem Wunsch innerhalb irgendeines Bewegungsablaufes, z.B. des Schlagschwungs, voll entfalten können. Selbstverständlich ist die Größe der dynamischen Kraft von der Größe der statischen abhängig.

Sie als Tennisspieler benötigen aber keine optimale **Maximalkraft** – das ist die Kraft, die das Nerv-Muskelsystem entwickeln kann. Diese überlassen Sie ruhig den Gewichthebern, denn zu dicke Muskelfasern – richtige Muskelpakete sehen zwar gut aus und machen auf die Frauen einen Eindruck – lassen aber meistens eine gewisse Leichtigkeit der Koordination und Ökonomie der Durchführung einzelner Bewegungsabläufe vermissen. Sie stören die Koordinationsfähigkeit, Gewandtheit und Beweglichkeit sowie die feinmotorischen Bewegungsabläufe, die Sie in der Tennistechnik so sehr benötigen. Deswegen bitte auch kein Bodybuilding.

Im Tennis brauchen Sie allerdings Kraft in Form von Schnellkraft und Kraftausdauer.

## Schnellkraft

**Schnellkraft** ist die Fähigkeit Ihres Nerv-Muskelsystems, die Kontraktionsgeschwindigkeit der Muskulatur zu beschleunigen, das bedeutet z. B., die Bewegungen des Armes bei einzelnen Schlägen, Ihre Start- oder Sprunggeschwindigkeit durch spezielles Schnellkrafttraining zu erhöhen, wodurch Sie zum Beispiel bei Flugbällen, Schmetterbällen, Passierschlägen und in vielen anderen komplizierten Situationen den Punkt noch retten können.

## Kraftausdauer

**Kraftausdauer** teilt man in lokale – weniger als ein Siebentel bis ein Sechstel der gesamten Skelettmuskulatur – und allgemeine Muskelkraftausdauer. Beides ist die Ermüdungswiderstandsfähigkeit (ein fürchterliches Wort) des Organismus bei langandauernden Kraftleistungen.

Sie müssen alle Bewegungen der einzelnen Extremitäten sowie des ganzen Körpers über eine lange Zeit aufrechterhalten können – und nicht nur das. Sie müssen nach eineinhalb Stunden Spieldauer diese Bewegungen gleich schnell und präzise durchführen können wie am Anfang des Matches.

Roy Emerson, einer der berühmten australischen Gestalten der Hopman-Ära, hat einmal gesagt: »Wir trainieren so, daß wir im fünften Satz an Tempo und Genauigkeit noch zulegen können.« Ja, das waren noch Zeiten in Australien! Übrigens kenne ich das aus meiner früheren aktiven Zeit in Prag sowie aus der jetzigen Zeit von Kodes, Lendl, Navratilova oder Mandlikova nicht anders. Nur bei uns wollen es manche immer noch nicht begreifen.

Wenn Sie die Müdigkeit überfällt, ist die Feinmotorik des Bewegungsablaufes Ihrer noch so genialen Vorhand im Eimer. Die Bälle fliegen plötzlich wild kreuz und quer durch die Gegend, und Ihr eventueller Vorsprung schmilzt wie der Frühlingsschnee dahin. Das, was Sie in eineinhalb Stunden erspielt haben, ist in einer Viertelstunde dahin. So schnell geht das.

Mit Kraft allein kommen Sie aber im Tennis nicht aus. Sie können Schnellkraft und Kraftausdauer besitzen. Wenn Sie sich aber nach dem Start weiter wie eine Schnecke bewegen oder aber erst reagieren, wenn Sie der Ball ins Auge getroffen hat, werden Sie höchstwahrscheinlich eine andere Sportart wählen müssen. Als Tennisspieler brauchen Sie Schnelligkeit, und davon viel.

# Motorische Schnelligkeit

**Motorische Schnelligkeit** ist die Fähigkeit, sich mit höchstmöglicher Geschwindigkeit fortzubewegen. Es ist eine der Grundlagen im Tennis. Allerdings brauchen Sie nicht unbedingt einen Weltrekord über 100 m zu besitzen, denn auf dem Tennisplatz müssen Sie höchstens 15 m sprinten, diese aber so schnell es geht. Um diese und meistens noch viel kürzere Entfernungen so schnell wie möglich zu überwinden, brauchen Sie Reaktionsschnelligkeit, Kraftschnelligkeit und Aktions- bzw. Koordinationsschnelligkeit.

## Reaktionsschnelligkeit

**Motorische Reaktionsschnelligkeit** ist eine spezifische koordinativ-motorische Leistungsvoraussetzung des Menschen zur schnellen Einleitung und Ausführung zweckmäßiger kurzzeitiger Bewegungshandlungen auf ein optisches oder akustisches Signal.

Einen guten Tennisspieler ohne gute Reaktionsschnelligkeit kann ich mir gar nicht vorstellen.

Leider ist die Reaktionsschnelligkeit nur teilweise trainierbar. Die sogenannte **Latentzeit,** das ist die Zeit von der Signalauf-

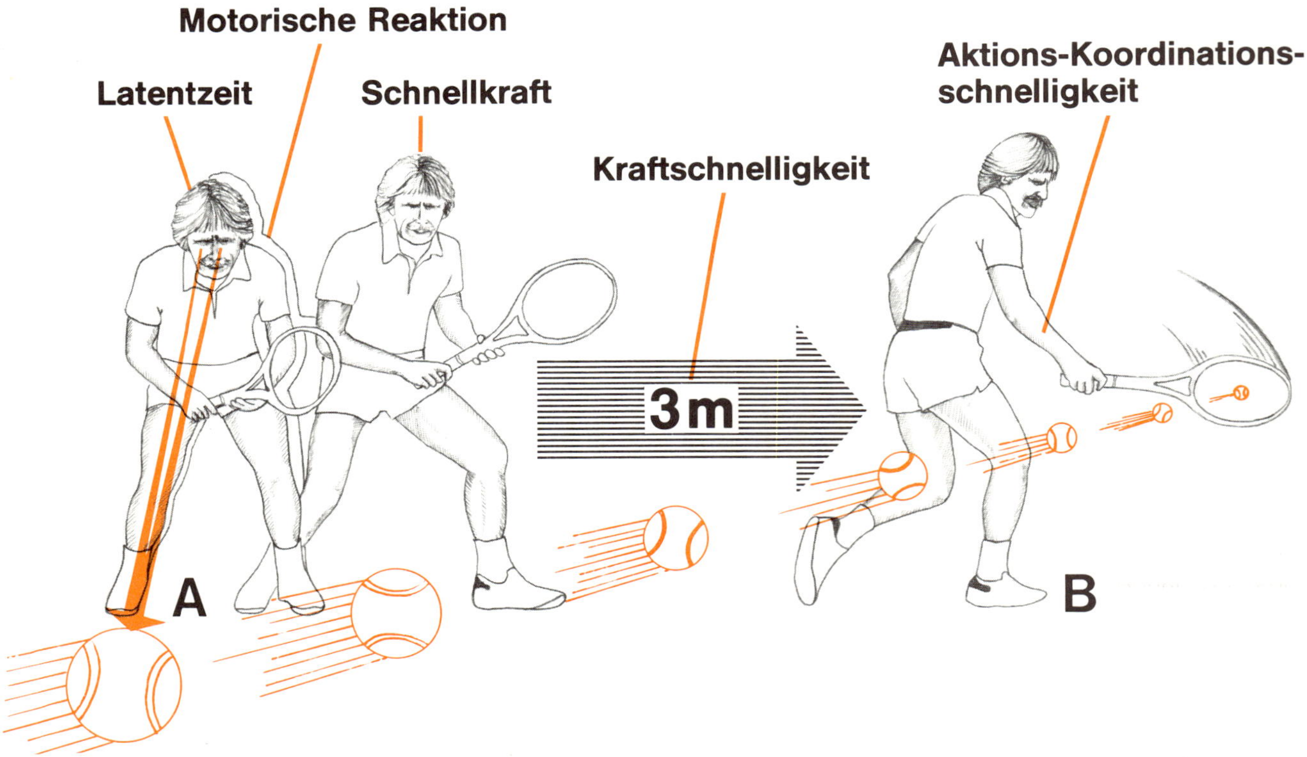


**Latentzeit** ist die Zeit von der Signalaufnahme bis zum Beginn der Reaktion. **Motorische Reaktion** beinhaltet die Latentzeit sowie die erste Bewegungshandlung. **Schnellkraft** brauchen Sie für die Startgeschwindigkeit. **Kraftschnelligkeit** ist für die Sprintbeschleunigung auf kurzen Entfernungen notwendig. **Aktions- und Koordinationsschnelligkeit** benötigen Sie für die Beschleunigung des Armes in Schlagschwung.

nahme bis zum Beginn der Reaktion, ist nach berühmten Wissenschaftlern erblich bedingt, dadurch limitiert und nicht trainierbar. Wenn jemand das Pech haben sollte und Vorfahren, die man sich leider nicht aussuchen kann, erwischt hat, deren Reaktion etwas beschränkt war, muß er damit rechnen, daß er eventuell etwas mitbekommen hat.

Aber bitte lassen Sie auf keinen Fall den Kopf hängen, denn die Zeit für die Ausführung der Muskelkontraktion, d.h. der Bewegung, ist durch spezielles Training verbesserungsfähig.

Betrachten wir das nun praktisch. Sie stürzen zum Netz, und der Gegner setzt zum Passierball an. Kommt er links oder rechts? Abgesehen davon, daß Ihre bisherigen Erfahrungswerte Ihnen eine Antizipation erlauben, müssen Sie irgendwann reagieren. Die erste Erkenntnis lautet, daß der verfluchte Kerl mich über meine Rückhand passiert. Dadurch muß ich nach links springen. Das ist die Latentzeit. Wenn diese bei Ihnen gut ausgeprägt ist, haben Sie schon einen Vorsprung. Wenn diese aber langsam ist, müssen Sie das mit einem schnell angesetzten Sprung retten. Und gerade dieser Sprung, die Zeit, die Sie brauchen, um den Sprung schnell durchzuführen, können Sie durch Training verbessern. Wenn dann die anschließend wirkende Schnellkraft (siehe oben) auch optimal vorhanden ist, kann der Passierball an Ihnen gar nicht vorbeigehen. Verzeihen Sie demzufolge Ihren Ahnen und setzen Sie auf Ihren Fleiß. Es lohnt sich.

Nun haben Sie die nötige Reaktionsschnelligkeit zum Ansetzen des Sprunges oder Laufes, die ausreichende Schnellkraft, den Sprung oder den ersten Schritt schnell durchzuführen. Leider reicht das alles noch lange nicht, so leid es mir auch tut. Meistens ist nämlich die Situation mit einem Schritt oder Sprung oder einer Streckung des Armes noch lange nicht bereinigt oder abgeschlossen. Sie müssen vom Punkt A zum Punkt B über zwei, drei oder mehr Meter laufen.

## Kraftschnelligkeit

Und dazu brauchen Sie **Kraftschnelligkeit.** Das ist eine hauptsächlich aus der Schnellkraft resultierende Schnelligkeitsform. Sie tritt bei Bewegungsabläufen auf, die durch große Widerstände (bewegte Massen) gekennzeichnet ist. Populär gesagt: die bewegte Masse sind Sie. Wenn Sie allerdings hundert Kilo auf die Waage bringen, ist der Widerstand ziemlich groß, denn Sie haben so allerhand an Masse zu bewegen. Ein Fliegengewicht wird sich hier leichter tun. Kraftschnelligkeit können Sie vor allem durch intensives Training der Schnellkraft verbessern. Und durch Abspecken!

Auch wenn Sie schnell reagiert haben, Schnellkraft und Kraftschnelligkeit in Mengen besitzen, ist damit der Ball noch immer nicht geschlagen. Denn nun sind Sie an Ort und Stelle des Geschehens angelangt und müssen erst einmal den Ball durch einen präzisen Arm- und Schlägerschwung in die Ecke von Herrn Schlotterhose befördern.

## Aktions- bzw. Koordinationsschnelligkeit

Und dazu, lieber geplagter Tennisspieler, brauchen Sie eine weitere Eigenschaft – **die Aktions- bzw. Koordinationsschnelligkeit,** die leider auch in hohem Maße erblich bedingt ist. Diese Eigenschaft resultiert hauptsächlich aus einem guten und schnellen Nerv-Muskel-Zusammenspiel, aus einer ausgeprägten Koordinationsfähigkeit. Diese merkwürdige Fähigkeit tritt vorwiegend bei Bewegungsabläufen mit geringem Widerstand auf, z.B. bei jeglicher Bewegung des Schlägers. Wenn Sie des öfteren zu spät oder ungenau Ihre Rückhand treffen, kann es am Mangel an Koordinationsschnelligkeit liegen. Aber trotz der genetischen Voraussetzungen können Sie auch diese durch intensives Training verbessern.

Bis jetzt haben wir uns im Zusammenhang mit Tennis vor allem mit der Kraft in ihrer ganzen Vielfalt und mit verschiedenen Schnelligkeitsformen beschäftigt, mit Eigenschaften und Fähigkeiten, die vor allem die Muskulatur sowie das Nerv-Muskel-System betreffen. Dies alles muß aber nicht nur täglich, sondern auch innerhalb eines Tages über mehrere Stunden einwandfrei funktionieren.

Und dafür brauchen Sie Ausdauer, und zwar in Form von **Langzeitausdauer, Kraftausdauer und Schnelligkeitsausdauer.**

Damit kommen wir zur Funktionsfähigkeit Ihres kardiopulmonalen Systems, Ihres Stoffwechsels, Ihres Nervensystems und zu der Koordinationsfähigkeit in der Tätigkeit verschiedener Organe und Systeme Ihres werten Körpers.

# Motorische Ausdauer

**Motorische Ausdauer** ist, ganz schlicht gesagt, die psychische und physische Widerstandsfähigkeit gegen Ermüdung. Die Höhe der Ausdauerfähigkeit ist in den meisten Sportarten ein objektives Zeichen des Trainingszustandes, so auch im Tennis. Allerdings ist der Gradmesser der sogenannten optimalen Ausdauerfähigkeit von Sport zu Sport unterschiedlich. Die Kriterien bei einem Marathonläufer, Radrennfahrer oder Skilangläufer werden zwangsweise anders sein müssen als bei einem Tennisspieler, einem Sprinter oder einem Bogenschützen.

Die Basis für alle Arten der Ausdauer ist die **Grundlagenausdauer,** denn das ist die Leistungsfähigkeit bei allen Langzeitbelastungen. Sie fordert ein hohes Niveau der maximalen Sauerstoffaufnahme, die wiederum durch eine hohe aerobe Kapazität bedingt ist.

Also, lieber Zukunftsstar, von nun ab ist das Rauchen verboten, denn bei einer verpesteten Lunge kann man bestimmt nicht eine ausgezeichnete Sauerstoffaufnahmefähigkeit dieses Organs erwarten. Wenn Ihnen die Puste schon im ersten Satz ausgeht, wie wollen Sie dann ein Match von zwei Stunden lebend überstehen?

Auch das maximale Sauerstoffaufnahmevermögen ist nach V. Klissouras zu 93,4 % erblich bedingt. Da können Sie mal sehen, was Ihre Vorfahren an Ihnen alles angestellt hatten, bevor Sie persönlich das Licht der Welt erblickt haben. Aber nicht verzweifeln; wie gesagt, ein Tennisspieler braucht nicht die Pumpe eines Marathonläufers.

Bei einem nichttrainierten Otto-Normalverbraucher liegt die Sauerstoffaufnahme bei 40 ml/Min./kg Körpergewicht.

Bei Ausdauersportarten muß die Sauerstoffaufnahme über 70 ml/Min./kg Körpergewicht liegen.

Und bei Spitzentennisspielern reicht eine Sauerstoffaufnahme von 60 ml/Min./kg Körpergewicht aus. Wie Sie selber sehen können, ist das gar nicht so schlimm.

Bevor ich den Ausdauerbereich des Tennisspielers aufgreife, muß ich Ihnen, ob Sie es wollen oder nicht, einige wichtige elementare Begriffe erläutern, ohne deren Kenntnis Sie sich nur schwer Vorstellungen über die Ausdauertätigkeit und das Ausdauertraining eines Tennisspielers machen können.

Vor allem handelt es sich um die **aerobe** und **anaerobe** Arbeit, um die **aerobe Schwelle,** den **aerob-anaeroben Übergang** und um die **anaerobe Schwelle.** Ich weiß, es sind häßliche Ausdrücke, aber ich versichere Ihnen, sie sind weder unanständig noch jugendgefährdend.

## Aerobe Muskelarbeit

Bei **aerober Muskelarbeit** gehen die energiespendenden Prozesse unter Zufuhr einer genügenden Sauerstoffmenge über den Zitronensäurezyklus vonstatten. Es handelt sich um eine Arbeit unter Sauerstoffgleichgewicht, um ein sogenanntes »Steady-state«. Aerobe Muskelarbeit reicht bis ca. 60 % des maximalen Leistungsvermögens. Populär gesagt, verbrauchen Sie nur so viel Sauerstoff, wie für die momentane Energieumwandlung in den Muskeln erforderlich ist. Dies ist für die oben schon erwähnten Schwergewichtigen ein wichtiger und hoffnungsspendender Hinweis, da die Energie für die Arbeit im aeroben Bereich vor allem durch die **Verbrennung der Fette** gewonnen wird. Der Glykogenverbrauch ist dabei stark reduziert.

Jetzt werden Sie verstehen, warum z. B. Marathonläufer, die sich während des Wettkampfes im aeroben Bereich bewegen, solche Skelette sind und kein Fett ansetzen. Also meine Damen und Herren – Joggen!

# Anaerobe Muskelarbeit

Anders ist es bei **anaerober Arbeit.** In diesem Fall gehen die energieliefernden Prozesse nicht über den Zitronensäurezyklus vonstatten, sondern über den Abbau energiereicher Kohlehydrate (Glykogen), und/oder über die Bildung von Milchsäure (Laktat).

Es wird dabei von einer Arbeit unter Sauerstoffschuld gesprochen. Je mehr und schneller Sie die Muskeln belasten, d. h. je höher Sie über die schon erwähnten 60% des maximalen Leistungsvermögens hinausschießen, um so mehr führt die Sauerstoffschuld (die eingeatmete Sauerstoffmenge reicht nicht mehr aus) zu einer Übersäuerung der beanspruchten Muskulatur durch Kohlendioxyd, Milchsäure und sauere Abbauprodukte, die ihrerseits Ursache für die sich rasch steigernde Ermüdung der Muskeln sind.

Sie kennen wahrscheinlich den populären Ausdruck: »Er ist sauer.« Damit ist nicht sein Gemüt gemeint, sondern sein physischer Zustand. Der kann so weit gehen, daß Sie die Tätigkeit abbrechen müssen, der Muskel oder die Muskelgruppe muß sich regenerieren, die verbrannten Abbauprodukte müssen abgeschwemmt werden, der Muskel muß neuen Sauerstoff »einatmen«, um neue Energie freizulegen und weiterarbeiten zu können.

Wenn Sie z.B. mit dem Training anfangen, entsteht erst einmal ein Sauerstoffdefizit. Sie fangen kurzfristig im anaeroben Bereich an. Damit will ich nicht sagen, daß Sie gleich von Anfang an »sauer« sein müssen. Im Gegenteil, Sie sollen fröhlichen Gemütes die kommenden Ereignisse angehen. Dieses Defizit wird innerhalb von zwei bis fünf Minuten durch eine erhöhte Herz- und Kreislauftätigkeit sowie eine höhere Durchblutung und dadurch größere Sauerstoffzufuhr in die Zellen ausgeglichen.

Das ist einer der Gründe, neben Lockerung und Dehnung des Bewegungsapparates, warum Sie sich nicht nur ausreichend einschlagen, sondern vor dem Training oder Match durch Gymnastik, Seilspringen u. ä. aufwärmen sollen!

Wenn das Sauerstoffdefizit ausgeglichen ist, geht der Organismus in die Phase der aeroben Arbeit über. Solange Sie unterhalb Ihrer 60%igen Belastung bleiben, kommt es zum Gleichgewicht innerhalb der Sauerstoff-Dauerleistungsgrenze – zum **Steady-state.** In diesem Zustand können Sie Ihre Leistung über einen langen Zeitabschnitt auf dem gleichen Niveau halten.

Nach sechzehnjähriger Durststrecke gelang es uns 1976 durch intensive Aufbauarbeit, angefangen bei der Jugend, die Weltmeisterschaft der Junioren (bis 21. Jahre), den begehrten Galéa-Cup zu gewinnen.
Von links: Ich als Coach, P. Elter, K. Eberhard, U. Marten und W. Zirngibl.

Diese 60 % sind aber recht individuell zu sehen. Ein nichttrainierter Mensch bringt selbstverständlich innerhalb dieser Grenzen eine viel schwächere Leistung als ein durchtrainierter. Wenn Sie das Training in diesem Bereich beenden, kommt es in der Erholungspause zum Ausgleich bzw. zur Abtragung der Sauerstoffschuld. Das ist die Sauerstoffmehraufnahme nach Arbeitsende im Vergleich zum Ruheausgangswert.

Wenn Sie im Gegenteil die Intensität der Arbeit erhöhen, erreichen Sie erst einmal die sogenannte **aerobe Schwelle,** die bei einer Herzfrequenz von 130 Schlägen pro Min. (≙ mmol/l Laktat im Blut) liegt. Bei Übertreten dieser Schwelle reicht der Fettabbau zum Decken des Energiebedarfes nicht mehr aus, und Sie kommen in einen **aerob-anaeroben Übergang** bei ca. 130 Schlägen/Min. bis ca. 160–180 Schläge/Min., bei dem bei der Energiegewinnung auf Kohlehydrate zurückgegriffen werden muß.

Wenn Sie das Tempo oder die Intensität weiter steigern, erreichen Sie die **anaerobe Schwelle,** die bei einer Herzfrequenz von 160–180 Schlägen pro Min. (≙ 4 mmol/l Laktat im Blut) liegt, bei der schon vorwiegend der Kohlehydratabbau als Energiespender eingesetzt wird.

Über dieser Schwelle geraten Sie schon in den **anaeroben Bereich** mit über 180 Schlägen pro Minute, in dem ausschließlich **unter Sauerstoffschuld** gearbeitet wird. Diese Art der Arbeit können Sie aber nicht lange aufrechterhalten. Sie werden früher oder später – wann, hängt von Ihrem Trainingszustand ab – sauer und benötigen eine Pause zur Regeneration.

Und gerade **die Zeit** der Rückkehr vom anaeroben in den aeroben Bereich, d. h. die Länge der Erholungsphase, zeugt von Ihrem Trainingszustand. Je kürzer diese Zeit und je niedriger Ihr Puls in dieser Zeit ist, desto besser sind Sie durchtrainiert.

Man spricht in diesem Fall von einem sogenannten Erholungspuls. Das ist die Herzfrequenz in der Erholungsphase nach maximaler Belastung. Üblicherweise wird der Wert **fünf Minuten** nach Belastungsabbruch gemessen:

| | |
|---|---|
| 130 | – schlecht |
| 120–130 | – ausreichend |
| 115–120 | – befriedigend |
| 105–115 | – gut |
| 100–105 | – sehr gut |
| < 100 | – Hochleistungszustand |

Andererseits, je höher bei Ihnen die aerobe bzw. anerobe Schwelle liegt, je länger Sie sich im aeroben Bereich bewegen können, desto größer ist Ihr Ausdauerleistungsvermögen, welches das zweite Kriterium für Ihren Trainingszustand ist.

Strahlende Gesichter bei den Junioreneuropameistern 1979 – Ch. Zipf und H. D. Beutel bei einer Pressekonferenz gemeinsam mit mir. Beide wurden von uns nach ganz neuen von mir für diese beiden Spieler speziell entwickelten individuellen Trainingsplänen und -methoden einige Jahre im Bundesleistungszentrum des DTB in Hannover trainiert. Inzwischen gewannen beide auch den Galéa-Cup sowie die nationale Doppelmeisterschaft der Herren 1981.

Prof. Dr. Josef Keul, einer der berühmtesten Sportmediziner auf diesem Gebiet, hat bei den Untersuchungen der Spitzenspieler festgestellt, daß sich die Tennisspieler während des Wettkampfes in ca. 60–70% im aeroben und in ca. 30–40% im anaeroben Bereich befinden.

Das heißt, daß die Ausdauerbasis bei einem Tennisspieler während des Wettkampfes im aeroben Bereich zu suchen ist. Die anaeroben Belastungen sind in der Regel kurzfristig (schnelle Sprints, Sprünge u.ä.), so daß eine rasche Erholung von der Sauerstoffschuld bis zum nächsten Ballwechsel möglich ist. Dies selbstverständlich aber nur dann, wenn der Trainingszustand optimal ist. Ein nichttrainierter Mensch wird sich nach einiger Zeit in einem Dauerzustand des »Aus-der-Puste-Seins« befinden und zum Schluß gar nicht wissen, wie er heißt.

So, verehrter Leser, jetzt sind Sie klüger und wissen nicht nur alles über die Ausholbewegung oder den Aufschlag, sondern kennen sich auch in den wichtigsten Vorgängen in Ihrem Organismus in Zusammenhang mit der Ausdauer aus, damit Sie auch noch im dritten Satz das Bein und den Schläger schwingen können.

## Langzeitausdauer

Womit wir zu der für den Tennisspieler notwendigen **Langzeitausdauer** kommen. Diese tritt bei einer intensiven Arbeitsweise auf, die von elf Minuten bis zu mehreren Stunden andauert, was der Länge eines Tennismatches entspricht. Die Energiegewinnung ist vorwiegend aerob, obwohl es sich beim Tennismatch um eine azyklische Langzeitausdauer handelt, bei der die aeroben Phasen mit kurzfristigen anaeroben wechseln.

## Kraftausdauer

Über die **Kraftausdauer** haben wir uns schon in dem Bereich der Kraft unterhalten.

## Schnelligkeitsausdauer

**Schnelligkeitsausdauer** ist die Ermüdungswiderstandsfähigkeit bei Belastungen mit submaximaler Reizintensität und vor allem anaerober Energiegewinnung. Eine Beanspruchung dieser Art liegt vor, wenn große Muskelgruppen dynamisch und anaerob eine Zeit von 20–45 sec. belastet werden.

Im Tennis brauchen Sie diese im ganzen Verlauf des Matches zur einwandfreien Durchführung immer wieder neu benötigten schnellen Bewegungen wie Sprints, Sprünge usw. Wie Sie sehen, ist die Ausdauer als solche sowie ihre Spezialformen für einen Tennisspieler unentbehrlich.

Selbstverständlich braucht ein Klubspieler, der seine drei bis vier Stunden in der Woche spielt, nicht so viel des Guten wie z.B. ein Profi oder ein angehender Juniorstar. Aber jeder braucht für seine Klasse und seine Spielstärke sowie für die Menge der gespielten Stunden seine individuelle Ausdauerfähigkeit. Mit müden Gliedern und außer Puste macht das Tennisspiel keinem Spaß.

Ich kenne keinen, dem ein vernünftiges Ausdauertraining, ob in der einfachen Form von Jogging oder aber in einer speziellen Form von Ausdauertraining mit Tempoläufen, Wechselläufen, Intervalläufen, Pfadspielen usw. geschadet hätte, vorausgesetzt, er ist organisch gesund. Im Gegenteil. Eine allgemeine Widerstandsfähigkeit des Organismus gegen verschiedene Krankheiten, eine allgemeine Stärkung des kardiopulmonalen Systems (Herz-Lunge-Kreislauf), eine positive Auswirkung auf alle anderen Organe, Optimierung des Stoffwechsels, ein psychischer Erholungseffekt und das berühmte Abspecken sind nur positive Folgen. Negative gibt es nicht. Ich spreche aus eigener Erfahrung. Ich laufe jeden zweiten Tag meine acht Kilometer noch vor dem Frühstück. Auf diese Weise fühle ich mich nicht nur körperlich ausgezeichnet, ich reagiere dabei noch meinen Ärger ab. Darüber hinaus habe ich auf diese Weise alle möglichen Parks, Wälder, Almen in der ganzen Welt erkundschaftet.

# Motorische Beweglichkeit

Jetzt kommen wir zu einem anderen wichtigen Faktor der allgemeinen körperlichen Fitness des Tennisspielers, und das ist die **motorische Beweglichkeit.** Dies ist die Fähigkeit des Menschen, Bewegungen mit einer großen Schwingungsweite der Gelenke auszuführen. Sie ist vom Bau der Knochenverbindungen, von der Nachgiebigkeit der Bänder und Sehnen und von der Dehnfähigkeit und Spannung der Muskulatur abhängig.

Auch die Beweglichkeit ist zum Teil genetisch bedingt. Wieder einmal die Vorfahren! Ein Teil dieser Beweglichkeit, die **Gelenkigkeit,** die von der Struktur und der Art des Gelenkes abhängt, ist genetisch limitiert.

Demgegenüber ist die **Dehnfähigkeit,** die durch die Dehnungswerte der Muskulatur, der Bänder, Sehnen und Gelenkkapseln gegeben ist, trainierbar.

Die größte Beweglichkeit ermöglichen uns die Kugelgelenke, wie z.B. unsere Hüfte oder das Schultergelenk, die beide in drei Achsen beweglich sind. Das brauchen wir auch vor allem beim Aufschlag.

Den geringsten Bewegungsraum erlaubt das Scharniergelenk, wie z.B. das Knie oder das Sprunggelenk.

In der Mitte der Beweglichkeit befindet sich das Eigelenk, das in zwei Achsen vier Bewegungen durchführen kann, wie z.B. unser Handgelenk.

Die Beweglichkeit ist im Tennis aus folgenden Gründen leistungsbestimmend:

1. Die Beweglichkeit des Spielers wird vor allem durch die Elastizität seiner Muskeln begrenzt.

2. Das Erlernen bestimmter Bewegungsabläufe, wie z.B. der Tennisschläge, wird bei schlechter Beweglichkeit erschwert, verlängert oder unmöglich.

3. Die Entwicklung anderer physischer Faktoren, wie u.a. Koordinationsfähigkeit, Gewandtheit oder Schnelligkeit, wird bei mangelnder Beweglichkeit behindert oder vorzeitig limitiert.

4. Die Leichtigkeit und ökonomische Durchführung einzelner Bewegungsabläufe fordert in der Tennistechnik optimale Beweglichkeit. Wenn diese z.B. im Schultergelenk nicht vorhanden ist, werden die einzelnen Bewegungsabläufe automatisch verkürzt, wodurch es zwangsweise zu größerem Kraftaufwand und dadurch wiederum zur Verkrampfung und unökonomischer Handlungsweise sowie Schnelligkeitseinbuße kommt.

5. Die Verletzungsgefahr gerade im Bereich der Muskeln, Sehnen, Kapseln und Bänder ist bei schlechter Dehnfähigkeit enorm groß.

Da können Sie mal sehen, was Sie alles daran hindern kann, Wimbledon zu gewinnen. Und dann wird von jemandem, der den Ball ganz gut trifft, behauptet, daß er ein Riesentalent ist. Wenn das nur so einfach wäre, hätten wir in Deutschland unzählige Wimbledonsieger.

# Koordinationsfähigkeit, Gewandtheit

Zum Schluß bleibt uns noch die **Koordinationsfähigkeit,** die **Gewandtheit.** Sie umfaßt als Komplexeigenschaft im weiten Sinne Ihre Verhaltensqualität bei Bewegungshandlungen. Populär gesagt ist das die Fähigkeit, geforderte Bewegungsaufgaben (z.B. den Vorhandschwung) durch ökonomisches und zweckmäßiges Bewegungsverhalten in der gegebenen Situation, wie im Lernprozeß, so

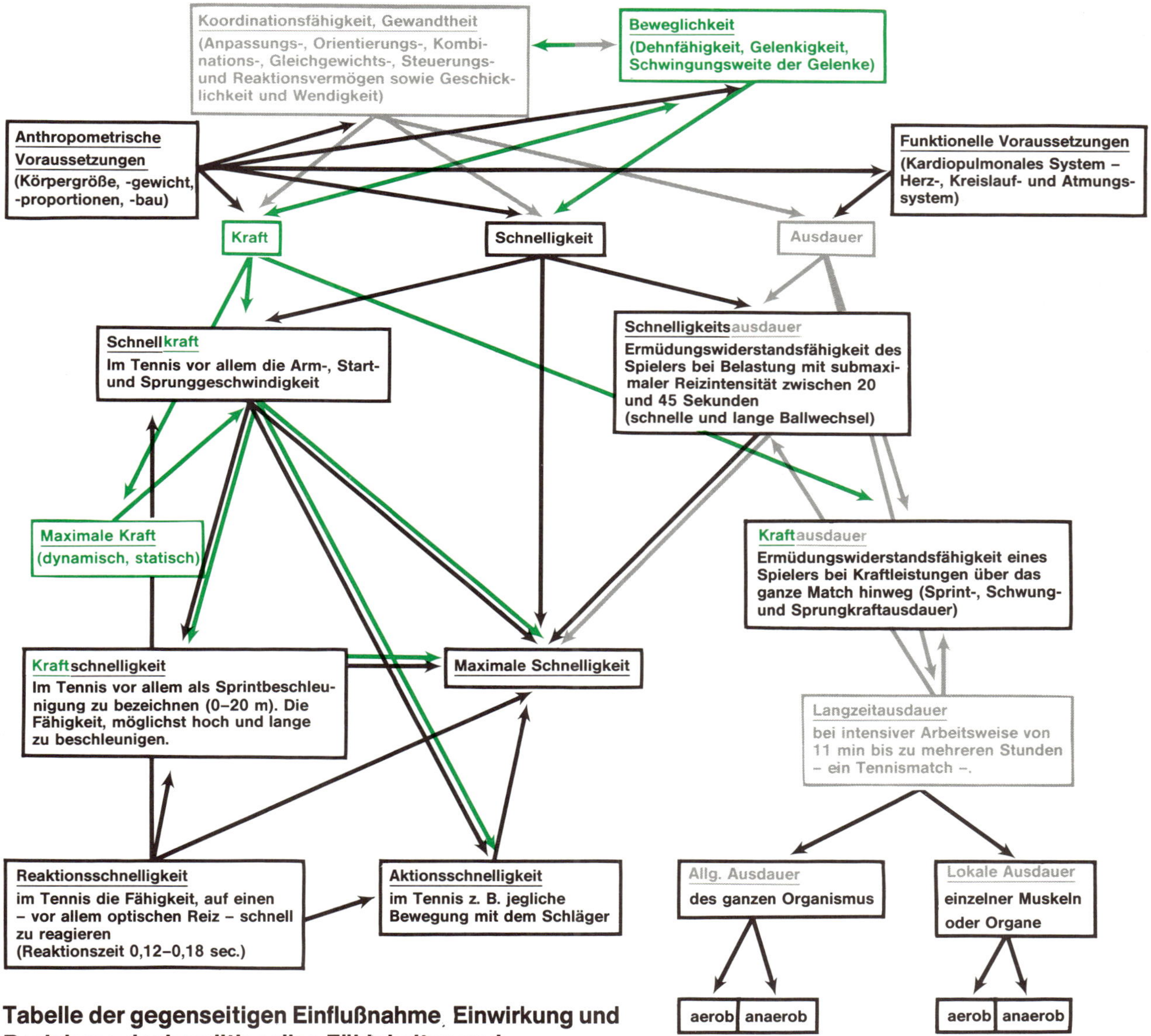


**Tabelle der gegenseitigen Einflußnahme, Einwirkung und Beziehung der konditionellen Fähigkeiten und anthropometrischen sowie funktionellen Voraussetzungen bei Tennisspielern**

auch im Match, optimal zu lösen.

Erinnern Sie sich noch, was einen idealen Schlag auszeichnet? Er ist einfach, äußerst rationell (ökonomisch) und wirkungsvoll (zweckmäßig)!

Unentbehrliche Bestandteile der Koordinationsfähigkeit sind **Anpassungs-, Orientierungs-, Kombinations-, Gleichgewichts-, Steuerungs- und Reaktionsvermögen sowie Geschicklichkeit und Wendigkeit.**

Und ohne diese Eigenschaften kann keiner ein ganz großer Tennisspieler werden, denn gerade diese Eigenschaften entscheiden maßgebend über die Lernzeit für die Aneigung oder das Vervollkommnen neuer Bewegungsabläufe, neuer Schlagtechniken, über die ökonomische Durchführung der Schläge, über die Variabilitätsfähigkeit der Anwendung verschiedener Schlagarten in bestimmten Orts- und Matchsituationen und über die Bewegungsfähigkeit und Anpassungsfähigkeit des Spielers in unerwarteten Situationen (Ausrutschen, Stolpern, Reflexbewegungen u.ä.).

Koordinationsfähigkeit und Gewandtheit zusammen bilden damit die unentbehrliche Zwischenstufe zwischen den motorischen Fähigkeiten wie Kraft, Ausdauer, Schnelligkeit und den tennistechnischen Fertigkeiten, also die notwendige Überleitung von den angeeigneten physischen Fähigkeiten zum Erlernen der Tennistechnik.

Ich wiederhole noch einmal, daß mit der Geschicklichkeit des besagten blauen Daumens oder sogar der eventuellen Demolierung der Nachbarswohnung beim Aufhängen des Bildes Ihrer Oma die Tennistechnik schwer erlernbar ist; jedenfalls ist sie nicht in hohem Maße erlernbar.

**Gewandtheit und Koordinationsfähigkeit sind damit eine der dominierenden und leistungsbestimmenden Faktoren im Tennis,** weil sie für das Erlernen der Tennistechnik entscheidend sind. Und ohne Tennistechnik können Sie zwar Ausdauer wie Didi Thurau, Kraft wie Rolf Milser und Schnelligkeit wie Valerij Borsow besitzen, mit Tennis aber wird es nichts.

Damit haben wir alle notwendigen physischen Faktoren, die Sie als zukünftiger Tennischampion benötigen, erläutert. Es sind nicht wenige. Die Mehrzahl davon ist erblich bedingt und limitiert, das heißt, daß Sie trotz eines eventuellen enormen Fleißes etliche beschriebene Eigenschaften nur bis zu einer gewissen Höhe trainieren und entwickeln können.

Aber wer ist vollkommen? Gott sei Dank können Sie gewisse Mängel in einigen Eigenschaften durch Stärken bei anderen kompensieren. So zum Beispiel mangelnde Reaktionsschnelligkeit durch Kraftschnelligkeit oder Koordinationsschnelligkeit usw. Deswegen dürfen Sie nicht verzweifeln und müssen versuchen, Ihre angeborenen Stärken weiter auszubauen und die Schwächen auf ein akzeptables Maß herabzuschrauben. Das alles ist aber nur durch normales Tennisspielen nicht möglich. Sie müssen an dem Vervollkommnen Ihrer konditionellen Faktoren gezielt auf dem Tennisplatz und auch außerhalb in einer Turnhalle oder in der freien Natur arbeiten.

# Modelliertes Training

Auf dem Tennisplatz innerhalb des Trainings durch ein sogenanntes **modelliertes Training.**

Dieses teile ich in **drei Stufen ein:**

a. Tennistechnisches Training mit dem Ziel des Erlernens oder der Verfeinerung der technischen Abläufe der einzelnen Schlagarten in spielähnlichen Positionen und Situationen. Das hat etwas mit den Stufen Üben und Trainieren zu tun und nicht mit der Grob- oder Feinform.

b. Tennistechnisches Training, verbunden mit dem Modellieren (Nachmachen) echter Spielsituationen und vor allem von gewissen Spielzügen.

c. Tennistechnisches Training, verbunden mit der Förderung spezifischer konditioneller Faktoren, besonders im Bereich der Kraft und Ausdauer und ihrer Kombinationen.

Nun werden Sie vielleicht fragen, was die ersten zwei Stufen mit der Kondition zu tun haben.

Falls Sie diese Frage stellen sollten, haben Sie die vorherigen Seiten nicht aufmerksam genug gelesen oder deren Inhalt nicht verstanden. Gehören zum konditionellen Bereich nicht Gewandtheit, Koordinationsfähigkeit und Gelenkigkeit?

Machen Sie bitte jetzt nicht den gleichen Fehler, den so viele Gegner des Konditionstrainings tun, und betrachten Sie die konditionelle Entwicklung eines Tennisspielers nicht nur von der Perspektive eines Muskelprotzes aus.

Mir unterstellen böse Zungen schon ein ganzes Jahrzehnt, daß ich aus den Tennisspielern Kraftmaschinen machen will. Diese Kritiker haben leider von der modernen Entwicklung des Sports allgemein und des Tennissports speziell gar keine Ahnung. Ihre Kenntnisse, falls sie überhaupt vorhanden sind, denn man ist meistens gegen alles, was man nicht versteht, sind bei dem Stand der dreißiger Jahre eingefroren. Damals hat man die nicht vorhandenen Muskeln vorsichtshalber unter der langen Hose versteckt.

Zwischen einem allgemein körperlich ausgebildeten Tennisathleten à la Borg, Connors, Vilas, Lendl, McEnroe, Tanner z.B. und einer Kraftmaschine ist nicht nur ein visueller Unterschied zugunsten der Spieler, sondern auch einer im übertragenen Sinn. Und dem, der dies noch nicht bemerkt haben sollte, empfehle ich, einmal ein Kraftzentrum zu betreten und die erwähnten Herrschaften beim Training zu beobachten.

Übrigens hoffe ich, daß aus meiner Aufstellung und Beschreibung der leistungsbestimmenden Faktoren im konditionellen Bereich eines Tennisspielers klar hervorgeht, was ich unter Konditionstraining verstehe, und welche Eigenschaften ein Tennisspieler benötigt. Es steht da nichts von roher Kraft oder von Muskelpaketen. Im Gegenteil!

Aber zurück zum modellierten Training.

**In der ersten Stufe** handelt es sich neben der tennistechnischen Entwicklung, d.h. der Präzisierung der Grund- und vor allem der Spezialschläge in matchähnlichen Situationen um das Training der Gewandtheit, Koordinationsfähigkeit, Gelenkigkeit, Geschicklichkeit, Reaktionsfähigkeit, Wendigkeit, Gleichgewichtsvermögen usw.

Es ist wichtig, daß jegliches Training, das mit Feinmotorik, d.h. mit der Koordination Nerv-Muskel zu tun hat, im ausgeruhten Zustand stattfindet. Deswegen muß dieses Training **immer** an den Anfang der Trainingseinheit gelegt werden! Die Reizintensität muß in dieser Stufe an der unteren Grenze des wirksamen Bereiches liegen. Sie darf nur so hoch sein, daß eine **exakte** Bewegungsausführung **garantiert** werden kann. Sie dürfen in dieser Stufe nicht über einen Ermüdungsgrad hinaus gelangen, in dem die einzelnen Bewegungsabläufe durch Ermüdung der Muskulatur oder der Psyche gestört werden können.

**In der zweiten Stufe** des modellierten Trainings kommt neben den schon erwähnten motorischen Eigenschaften der ersten Stufe das Training von Schnelligkeit, Schnellkraft und Kraftausdauer hinzu.

Für das Training dieser Eigenschaften gibt es eine Menge an tennisspezifischen Übungen wie Hechtsprünge am Netz, Sprints entlang der Grundlinie mit anschließendem Passierball, Erlaufen von Lobs mit anschließendem Schmetterball oder Passierball aus der Umdrehung, Angriffsschläge aus dem Mittelfeld mit anschließendem Abfangen von Passierbällen, Aufschlag-Return-Spiel und vieles, vieles mehr.

Die Priorität liegt im hohen Tempo der Übungen und einer Optimierung der Wiederholungen bei einer Pulsfrequenz über 170 Schläge pro Minute (Bildung von rationellen Bewegungsabläufen und feinsten Bewegungskoordinationen). Dies soll allerdings mit ausreichenden Zwischenpausen geschehen, bei denen der Puls wieder auf etwa 120–130 Schläge pro Minute sinken soll.

Die dritte Stufe ist vor allem durch verschiedenartige Drillübungen gekennzeichnet. In dieser Stufe gerät die Feinmotorik und die Präzision in den Hintergrund. Ein hohes Tempo und vor allem die Reizdauer bis zur Ermüdung oder sogar Erschöpfung dominieren. Es handelt sich um Ausdauertraining, bei dem der Puls dauernd über 150–160 Schläge pro Minute gehalten werden soll (Submaximale Reizdichte). Es gibt wiederum sehr viele Übungen, bei denen der gesamte Ausdauerbereich kontinuierlich trainiert werden kann.

Eines möchte ich Ihnen auch noch ans Herz legen. Sie dürfen nie die Reihenfolge dieser drei Stufen der Trainingseinheit ändern, d.h. zum Beispiel, daß Sie nicht mit der Stufe drei vor der Stufe zwei oder sogar eins anfangen dürfen. Sie können die Stufe eins oder zwei auslassen, aber Sie müssen immer das Training von den feinmotorischen und koordinativen Übungen über die Reaktions-, Schnelligkeits- und Schnellkraftübungen zu Kraft- und Ausdauerübungen fortsetzen, **nie umgekehrt!**

Wenn Sie einmal im Ausdauerbereich oder Kraftbereich intensiv trainiert haben, ist ein feinmotorisches tennistechnisches Training ausgeschlossen. Sie sind so kaputt, daß Sie nicht fähig sind, die auf einwandfreier Koordination basierenden Bewegungsabläufe präzise durchzuführen. Darüber hinaus ist es Ihnen in solch einem Zustand ehrlich gesagt auch schnuppe.

Selbstverständlich ist der Tennisplatz nur ein Teil der konditionellen Vorbereitung. Spezielles Konditionstraining einzelner motorischer Eigenschaften ist am besten in der Konditionshalle oder im Freien durchzuführen. Dies ist aber ohne fachmännische Aufsicht und zielbewußte Planung nicht empfehlenswert.

Auf keinen Fall dürfen Sie nach folgendem Rezept handeln – man nehme etwas Fußball, mischt das mit einer Prise Hüpfen und einem Löffel Gymnastik, garniert das Ganze mit einigen Sprints, pfeffert es noch mit wenigen Hantelübungen, setzt ein paar Medizinballwürfe darauf und bezuckert alles mit einem Jogginglauf. So gesehen haben Sie zwar den Eindruck, daß Sie körperlich etwas getan haben. Bei dem Eindruck bleibt es aber auch. Wie Sie wissen, gibt es Menschen, die das ganze Leben nicht mehr als Eindruck machen und trotzdem dabei sehr gut leben, denn »manche Nichtstuer können so beschäftigt aussehen, daß man sie für unentbehrlich hält«, sagt Kin Hubbard.

Ich habe unzählige Tennisspieler und leider auch Talente gesehen, die das harte Training nur vorgetäuscht haben. Und wo sind sie gelandet? Unter ferner liefen. Sie haben nie ihre maximale individuelle Leistungsgrenze erreicht. Sie blieben auf der Strecke. Beim Tennis können Sie höchstens sich selbst betrügen. Die Wahrheit kommt spätestens im Match heraus. Konditionstraining hat nur dann Sinn, wenn Sie zielstrebig und deswegen regelmäßig an Ihren konditionellen Schwächen arbeiten.

Ich will Sie jetzt nicht mit dem breiten Spektrum der Trainingslehre und Begriffen wie Überkompensation usw. langweilen. Falls Sie Interesse dafür haben sollten, ist etliche Fachliteratur zu empfehlen. Es soll aber wenigstens so viel gesagt werden: Der Trainingseffekt, d.h. das neu »Antrainierte«, darf bis zum nächsten Training nicht wieder abklingen. Sie müssen so oft und regelmäßig alle Bereiche im Training ansprechen, daß Sie immer wieder auf dem neu erworbenen Bereich aufbauen können. Nur so können Sie sich verbessern. Andernfalls werden Sie stagnieren.

Das verlangt aber nicht nur Regelmäßigkeit, sondern auch fachmännische Führung oder wenigstens Anleitung, denn als Laie können Sie die einzelnen Trainingseinheiten, Phasen und Belastungsintensitäten weder festlegen noch kontrollieren. Im Gegenteil. Falsch dosiertes Konditionstraining kann sogar besonders im Kindes- und Jugendalter großen Schaden anrichten. Mindestens aber einen Nulleffekt.

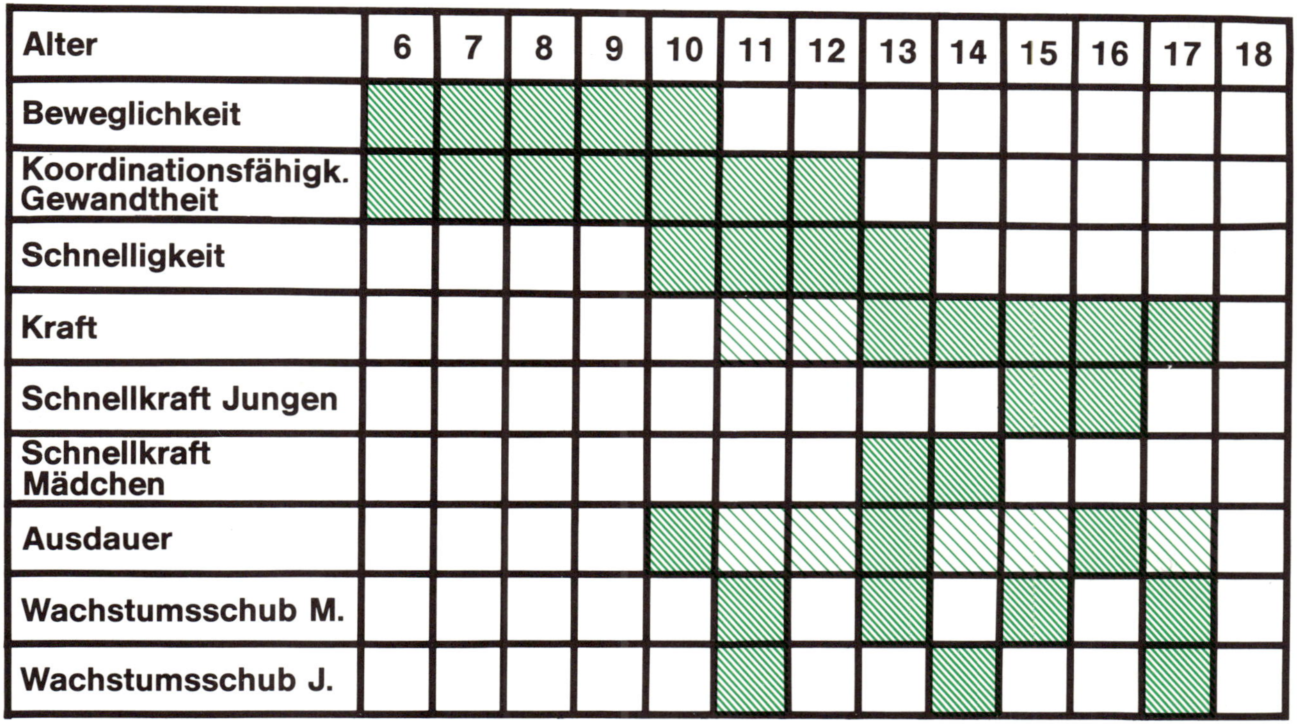


**Zuwachs der motorischen Eigenschaften in verschiedenen Altersstufen nach W. M. Wolkow Optimales Alter für die Entwicklung motorischer Eigenschaften**

Im Kinder- und Jugendalter ist eine dem biologischen und kalendarischen Alter entsprechende Trainingsaufteilung und Trainingsbelastung von entscheidender Bedeutung für die gesamte zukünftige sportliche Entwicklung des Tennisspielers.

Ich möchte an dieser Stelle Herrn Dr. Dietrich Harre zitieren, den Papst der modernen Trainingslehre: »Diese Entwicklungsperiode (frühes und mittleres Schulalter – achtes bis dreizehntes Lebensjahr) wird deshalb als spezifisches Leistungsalter bzw. als bestes Lernalter der Kindheit bezeichnet. Fast sämtliche Kennziffern der physischen Leistungsfähigkeit haben in diesem Entwicklungszeitraum ihre höchsten Zuwachsraten. Diese Feststellung betrifft insbesondere die Schnelligkeit sowie die Grundlagenausdauer (aerobe Ausdauer) und die Gewandtheit. Die Beweglichkeit ist dagegen bereits im Abnehmen begriffen, so daß ihrer Entwicklung mit zunehmendem Lebensalter erhöhte Aufmerksamkeit gewidmet werden muß.

Auch die motorische Lernfähigkeit erreicht in dieser Zeit ein hohes Niveau. Besonders im mittleren Schulalter werden einfache Bewegungsformen häufig auf Anhieb, d. h. nach entsprechender Demonstration und Erklärung, sowie nach wenigen Versuchen und Korrekturen, in der Grobform erworben. Hinzu kommen in dieser Entwicklungsphase ein reges Interesse für den Sport, eine in der Regel gute Lern- und Leistungsbereitschaft, eine erfreuliche Aktivität und Unbekümmertheit oder mutige Verhaltensweise im Bewältigen von Bewegungsaufgaben sowie ständig zunehmende Fähigkeiten in der Informationsverarbeitung und damit in der Bewußtheit des Lernens. Kinder dieses Lebensalters wollen etwas leisten, wollen beansprucht und gefordert werden ... Die Trainingsbelastung kann deshalb – selbstverständlich unter Wahrung des Prinzips der Allmählichkeit – **bereits hoch sein.«** Soweit einer der größten Forscher unserer Zeit.

Der sowjetische Wissenschaftler W. M. Wolkow ist unabhängig davon zu ähnlichen Resultaten gekommen, die ich versucht habe, in der Tabelle festzuhalten.

Wie Sie ersehen können, ist die optimale Entwicklungsfähigkeit einzelner zuvor beschriebener physischer Faktoren auf unterschiedliche Lebensjahre verteilt.

So sind z. B. die Beweglichkeit vom sechsten bis zehnten Lebensjahr, die Koordinationsfähigkeit und Gewandtheit, mit der die tennistechnische Entwicklung in engstem Zusammenhang steht, vom sechsten bis zum zwölften Lebensjahr, die Schnelligkeit vom zehnten bis zum dreizehnten Lebensjahr, die Kraft erst ab dem dreizehnten Lebensjahr usw. am optimalsten zu entwickeln!

Wenn man also z. B. die Entwicklung der Beweglichkeit bis zum zehnten Lebensjahr sträflich vernachlässigt, wird der Betroffene im dreizehnten Lebensjahr einen Spagat bestimmt nicht zustandebringen. Er kugelt sich beide Hüftgelenke aus und reißt im Schritt auseinander, aber vom Spagat wird weit und breit nichts zu sehen sein.

Wir brauchen beim Tennis Gott sei Dank keinen Spagat, aber die Beweglichkeit als solche. Wenn Sie früher einmal bei sich selbst oder jetzt bei Ihren Kindern die Entwicklung der einzelnen motorischen Eigenschaften in dem dazugehörigen optimalen Entwicklungsalter vernachlässigt haben oder vernachlässigen, ist später dieses Manko niemals mehr auszugleichen. Das heißt, daß der Betroffene in den einzelnen motorischen Eigenschaften niemals mehr **seine individuelle optimale Leistungsgrenze** erzielt, was zwangsläufig dem Tennisbereich schaden muß!

Ich wurde und werde im Bundesleistungszentrum des Deutschen Tennis-Bundes in Hannover bei Jugendlichen immer wieder damit konfrontiert, daß die meisten von ihnen zwar akzeptable Schläge vorführen können, aber in den motorischen Bereichen zum Teil katastrophale Mängel aufweisen. Und gerade das ist einer der Gründe, warum dann später unsere Spitzenspieler im großen Tennis scheitern. Mit so wenig oder gar keinem Konditionstraining, wie es wenigstens bis jetzt Gepflogenheit ist, können die Kinder für das Hochleistungstennis körperlich nicht vorbereitet sein. Das ist gegen jede sportwissenschaftliche Erfahrung. Nur leider glaubt es mir kaum jemand. Die Fehler oder die Gründe des späteren Scheiterns werden überall gesucht, nur nicht dort, wo der Ursprung ist – in der mangelnden und zum Teil katastrophalen Jugendarbeit im Hinblick auf die allgemeine körperliche Entwicklung und Vorbereitung auf die enormen Belastungen des Hochleistungstennisspielers. Es ist auch einfacher zu kritisieren, wenn das Kind im Brunnen ist, als Maßnahmen zu treffen, damit es erst gar nicht hineinplumpst.

Der Tennis-Verband der CSSR hat übrigens allen Trainern eine Vorschrift für ihre Arbeit mitgegeben, die besagt, daß die Kinder im Alter bis zu 14 Jahren im Winter 60 bis 70 Prozent Konditionstraining und nur 30 bis 40 Prozent Tennistraining absolvieren sollen. Je älter diese Spieler werden, um so mehr Tennis wird trainiert. Mit dieser Methode hat dieser Verband, wie wir inzwischen wissen, eine Reihe von Weltklassespielern hervorgebracht: Jan Kodes, Ivan Lendl, Tomas Smid, Martina Navratilova oder Hana Mandlikova.

Das Trainingsprogramm für einzelne Altersgruppen und für alle motorischen Bereiche in Verbindung mit dem Tennistraining aufzuführen, ist eine sehr umfangreiche Angelegenheit. Das ist auch der Grund, warum ich in diesem Buch nicht detailliert einzelne Übungen, Übungsreihen, die richtige Periodisierung, die Inhalte der Trainingseinheiten für einzelne motorische Eigenschaften, und alles das für einzelne Jahrgänge und Spielklassen, beschreibe. Das muß, wenn es Hand und Fuß haben soll und nicht nur ein belangloses Bla-Bla ist, in einem völlig neuen Buch über Konditionstraining des Tennisspielers dargestellt werden, womit der Rahmen und der Zweck dieses Buches, so leid es mir auch tut, gesprengt und überschritten wäre.

Allerdings habe ich auch dieses Buch schon so weit vorbereitet, daß ich nur hoffen kann, in der nahen Zukunft ausreichend Freizeit zu finden, um es beenden zu können.

Und wenn Sie auch die hohen Stufen der Erfolgsleiter nicht anstreben und Tennis aus purem Hobby und Bewegungsfreude spielen wollen, ist ein regelmäßiges konditionelles Ausgleichstraining notwendig. Denn Tennis ist leider eine sehr einseitige Sportart, bei der gewisse Körperpartien überlastet und andere wiederum gar nicht oder kaum beansprucht werden. Wir haben schon bei Kindern nach kurzer Spielzeit bei orthopädischen Untersuchungen Überlastungserscheinungen im Ellbogen, der Wirbelsäule (Skoliose), in den Kniegelenken und in anderen Bereichen festgestellt.

Auf der anderen Seite ist die linke Körperhälfte (bei Rechtshändern) zum Nichtstun degradiert und bedarf Stärkungsübungen und Gymnastik. Abgesehen davon, daß Ihnen ein regelmäßiges, wenn auch leichtes Konditionstraining, ob im Zusammenhang mit Tennis oder nicht, niemals schaden kann. Schließlich machen Sie das für Ihre Gesundheit, und die ist mehr wert als zehn Wimbledonsiege nacheinander.

# Ausrüstung

Wahrscheinlich werden viele, vor allem schon aktive Tennisspieler oder Trainer, diese Zeilen großzügig übergehen wollen, denn was kann man eigentlich über Bekleidung, Schuhe, Bälle, Schläger oder Saiten schon Neues sagen. Aber stopp! Beurteilen Sie diesen Teil lieber erst, nachdem Sie ihn gelesen haben, denn besonders die Schlägerproblematik wird für Sie von großem Interesse sein.

Sicherlich gibt es nicht viel über die **Bekleidung** zu erzählen, denn die Damen achten vor allem darauf, daß keine Zweite im Klub das gleiche Modell trägt, das wäre »shocking«. Den Herren ist es, bis auf kleine Ausnahmen, schnuppe, was sie tragen. Hauptsache, es juckt, spannt und klebt nicht.

Weil sich die pfiffige Sportindustrie jedes Jahr etwas Neues einfallen lassen muß, um den Absatz zu steigern, und weil die Modedessinateure auch leben müssen, ist der Konsument mit einer Fülle von Hemden, Hosen, Röcken, Kleidern, Slips, Socken, Pullis, Trainingsanzügen usw. so überschwemmt, daß er sich gar nicht mehr auskennen kann.

Abgesehen von der Mode soll die empfehlenswerte Tenniswäsche leicht, aber saugfähig sein. Hemden, Socken und Unterwäsche sollen mit wenig Synthetik, aber um so mehr mit Baumwolle ausgestattet sein und alle Teile sollen bequem am Körper sitzen. Eine enge Hose sieht zwar gut aus, aber nur so lange, bis sich der Träger zu einem flachen Ball gebückt hat. Dann zerfällt sie meistens in zwei Teile. Auch der schönste Po sieht dabei deprimierend aus.

Genau so wenig kann man über einen **Tennisball** erzählen, außer der Tatsache, daß er rund ist und springt, wenigstens noch springen soll, wenn man mit ihm Tennis spielt. Vielleicht interessiert Sie noch, daß gelbe Bälle immer mehr an Popularität gewinnen, weil sie besonders in Hallen und bei Kunstlicht wesentlich besser zu sehen sind. Die Marke ist Geschmacksache. Es gibt Bälle mit Innendruck und Bälle ohne diesen (Strukturbälle), die haltbarer, aber stumpfer sind. Außerdem werden diese runden Dinger entweder in Pappkartons oder eingeschweißt in Dosen geliefert. Dosenbälle können Sie lange lagern, ohne daß diese ihren Druck verlieren, wogegen Kartonbälle schnell verbraucht werden sollen.

Viel mehr Bedeutung muß ich den **Tennisschuhen** beimessen. Sie sind für gute Bewegungsfähigkeit, Standfestigkeit und dadurch für die Balance entscheidend. Heute wird immer mehr Leder und vor allem Nappaleder als Obermaterial bevorzugt, da es haltbarer ist und dem Fuß einen besseren Halt gibt. Leder ist allerdings nicht so »atmungsfreudig«, was mit verschiedenartiger Perforation von der Industrie verbessert wird.

Sportsegeltuch als Obermaterial, meistens mit einer Frotteeabfütterung ausgestattet, ist in der Regel luftdurchlässiger, aber von beschränkter Haltbarkeit.

Wichtig sind ferner das Fußbett und die Sohle. Die Sohlen sollen griffiges Profil aufweisen, trotzdem sandabweisend, elastisch und rutschfest sein. Bei allem Wohlwollen der Industrie gegenüber: Eine ideale Sohle gibt es leider noch nicht, obwohl einige Fabrikate schon recht gut sind.

Der Hallenschuh hat dagegen meistens eine profillose glatte Sohle, die allerdings etwas rauh sein soll, denn bei zu glatter Sohle bleiben Sie immer erst an der Wand kleben oder flattern im Netz, womit Ihr Laufpensum zum Marathonlauf ausarten könnte. Abgesehen davon, daß Sie dabei innerhalb eines Ballwechsels immer nur einmal an den Ball herankommen, fühlen Sie sich mehr als Schlittschuhläufer denn als ein Tennisspieler.

Das Fußbett zeigt in der Regel die Qualität eines Tennisschuhs. Sie soll durch eine Einlage einen



Bettina Bunge

anatomisch richtigen und festen Sitz haben, der Fuß darf nicht rutschen, der Schuh darf nirgends drücken oder reiben. Mit Blasen oder blau untermalten Nägeln am großen Zeh rennt man bekanntlich nicht besonders gut.

Für harte Hallenböden soll der Schuh auch eine ausreichende Dämpfung vor allem für den Bereich der Achillessehne aufweisen, denn die Erschütterungen gehen bis in die Wirbelsäule. Am Schuh sollten Sie keinesfalls sparen.

Eine ganz andere Bedeutung hat aber die Wahl des Schlägers und der Saiten. Letzteres ist das Zeug, womit der Schläger bespannt wird. Und hier möchte ich Sie um Aufmerksamkeit bitten, denn der Schläger ist das Gerät, das an Ihrem Erfolg oder Mißerfolg maßgebend beteiligt ist. Gerade auf dem Schlägersektor hat sich in den letzten Jahren sehr viel ereignet. Ich möchte Ihnen einige Aspekte präsentieren, die Ihnen bei der Wahl behilflich sein könnten.

Wenn Sie heute als Unbedarfter ein Fachgeschäft betreten und voller Hoffnung und Erwartung zu dem Schlägerstand eilen, bleiben Sie erst einmal vor diesem schokkiert und erstarrt stehen. Viele Schläger verschiedener Fabrikate, aus unterschiedlichstem Material, verschiedener Farbe, Größe und Form hängen da herum. Laut Werbung sind alle die besten, elastischsten, härtesten, mit optimaler Ballkontrolle oder Beschleunigung und Schwingungsdämpfung ausgestattet, wirken armschonend und weisen die beste Dauerhaftigkeit aus. Der Preis bewegt sich zwischen DM 50,– und 700,–.

Nun kommt der Verkäufer und versucht, Ihnen entweder das teuerste Gerät (muß ja das beste sein, zumindest für das Geschäft) anzudrehen oder aber in guter Absicht den für Sie (seiner Meinung nach) günstigsten Schläger auszuwählen. Kann aber dieser gute Mann Ihnen mit gutem Gewissen raten? Welcher ist der günstigste Schläger im Allgemeinen und welcher für Sie speziell? Ist der teuerste der beste oder genügt ein billigerer auch?

Bevor wir auf diese Fragen eingehen und Sie Ihre Wahl treffen können, möchte ich Ihnen einige wichtige Forschungsergebnisse präsentieren, die verschiedene Firmen, Institute und Universitäten herausgefunden haben.

Zu diesem Zwecke wurden die modernsten Geräte wie Computer, Akzelerometer, Oszillographen, Spezialkameras mit mehr als 32000 Bildern pro Sekunde, »Robot-Spieler«, Tachometertunels, fotoelektrische Zellen und viele andere Geräte und Meßinstrumente eingesetzt. Dabei kamen Resultate heraus, die nicht nur den Schläger als solchen durchleuchten, sondern Rückschlüsse auf die Technik erlauben.

Erst einmal einige schon bekannte und notwendige Daten. Der Internationale Tennis-Verband (ITF) hat den Schläger in seinen Maßen im Jahre 1981 genormt. In den letzten Jahren des Tennisschlägerbaus haben sich gewisse Grenzwerte als optimal gezeigt und werden im Prinzip als Standard von allen Herstellern eingehalten.

### 1. Größe und Gewicht.

**Die Länge** des Schlägers bewegt sich am häufigsten um **680 mm,** so daß wir dieses Maß als Basislänge betrachten können, obwohl manche Schläger bis 720 mm lang sind.

**Das Gewicht** der Schläger bewegt sich **zwischen 12 und 15 Unzen.** Eine Unze entspricht 28,35 g.

So können wir folgende Tabelle der Schlägergewichte aufstellen:

| | | | |
|---|---|---|---|
| 12 | uz | –340,20 g – | light |
| 12½ | uz | –354,37 g – | light |
| 13 | uz | –368,55 g – | light medium |
| 13½ | uz | –382,72 g – | medium |
| 14 | uz | –396,90 g – | heavy |
| 14½ | uz | –411,00 g – | heavy |
| 15 | uz | –425,25 g – | heavy |

Alle diese Schläger werden als kopflastig, ausgewogen oder grifflastig gebaut. Dazu aber später.

Die Griffstärken sind sehr wichtig für die Wahl jedes einzelnen Schlägers. Wir teilen sie nach inches (1 inch = 2,54 cm) wie folgt:

Nr. 1 – $4\frac{1}{8}$ inches – dünn
Nr. 2 – $4\frac{1}{4}$ inches – dünn
Nr. 3 – $4\frac{3}{8}$ inches – dünn
Nr. 4 – $4\frac{1}{2}$ inches – normal
Nr. 5 – $4\frac{5}{8}$ inches – normal
Nr. 6 – $4\frac{3}{4}$ inches – dick
Nr. 7 – $4\frac{7}{8}$ inches – dick
Nr. 8 – 5 inches – dick

Wenn Sie ein Sportgeschäft betreten und die einzelnen Schläger in die Hand nehmen, werden Sie die oben genannten Bezeichnungen verschlüsselt vorfinden, z. B. LM $4\frac{1}{2}$, d. h. aufgeschlüsselt light medium (368,55 g) und Griffstärke Nr. 4.

## 2. Balance.

Nun ist es aber mit dem Gewicht und der Griffstärke noch nicht getan. Es gibt unterschiedliche Verteilungen des Gewichtes. So können Sie z. B. einen LM $4\frac{1}{2}$ top (kopflastig), neutral (ausgewogen) oder to handle (grifflastig) wählen oder sogar lightly to top oder lightly to handle bekommen. Wie erkennen Sie das? Durch Messen der statischen Balance in der Längsachse des Schlägers.

Bei einem ausgewogenen Schläger ist der Balancepunkt B gleich mit dem Mittelpunkt M zu setzen.

Bei einem kopflastigen Schläger verschiebt sich der Balancepunkt zum Schlägerkopf hin.

Ein grifflastiger Schläger wird seinen Balancepunkt näher zum Griff verlegt haben.

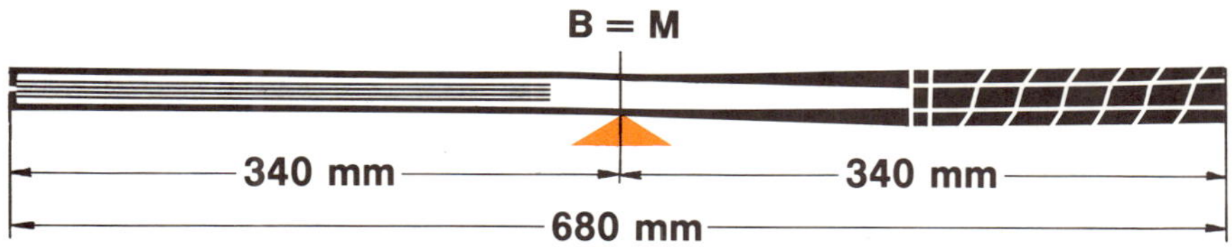


**ausgewogener Schläger**

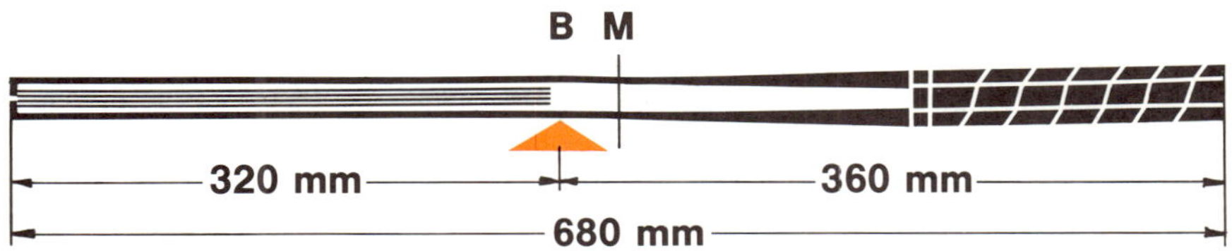


**kopflastiger Schläger**

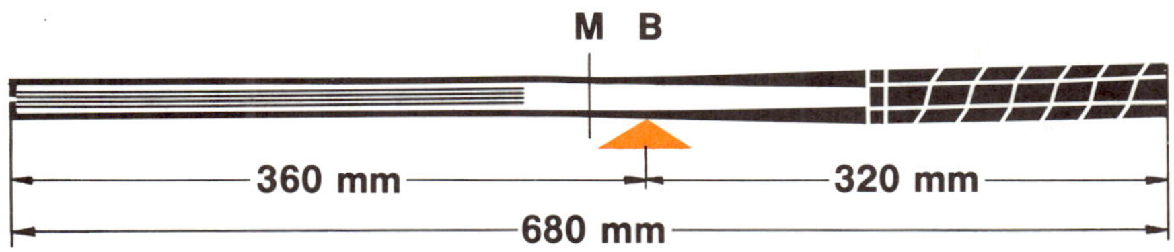


**grifflastiger Schläger**

Durch diese Gewichtsverteilung entsteht der falsche Eindruck, daß ein kopflastiger Schläger schwerer ist als ein grifflastiger, obwohl beide das gleiche Gesamtgewicht haben.

Nun werden Sie sich zu diesen zwei ersten Punkten fragen, was für Sie dabei herausspringt.

Erst einmal zu der **Griffstärke.** Diese sollen Sie immer **individuell** so wählen, daß zwischen dem Daumenballen und der Fingerspitze des Ringfingers der um den Griff geschlossenen Hand etwa ein fingerbreiter Zwischenraum ist. Das ist der erste Orientierungspunkt. Nach einer gewissen Zeit werden Sie vielleicht feststellen, daß diese Griffstärke doch nicht die ideale ist und werden sich eine Nummer höher oder tiefer orientieren.

Eines steht aber fest, daß ein zu dünner Griff eine viel größere Haltekraft der Hand erfordert und dadurch mehr Anstrengung und Verkrampfung der Unterarmmuskulatur hinzukommt, weil der Schläger vor

Tabelle nach Prof. Dr. Höhm

| **Spieler** | **Schläger** | **Gewicht (in Unzen)** | **Griffstärke (in Inches)** | **Balance** | **Saitenstärke u. Spielart Bespannungs-härte in kg** | **Spielart** |
|---|---|---|---|---|---|---|
| Björn BORG, Sweden | Donnay, wood | $14\frac{1}{2}$ | $4\frac{5}{8}$ | top | 0,85/30 | GL |
| John McENROE, USA | Wilson, wood | $13\frac{1}{2}$ | $4\frac{5}{8}$ | lightly to top | 0,85/25 | AR |
| Jimmy CONNORS, USA | Wilson T, metal | 14 | $4\frac{5}{8}$ | top | 0,85/22–23 | AR |
| Roscoe TANNER, USA | P.D.P. aluminium | $13\frac{1}{2}$ | $4\frac{5}{8}$ | neutral | 0,85/24–25 | SV |
| Guillermo VILAS, Argentina | Head, wood | 14 | $4\frac{6}{8}$ | top | 0,85/20 | GL |
| Adriano PANATTA, Italy | WIP, wood | 13 | $4\frac{3}{8}$ | to handle | 0,80/22–23 | AR |
| Ilie NASTASE, Roumania | Adidas, wood | $13\frac{1}{2}$ | $4\frac{5}{8}$ | neutral | 0,80/22–25 | AR |
| Victor PECCI, Italy | Fisher, aluminium | $13\frac{1}{2}$ | 5 | to handle | 0,85/23–24 | SV |
| Artur ASHE, USA | Head on clay,<br>Head on rapid surface | <br>$13\frac{1}{2}$ | $4\frac{5}{8}$<br>$4\frac{5}{8}$ | neutral<br>neutral | 21–22<br>23–24 | SV |
| Ivan LENDL, Czechoslovakia | Adidas, graphite | $13\frac{1}{2}$ | $4\frac{5}{8}$ | neutral | 0,80/25–26 | GL |
| Tomáš ŠMÍD, Czechoslovakia | Slazenger, wood | $13\frac{1}{2}$ | $4\frac{5}{8}$ | lightly to top | 0,80/24–26 | AR |
| Corrado BARAZZUTTI, Italy | Slazenger, wood Fibreglass | $13\frac{1}{2}$ | $4\frac{5}{8}$ | to top | 0,80/25 | GL |
| Yannick NOAH, France | Adidas, wood | $13\frac{3}{4}$ | $4\frac{3}{8}$ | lightly to top | 0,85/26–30 | AR |

GL – Grundlinienspieler, AR – Allroundspieler, SV – Angriffsspieler.

allem bei ungenau getroffenem Ball leicht zum Drehen in der Hand neigt.

Einen zu dicken Griff werden Sie wiederum niemals fest genug halten können. Allerdings ist für diejenigen, die den Ball noch ungenau treffen, ein größerer Griff besser als ein dünner, weil der Radius von der Griffmitte zur Oberfläche größer ist und einen kleineren Handdruck erfordert.

Nun zum **Schlägergewicht.** Als Anfänger sollten Sie immer einen leichteren Schläger wählen, vielleicht sogar einen Kurzschläger, besonders bei Kindern, wo dies sogar Bedingung ist, denn ein leichtes Gerät ermöglicht Ihnen immer eine schnellere Handhabung dieses Gerätes und darüber hinaus eine Bewältigung des Balles. Die Aneignung der einzelnen Bewegungsabläufe, besonders in der Phase der Grobform, wird dadurch wesentlich erleichtert und beschleunigt!

Später, in der Phase der Feinform, sollten Sie auf einen Ihnen persönlich entsprechenden Schläger zurückgreifen. Diese individuelle Auswahl hängt von Ihrem Geschlecht, Ihrer Statur, Ihrer Technik sowie Ihrer Spielart ab. Je zarter und leichter Sie sind, desto mehr sollten Sie zu leichteren Schlägern neigen – light, light medium. Das gleiche gilt, wenn Sie zu den technischen Spielern gehören.

Die robusten Naturen unter Ihnen, und das ist physisch wie auch spieltechnisch gemeint, sollten eher mittlere bis schwere Schläger bevorzugen – medium bis heavy. Die ganz schweren Schläger mit 14–15 Unzen werden allerdings sehr selten gespielt. Diese Bärentöter sind bis auf Ausnahmen (Borg) auch in der Weltklasse eine ausgesprochene Ausnahme.

Apropos Weltklasse. Vielleicht wird Sie interessieren, mit welchen Schlägern die Spitzenprofis spielen. Prof. Dr. Höhm, Vorsitzender der Methodischen Kommission der CSSR und einer der profiliertesten Fachleute Europas, hat dafür eine Tabelle zusammengestellt.

Es ist interessant, daß außer Borg kein einziger der erwähnten Topstars einen Schläger über 400 g spielt. Nur Vilas und Connors wenden Heavyschläger an. Der allgemeine Trend zu leichteren Schlägern hält an, obwohl die amerikanischen Wissenschaftler nach neuesten Untersuchungen behaupten, daß die Tendenz zu leichten Schlägern und zu dünnen Griffen in die falsche Richtung geht, denn die Verletzungsgefahr im Unterarm und vor allem im Ellbogen (Epicondilitis) wird dadurch vergrößert.

Von den 13 erwähnten Spielern spielen **sieben** mit kopflastigen Schlägern, vier mit ausgewogenen und nur **zwei** mit grifflastigen. Es ist bezeichnend, daß gerade die Aufschlagvirtuosen unter ihnen – Tanner, Pecci und Panatta – grifflastige bzw. neutrale (Tanner) und eher leichtere – light medium- bis medium-Schläger benutzen, was meine Gedanken in dem Kapitel »Mythen« in Punkt 14 nur bestätigt.

### 3. Flexibilität.

Mit diesem Punkt kommen wir zu dem interessantesten Teil der Schlägerkunde. Wenn Sie sich einige Reklameslogans anschauen, werden sie u.a. folgendes lesen können – »hart und vibrationsarm« oder »flexibel mit hoher Ballgeschwindigkeit« oder »hohe Ballbeschleunigung mit erhöhter Schockabsorption und deswegen besonders armschonend« usw. Diese Angaben sind vielleicht werbewirksam, aber in sich oft widersprechend.

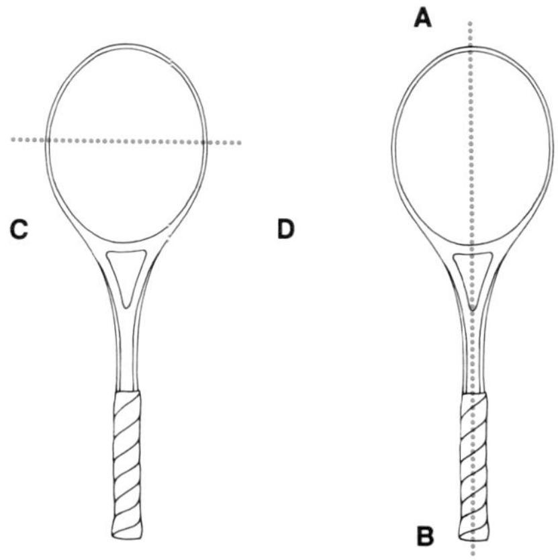


**Transversalachse** **Longitudinalachse**

Was versteht man unter der Flexibilität eines Schlägers? Die Elastizität wird in der Breitachse C-D (transversale Achse) als Biegsamkeit und in der Längsachse A-B (longitudinale Achse) als Verdrehung gemessen. Die Bespannung ist dabei noch gar nicht angesprochen.

Welche Schläger sind nun besser, die elastischen oder die harten? Welche schonen mehr den Arm, oder aber mit welchen können Sie sicherer und schneller spielen? Alle diese Fragen hat die Forschung beantwortet, und leider ist es für die Hersteller schwer, allen Anforderungen in einem einzigen Schläger gerecht zu werden.

Vielleicht wird Sie aber interessieren, welche Eigenschaften welche Folgen verursachen und welche Rückschlüsse Sie aus diesen Tatsachen für Ihre Schlägerwahl ziehen sollten.

Zuerst möchte ich eine bewiesene Tatsache in den Raum stellen, die der breiten Öffentlichkeit bis jetzt nicht so bekannt ist oder aber bis jetzt zu oft anders interpretiert wurde.

Große Flexibilität des Schlägers dämpft zwar nach dem Treffen des Balles den negativen Vibrationseffekt in den Arm, aber sie begünstigt die Spieleigenschaft und die Leistungsfähigkeit des Schlägers nicht, im Gegenteil! Die Geschwindigkeit des geschlagenen Balles sowie seine Kontrolle werden mit steigender Flexibilität vermindert!

Das heißt, daß ein harter Schlägerrahmen bei gleicher Schlägergeschwindigkeit sowie gleicher Geschwindigkeit des ankommenden Balles eine größere Präzision des Schlages und eine höhere Ballabsprunggeschwindigkeit verursacht als ein elastischer Schläger. Ich weiß, es klingt auf den ersten Blick unwahrscheinlich und auf den Kopf gestellt, aber es ist so.

Versuchen wir, uns dieses Phänomen zu erklären. Wie ich schon im technischen Teil sagte, ist der Kontakt des Balles mit dem Schläger sehr kurz – 0,003–0,005 sec. Es wurden Messungen mit Kameras, die 32 000 Bilder pro Sekunde machen, unternommen, d. h., daß zwischen zwei und sechs Bilder in einer Millisekunde geschossen wurden, die das Verhalten des Balles im Schläger sowie die Zeit des Kontaktes mit diesem und das Verhalten des Schlägers und der Bespannung in diesem Augenblick exakt meßbar machten. Diese Zahlen wurden übrigens unabhängig in verschiedenen Ländern bei verschiedenen Untersuchungen festgestellt. An denen ist nicht zu rütteln.

Sie müssen sich einmal vorstellen, daß Sie in einer Fünftausendstelsekunde über die Härte, den Drall, die Länge, die Höhe und die Richtung entscheiden müssen!

An diesem Kontakt sind aber drei Hauptakteure beteiligt, Sie ausnahmsweise ausgeschlossen: Der Schlägerrahmen, die Bespannung und der Ball. Alle diese drei Faktoren weisen eine gewisse Elastizität auf und verwandeln durch den Zusammenprall die **kinetische Energie** des Balles (Bewegungsenergie) erst einmal in eine sogenannte **potentielle Energie** (Energie der Lage). Diese totale potentielle Energie

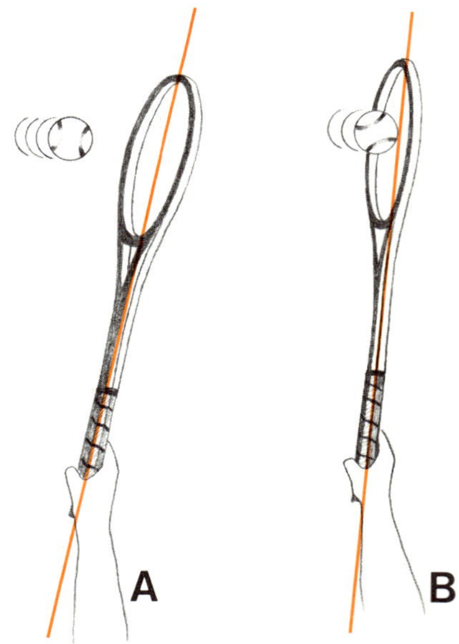


(Ball + Schläger + Bespannung) retransformiert sich wieder in **kinetische Energie** des in der entgegengesetzten Richtung vom Schläger abgesprungenen Balles. Dies geschieht aber nur durch die Aufhebung der **Deformation des Balles und der Bespannung, nicht der des Schlägers!**

Und gerade dabei oder dadurch geht eine beträchtliche Menge der Energie verloren, das heißt, sie wird nicht in den geschlagenen Ball transformiert, sondern bleibt im Schläger »stecken«.

Der Grund dafür ist, daß die Beugung des Schlägers nach rückwärts, die der Aufprall des Balles verursacht hat, erst **nach dem Ab-**

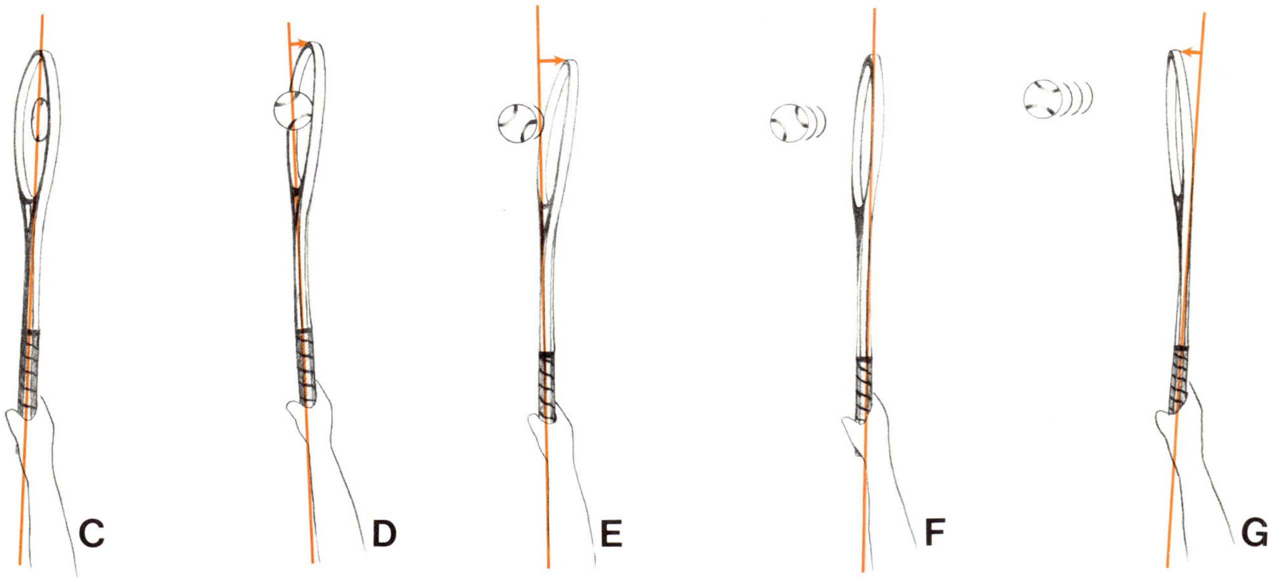


**sprung des Balles** aus dem Schläger erfolgt. Das bedeutet, daß der Aufhebungseffekt der Deformation des Schlägers in seiner transversalen wie u. U. auch in seiner longitudinalen Achse gegenüber der Aufhebung der Deformation des Balles und der Bespannung verspätet einsetzt. Somit hat er **keinen Einfluß** mehr auf die kinetische Energie des geschlagenen Balles.

Wie Sie aus den Bildern, die aus technischen Gründen getreu einer originalen Fotoreihe aus »Experimental studies on the Tennis Racquet« nachgezeichnet sind, ersehen können, ist der Schlägereffekt reichlich verspätet.

A – der Ball nähert sich dem Schläger

B – der Ball kommt in Kontakt mit dem Schläger

C – maximale Deformation des Balles und maximale Anspannung der Saiten. Im Schlägerkopf sind noch keinerlei Deformationen (Biegungen) ersichtlich.

D – der Ball verläßt den Schläger, und **erst jetzt** fängt die Biegung des Schlägers nach rückwärts an.

E – der Ball ist schon längst abgesprungen, und der Schläger ist erst jetzt in der maximalen Biegungsphase.

F – Der Ball setzt seinen Flug fort, und der Schlägerkopf kehrt in die ursprüngliche Position zurück.

G – der Ball ist schon weit vom Schläger entfernt, und erst jetzt erreicht der Schläger durch die Oszillation den größten Biegungsgrad vorwärts.

Diese Untersuchungsresultate sind der eindeutige Beweis dafür, daß die kinetische Energie des geschlagenen Balles nicht durch die Oszillation (Schwingung) des Schlägers bzw. durch ihre Mithilfe entsteht. Wenn dies aber so ist – und Sie können wetten, daß dies alles stimmt –, welchen Einfluß hat eigentlich dann der Schläger auf die Schnelligkeit des Balles?

Wir haben uns schon gesagt, daß ein unbeträchtlicher Teil der kinetischen Energie des Balles im Schläger verlorengeht. Die Leistungsfähigkeit des Schlägers wird unter dem Gesichtspunkt der Beschleunigung des geschlagenen Balles nach der Fähigkeit des Schlägers gemessen, dem Ball so viel wie möglich an Geschwindigkeit zu erteilen. Oder anders: Der Verlust der kinetischen Energie des Balles, der durch den Kontakt mit dem Schläger verursacht wird, soll gemildert werden.

Wenn wir einen Schläger so befestigen, daß er ideal starr bleibt, z. B. mit seiner ganzen Fläche an eine Wand anlehnen und befestigen, spielt bei der Transformation der kinetischen Energie des ankommenden Balles in die potentielle und weiter zurück in die kinetische Kraft des abgestoßenen Balles nur die Elastizität der Bespannung und die des Balles eine Rolle.

Die Geschwindigkeit des abgesprungenen Balles ist in einem solchen Fall größer, als wenn der Ball von einem harten, unelastischen Hindernis abspringt, wobei der Ball zwar viel mehr deformiert wird, aber die fehlende Deformation der Bespannung nicht ersetzen kann. In diesem Fall ist die Kontaktzeit des Balles mit dem Hindernis 0,003 sec.

Erlauben Sie mir eine ganz einfache Rechnung anzustellen. Bezeichnen wir die Geschwindigkeit des **ankommenden Balles** $G_1$ und die des **abgesprungenen** $G_2$. Das Verhältnis $\frac{G_2}{G_1} = \alpha$ bezeichnen wir als Schnelligkeitswirksamkeitsfaktor des Schlägers.

Es wurde labormäßig berechnet, daß im Fall eines festen Hindernisses bei einem Ball, der mit 100 km/h ankommt ($G_1$), dieser mit 50 km/h ($G_2$) abspringt, d. h., daß $\alpha = \frac{G_2}{G_1} = \frac{50}{100} = 0{,}5$ ist. Damit können wir in diesem Fall sagen, daß der Schnelligkeitswirksamkeitsfaktor der festen Wand 0,5 ist, oder aber, daß 50 % der kinetischen Energie des ankommenden Balles durch die Umwandlung in die potentielle Energie verloren geht.

Bei einem Schläger, der, wie ich schon sagte, angelehnt an einer Wand solcher Prüfung ausgesetzt wird, wurde ein Schnelligkeitswirksamkeitsfaktor von 0,7–0,9 festgestellt ($\alpha = \frac{70}{100} = 0{,}7$), d. h., daß die Absprunggeschwindigkeit des Balles $G_2$ auf ca. 70 km/h erhöht wird.

Dieser beträchtliche Zuwachs am Schnelligkeitswirksamkeitsfaktor beweist, daß in einem solchen Fall die zusätzliche Elastizität der Saiten in der Kombination mit der Elastizität des Balles die Verschwendung der kinetischen Energie wesentlich mindert. Der Ballkontakt mit dem Schläger ist in diesem Fall 0,004 sec., was eine Folge der Nachgiebigkeit der Saiten ist.

Nun nehmen wir den gleichen Schläger, der jetzt frei im Raum steht und der nur an seinem Griff befestigt ist, womit eine wirklichkeitsgetreue Situation imitiert wird.

Die Berechnung des Schnelligkeitswirksamkeitsfaktors hat in diesem Fall ein Ergebnis von **nur** 0,2–0,3 erbracht, d. h., daß die Absprunggeschwindigkeit des Balles bei einer Kontaktzeit mit dem Schläger von 0,005 sec. **nur 20–30 km/h** war!

Worauf ist plötzlich dieser große Energieverlust zurückzuführen? Wenn Sie sich die Bilder ansehen, werden Sie dieses Geheimnis gleich erkennen.

Dadurch, **daß die Deformation des Schlägers** gegenüber der des Balles und der Saiten **wesentlich später auftritt** (siehe Bilder C–G) und die potentielle Energie, die in der Deformation und Vibration des Schlägers enthalten ist, keinerlei Möglichkeit mehr hat, sich wieder in die kinetische Energie des Balles umzuwandeln, kommt es zu einem wesentlich größeren Energieverlust. Ein großer Teil der kinetischen Energie des ankommenden Balles wird dann bei der Rückwärtsbiegung verbraucht.

Was sind nun die praktischen Folgen dieser Messungen?

Je härter der Rahmen und die Bespannung sind, ein desto größerer Schnelligkeitswirksamkeitsfaktor wird dadurch erzielt. Mit steigender Elastizität des Schlägers nimmt dieser Faktor ab.

Aber nicht nur dieser nimmt ab, sondern gleichzeitig auch der Sicherheitswirksamkeitsfaktor. Es wurde wieder durch Messungen festgestellt, daß bei einem Aufprall des Balles gegen ein festes Hindernis der Absprungwinkel dem Aufsprungwinkel gleicht. Das aber ist auch nichts Weltbewegendes, das wissen wir schon seit unserer Schulzeit.

Bei einem ideal befestigten Schläger, der an die Wand angelehnt ist, stimmt diese Schulweisheit nur in dem Fall, in dem der Ball in dem idealen Punkt der maximalen Leistungsfähigkeit und des Erschütterungszentrums des Schlägerkopfes – die leider bei vielen Schlägern nicht identisch sind –, auf- und abspringt.

Wenn der Ball außerhalb dieses Zentrums in den Schläger kommt, ist nicht nur die Ballgeschwindigkeit um bis zu 50% reduziert (bei einem Treffpunkt von 2,5 cm vom Mittelpunkt und links oder rechts der Längsachse kommt ein Verlust von 15%, und bei 5 cm sogar von 40%, auf), sondern auch die Flugbahn des Balles durch den »Seiteneffekt« ist nicht mehr identisch mit der des aufgesprungenen. Der Absprung- und Aufsprungwinkel gleichen sich nicht mehr.

Und noch schlimmer ist es bei einem Schläger, der nur am Griff befestigt ist. In diesem Fall kommt zu dem »Seiteneffekt« noch der »Rahmeneffekt« hinzu. Bei einem nicht ideal getroffenen Ball in der Longitudinalachse wie auch in der Transversalachse kommt es zu einer unregelmäßigen Rückbiegung des Schlägerkopfes, womit die Schlägerfläche aus der ursprünglich beabsichtigten senkrechten Stellung zur Flugbahn abweicht und den Absprungwinkel verzerrt.

Und damit kommen wir zu der gleichen Feststellung wie bei dem Schnelligkeitswirksamkeitsfaktor – mit zunehmender Flexibilität des Rahmens ist die »Streuung« der unsauber getroffenen Bälle größer, womit der Sicherheitswirksamkeitsfaktor vermindert wird.

Als Folge dieser Feststellungen müßte man annehmen, daß der ideale Schläger einer mit äußerst hartem Rahmen und harter Bespannung sein muß; denn dieser hat eindeutig bessere Sicherheits- und Schnelligkeitseigenschaften als ein flexibler Rahmen und eine weiche Bespannung.

In der Tat. Wenn Sie die Tabelle betrachten, können Sie feststellen, daß sich die Weltstars nach diesen Regeln richten:

| | |
|---|---|
| Borg | spielt einen harten und schweren (mit einem hohen Trägheitsmoment, was auch eine große Rolle bei der Sicherheit und Schnelligkeit spielt) Holz-Schläger mit einer Bespannung von 30 Kilo. |
| Connors | spielt einen harten Metallschläger mit 23 Kilo bespannt! |
| Tanner | spielt einen harten Aluminiumschläger mit 25 Kilo bespannt! |
| Lendl | spielt einen äußerst harten Graphitschläger mit 26 Kilo bespannt! |
| Noah | spielt einen verstärkten Holzschläger mit 30 Kilo bespannt! |

Zum Vergleich. Herr Schlotterhose oder Frau Knobelspieß bespannen weiche Holzschläger in der Regel mit 20–23 kg und harte Metallschläger oder Kunststoffschläger mit 18–21 kg!

Und damit sind wir bei einem wichtigen Punkt angelangt. Ein harter und schwerer Schläger überträgt die unangenehmen Vibrationen (besonders bei ungenau getroffenen Bällen) viel intensiver in Ihren Arm als ein flexibler, der diese wesentlich mehr absorbiert und erst abgeschwächt an den Unterarm weiterleitet. Folglich müssen Sie für einen harten Schläger und eine harte Bespannung eine durchtrainierte und ausgeprägte Armmuskulatur haben und hohe Technik besitzen. Dies kann man bei einem Anfänger allerdings kaum erwarten.

Auf der anderen Seite ist ein zu flexibler Schläger in seinen Spieleigenschaften einem härteren weit unterlegen. Das ist zwar bei einem absoluten Anfänger kaum von Bedeutung, denn dieser trifft erst einmal mehr sein eigenes Knie als den Ball, aber mit zunehmender Spielfertigkeit gewinnt dies an Bedeutung.

Der Ausgang der Geschichte für Sie als Anfänger ist ein Schläger, der eine ausgewogene Kombination an Flexibilität und Härte besitzt und nicht zu hart bespannt ist.

Jetzt kehren wir in das oben genannte Geschäft zu der Unmenge an Schlägern zurück. Es gibt diese in Holz, Holz-Glasfiber und anderen Kombinationen, in Aluminium, Plastik, Carbon, Boron, Graphit und verschiedenen anderen Kombinationen. Praktisch täglich kommen neue Schläger auf den Markt, und ich bezweifle stark, daß sich heutzutage überhaupt noch jemand in diesem Wirrwarr auskennt. Ich muß zugeben, daß mich dieser Schlägerwald mit Grauen erfüllt.

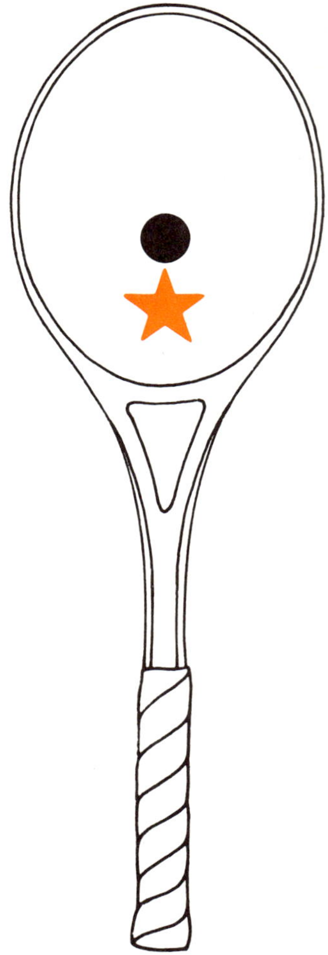

Daher halte ich von all den Tests, die verschiedentlich in der Presse erscheinen, nicht besonders viel, auch wenn sich die Tester ohne Zweifel ungeheure Mühe geben (eine ausgesprochene Ausnahme ist m. M. nach Herr Clüver, der inzwischen ein richtiger Fachmann auf diesem Gebiet ist). Wenn ich z. B. selber einen Test durchführen sollte, müßte ich die Gelegenheit haben, mit jedem Testschläger mindestens 10–20 Stunden zu spielen (Angewöhnung, Test bei verschiedenen klimatischen Verhältnissen, auf unterschiedlichen Platzoberflächen, mit verschiedenen Bällen und verschiedenen Bespannungen und Härten), was zur Folge hätte, daß ich ein Jahr nur am Testen wäre und zum Schluß jeglichen Begriff von Vergleich verlieren würde. Darüber hinaus wären alle Testergebnisse nichts anderes als **mein persönlicher Eindruck.** Dieser kann gerade bei Ihnen ganz anders sein.

Um so wichtiger ist es zu wissen, was überhaupt der Schläger als solcher für ein Verhalten aufweist, um sich nicht von Fachunkundigen hereinlegen zu lassen. Entscheiden Sie sich nach dem eigenen Portemonnaie, der Entwicklungsphase, Geschlecht, Statur, Spielstärke und Spielart für eine Richtung (harter, weicher, ganz flexibler, leichter, schwerer, kopf- oder grifflastiger Schläger mit weicher oder harter Bespannung). Erst wenn diese Wahl getroffen ist, wählen Sie aus den in diesem eingegrenzten Bereich zur Verfügung stehenden Schlägern.

Generell kann man sagen, daß reine Holzschläger bis auf ganz kleine Ausnahmen die flexibelsten, die kombinierten Holzschläger mit Kunststoffeinlagen oder Beschichtungen härter sind, und über Metall- zu Kunststoffschlägern die Härte zunimmt.

Nun haben wir Schläger mit einem ellipsenförmigen Kopf, mit einem Eierkopf, mit verschiedenartig geformten Köpfen, in einer normalen Größe oder mit größerem oder großem Kopf.

Prinzipiell kann man sagen, daß der Trend zu einem Kopf mit einer größeren Ballkontaktzone (Sweetspot) geht. Bei solchen Schlägern ist die Verzerrung des Absprungwinkels relativ kleiner, die Stabilität ist größer, und vor allem ist der optimale Treffpunkt mit maximaler Wirksamkeit identisch mit dem Zentrum, in dem die Vibrationsauslösung am minimalsten ist.

Die gleichmäßig ellipsenförmigen Köpfe sind recht unsichere Gesellen und verursachen große Streuung. Der ideale Treffpunkt mit maximaler Wirksamkeit ist mit dem eben erwähnten Zentrum nicht identisch.

Die Großkopfschläger bringen auch den Vorteil einer größeren Ballkontaktzone mit. Da sie praktisch nur aus Plastik hergestellt werden, ist das Spiel mit ihnen schnell und relativ sicher. Sie müssen sich nicht so viel anstrengen. Vor allem für die früher geborenen Herrschaften unter Ihnen sind diese Schläger zu empfehlen.

Aber auch im großen Tennis haben diese Schläger im Jahre 1981 wie eine Bombe eingeschlagen. Nach Gene Mayer, Paul McNamee, Peter McNamara und Pam Shriver haben viele, viele andere Spieler zu großköpfigen Schlägern gegriffen, und viele von ihnen haben danach einen merklichen Leistungssprung gemacht. Die absolute Spitze ist aber vorläufig skeptisch und bleibt wenigstens z. Z. bei den herkömmlichen Schlägerköpfen.

Diese Entwicklung hat die IFT sogar dazu bewogen, die Ausmaße der Schläger noch zu beschränken. Ich bleibe dabei – probieren Sie einige Schläger nach den bereits gegebenen Ratschlägen selbst aus, und den, mit dem Sie sich sofort »verlobt« fühlen, geben Sie nicht mehr aus der Hand, höchstens zum Bespannen und vorm Schlafengehen.

Nun noch einige Worte zu den **Tennissaiten.** Es gibt zwei Arten – Natursaiten und Kunstsaiten. Von den bis jetzt nicht erfolgreichen Kombinationen will ich absehen. Die Kunststoffsaiten sind zwar wetterfest, aber damit sind ihre Vorteile auch erschöpft. Ihre Elastizität läßt zu wünschen übrig, und für das Wettkampftennis sind sie dadurch wenig geeignet. Allerdings für Anfänger oder Spieler, die den Schläger immer nur Ostern und am eigenen Geburtstag auspacken, sind sie durchaus verwendbar.

Die Darmsaite ist dominierend. Sie wird aus Schafs-, Rinder- oder Schweinedarm erzeugt. In dieser Reihenfolge ist auch die Qualität zu betrachten. Die armen Schweine sind wieder einmal als letzte dran. Der Schafsdarm ist am elastischsten, dafür ist der Rinderdarm haltbarer. Es gibt drei handelsübliche Saitenstärken:

$$\text{Stärke } 8 \quad = \frac{120\text{–}125}{100}\,\text{mm}$$

$$\text{Stärke } 8\tfrac{1}{2} = \frac{125\text{–}130}{100}\,\text{mm}$$

$$\text{Stärke } 9 \quad = \frac{130\text{–}140}{100}\,\text{mm}$$

Die ersten zwei werden wegen der größeren Elastizität von Turnierspielern bevorzugt, die Nr. 9 ist wesentlich haltbarer und für den normalen Klubbereich ausreichend.

Das Bespannen wird heute mit Maschinen durchgeführt, die relativ genau die gewünschte Kilozahl einhalten. Wir haben übrigens noch als Junioren die Schläger per Hand bespannt. Das waren noch lustige Zeiten.

Der Saitenverbrauch steigt enorm, und langsam frage ich mich, ob man die armen Rindviecher und Schafe der Steaks oder der Tennissaiten wegen schlachtet.

Zum Abschluß dieses Teiles möchte ich Sie noch einmal bitten, falls Sie beim ersten Durchlesen die Schlägerproblematik nicht ganz verstanden haben sollten, schämen Sie sich nicht und versuchen Sie es noch einmal, denn das Begreifen dessen, was alles beim Kontakt des Balles mit dem Schläger passiert, hilft Ihnen nicht nur bei der Wahl des Schlägers, sondern ermöglicht Ihnen, auch vieles in der Technik leichter zu begreifen.

# Abschluß

Liebe Leser, die Arbeit ist getan, das Werk beendet. Denjenigen von Ihnen, die das ganze Buch bis zu diesen Zeilen geschafft haben, gehört mein Dank. Dank für Ihre Geduld und für Ihr Interesse. Jetzt können Sie ruhig duschen gehen und sich ein kaltes Pils gönnen.

Mag sein, daß es manche unter Ihnen gibt, die das eine oder das andere mit kritischem Auge betrachtet haben, oder sogar solche, die nicht mit allem einverstanden waren oder es noch sind. Auch das muß sein, denn es wäre schlimm, wenn die ganze Welt immer und sofort gleichzuschalten wäre, wenn da einer etwas predigt.

Ich habe versucht, mein Bestes zu geben. Alle meine langjährigen Erfahrungen, meine Forschungen und Resultate meiner Experimente sowie schon vorhandene Unterlagen namhafter Experten aus der ganzen Welt, vor allem wissenschaftlicher Art, habe ich zusammengefaßt und in einer nicht zu hoch gegriffenen, auch dem Laien verständlichen und humorvollen Ausdrucksweise präsentiert. Ob mir das überhaupt, und wie mir das gelungen ist, müssen Sie selbst beurteilen.

Auf jeden Fall sind in diesem Buch etliche Neuigkeiten und bis jetzt nicht allgemein bekannte Tatsachen und Forschungsergebnisse bzw. Zusammenhänge, Begründungen und Beweisführungen enthalten, die Sie vielleicht überrascht haben, die Sie mit einem gewissen komischen Gefühl in der Magengegend erst verdauen müssen, oder die Sie immer noch nicht glauben wollen. Wie ich schon am Anfang dieses Buches erwähnt habe, konnte ich leider nicht alles Wissenswerte erwähnen. Es wäre zu umfangreich und zu schwer verdaulich geworden.

Die Technik, die Methodik sowie alle anderen Komponenten sind dauernden Entwicklungen unterworfen, und so werden wahrscheinlich einige der hier beschriebenen Weisheiten in einigen Jahren zu korrigieren sein und damit keine Weisheiten bleiben. Ich habe mich aber nie geschämt zuzugeben, daß ich meine Meinung in irgendwelchen Bereichen auf Grund neuer Erkenntnisse geändert habe, denn ich bin wissenshungrig und lerne immer gerne etwas Neues dazu. Stagnation bedeutet Rückschritt!

Wenn ich ab und zu darauf aufmerksam gemacht werde, daß ich vor Jahren in verschiedenen Bereichen anderer Meinung war, kann ich nur mit den Worten Konrad Adenauers antworten – »Was interessiert mich mein dummes Geschwätz von gestern.«

Eines steht aber fest, daß die Sportwissenschaft und mit ihr alle angrenzenden wissenschaftlichen Bereiche heute schon sehr weit fortgeschritten sind. Es wird sich sicherlich immer weniger ändern können, denn die physikalischen, biomechanischen, anatomischen Gesetze und medizinischen Wissensergebnisse sind nicht mehr viel zu ändern. Die sind so stabil und gültig wie das Amen in der Kirche.

Was sich allerdings weiterentwickeln wird und muß, ist die Integration der schon so lange vorhandenen Gesetze aus verschiedenen wissenschaftlichen Richtungen in den Tennissport, die besonders in die Trainingsmethodik zu integrieren sind, wodurch das Erlernen des Tennisspiels etwas einfacher und vielleicht kürzer und der Aufbau der vorhandenen Talente wesentlich effektiver und verlustärmer gestaltet werden kann.

Ob Sie aber von einem Wimbledonsieg träumen oder nur Ihr Kaffeedoppel einmal gut über die Runden bringen wollen oder aber den Piepenbreier zu putzen beabsichtigen – Tennis macht Spaß in jedem Alter und in jeder Spielstärke. Und deshalb nehmen Sie all das, was mit Tennis zusammenhängt, mit Humor. Ärgern Sie sich nicht. Amüsieren Sie sich am Platz. Lachen Sie. Lachen Sie auch über Ihre eventuelle eigene Ungeschicklichkeit. Lernen Sie, sich selber auf den Arm zu nehmen. Dann werden Sie sich nicht ärgern, wenn es andere versuchen, denn Sie werden es schon lange vor diesen besser können.

**Das Privileg der Götter wie der Menschen ist das Lachen.**
(Demokrit).

In diesem Sinne habe ich auch versucht dieses Buch zu schreiben. Hoffentlich haben Sie sich dabei ein wenig amüsiert, und vor allem – hoffentlich hat es Ihnen in Ihrer glorreichen Tenniskarriere geholfen, Ihr Ziel zu stecken und dieses auch zu erreichen. Wenn dies so ist, bin ich ein glücklicher Autor.

Falls Sie etwas zu bemängeln haben, sagen Sie es mir. Wenn Ihnen das Buch gefallen hat, empfehlen Sie es bitte weiter. Dafür meinen Dank schon im voraus.

Tschüs und vielleicht »auf Wiedersehen« irgendwo oder »auf Wiederlesen« in einem neuen Buch.

Ihr Richard Schönborn

# Literaturangabe


1. »Modernes Tennis« – DTB-VDT 1972
2. »Tennis-Lehrplan« 1–5 DTB-VDT 1975
3. »Der Champion der Zukunft« R. Schönborn – Vortrag für das EuropäischeTrainer-symposium 1978 in Kiel
4. »Tennis« – J. Höhm, L. Merunka 1959
5. »Play better Tennis« with Tony Mottram 1971
6. »Tennis-Training« – Marcel Meier 1972
7. »Tennis mit Spaß – Spaß mit Tennis« – Sv. Stojan 1980
8. »Tennis« The decision-making Sport – J. Brabenec 1980
9. »Vic Braden's Tennisbuch« – 1977
10. »Tennis« – S. P. Belic-Gejman – 1977
11. »Play Tennis with Rosewall« – 1975
12. »Tilden lehrt Tennis« – 1950
13. »Tennis Taktik« – G. Deniau 1973
14. »Tennis und Psyche« – Das Innere Spiel – W. T. Gallwey 1977
15. »Frust und Freud beim Tennis« – H. Cath, A. Kahn, N. Cobb 1980
16. »Modern Tennis Doubles« – St. Smith, B. Lutz 1975
17. »Poznamky k vyberu talentu v tennisu« – J. Höhm 1975
18. »Book of Tennis« – F. Talbert – 1961
19. »The Tennis Professional« – Relationship between the Ball, Racket & Biomechanics of Tennis – Stanley Plagenhoef, Exercise Science Dept. University of Massachusetts
20. »Experimental studies on the Tennis Racquet« – Sportalma Torino 1980
21. »Development tendencies in Tennis and the future Champion's Model« – J. Höhm – Vortrag für das Europäische Trainersymposium in Torquay 1980
22. »Ein Kind ist kein kleiner Erwachsener« – R. Schönborn – TENNIS 1978
23. »Die psychischen Leistungsfaktoren im Tennis« – R. Schönborn – Vortrag für das Europäische Trainer-symposium in Wien 1979
24. »Talentfrage im Tennis« – R. Schönborn – Vortrag für das Sportärzte-Seminar in Bad Nauheim 1977
25. »Concerning the combination of scientific sport research Methods in a long-term study of young Tennis players« – H. Rieder, R. Schönborn – Vortrag für das Europäische Trainer-symposium in Torquay 1980
26. »Trainingslehre« – D. Harre 1975
27. »Physiologie der Leibesübungen« J. Nöcker 1964
28. »Training und Regeneration im Hochleistungssport« – J. Keul 1978
29. »Die aerobe und anaerobe Kapazität als Grundlage für die Leistungsdiagnostik« – J. Keul, W. Kindermann, G. Simon 1977
30. »Dauertraining – Ermittlung der optimalen Trainingsfrequenz und Leistungsfähigkeit« – J. Keul, W. Kindermann, G. Simon 1978
31. »Zur Erfassung und Entwicklung der motorischen Reaktionsfähigkeit im Schulalter« – H. J. Vilkner 1975
32. »Practical Golf« – J. Jacobs 1973
33. »Sensomotorische und physische Fähigkeiten« W. S. Farfel 1979
34. »Einführung in die Psychologie« – H. Rohracher 1976
35. »Medizinisch-psychologische Probleme der Wettkampf-vorbereitung« – M. Steinbach 1971
36. »Hoffnung und Furcht in der Leistungsmotivation« – H. Heckhausen 1963

37. »Leistungssport – Sinn und Unsinn« – K. Adam 1975
38. »Aggressive Handlungen im Sport« – H. Gabler 1976
39. »Lehrbuch des Schulsonderturnens« 1971
40. »Aggression und Konflikt im Sport« – G. Pilz, A. H. Trebels 1976
41. »Psychologische und pädagogische Untersuchungen zum Sportspiel« – K. Kohl, Cl. Czwàlina 1978
42. »Methoden und Mittel zur psychischen Vorbereitung des Sportlers« E. Gevron 1975

# Deutschsprachige Tennis-Zeitschriften:

*Tennis,*
Organ des Deutschen Tennis-Bundes,
Verlag Schmidt & Dreisilker GmbH & Co. KG
Mahdentalstraße 100,
7032 Sindelfingen

*Tennis-Magazin,* Postfach 304630, 2000 Hamburg 36.

*Tennis-Revue,* Rottweiler Str. 17, 7000 Stuttgart 80.

*Smash-Tennis-Magazin,*
Rüdigerstraße 12,
Ch-8021 Zürich.

*tennis,* Organ des österreichischen Tennisverbandes und seiner Landesverbände, Hainburgerstraße 36, A 1030 Wien.

# Anschriften (Änderungen vorbehalten)

DTB, Deutscher Tennis-Bund und seine Landesverbände:

Deutscher Tennis-Bund e. V.
Zeißstr. 13,
3000 Hannover 81,
Tel. (0511) 830961.

Badischer Tennis-Verband
Dr. Werner Kilthau
Q 7, 15, 6800 Mannheim,
Tel. 0621/22661

Bayerischer Tennis-Verband
Bahnhofstr. 43,
8540 Schwabach,
Tel. (09122) 5163 d., 2792 p.

Berliner Tennis-Verband
Berner Str. 24,
1000 Berlin 45,
Tel. (030) 8017061 d., 8175174 p.

Hamburger Tennis-Verband
Dorfwinkel 11,
2000 Hamburg 67,
Tel. (040) 6039851

Hessischer Tennis-Verband
Am Schelmesgraben 15,
6450 Hanau 9,
Tel. (06181) 53196

Tennis-Verband Mittelrhein
Mauritiussteinweg 100,
5000 Köln,
Tel. (0221) 212625

Tennis-Verband Niederrhein
Auf den Steinen 27,
4005 Meerbusch 1,
Tel. (02105) 2597

Niedersächsischer Tennis-Verband
A. d. Eichen 19,
2918 Augustfehn,
Tel. (04 41) 3 10 61 d., 0 44 82/13 54 p.

Tennis-Verband Nordwest
Heymelstr. 8,
2800 Bremen,
Tel. (04 21) 32 09 97 d., 23 52 08 p.

Tennis-Verband Rheinland-Pfalz-Saar
Lisztstr. 6-8,
6680 Neunkirchen,
Tel. (0 68 21) 2 31 37

Tennis-Verband Schleswig-Holstein
Holunderstieg 11,
2217 Kellinghusen,
Tel. (0 48 22) 20 91

Westfälischer Tennis-Verband
Wasserfuhr 9,
4800 Bielefeld 1,
Tel. (05 21) 10 19 86

Württembergischer Tennis-Bund
Am Kräherwald 259 b,
7000 Stuttgart N,
Tel. (07 11) 24 11 52

ÖTV
Österreichischer Tennis-Verband,
Hainburgerstraße 36/4,
A 1030 Wien.

VDT
Verband Deutscher Tennislehrer,
Werraweg 64,
4800 Bielefeld.

STV
Schweizerischer Tennis-Verband
Laubeggstraße 70,
CH 3006 Bern.

ITF
International Tennis Federation,
Barons Court, West Kensington,
London W 14 9EG.

ETA
European Tennis Association,
Dornacherstraße 250,
CH 4018 Basel.

Referenten Schultennis in den Mitgliedsverbänden

Baden
Heinz Römer
Thollusweg 9,
7868 Todtnau,
Tel. (0 76 71) 5 89

Bayern
Walter Fritsch
Staudinger Str. 63/III,
8000 München 83,
Tel. (0 89) 67 22 55

Berlin
Karola Meyer-Ziegler
Vereinsweg 2,
1000 Berlin 19,
Tel. (0 30) 3 21 32 73

Hamburg
Dieter Schüppenhauer
Bilser Str. 16 b,
2000 Hamburg 60,
Tel. (0 40) 5 11 09 93